平舆记忆·乡村卷

平舆文史资料（第十四辑）

政协平舆县委员会文化和文史委员会　编

黄河水利出版社

·郑州·

图书在版编目（CIP）数据

平舆记忆．乡村卷 / 政协平舆县委员会文化和文史委员会编．-- 郑州：黄河水利出版社，2022.2

ISBN 978-7-5509-3212-8

Ⅰ．①平… Ⅱ．①政… Ⅲ．①村史一平舆县 Ⅳ．① K296.14

中国版本图书馆 CIP 数据核字（2021）第 276402 号

策划编辑：王建平 电话：0371-66024993 E-mail：1360300540@qq.com

出 版 社：黄河水利出版社 网址：www.yrcp.com

地址：河南省郑州市顺河路黄委会综合楼 14 层 邮编：450003

发行单位：黄河水利出版社

发行电话：0371-66026940、66020550、66028024、66022620（传真）

E-mail：hhslcbs@126.com

承印单位：河南金雅昌文化传媒有限公司

创意制作：周口市五环印务有限公司

开本：787 mm × 1 092 mm 1/16

印张：32.75

字数：536 千字 印数：1—4000

版次：2022 年 2 月 第 1 版 印次：2022 年 2 月 第 1 次印刷

定价：158.00 元

《平舆记忆·乡村卷》
编辑委员会

回望乡村　记住乡愁

——序《平舆记忆·乡村卷》

习近平总书记指出:“乡村振兴是实现中华民族伟大复兴的一项重大任务。全面实施乡村振兴战略的深度、广度、难度都不亚于脱贫攻坚，要完善政策体系、工作体系、制度体系，以更有力的举措、汇聚更强大的力量，加快农业农村现代化步伐，促进农业高质高效、乡村宜居宜业、农民富裕富足。”

乡村，是乡亲聚族而居的地方。它是民间文化构建的基石，更是我们走向远方的起点。乡村要振兴，文化要先行。乡村传统社会和传统文化是帮助我们实现回望乡村、记住乡愁的本源所在。这也是我们要编辑出版这本《平舆记忆·乡村卷》的初衷所在。

散落于豫东南平原沃野的平舆乡村，以厚重历史和璀璨人文扎下深远的根脉，形成独特的乡村风貌与浓郁的乡土气息，连接成广阔而深入的文化生态，构成了魅力独具的平舆乡土文化，承载着不老的乡愁。自古至今，乡愁一直是文学作品中反复吟咏的不老主题。《平舆记忆·乡村卷》，既是一部县域文史资料，又是一瓮散发浓郁乡愁的老酒，让我们陶醉，从中可见生命的深度、人性的光辉、文化的根基、风俗的画面。

近几十年来，伴随现代文明的快速发展，特别是城市化进程的突飞猛进，在平舆这片平原沃土上，乡村发生了巨大变化。随着这些变化，诸多延续成百上千年的器物消失了，如太平车、水井、石磨、煤油灯之类；人们的很多行为没有了，如用碓窑子舂谷米、用烧热的砖头取暖之类；许多正常的劳作活动没有了，如拾粪、积肥、记工分之类；一些社会角色也没有了，如生产队长、保管、饲养员之类……想起这些已经消失的过去，总有一种怅然之情发自心底。不少老年作者，童年时候还经历过极为贫乏的物质生活。天寒衣衫薄、人饥囤无粮、嘴馋食无肉……在很多情况下，人们要把榆钱、榆叶、野菜掺和入面粉里面做成食物，才得一饱。吃着粗食杂粮，人们挖河筑堤，开荒种田，默默地劳作，无私地奉献。因而在他们的文章中，自然而然地不时展露出饥寒窘迫的情景。然而精神生活又是饱满的。人民群众一心一意跟党走，信仰无比坚定。还有那个时代的童年游戏，让乡村儿童天真烂漫的生活习性得以展示。这些与今天的儿童游戏相比，虽然显得简单乏味，但从适合天性这点来说，远胜于现在的一些儿童游戏。如今，让孩子们难以割舍的手机、电视、电脑等现代高科技产物，从一定意义上而言，是对儿童的一种伤害。所以说，对往昔儿童游戏的回忆和描述，就不仅仅有历史价值了。

本书中的作者都是平舆人，有更多更浓的家乡情结。他们对消失的过去精心描写，构成优美的文章，从而多角度描绘出这片热土的历史。这些作品生动、真实地记录了彼时的情状，更承载了挚爱家乡的赤子情怀和渗入骨子里的责任担当。读了这些文章，大家自会明白，这是平舆乡村历史生活的缩影，更是中国千年农耕文明的缩影。从这个缩影中，可以体会出平舆民风的朴实，可以体味到传统美德的延续，可以品味出广大人民群众的创造。《平舆记忆·乡村卷》让我们记住了这一切。

有人说，乡村是中华传统文化的根基，这话是有道理的。“礼失求诸野”，乡村是一个文化宝库，但宝库也是需要经营的，需要人们不断地丰富和发展。许多优秀乡村文化是中国传统文化的重要组成部分，诸如循环利用、低碳生活、尊老爱幼、邻里互助、诚实守信、乡土知识与经验等，不仅为社会科学工作者所重视，也常常为自然科学家的新发现提供启发和思路。这些优秀品质和传统同样是我们建设和谐社会与生态文明的宝贵财富、重要基础和内容。把和谐社会与生态文明建设建立在深厚的乡村文化基础上，往往会取得事半功倍的效果。忽视乡村价值另起炉灶的生态文明建设或和谐社会建设，是无根的文化，往往会成为空中楼阁，这方面的教训并不乏见。但要把优秀传统文化之根找到，却不是容易的事情，不知道根之所在，也就难免出现各类的伤根行为。因此，《平舆记忆·乡村卷》就是遵循着寻根的路径，试图发现平舆传统文化根之所在，为构建平舆现代和谐社会提供依据。这也是我们启动乡村记忆、记录乡村价值的意义所在。

党的十九大报告指出：按照产业兴旺、生态宜居、乡风文明、治理有效、生活富裕的总要求，建立健全城乡融合发展体制机制和政策体系，加快推进农业农村现代化。我们对平舆乡村的回望与记录，不仅在于研究和挖掘平舆乡村的应有价值，发现这些价值，还在于要分析这些乡村价值存在于平舆乡村的什么地方，以何种形式存在？进一步分析这些乡村价值对当今平舆社会发展的价值，以及保护、传承优秀乡村价值的途径和方法。这样，就有助于我们做到在平舆乡村的发展中传承乡村价值，在平舆乡村现代化过程中保存传统，让村民享受田园风光的同时，也能充分体验平舆乡村价值带给他们实实在在的好处。

走进新时代，开启新征程。随着新农村建设步伐的不断加快，农村面貌发生了显著的变化，富裕、文明、生态、宜居的新农村不断涌现，吸引着社会各界的目光，一系列兴村富民政策，已经或者正在变成现实。如今的平舆，以优美的自然风光、现代的智慧农业、淳朴厚重的民风、人文洋溢的民俗，吸引着众多的目光。这里有桃花源一般随处可见的风情画廊，精美绝伦；这里可以让人们放逐都市的尘嚣，来一场说走就走的乡村之旅，泛起浓郁的乡愁，被久违的田园之美、人情之美、人文之美陶冶洗涤，流连沉醉。

回望乡村，记住乡愁，就是记住乡村场景，记住乡村人物和乡村细节，这既是一种眷顾和怀想，也是一种期待和展望。乡村是朴实的，乡村是真诚的，乡村是淳厚的……

鉴往知来。通过这本《平舆记忆·乡村卷》，可以让读者知道平舆人民是如何从艰难困苦中走过来的，因而也就能够坚定走向灿烂明天的信心。当然，一个复杂的认识与重大实践问题，指望通过一本书提供答案是不现实的，我们也从没有如此奢望。但我们愿意抛砖引玉，旨在引起更多人关注乡村，关心和研究乡村存在的价值，希望给我们的传统文化留下得以繁衍的根脉，给人们留下一个赖以依托情感的家园，也给外出的游子们留下一条返乡的路。

谨以此为序。

平舆县政协主席

李志娴

2021 年 11 月

目　　录

县域篇

城区篇

杨埠篇

东和店篇

高杨店篇

庙湾篇

十字路篇

射桥篇

阳城篇

万家篇

玉皇庙篇

郭楼篇

李屯篇

老王岗篇

辛店篇

西洋店篇

万金店篇

双庙篇

县域篇

平舆简史

张留坡

平舆隶属河南省驻马店市，距离驻马店市60公里。县城建成区面积31平方公里，常住人口突破30万。要论历史悠久、文明璀璨、造福社会、和谐宜居，它称得上是中原大地上一颗耀眼的明珠。

历史上最早与平舆有关的事件，要数伏羲教民渔猎了。那时候天下多水，平舆是一片不大也不小的高地，森林遍布，百兽生长，还有凤凰和麒麟出现，故名凤麟洲。洲外是湖，水天一色，故名天水湖。伏羲看到这里风景幽美，心情大好，就在这里住了一阵子，教他的子民持棒打猎，结网捕鱼，那是5000多年前的事情了。

4000多年前，美女常仪（仪古音娥）生于此，生而能言，长发及地，被黄帝曾孙帝喾纳为第四妃，死后为月神。常仪生一子一女，子名挚，平舆一带被帝喾封为挚国，平舆城是最早的古挚都。今天的挚湖就是当时建筑古挚都时采土留下的遗迹。帝挚在位9年，自觉能力不及其弟，就让贤于唐尧，禅让之风从此发源。

帝挚的六世孙奚仲是个发明家，他利用这里遍地繁育的林木，发明了人类最重要的交通工具——车舆。车舆从这里诞生，从这里走出天中，走出中原，走向中国，走向世界。车舆的发明使用和普及推广，大大加快了人类的文明向前发展的速度。平舆之名随车舆闻名世界。车舆文化的源头在平舆。旧时平舆城中的舆侯祠，是先人为纪念奚仲而建的。而今小清河畔的奚仲公园、阳城大道南段东侧的车舆文化园，是今人为纪念这位造车鼻祖而修建的。

造车需要大量的木材。森林被砍伐垦荒之后，沃土变成了良田，成为养育我们祖先生存的家园。

商末，殷商挚国国君任成的二公主太任生于斯长于斯。她最先发现并培育了芝麻，使平舆成为中国芝麻原产地；她维德之行，芳名远播，嫁与周季历为妻，首创胎教之法，怀胎教子而生文王，开启家国教育，成就儿子周文王姬昌、孙子周武王姬发、周公姬旦成为一门三圣人，奠基了大周八百年天下，被今人尊为中华太任圣母、平舆人的老姑奶奶。平舆城中太任公园，上河城中太任教子雕像、太任恩泽湖、太任广场，挚园中圣母馆等，都是平舆人为纪念这位伟大的女性而建造的。

商亡周兴，平舆作为周文王之母的家乡得以幸存，但仍改变不了挚国被沈国吞没的命运，周公旦封其十叔姬载于此，经过500余年风雨飘摇的沈国，还是免不了被蔡所灭，归楚之县。

平舆为楚县，平舆城时称邑，见之于史书。孔子周游列国，过平舆而知周季历吟诗追太任故事，韦编三绝，始将《关雎》置于《诗三百》之首。

这之后，与平舆有关的最重要的战争，要数秦始皇扫六合时的两次平舆之战。秦楚两国在平舆一线摆开战场，李信初胜而后败，王翦初败而后胜。王翦率60万秦军在平舆一带，最终打败了项燕领导的百万楚军，楚国从此一败涂地，很快亡国。

可阳城人陈胜不甘心从此沦为亡国奴，他在大泽乡攘臂一呼，揭竿而起，揭开了历史上第一次农民起义的序幕，并建立张楚国，从而打破了秦始皇从一世而至万世的美梦。陈胜故里在今平舆县阳城镇，那里保留着许多陈胜的遗迹，流传着许多陈胜的故事，平舆人至今为此津津乐道。

秦亡汉兴。平舆成为两汉400年间的汝南郡首县，郡治所在地。汝南郡辖37县之多，成为除京师洛阳外的天下第一大郡。有幸作为首县的郡治所平舆，成为两汉除京师外的又一政治、经济、文化中心。物华天宝，人杰地灵，一个个星辰级的平舆籍人物闪烁在两汉历史的星空。戴凭夺席谈经、袁安卧雪自律、陈蕃下榻敬士、张熹舍身为民、阚敞诚信还钱、董永卖身葬父、蔡顺拾椹孝母、王祥卧冰求鲤、费长房悬壶济世……当然，还有最得国人看重的平舆渊二龙许劭和许靖评曹操谓“治世之能臣，乱世之奸雄”，看人之准，评语之精，令古今士子无不为之叹服。“才高莫过月旦评”已成为国人认可的历史定论。

三国两晋南北朝，平舆随着动荡的局面而次第衰弱，还一度整体南迁安徽芜湖一带。后来虽然回归本土，但已是瓦砾遍地、满目荒芜，其势大不如前。即便王世充让平舆升格为州，也难以挽回平舆日渐颓败的局面。

更让人扼腕叹息的是，出于种种原因，大唐之后，平舆被取消县制，宋元明清时，平舆并入汝阳，民国时改称汝南，直到新中国成立之后，才恢复平舆县制，才让这个古老的旧县，重新焕发靓丽多姿的神采。

凡事盛极而衰，衰而后兴，可谓真理。

而今的平舆，在中国共产党的领导下，经过历届县委、县政府和全体平舆人的共同拼搏，已彻底摆脱贫困的纠缠，实现华丽转身，成为闻名全国的新星之城、百万平舆人安居乐业的富庶之地。平舆是国家优质小麦生产基地和中国白芝麻原产地、中国车舆文化之乡、中国建筑工程防水之乡、全国文明城市、国家卫生县城、国家园林城市……多种荣誉集于一身。高楼林立错落，掩映于园林之间；人民安居乐业，载歌于强县之途。

平舆历史让平舆人懂得，尊贤要如帝挚，创新要如奚仲，育人要如太任，行事要如袁安，敬友要如陈蕃，待人要如阚敞，评世要如许劭、许靖……听从党的召唤，顺应时代发展，爱岗敬业，共建文明美丽康乐之胜境，成为如今平舆人最普遍的生活模式。

作者简介：张留坡，又名张振立，1955 年出生，平舆阳城土楼人，曾任平舆县教研室副主任，已退休。现为中国诗歌学会会员，河南省作家协会会员，驻马店诗词学会副会长，平舆县作家协会主席、诗词学会会长，县炎黄文化研究会副会长、县老记者协会副会长，《天中诗刊》主编，县报副刊主编、县政协文史资料执行主编。国内外发表诗文千余首（篇），著有《流波诗抄》《三地梦》等诗文集 7 部。

古今平舆人的不同称谓

张留坡

4000年以前，从三皇五帝时期到大夏王朝，那时尚无平舆这个称谓。平舆之地，因帝喾与常仪（仪，古音同娥）之子名挚，生于此，封挚国挚侯，帝喾死后，继位为帝挚。时平舆地为挚国所辖，平舆人称挚人。

夏初，奚仲在此造车，为区别黄帝所造之车，称舆。随同奚仲造车之族人，称舆人。奚仲因造车有功，夏禹封其为车正，舆侯。后人建舆侯祠以纪念。有说因地平，有舆行世，故名平舆。大概从那时起，我们就是平舆人了。

商时，祖乙七世孙任成，徙国于挚（今平舆一带），更号挚国。这是平舆第二次取名挚国。至西周，为沈国吞并。任成次女太任，远嫁周季历为妃，生周文王姬昌。这期间，平舆人复称挚人。

西周，周公旦封周文王第十子聃季载于平舆之地，为沈国。春秋至战国时期，平舆之名始见于司马迁《史记》。楚国灭沈，立平舆为县。据有关资料记载，平舆是"楚三县之一"。这期间，平舆人或称沈人，或称楚人。

秦统一，平舆为县，两汉袭之。平舆为汝南郡郡治所在地四百年。平舆物华天宝，人才辈出。陈胜、戴凭、袁安、陈蕃、许靖、许劭，光名人就可以列出长长的一串。平舆人的荣誉，达到历史最高峰。

三国两晋南北朝到隋唐，平舆历经乱世，但县名不变，平舆人称谓亦不变。

唐贞观元年（627年）废平舆县，辖地并入新蔡县。唐天授二年（691年）复置，属河南道蔡州。元至元七年（1270年），平舆县被废，辖地并入汝阳县，属河南江北道汝宁府。明、清袭之。也就是说，生活在元、明、清时期的平舆人，时称汝阳人或汝宁府人。譬如河南督军赵倜，不少资料中说其是清末汝阳人，用今天的区划，他却是地道的平舆人。

中华民国二年（1913年），汝阳县易名为汝南县，平舆属汝南县所辖。

生活在民国年间的平舆人，称自己为汝南人。

新中国成立以后，1951 年 4 月，复置平舆县。平舆之地，南至汝河，汝坟、安成故城遗址在其中；北至阳城，阳城县故址在其中；东至东和店，原葛陂旧址在其中；西至李屯前岗，故鸿郤陂遗址在其中。虽然只是方圆百里，人口百万，但已如一颗耀眼的新星，闪耀在天中大地。中国共产党领导下的新中国，让我们又一次理直气壮地称自己为平舆人。

“中国车舆文化之乡”的名片熠熠生辉，让平舆的文化底蕴显得大气而厚重；全国文明城市的桂冠，让而今的平舆人充满自信，走在新时代的康庄大道上，更加昂首挺胸，阔步向前。

《周易》论舆

张振立

自奚仲在平舆创制车舆之后，平舆车舆文化经过数千年的积淀和传承，已发展为中国车舆文化，成为中华文明中最古老而有活力的传统文化之一。平舆也因此成为中国车舆文化之乡，受命成立中国车舆文化研究中心。

说到对车舆文化的研究，莫过于《周易》一书，其中多次谈论过舆，不但形象生动、通俗易懂，而且意义深刻、指导性强。

《周易》是我国最古老而深邃的一部经典，据说是由伏羲的言论加以总结与修改概括而来，经过平舆古挚国国君任成之女太任传给其子周文王姬昌，最后由姬昌演绎而成书。它是华夏五千年智慧与文化的结晶，被誉为“群经之首，大道之源”。

《周易》常借舆说理，微言大义。比如小畜卦中说：“舆说辐，夫妻反目”，“舆”就是车，“说”即是脱，“辐”是车轮上的辐条。车子脱落辐条，就无法前行。有人研究小畜卦后指出，小畜卦形象地描述了一辆飞驰中的马车，小畜卦的内卦是从局部到整体，象征了转动的轮轴、车轮、车上固定绳子的结构及奔驰中的车；而它的外卦则象征了车轴、车架、车上装载的货物、绳索及拉车飞奔的几匹马。与小畜卦关系密切的大畜卦中提到“舆说輹”。古代的马车，车轴与车轮通常做成一个整体，整个放在车架下面的一个凹槽中，此凹槽结构就称为“輹”，又叫作伏兔。如果马车行进速度过快，就有可能产生整个车轴及其轮子与车架分离的情形。“舆说輹”就指这种情况。而现在的汽车轮毂就是古代的“輹”，“舆说輹”就等于说汽车行驶时车轮子从轮毂上脱落。轮轴断裂或脱离伏兔，因而车架与轮子分离，或车架上拴绳子的结构断裂，车与马脱离，又或者车上的货物甩出去，货物与车厢分离。这是在警告开车的人，在行驶过程中要审时度势，把握局势。为了避免这种惨案的发生，大畜卦接着说：“良马逐，利艰贞，日闲舆卫，利有攸往。”“闲”通娴熟的娴。这句话的意思是，骏马奔驰，适宜在艰难中得到吉祥，每天练习驾车与防卫，这样才无往不利。车子再好，也不要太骄傲，驾驶技术再娴熟，也要常保存一份警惕之心。

还有一些关于正确对待车舆的态度。比如师卦中讲：“师或舆尸，大无功也。”本来应该乘坐士兵的车子却装载着尸体返回来，这一看就是吃了败仗。这是讲乘人的车舆不应该运载尸体。剥卦中讲：“君子得舆，民所载也。”君子有车舆可以乘坐，完全是因为民意所向。而得不到拥护的小人，得到一些名贵的东西，终究也要失去，那是因为他没有群众基础。

在《周易》的八卦中，每个卦都有很多种象征，比如乾卦既象征天又象征父，还能代表玉、金、良马、木果等。而坎卦可以象征水，当它象征车舆的时候，是“多眚舆”，意思是多灾多难的车子。这好像昭示着车舆与水的不兼容。

《周易》的智慧也许不是每个现代人都能读懂的，但其中谈论的车舆文化，却潜移默化地影响着我们的生活。如果我们能够将《周易》中谈论的车舆文化智慧融汇于大众文化中，那将是人民群众真正喜闻乐见的中国车舆文化，只有根植于中华民族文化中，中国车舆文化才会车水马龙，大道向远。

平舆自然村村名成因

杨秋红

据县民政局统计，平舆县共有自然村1731个。数量如此众多的自然村，村名各不相同，大有学问。其中既有规律可循，又有一些特例，共性中存在特性。

自然村命名的最基本形式是根据平舆人的生活习惯，一般以姓氏命名，称某庄、某寨、某堂、某楼、某湾等。姓氏中有百家姓，如果单以姓氏给村庄命名，重名的村子会很多，而平舆县境内自然村名除个别大姓如张、王、李、赵外，在同一个乡镇内几乎没有重名的村庄。这其中原因就在于人们给村庄命名时，或冠以大小方位，或冠以地形，或冠以地名，或冠以职业以示区别。将其归纳整理后，发现平舆境内自然村命名的方式大体遵循以下规律。

一、以姓氏命名的村名

以姓氏命名的村名在平舆县最多，可以说不胜枚举。除此之外也有两姓杂居的村，同时以两姓命名村庄。这也是县域内村庄命名最基本的范式。村庄一般称某庄（或略去庄字）、某寨、某营或某屯。

古槐有张庄、王庄、李庄、罗庄、徐庄、杨庄、郭庄、赵庄、秦庄、殷庄、陈庄、刘寨、戴郭庄等。

东皇有陈庄、孟庄、滕庄、郑庄、唐庄、毕庄、年庄、雷庄、吴庄、余庄、冯庄、贾庄、朱庄、车庄、阎庄、任庄、骆庄、蔡营、高营、董营、杨营、胡营、崔房庄等。

杨埠有黄庄、曾庄、乔庄、樊庄、尤庄、金庄、孙庄、王庄、陈庄、赵庄、夏庄、李庄、郭庄、张庄、曹庄、韩庄、高庄、年庄、徐庄、董庄、潘庄、薛庄、梁庄、周庄、戴庄、萧庄、宋庄、万庄、苏庄、陈营、王营、任柳庄、胡李庄等。

东和店有孙庄、吕庄、曹庄、黄庄、宁庄、麻庄、董庄、丁庄、袁庄、傅庄、毛庄、关庄、余庄、林庄、孟庄、高庄、陈庄、赵庄、唐庄、黎庄、辛庄、吴庄、朱庄、韩庄、杨庄、阎庄、张庄、徐庄、邢寨、史庄寨等。

高杨店有冉庄、任庄、老庄、高庄、吴庄、韩庄、冯庄、马庄、袁庄、阎庄、潘庄、陈庄、刘庄、孙庄、张庄、郭庄、姜庄、李庄、王庄、朱庄、郑庄、夏庄、姬庄、杨庄、杜庄、姚庄、梁庄、董庄、牛庄、董庄寨、刘寨、郑庄寨、吕庄寨、金刘、安李庄、李班庄、柳王庄、盛王庄、李荣庄、张胡营等。

庙湾有费庄、萧庄、金庄、袁庄、宋庄、郑庄、秦庄、牛庄、胡庄、孙庄、张庄、贺庄、钱庄、徐庄、冯庄、刘庄、孔庄、年庄、乔庄、赵庄、韩庄、王寨、李寨、杨庄寨、蒋邵、赵魏、黑田、王苏庄、孙侯庄等。

十字路有龚庄、甄庄、庄庄、马庄、董庄、谢庄、魏庄、范庄、黄庄、张庄、曹庄、赵庄、孙庄、胡庄、杨庄、韩庄、刘庄、秦庄、张铁庄、李房庄、王田庄等。

射桥有黄庄、曹庄、夏庄、庄庄、陈庄、杨庄、贺庄、徐庄、姚庄、郭庄、年庄、刘庄、冯庄、余庄、马庄、乔庄、白庄、雷庄、倪庄、郑庄、唐庄、毕庄、孙彭庄、崔张庄、郭王庄、庄王庄、郅王庄、李赵庄、郭单庄等。

阳城有虎庄、路庄、尤庄、胡庄、庄庄、梁庄、丁庄、赵庄、薛庄、黑庄、周庄、韩庄、崔庄、徐庄、侯庄、卓庄、白庄、任庄、杨庄、秦庄、曹庄、魏庄、何庄、戴庄、张庄、马庄、焦庄、孙庄、肖庄、葛庄、万庄、王庄、高庄、黎庄、宋庄、李庄、丁营、郭营、董营、黑寨、樊寨、吴李、孙鲍、马刘、张万寨、周杨庄、徐万庄、罗王庄等。

万家有蔺庄、叶庄、常庄、尚庄、牛庄、姜庄、阎庄、萧庄、时庄、郑庄、白庄、孙庄、胡庄、魏庄、王庄、郭庄、余庄、蔡庄、冯庄、杨庄、赵庄、任庄、年庄、李庄、姚庄、张庄、高庄、侯庄、刘庄、崔庄、万寨、阎寨、王寨、高辛、张刘、姚刘庄、万王庄、杨王庄、姚万庄、高王庄等。

玉皇庙有孟庄、苗庄、辛庄、冯店、白庄、石庄、方庄、普庄、叶庄、骆庄、蒋庄、曾庄、彭庄、马庄、唐庄、郑庄、周庄、王庄、姚庄、韩庄、张庄、李庄、范寨、郭寨、姚寨、韩寨、郑营、郭李、苏杨庄、房白庄、王刘庄、韩辛庄等。

郭楼有訾庄、门庄、史庄、苏庄、程庄、聂庄、谢庄、范庄、戴庄、彭庄、万庄、何庄、罗庄、曾庄、姚庄、耿庄、岳庄、李庄、安庄、刘庄、张庄、吴庄、杨庄、黄庄、赵庄、郭庄、崔庄、孙庄、朱庄、郑庄、徐庄、周庄、马庄、贾庄、王庄、桑营、王皮营、陈集、陈冲、曹寨、阎庄寨、贾寨、苏周庄、张路庄、郭赵庄、阎辛庄、唐高庄等。

李屯有郝庄、叶庄、邱庄、赖庄、辛庄、滕庄、甘庄、宋庄、胡庄、皮庄、萧庄、单庄、卓庄、林庄、乔庄、梅庄、朱庄、阎庄、房庄、余庄、马庄、王庄、李庄、张庄、陈庄、孙庄、冯庄、唐庄、高庄、范庄、尹庄、郭庄、杨庄、刘庄、李屯、柳屯、韩营、陈营、官余等。

老王岗有房庄、范庄、文庄、韩庄、郭庄、甘庄、傅庄、梅庄、曾庄、贾庄、马庄、李庄、王庄、陈庄、张庄、徐庄、孙庄、李寨、巫营、苏营、胡赵庄、殷李庄、白辛庄、马林、曾林等。

辛店有岳庄、侯庄、薄庄、吴庄、叶庄、李庄、张庄、温庄、魏庄、柳庄、梁庄、范庄、陈庄、王庄、郭庄、韩庄、袁庄、蔡庄、刘庄、高庄、崔庄、纪庄、黄庄、任庄、阎庄、唐店、黄寨、辛王庄、范柳庄、伊王庄、岳房庄、田范庄、赵刘庄、霍纪庄等。

西洋店有官庄、詹庄、郝庄、史庄、姜庄、邬庄、庞庄、钟庄、杜庄、梁庄、白庄、荀庄、方庄、黄庄、辛庄、龚庄、彭庄、何庄、霍庄、邵庄、齐庄、唐庄、桂庄、曹庄、尹庄、董庄、蔡庄、翟庄、邢庄、谢庄、周庄、余庄、张庄、丁庄、朱庄、贾庄、秦庄、王庄、郑庄、宋庄、冯庄、刘庄、崔庄、李庄、魏庄、徐庄、李营、杨营、新李营、潘营、黄营、傅寨、聂寨、袁寨、杨寨、李寨、陈寨、郭寨、胡小寨、王尹、谭赵、王赵庄、徐吴庄、毛陈庄、张赵庄、刘李庄、赵刘庄、刘宋庄、韩王庄等。

万金店有汪庄、丘庄、贺庄、钱庄、赵庄、李庄、冯庄、蔡庄、史庄、程庄、余庄、孙庄、张庄、马庄、陈庄、黄庄、侯庄、孔庄、王庄、戴庄、周庄、张营、余营、李营、史寨、王寨、李寨、胡寨、老宋寨、刘寨、刘保寨、刘田寨、萧王庄、张刘庄、王顾庄、黑李庄等。

双庙有石庄、商庄、从庄、阎庄、王庄、杨庄、张庄、刘庄、孙庄、陈庄、谢庄、郭庄、樊庄、柳庄、李庄、韩庄、胡庄、马寨、吴寨、南营、邢营、王顾庄等。

二、以堂、楼、阁命名的村名

古槐有徐楼等。

清河有王堂、大郭堂、小郭堂等。

东皇有崔堂、张楼、冯楼、陈楼、北张楼、吕楼、任楼等。

杨埠有晋堂、中杨楼、东杨楼等。

东和店有李楼、石楼、前李楼、后李楼、董楼等。

高杨店有杨楼、后高楼、冯楼、陶楼、陈楼、杨土楼、戴楼、三所楼、王楼、田楼、王阁等。

庙湾有王堂、孟楼、余楼、张楼、郑楼、宋楼、杨楼、杨坡楼等。

十字路有熊堂、陈楼、秦土楼、秦坡楼等。

射桥有臧楼、前柴楼、后柴楼、姚楼、越楼、陈楼、王楼、西王楼、前单楼、后单楼、大徐楼等。

阳城有路堂、河堂庄、土楼、张楼、王楼、刘楼、小刘楼、孔楼、周楼、杂面楼、徐草楼、前赵楼、后赵楼、李楼等。

万冢有庄堂、谢堂、姚环堂、万楼、南万楼、张楼、王楼、前吴楼、后吴楼、陈楼、杨楼、阎楼等。

玉皇庙有傅楼、从楼、张楼、梁楼、王楼、西王楼。

郭楼有马堂、郭楼、草楼、王楼、许楼。

李屯有魏楼、楼子。

辛店有胡堂、前韩楼、后韩楼。

西洋店有李楼、陈楼、马楼、高楼、于楼、新于楼等。

万金店有冯楼、史楼、教官楼、小冯楼、东宋楼、西宋楼、后宋楼等。

双庙有冯堂、傅楼、东张傅楼、西张傅楼等。

三、以大小、方位、距离或数字命名的村名

村庄地处东西南北中前后方位，或距离某重镇若干，或遂以方位或距离命名，有时加上数字，以便区分。这种命名形式几乎遍及各乡镇，也是平舆县域内村庄命名约定俗成的一种形式。

古槐有东张庄、西大张、二张庄、北大张、小徐庄、大冯庄、小冯庄、小刘庄、北杨庄等。

东皇有大张庄、东张庄、西河湾、东河湾、大冯庄、小冯庄、大郭堂、小郭堂、大郭庄、小郭庄、东张营、西张营、东刘庄、南杨庄、北张楼、东陈庄、小陈庄、大樊庄、小樊庄、大王庄、北王庄、大王寨、大吴庄、大蔡庄、大陈庄、小胡庄、小李庄、小吕庄、小桑庄、小杨庄、小刘庄、大尤庄、前刘

营、后刘营、三里桥、七里河、五里张庄、五里赵庄、五里陈庄等。

杨埠有大徐、小孙庄、大王庄、西小王庄、西陈庄、西徐庄、后王营、大李庄、小李庄、老任庄、小任庄、前刘庄、后刘庄、前邢寨、小周庄、大秦庄、小秦庄、东梁店、西梁店、南小杨庄、大马庄、双王庄、小杨庄、后小杨庄、小李寨、小王庄、中杨楼、东杨楼、小张庄、大张庄、大柳寨、大柳庄、小柳庄、西张庄、小和庄、大朱庄、西朱庄、南郭庄、小柳寨、南李庄、三里庄、六里庄、大湾、前湾、后湾等。

东和店有东和店、东阎庄、小吴庄、北麻庄、后蒋店、前蒋店、大吴庄、东韩庄、小石庄、北李寨、北张庄、大石庄、大魏庄、麻六庄、后李楼、东朱庄、东辛庄、南张庄、小郭庄、大郭庄、南李庄、前李楼、大孙庄、小孙庄、西小邢寨、小邢寨、李七店、李前店、小李庄、大李庄、东洼、中洼、西洼等。

高杨店有大陈庄、小陈庄、大张庄、小张庄、大李庄、小李庄、南小李庄、小杨庄、中高庄、后高楼、东高庄、小刘庄、东小、西小、小安庄、小王庄、小袁庄、东马桥、西马桥、南刘庄、西张庄、前魏、后魏、西陶、东陶、西郑庄、东李庄、南郭庄、后陶、北王庄、三所楼、四门戴、五门庄、八姓庄、十里庄等。

庙湾有小潘庄、北小杨庄、孟庄东、孟庄西、北孟庄、后孟庄、大卢庄、小卢庄、大杨庄、小孟庄、小李庄、小裴庄、小吴庄、大吴庄、老吴庄、小王庄、北贺庄、东李寨、后李寨、南刘庄、南张庄、后冯桥、西邵庄、南孙庄、前张桥、后张桥、小田庄、小杨庄、老宋庄、小宋庄、南小杨庄、前七寨、大裴庄、南小裴庄、小郭庄、前冯桥、挂塔庙东、挂塔庙西、东岗李、西岗李、西北岗李、前岗李、前吴、后吴、西韩庄、东八里夏、西八里夏、三里夏、八里陈庄等。

十字路有大秦寨、秦老庄、小田庄、小栗庄、大杨庄、大董庄、小孙庄、中马庄、东马庄、西马庄、大麻庄、小麻庄、小秦庄、小朱庄、小王庄、小杨庄、小盛庄、前盛庄、后盛庄、三麻庄、二麻庄、二王庄、三秦庄等。

射桥有大冯庄、大徐楼、大赵庄、小赵庄、小张庄、大王庄、大杨庄、小胡庄、大孙庄、大张庄、小杨庄、小藏庄、东王湾、前柴楼、后柴楼、前单楼、后单楼、南王庄、前张柏坟、后张柏坟、前张冢、后张冢、二韦庄、老韦庄、小王庄、南陈庄、小姚庄、西单庄、后单庄、西王楼等。

阳城有东张庄、东刘庄、西刘庄、东高庄、东贾庄、西贾庄、西孔坟、东孔坟、东胡、西胡、西张营、西李庄、西高庄、西刘寨、南魏庄、北王庄、刘中、刘东、前刘、后刘、后马庄、前丁庄、前赵营、后赵营、前赵楼、后赵楼、前胡、后胡、后高庄、北李庄、大黑庄、小黑庄、小严、大杨庄、大李庄、小李庄、小张庄、小秦庄、老严庄、小尹庄、小王庄、大刘庄、小刘庄、小杨庄、小靳庄、小魏庄、小刘楼、小高庄、小曹庄、小谢庄、小胡庄、小韩庄、老韩庄、小朱庄、小庄、大朱庄、小侯庄、六里马庄、寨后胡庄、河北张庄、三李庄等。

万冢有大彭庄、小彭庄、大赵庄、小赵庄、大刘庄、小刘庄、大高庄、小高庄、大刘营、小刘营、大耿庄、小耿庄、大姜庄、小姜庄、东大彭庄、大杨庄、大李庄、老谢庄、小韩庄、小姚庄、小张庄、小王庄、小黄庄、小徐庄、小宋庄、小营子、小朱庄、小谢庄、小房庄、小罗庄、小王寨、大姚庄、后姚庄、前吴楼、后吴楼、六里庄、六里湾、三桥、前店、后店、后张庄、南万楼、西李庄、后李庄、东刘庄、西崔庄、南韩庄、南赵庄、西小彭庄等。

玉皇庙有大栗庄、小栗庄、大戴庄、小戴庄、大霍庄、小霍庄、大宋、小黑庄、小彭庄、大黄庄、小黄庄、大刘庄、小刘庄、小王庄、小余庄、小李庄、小韩庄、小尹庄、小郭庄、小谢庄、小崔庄、小余寨、前韩寨、南苗庄、南刘庄、北周庄、东田万庄、西田万庄、东黄、西王楼等。

郭楼有南大赵庄、小赵庄、大陈、小陈、大郭庄、小郭庄、南王庄、北郑庄、东赵庄、西赵庄、北赵庄、大唐庄、大赵庄、大王庄、小苏庄、小徐庄、小王庄、西李庄、西宋庄、小阎庄、小庄、小黄庄、小汪庄、后寨、寨里、前店、后店、前马、后马、前阎庄、二陈、三陈、四陈等。

李屯有前岗、后岗、前申店、东戴庄、西韩营、南张、北刘庄、下北河、南刘庄、东赵、西赵、余庄大王、大郭庄、大许庄、大杨庄、大柳、小柳、小阎坡、大张庄、小唐庄、小朱庄、大朱庄、小李庄、小庄、小阎庄等。

老王岗有大马庄、小马庄、大李庄、大张庄、小张庄、三马庄、前刘庄、东王庄、西王庄、东马庄、西马庄、后刘庄、南李庄、西郭庄、西孙庄、小陈庄、小孙庄等。

辛店有后辛店、前辛店、前冯、后冯、大韩坡、小韩坡、前韩楼、后韩楼、大赵庄、小赵庄、大郝庄、小郝庄、前马庄、后马庄、前隗庄、小李庄、小陈庄、小黄庄、大郭庄、西冯寨、东冯寨、前冯寨、东阎庄、前魏庄、后魏庄、前张庄、后张庄、南宋庄、大曹庄、小曹庄、大王庄、小王庄、小吴庄、南小冯庄、小傅庄、小霍庄、前杨庄、后杨庄、前杨马庄、后杨马庄、大傅庄、大斑竹、小斑竹、两路口等。

西洋店有前张寨、后张寨、前贾营、后贾营、后岗、后赵、前刘、后刘、西毛陈庄、北余庄、东耿庄、西耿庄、西李庄、东李庄、东大陈庄、东小郭庄、大李庄、大陈庄、大尹庄、大郭庄、小郭庄、大赵庄、小赵庄、东龚庄、小张庄、南小韩庄、东张庄、前张庄、后张庄、南余庄、大韩庄、小韩庄、小李庄、小官庄、小宋庄、小王庄、大周庄、小周庄、小尹庄、小霍庄、小陈庄、大邢庄、小许庄、东黄庄、南徐庄、北徐庄、下史庄、南小庄等。

万金店有东李庄、西李庄、南王庄、南李庄、中李庄、北李庄、后刘庄、前刘庄、后王庄、前王庄、前朱庄、后朱庄、东宋楼、西宋楼、后宋楼、南张庄、南戴庄、北张庄、老刘庄、小刘庄、刘小庄、小翟庄、小赵庄、小李庄、小郑庄、小余庄、小陈庄、小郭庄、小冯庄、小冯楼、小雷庄、大张庄、小张庄、大王庄、小王庄、大李庄、小沈庄、大郭庄、小郭寨、大郭寨、前张集、后张集等。

双庙有大韩洼、二韩洼、小韩洼、小吴庄、小南庄、大李庄、李大庄、小李庄、小刘庄、小郭庄、西吴庄、大吴庄、大马营、前马营、后马营、中马营、后张庄、北李庄、前寨、后寨、东郭庄、西郭庄、东王庄、西王庄、南李庄、前张、东张傅楼、西张傅楼等。

四、以人名命名的村名

以人名命名的村庄，多为纪念祖先或始祖，也有纪念某名人的。这一类的村庄并不多。

杨埠有王平庄、王谷子庙，高杨店有杨慢庄、李荣庄，十字路有李房庄，射桥有徐国干，阳城有张老人、刘吾，万冢有姚环堂，郭楼有李敬庄，西洋店有李逵庄、二郎庙，万金店有李广桥，等等。

五、因地名得以成村名

这类村庄，把已经形成固定称谓的地名，直接拿来当作村名（或稍加改动）。

（一）河流、湖泊：杨埠有黄港，东和店有湖坡，老王岗有方良河、甘港、黄陂港，辛店有淇沟、常湖，西洋店有杨河、汪湖，等等。

（二）城池：射桥有古城，阳城有韩古城，等等。

（三）坟墓：射桥有前张柏坟、后张柏坟、前张冢、后张冢，阳城有东孔坟、西孔坟，万冢有万冢，等等。

（四）埠口：东皇有陈埠口、吕桥口，高杨店有陈埠口，庙湾有郭埠口，射桥有新埠口，阳城有寺耳埠口、寺耳埠口寨，玉皇庙有磨扇埠口，老王岗有新大埠口、老大埠口、刘李埠口、小埠口、赵埠口，西洋店有袁埠口、张埠口、李埠口，等等。

（五）寺庙：东皇有白庙、郭庙、王庙、张奶奶庙、全神庙李庄，杨埠有王双庙、王谷子庙，东和店有奶奶庙、仙翁庙，高杨店有铁祖寺庙、厂庙，庙湾有龙王庙、小严庙、梁庙、戴关庙、挂塔庙东、挂塔庙西、清真寺，十字路有王关庙、石磙庙，射桥有双庙、牛王庙，阳城有洪山庙、清凉寺严庄、张小庙、余庙，万冢有郭寺、苏庙、汤庙、双庙，玉皇庙有玉皇庙、严庙、石王庙，郭楼有高平寺、丁字庙、王庙、张小庙、黑张庙、白塔寺王庄，李屯有普照寺、十八里庙、双庙，老王岗有白龙王庙，西洋店陈主寺庙、白庙、赵庙、二郎庙、王寺台，万金店有厂庙、龙王庙、滕庙、背阴关南李庄，双庙有双庙、新岗寺，等等。

（六）桥梁：古槐有曾桥，东皇有三里桥、双桥、吕桥口、刘桥、北刘桥、李桥、邓桥、蔡桥，清河有王栋桥，杨埠有韩桥，高杨店有王桥、刘桥、东马桥、西马桥，庙湾有戴桥、解桥、前冯桥、后冯桥、前张桥、后张桥，射桥有射桥、赵桥、马桥，万冢有刘桥、孙桥、鲁桥、杨桥、大姚桥、后姚桥、三桥，玉皇庙有郭桥、郑桥，郭楼有王栋桥、罗桥、黄桥，老王岗有陈桥、孙桥，辛店有亚桥，西洋店有宋桥、李桥张庄，万金店有陈桥、冯桥、萧桥、李广桥、马桥马庄、马桥李庄，双庙有梁桥、朱氏桥，等等。

六、以地形之势得村名

村庄地处河湾、洼坡地、岗地或特殊地点，遂以地形命名。

（一）河湾：东皇有东河湾、西河湾；杨埠有大湾、前湾、后湾；高杨店有路湾、上湾、王纪湾；庙湾有庙湾、里湾、郭湾、新郭湾；射桥有胡包湾、王湾、东王湾；阳城有河湾、傅湾；万冢有六里湾；郭楼有辘辘湾；辛店有赵湾；万金店有李家湾、邓湾、龙湾、东李湾；双庙有张湾；老王岗有王湾、霍湾、大傅湾、黄湾、高湾、小傅湾、马湾、小马湾、东马湾、赵湾、朱湾、小朱湾、西杨湾、东杨湾、龙湾、小黄湾，还有一个叫河里圈，两个叫黄陂港、甘港的村名；西洋店以湾命村名的最多，有老湾、上周湾、下周湾、胡湾、前周湾、后周湾、孟湾、大李湾、小李湾、吴湾、胥湾、前尹湾、后尹湾、新尹湾、老孙湾、新孙湾、三里湾共 17 个；等等。

（二）坡地：东和店有湖坡，高杨店有荒坡，十字路有坡杨庄，阳城有坡张庄、马李坡，万冢有宋坡、李坡，玉皇庙有余坡，郭楼有戚坡、叶坡，李屯有阎坡、小阎坡、贺坡、管坡、小王坡、东王坡、西王坡，老王岗有单坡、殷坡、孙坡，辛店有宋坡、大韩坡、小韩坡，万金店有张坡，等等。

（三）岗（岭）地：东和店有王岗，庙湾有东岗李、西岗李、西北岗李、前岗李，阳城有胡岭、高岭、岭王寨、岭张，万冢有汤岭、韩岭，李屯有前岗、后岗、宋岗、黄岗，老王岗有老王岗、郝岗、小岗、朱岗、陈岗、罗岗，西洋店有前岗、后岗，双庙有八里岗、新岗寺，等等。

（四）特殊地点：东皇有老围子、营子、白庙、周洼；杨埠有洼张；东和店有朱洼；高杨店有三所楼、刘湖、洼李；射桥有韦堂；庙湾有挂塔庙东、挂塔庙西、河西、谢洼；射桥有单洼、单路岔；阳城有徐洼、刘洼、小河嘴、徐大坑崖、河堂庄；万冢有石洼；玉皇庙有常塘，还有显示村庄长久的黑老庄、傅老庄；郭楼有草楼、宋海、小穴庄、桥口；李屯有孔海、张台、黄洼、楼子；万金店有厂庙郭庄、直沟李庄、马桥马庄、马桥李庄、铁塔王庄；老王岗有林道；辛店有两路口、常湖、淇沟店、冯庄铺；西洋店有汪湖、西洋潭、王寺台、高台、新台、庙后、乡里；等等。

七、以民间传说命名的村名

有些村庄名称来源于民间传说。

清河有白庙，东皇有车庄、老围子、张奶奶庙，杨埠有杨埠、王平庄、百合庄、金庄、王谷子庙，东和店有仙翁庙，高杨店有杨慢庄、四门戴、荒坡、陈竹园、岗李、洼李、牛王庄、王纪湾、李荣庄，庙湾有庙湾、戴关庙、荣花树、吴自岐庄，十字路有王关庙、石磙庙，射桥有射桥、牛王庙、陶台铺、徐国干，阳城有阳城、张老人、孔坟、洪山庙、殷潜、土楼、火烧韩庄、寺耳埠口，万冢有万冢、郭寺、牛庄，玉皇庙有玉皇庙、磨扇埠口，郭楼有王栋桥、郭楼、辘轳湾、张小庙、李敬庄，李屯有李屯、十八里庙、普照寺，老王岗有老王岗、白龙庙、兴旺店、方良河、龙湾、三马庄，辛店有辛店、两路口，西洋店有西洋店、西洋潭、杨河、李逵庄，万金店有万金店、教官楼、李广桥、背阴关南李庄、龙湾，双庙有双庙、马营、早王庄、朱氏桥，等等。

八、以动植物名字命名的村名

村庄早年养殖某动物或种植有某种植物，或与某种动植物有关联。

古槐有杨茨园，东皇有榆树营，杨埠有百合庄，东和店有蚰子庄，高杨店有桂花、陈竹园，庙湾有荣花树，阳城有虎庄、角羊庄、花牛李庄、柳树庄、枣林、郭茨林、松树庄、赵栗园、徐竹园，郭楼有戚林，李屯有许次林、林道，老王岗有马林、曾林，辛店有大斑竹、小斑竹，西洋店有梨树园、张竹园，万金店有柿园、前茨园、后茨园，双庙有东橡树庄、西橡树庄，等等。

九、以行业（职业）命名的村名

村庄早年以某行业为生计，遂以行业或集、店为村名。

东皇有车庄、瓦房庄，杨埠有油坊李庄、糖坊庄、王店、东梁店、西梁店、薛店、项集、应市集，东和店有东和店、后蒋店、前蒋店、丁店、木香店、李七店、李前店、盐店庄，高杨店有高杨店、饭铺王庄、油坊刘庄、笸箩王庄、大窑马庄，十字路有张铁村，射桥有徐菜园、王楼集，阳城有瓦房庄、糖坊李庄、扈店、新集，万冢有前店、后店，玉皇庙有学佃、冯店，郭楼有前店、后店、陈集，李屯有申店、前申店，老王岗有兴旺店、潘集，辛店有后辛店、前辛店、淇沟店、唐店，西洋店有西洋店、张店、刘金店、韩店，万金店有油坊陈庄、油坊李庄、白铁张庄、瓦房庄、万金店、土店、前张集、后张集，等等。

十、以家族排行命名的村名

古时候，家族人口多。人口多了就分片居住，老大一家叫“长门”住一地，老二一家叫“二门”住另一地，如此则有“三门”“四门”及至“末门”都分开居住。他们的后人越来越多，就分别成了单独的村子。

高杨店的四门戴和五门庄，十字路的二王庄、小王庄、秦老庄、大秦寨、三秦庄、小秦庄、大麻庄、二麻庄、三麻庄、小麻庄，射桥镇的老韦庄、二韦庄，阳城镇的三李庄，郭楼镇的二陈、三陈、四陈，双庙乡的大韩洼和二韩洼，等等。

十一、以其他形式命名的村名

有些村庄名称是老百姓的美好祝愿，有些村庄名称强调本村地域或其他的特殊性。

古槐有老徐庄，杨埠有老任庄、老李庄、老常庄，高杨店有老庄、八姓庄、士陈庄，庙湾有念张、老吴庄，十字路有秦老庄、十字路，射桥有单老、雍乐，阳城有旺王庄、张老人、老严庄、老韩庄，万冢有老庄，玉皇庙有黑老庄，李屯有小庄，老王岗有兴旺店，辛店有两路口，西洋店有老庄、老湾，万金店有刘保寨，等等。

总而言之，平舆县境内自然村命名是以姓氏为基础，辅以方位词、地名地形、职业、动植物、民间传说等多种村庄特性杂糅而成的。

作者简介：杨秋红，女，平舆县政协文化和文史委主任。

平舆的寨子

韩文艺

平舆县地处豫东南一带的洪汝河流域，县域内是一望无际的平原，无险可守的地貌。1860 年以后直至全国解放近百年期间，很少有太平日子。在动乱时期，民众的生命和财产安全得不到保障，修筑寨子就显得很有必要。

一、建寨与“跑反”

明末，农民起义爆发。平舆境内修筑韩寨（明朝称东寨），《汝宁府志》有记载。这时期写成的各种书籍中多称寨子为土寨。清咸丰同治时期，捻军起义，民众再次修寨，这是豫东地区修寨的高潮期。翻看附近各地区的地方志，多有记载清咸丰同治时期的寨子修建时间、发起人、经过等信息。

民间称盗匪骚扰为“反”，躲避这种侵害为“跑反”，“跑反”时便躲进附近寨墙内。寨墙既然为大家造福，一般由受益乡邻筹资或出工，选在较大村庄上修筑，也有富家大户出资修筑。山区取石方便，多修石寨，豫东平原则堆土而成土寨。

二、寨子的构造

寨子有寨墙、寨沟、寨门，寨墙的四个角设有炮楼高高凸起，寨门外有石桥或吊桥，寨内就是群众住的民房，寨墙上的配备有佛郎机（伏狼机）等土炮武装。寨子有寨主管理，有寨工、寨丁等兼职人马，民国时期还成立有寨工局。

寨墙即寨子四周堆砌的一至数丈高的围墙，寨垛上可设置枪、炮以防御。修寨子取土成壕，壕沟（寨沟）宽数丈，深丈余，存水又成一道防线，称“寨沟”“寨海子”，大寨有两至三圈寨沟。寨子有些是土寨，有些是土寨内外用砖包裹（也叫砖寨），后者更为坚固。寨门一般不会对着开，也就是说不会南北贯通，让你从南门能看到北门，这是为了避免土匪轻易掌握寨内地形，横冲直撞。寨门必请阴阳先生测定，开于吉方，还要有吉祥的门名，如金汤寨、万安寨、民众寨、阎安寨、保安寨、雍乐寨等，当然，这只是百姓的一种美好愿望。寨门外壕沟上可设吊桥，即用宽厚木板置于壕沟两岸以使人车通行，再用滑轮把木板吊起以随时启闭。

寨子给县内群众留下了深厚记忆，寨门、寨海子、寨沟、寨上、前寨、后寨等词汇至今仍在使用。寨子虽然拆了，但是这些寨子的衍生词还留在当地人们的语言词汇里。

三、著名的寨子

县内较知名的村寨有以下这些：阳城的张万寨、岭王寨、寺耳埠口寨。射桥的雍乐寨，十字路的大秦寨、大董寨，庙湾的里湾寨、杨庄寨、南李寨、张七寨，万冢的韩岭寨、万寨、阎寨、金汤寨（今汤庙），高杨店的荒坡寨、郑庄寨、姚吕庄寨，辛店的老黄寨，李屯的孔海寨，西洋店的高楼寨、杨营寨、聂寨、冯老湾寨、陈寨（旧称保安寨）、傅寨、郭寨、张埠口寨，杨埠的王美寨、大柳寨、王谷子庙寨，东和店的前楼寨，万金店的史寨，双庙的张湾寨，玉皇庙的韩寨、范寨，郭楼的高平寺寨，东皇的徐寨、大王寨，清河的阎寨（三里桥）、陈家寨（豫南捻军策源地，陈大喜家乡）、冯寨。

上述不少寨子发生过捻军与清军的战斗（如陈家寨），土匪与红枪会的战斗（如杨庄寨），土匪与人民解放军的战斗（如庙湾镇南李寨）；有些曾驻扎过清军（如大王寨）和国民党军队（如里湾寨），有些曾是清代捻军据点（陈家寨、老黄寨、高平寺寨），有些曾是新中国成立前共产党驻扎点（王美寨、傅寨）。

寨墙在动乱中修建，在动乱中毁坏又重建，有寨时百姓一天也没有安生过，寨成了一个不太平年代的象征和见证。新中国成立后，没有寨了，人们却真正安享着太平生活。

作者简介：韩文艺，平舆玉皇庙人，1990年出生，曾求学于新疆、武汉，现为西洋店镇政府干部，多次参与市、县文史资料征集，私撰有《平舆碑铭录》《庙儿湾镇》《大地无声——豫东南乡土笔记》。

平舆的古桥

韩文艺

旧时平舆县一些集镇码头建在河流附近，常经过大量人流车马，故而修筑石桥沟通河两岸。平舆的古桥一般纯用石头开好榫卯，把各构件放到它该放的位置，一座桥就建好了，稳固得很，桥栏雕刻有飞禽走兽等吉祥图案。清康熙二十九年（1690年）的《汝阳县志》、民国二十七年（1938年）的《重修汝南县志》中均有专门章节叙述。

庙湾老桥，在庙湾清真寺北，又名洪济桥，今庙湾镇政府与河西村之间，跨洪河上，东西向，今已不存。民国时的《汝南县志》记载“此桥在汝东七十余里之庙湾镇，位于东西两寨中间，跨澺水上，长亘十余寻，纯以青石为之，宽可并行大车两辆……为汝东水陆交通之要卫，桥之南北船舶云集，布帆高悬，望如蝶翼。”

杨埠桥，在杨埠老街，跨洪河故道上，南北向，今尚存。桥之南北为两条老街，大约互相平行，称杨埠老街，桥南的老街上有古清真寺。清顺治时汝宁知府金镇曾作《杨埠桥落成志喜十二韵》咏此桥。民国时的《重修汝南县志》记载：“此桥在汝城东南八十余里，位于南北两寨中间，跨澺水，长宽与洪济桥相同，中间三空（孔）……清乾隆三十三年，户部尚书曹振荣独自捐资重修……咸丰年间陈逆名升（陈扒子）焚毁北边砖孔一处……昔称汝城东南半壁屏藩，桥之东西，船舶往来不亚洪济（即庙湾洪济桥），为往来新息及安徽阜阳等县必由之路。”

射桥，在射桥老街西侧，东西向，横亘茅河上，即现今西关大桥北侧。民国时的《重修汝南县志》云：“跨毛河上，石函五孔，昔时称为汝南东北重镇，东通沈项，北达周口，此桥南下约十里有陈土桥一座，用木架成；又南下六里余有姚桥一座，系用石筑。”

寺耳埠口桥，在阳城镇寺耳埠口村的洪河上，老桥已不存。民国时的

《重修汝南县志》云:“桥以木架成,木上铺材,材上敷土,能行载重大车,桥之南北停船颇多,商业亦甚发达。”

张老人埠口桥,在阳城镇张老人村南的洪河上,今老桥已不存。民国时的《重修汝南县志》云:“长亘十余丈,宽两丈余,石函六孔,纯以青石筑成。”此桥的形式与庙湾洪济桥相类,附近往来船舶不绝如缕。

桃台桥,在陶台铺,今称陶台铺大桥,位于明清时汝阳县“桃台胜景”所在地。民国时的《重修汝南县志》记载:“张老人埠口桥其下十余里有桃台铺半截桥一座,桥身低下,往来船舶有时多感困难,因而俗称捣乱桥。”今天的陶台铺桥是平舆县玉皇庙乡和射桥镇的界桥。20世纪70年代建钢筋水泥结构的陶台铺大桥,后来扩建吴黄公路(213省道),为满足交通需要,2006年扒掉后在其西侧毗邻新建陶台铺大桥一座。

月旦桥,在明清时期平舆集南侧,南北向,西邻“西塔寺”。桥在小清河上,传为汉代许靖兄弟初建,因在月旦岛西侧得名“月旦桥”。桥北为平舆老街和古挚国遗址。此桥西通汝宁府,南至正阳、信阳,东至新蔡、临泉、颍州,北至项城、周口。据传,大明永乐皇帝曾在喝过“永乐仙”酒后醉卧月旦桥头,令该桥名声大噪。

淇沟桥,在辛店乡淇沟集西北,当地人称北大桥,保存较完好。当地在明清时期叫淇沟店,抗日反蒋的程道荣的老家就在南北走向的淇沟店老街里。此桥在淇沟北坡,因地处荒僻,今已近乎废弃。关于此桥,当代的几本县志均未提及,默默横亘于淇沟集西北坑塘里。淇沟桥由14根石条筑就:桥基6根,桥面6根,栏杆2根。石条均4米长,80厘米宽,厚约20厘米,重达17吨。在明清时期要运送如此体量巨大的石材绝非易事。淇沟桥雕刻“龙头”“龙尾”,石板上有花纹和匠人手工敲打痕迹。此桥北通李旗屯和汝南,南达息县。后来汝新官路废弃,淇沟集逐渐冷清。查阅清康熙二十九年(1690年)的《汝阳县志》,上面记载“淇沟桥,城东六十里”,可知淇沟桥建于大清康熙以前,故当地村民称其“五百年的石桥”。

方良桥,在老王岗乡方良河村,建于明初,保存欠佳。明初当地置有“方良里”,清康熙年间的《汝阳县志》记载了“方良河”,并记“方良桥,城东南十八里”。方良桥横跨方良河上,桥基有36个石磙组成,造型和筑建方法极罕见,桥面为石条铺就。目前,石质桥面上铺了一层水泥,如果仅从桥上走过,不留意看的话不会发觉此桥为石桥。至今桥上仍存有石头雕刻的龙头，其上龙眼、龙耳、龙口分明可辨。过去的方良桥造型庄严，有狮子望柱，有蟠桃望柱，有高约 1 米的栏杆板，可是历经沧桑，毁坏严重，桥栏杆和许多望柱都已经不存在了。在该桥附近发现开有榫卯的望柱、石柱础等石桥构件。方良桥附近过去是热闹的，有“方良里”“方良铺”。出土于此地的《明崇国瑞安王镇国将军墓志》说：“镇国将军朱厚炯葬于方良河祖茔之侧。”翻看清康熙年间的《汝阳县志》，里面记载多位崇王葬于方良河附近，可见此地物阜民丰，属堪舆学里的好地方，极富人文内涵。

白龙王庙桥，在老王岗乡白龙王庙村南，保存一般，当地人称南大桥，离村子二里，横跨在一条小河上。关于此桥，明清至民国时期的《汝阳县志》《汝南县志》及《平舆县志》均未见提及。过去，在此桥北侧有白龙王庙一座。桥北侧的白龙王庙村在新中国成立前有条南北大街，20 世纪 90 年代县志里还记载此地逢集，今天集已经废了。此桥朴实无华，除开有榫卯外没有过多雕刻装饰，应为明清时期遗物，它的古老一看便知。

涵头桥，在涵头店集（四门戴集）东北侧。桥跨涵河（今称运粮河），南北向，今已不存。清康熙年间的《汝阳县志》记载：“涵头桥，城东八十里。”此处有涵头店集、涵头寺、涵头里、涵河。涵头寺遗址出土的陶器和铜镜等文物在驻马店市博物馆存放展览。涵头店集，曾属项城，清宣统年间的《项城县志》记载“涵头店集，即涵头寺，现属汝阳，今仍旧志”。涵头里，康熙二十九年的（1690 年）《汝阳县志》记载：“涵头里，城东八十里”。

治平桥，在东和店镇仙翁庙西南，旧为三孔石桥，跨大黄港上。民国时的《重修汝南县志》记载：“桥在仙翁庙西半里许，为昔时费长房投杖处，即葛陂旧址。”仙翁庙中保存的清代碑刻《重修治平桥碑文》写道：“汝东仙翁庙旧有治平桥，三孔，古迹尤存。”治平桥的位置很重要，《重修治平桥碑文》说：“南通光固，北达项淮，诚要卫也。”

洪山庙马肠河桥，在阳城镇洪山庙集，南北向，横跨北马肠河，旧称济民桥。现于原址西侧 300 米处建有新桥一座。明清时期的县志称当地这条河流为马常河，今改称北马肠河。当地存有明嘉靖年间的《重建马常河桥记》，此碑刻极为珍贵，记载有马肠河桥的修建过程，并云此桥“上通汝南，下达睢陈，日经几千万人”。

以上古桥有些至今尚存，保存尚可，有些已经拆毁了，剩些石块和边角废料可寻些许痕迹，更有些甚至难辨踪迹了。尤其可惜的是有些石桥造型宏伟，如阳城镇六孔的张老人埠口桥、射桥镇五孔的射桥、庙湾镇的洪济桥（庙湾老桥），这些桥纯用青石修成，现如今都已经看不到了。

寺耳埠口桥、张老人埠口桥、桃台桥、庙湾桥、杨埠桥的相关记载中，多有“桥之南北船舶云集”“布帆高悬”“桥之南北停船颇多”“往来船舶不绝如缕”的描述，今天的人们读来会觉得不可思议，因为我们没亲眼看到过洪河通航运的时代。通过旧时这些平舆古桥的记载，读者可以想象明清时期洪河航运的发达，还原当时平舆县几个著名商埠码头的繁华。

洪汝河航运与埠口文化

韩文艺

平舆境内有两条大河（洪河与汝河），20 世纪 50 年代，河面上还千帆竞发，航运极盛。沿河建有许多埠口，是货物集散地和经济中心。在县内埠口的相关记载中，多有“船舶云集”“布帆高悬”“停船颇多”“往来船舶不绝如缕”的描述，这里笔者就谈谈县内那些因河而兴的古镇、埠口及洪汝河的复航。

一、因河而兴的古镇

洪河上的古镇，主要有寺耳埠口、庙湾、射桥、杨埠等集镇，这里主要谈后三者。先说杨埠。杨埠位于平舆县东 12 公里洪河岸边，是汝颍官道沿线重镇，在明成化年间设立杨埠巡检司，为洪河古镇中设巡检司之开端，它上通上蔡、西平，下达新蔡，可入淮河，进长江，有“洙湖射桥庙儿湾，不如杨埠大镇店”之美誉，古镇上有回族群众聚居。再说庙湾。据清嘉庆时的《大清一统志·汝宁府图》记载：“庙湾镇巡司，在汝阳县东七十里，本朝雍正十二年设巡司。”庙湾古镇地处水陆通衢，陆地交通上庙湾是汝项官路重镇，水陆交通上，庙湾是洪河重要码头。设立巡检司的初衷，据记载是这样的：“丁巳。吏部议覆。河东总督王士俊、疏奏豫省增驻官员事宜……汝阳县庙湾镇，水陆冲衢。渑池县硖石驿，山谷险要。固始县往流集，吴豫交界。各请设巡检一员，稽查防守……”（《清实录·雍正朝实录》）。也就是说，根据当地官员的奏请，朝廷批准设立了庙湾镇巡检司，建公堂班房，驻官吏捕役，管理行市，征收赋税。这里客商众多，人员稠密，有粮行、牲畜行、盐行，日进斗金，建有山陕会馆、东岳庙、清真寺、基督教堂，有著名特产“庙皮”，有高头龙灯、武术街等一系列民俗文化印记。山陕客商客居庙湾者众多，联合建起了山陕会馆，规模宏大，远近闻名，乃客商的聚集场所。次说射桥。与其他码头临汝河、洪河不同，射桥是洪河支流茅河上一个码头，是一座古镇，有开元寺、黉庙、韩氏古民居等古建筑。明清至民国，射桥是汝南东部的名镇。

汝河上的古镇有高台。高台紧靠汝河，汝河自北而来在村西拐一大弯径直向西流去。旧称高台店，在过去航运十分发达，商业繁华时，曾有南北街、东西街。民国时期曾设高台乡，是汝南城到正阳寒冻、信阳光山息县的必经之路。民国以前，汝河通帆船，粮食、木材等各种货物经汝河航运到达淮河，进而到达江苏等地。古镇上原有寺庙多处，曾先后有兴国寺、城隍庙、山门、土地祠等存在。现今高台村西北的祖师庙，存有明、清、民国时的碑刻多通，存有石佛像多尊。庙门口一方立于清乾隆四十九年（1785 年）的《重修三仙庙山门城隍土地祠碑记》记述着高台店的古老历史，仔细查看仍可辨出“汝阳东南距城七十里”的字迹。青年时代的明太祖朱元璋流浪汝颍期间亦曾到过高台店，并留下“卧龙台”的传说。

二、因河而兴的埠口

在平舆的地名中，留有昔日洪汝河航运发达的遗迹，密布着众多以“埠口”命名的村庄。洪河上的寺耳埠口、张老人埠口、磨扇埠口、新埠口、郭埠口、杨埠；汝河上的赵埠口、刘李埠口、老大埠口、新大埠口、小埠口、高台埠口、李埠口、张埠口、袁埠口等，一看名字就知道，过去曾是渡河的埠口。

据介绍，这些埠口多选在水流平缓之地，便于船只往来河道两岸；或选在河湾里，因为可以避开风浪，便于船民休息。并且，这些埠口往往是陆路交通的延伸，位置很重要。比如高台埠口、杨埠口（杨埠旧称）就分别是汝南与息县、颍州大道上的渡口。这些埠口处，往往设有集镇，如寺耳埠口、磨扇埠口、高台埠口。

后来，经济发展，社会变迁，随着时光流转，这些埠口逐渐被裁撤。至今，一些古埠口仍停有锈迹斑驳的渡船，只是已不再营运，静静地诉说着往日的沧桑。

三、洪汝河的复航

20 世纪 50 年代，是洪河航运的鼎盛期，当时河上都是木帆船。至 20 世纪 80 年代，洪河仍是河南省通往华东的一条重要的水运通道，全年通航时间达 280 天。20 世纪 80 年代末期，由于河道治理和农业发展，使水资源需求增大，再加上船舶大型化发展等原因，致使洪河逐渐失去通航能力。

现今，整个驻马店市已没有通航河道，为振兴航运，驻马店市将启动洪汝河复航项目，目前已编入省交通运输厅“十四五”重点航运项目中，纳入了省政府的规划。据规划，洪河与汝河的平舆段也将复航，弥补平舆县水路货物运输的空白。在不久的将来，洪汝河复航，平舆县的货物就可以经过航运进入淮河，通江达海。到那时，低廉的运价不仅可以降低企业成本，还可以减轻公路运输压力，大幅度降低燃料的浪费和污染。

鲜花盛开的村庄

张贤锋

这几年我干新闻采访工作，总是背着个相机在各乡镇走访，蓦然发现平舆喜欢户外出游的人越来越多了，他们乐于在周末或节假日骑上自行车或电瓶车，到县城周边十里八乡的村庄去转悠，看看那里一年四季盛开的鲜花，品味一下乡邻厚道诚挚的热情和乡土文明。

平舆地处淮北平原，地势平坦，全县总面积 1282 平方公里，属大陆性季风气候区，处于亚热带向暖温带的过渡地带，兼有两种气候带的气候特征，四季分明，雨热同季，气候温暖，雨水较为充沛；农业优势突出；自然条件适宜多种动植物的生长。四季有花开，春季最美丽。每年的春天，这里遍地都是桃花、梨花、杏花、油菜花等，成为花的海洋……

春季在平舆赏花，有几个最佳观赏点。城北的蓝天芝麻小镇，城东的百花谷度假区，城南的天水湖、植物园，城西的舆西湖公园、安城湖等就不用说了，绕城的玉带河最有特色。两岸不但有高大的景观树，如翠柳、松柏、玉兰、悬铃木、槭树（又名七叶菩提）、桂树、女贞子等，还有风竹、丁香、山楂、山茶、紫荆、紫薇、海棠、樱花、碧桃、琵琶、石榴、木芙蓉等小棵花木，还有迎春、月季、榆叶梅、酒瓶花、鸢尾花等，河道中还有多种睡莲在开放，让人欣赏不及。七里河的河水汪汪，更加清澈碧透，雎鸠（俗称野鸭子）双双戏游水面，两岸堤边垂柳依依、绿草覆盖，玉兰和樱花争相怒放，让人频频回首，不忍离去。还有西洋店新农村老湾风景区也很有特色，万家镇的新农村一村一品工程也值得欣赏。

平舆县是大别山革命老区，留下了许多可歌可泣的英雄人物和英烈遗迹。平舆革命烈士陵园掩映在苍松翠柏和鲜花丛中，值得我们这些享受和平幸福的人们去瞻仰。郭楼镇的高平寺、白塔寺，都是 1928 年夏农民武装暴动的旧址。聂庄是中共汝南一区区委遗址；梅庄是杨靖宇养伤地；万冢镇的郭寺有魏金芝烈士纪念碑、金芝广场、郭寺村史馆；庙湾镇的李寨有攻打李寨牺牲的 12 名无名烈士墓园；杨埠镇不仅是著名的国共合作抗日根据地，更是中共汝南县委县政府旧址……如果我们踏着村寨边的野花和村边的油菜花去拜访一下，温故而知新，就会知道我们今天的幸福生活多么来之不易。

舆乡西南的老王岗，是汝坟旧址所在地，汝南周氏始祖姬烈之墓至今尚在，安成故城遗址至今尚在，不但历史厚重，与日本鬼子浴血奋战直至壮烈牺牲的抗战英烈吴馨武的坟墓也在这里。这里有汝河的老河湾，河水清澈碧透，两岸野花竞放，景色秀丽。这里还有阳城镇的洪山庙、袁家冢、陈胜故里，射桥镇的沈国故城遗址、上天桥下天桥拉龙沟斩龙台旧址，李屯镇的普照寺塔，庙湾的台子寺遗址、山陕会馆，东和店的仙翁庙等，也值得去走访一下，感受厚重的平舆文化。

走到平舆的村镇上，感觉会比他乡的小镇更好一些。相见问好，一口地道的平舆方言土语，会让你感觉分外动人。乡亲们都很纯朴，要买什么物品，物价绝对不贵，更不可能发生“宰人”的现象。镇上的小店、小餐馆和买菜的小摊子跟我们小时候一模一样，感觉很是亲切。舆乡偏远的小集市逢集日还会很堵，但是也很热闹。从这一点来看，舆乡还没有真正意义上的开发，希望发展旅游业的时候不要将这些都改变了，一旦修建得像深圳、广州一样，估计大家反而会失去兴趣了。

来平舆的外地游客，都要在村里或者街上买菜，芝麻叶、萝卜干、姜蒜、辣椒、大西瓜、小甜瓜，买完了一大堆，吃当地的散养鸡，在小镇的小餐馆里吃纯自然的烧青菜、烧茄子，真的太好吃了，鸡蛋的味道都不同于城市的。如果赏花过后，到了结果的季节，再来这里品尝桃、杏、李、梨、西瓜、葡萄等水果，将会是一次农家美味之旅。

平舆的村庄差别不大，村子里既有新盖的漂亮楼房，也有比较老旧的房屋。如果发现村舍一排排建筑得很整齐，估计年代并不久远，多半是“75・8”大洪水之后新建的。不过在花草树木的衬托下，显得很是好看，房前屋后都是花和果树，真是一个个鲜花盛开的村庄。

一些村民的门口，种植了一些自己喜欢的花卉，月季最多，桂树也不少。村子里一般都还比较干净，也可能有特别偏僻的角落有垃圾，估计过不了一两天就会被村组干部发现，随后就清理了。

顺着村里的小路一路走，野生的花草和栽种的花卉同在，你可以一路赏花，一路走下去，浑然不觉得累。

在一些村庄的路口，会有一些卖农副产品的村民，常常被游客包围着。不用挤进去看也知道，那一定是本村的特色果蔬或食品。油炸的糖糕一元钱一个，刚出炉的烧饼两元钱一个，都很好吃。时令果蔬，随行就市，童叟无欺。

不少村民的家门口，都摆放着一些小板凳，专门提供给游客免费使用，也可以进去吃饭喝茶。如果绕到村屋后面，游客就很少了，很安静，可以慢慢看看老房子，拍点花草。

在这桃花源般美丽的田园村庄，你看到的肯定是以人工栽培的花朵为主调的悠然风景。除了果类，还有一些风景树和食用、药用、观赏性的花，如木本的桂花、紫薇、玉兰、木槿、月季、迎春、含笑、木芙蓉、茉莉、栀子花，草本或宿根类的各色菊花、鸡冠花、春兰、蕙兰、芍药、萱草、大丽菊、荷花，等等，还有寄生于村寨旁边的众多野花，如金银花、牵牛花，更多的我还真叫不出名字来。

说实话，我最喜欢舆乡春天的油菜花，油菜花开的景色，十分喜气，并不亚于那满山的杜鹃花开。青翠的林木是大地的背景，天上的白云是田园的守护神。十里八乡的田野上，横贯着一条条蜿蜒的小河，河上是庄稼人一样朴实稳重的石桥，两岸金黄的油菜花开，在灿烂的阳光下，闪耀着金色的生命辉煌。

当然，我也喜欢秋天舆乡的芝麻花，十里八乡芝麻花开，更是独具特色。平舆是芝麻原产地，芝麻开花节节高……

作者简介：张贤锋，又名张贤风，1981 年 10 月出生，平舆阳城人。驻马店市政协委员，平舆县政协常委，供职于平舆县融媒体中心。中华诗词学会、河南省作协会员，省内外多家报纸杂志上发表文学作品 400 余篇（首），并有作品获奖，著有《平舆山海经》《平舆山海经（2）》《芝乡情歌 99》和家庭诗词合集《四张居诗词三百首》。

房前屋后栽花植树

张留坡

小时候住在平舆乡下老家，总是喜欢在宅院老屋旁的大树下乘凉闲聊，那感觉别有情趣。而今人们大多搬进了城里，住进了高楼大厦，住在乡下平房里的人越来越少了。那些大树也渐渐老去，被人们以各种理由砍伐，别说在宅院了，就连能找到有大树的村庄，也已经不多了。每次回去，看到村头宅边的老树，顿生满满的回忆。

不由想起父老乡亲经常挂在嘴边的那句俗语："前不栽桑，后不栽柳，院里不栽鬼拍手。"平舆人至今在房前屋后种树，还是按照这种规矩来，可见其笃信程度。究其原因，"前不栽桑"，在人们看来，自家门前种桑树，因含"丧"之意，会引发人们不好的联想，因此忌讳。"后不栽柳"，是因为柳树是不会结果的，后边种了柳树，家里会断了子孙，绝了香火，也是大忌。"院里不栽鬼拍手"，就更容易解释了，因为风吹过杨树叶的声音比较大，在夜深人静时发出哗啦哗啦的响声，会影响人们休息，胆小的人就会觉得好像有鬼在拍手闹腾，吓得睡不着觉，因此人们不愿意在院子里种杨树。

桑树、柳树、槐树和杨树，不光在平舆民间被称作"四大鬼树"，凡有汉族居住的地方，皆有此说法。桑，音近"丧"，听起来太别扭；柳，音近"流"，有损运气；槐，本字带"鬼"，听起来像"坏"，不种也罢；杨树，刮起风来叶子声音大，小偷来了都不知道，古人的生活经验大抵如此。

不过，这些或许都来自后人的演绎。究其最直接的原因，则来自《礼记》"尊者丘高而树多，卑者封下而树少。天子坟高三仞，树以松；诸侯半之，树以柏；大夫八尺，树以栾；士四尺，树以槐；庶人无坟，树以杨柳。"古代人等级森严，人死后，在坟墓上栽什么树，那都是有制度规定的，不能违反。"四大鬼树"都是明文规定栽在坟地的。老百姓不能拢坟，栽上杨柳作为坟墓的标志。这些树木栽在房屋旁，怎么看都让人不舒服。

宅院里不能种，远离宅院的地方还是可以种的。桑树的用途极广，桑叶可以喂蚕，根和皮可以入药，就连结的果实都是难得的美味。20世纪五六十年代，笔者老家土楼村的西南角，有一片十多亩（1亩=0.0667公顷，下同）地的桑树园。陶渊明的诗句“狗吠深巷中，鸡鸣桑树颠”，在笔者小时候是一种最常见的现象。采桑叶养蚕，总让人乐此不疲；摘桑葚来吃，至今回味无穷。

居家院落，真的不能栽这些“鬼树”吗？其实不然。以下有历史记载为证。

蜀汉皇帝刘备，家中的院子里种的便是桑树。《三国演义》写道：刘备“家住本县楼桑村。其家之东南，有一大桑树，高五丈余，遥望之，童童如车盖。相者云：‘此家必出贵人。’玄德幼时，与乡中小儿戏于树下，曰：‘我为天子，当乘此车盖。’叔父刘元起奇其言，曰：‘此儿非常人也！’”

有人或许会说，《三国演义》是小说，文学作品是允许虚构的。但是《三国志》是正史，也有此记载。《三国志·先主传》：刘备“舍东南角篱上有桑树，生高五丈余，遥望见童童如小车盖，往来者皆怪此树非凡，或谓当出贵人。先主少时，与宗中诸小儿于树下戏，言：‘吾必当乘此羽葆盖车。’叔父子敬谓曰：‘汝勿妄语，灭吾门也！’”

可见“前不栽桑”的说法并不靠谱，其他不再逐一列举反证了。

先说了这几种充当反面角色的树木，再讲咱平舆人在老家房前屋后喜欢栽的“镇宅”树都有哪些。

梧桐是乡人的最爱。梧桐树是一种落叶乔木，非常高大，而且寿命非常长，能活百年以上。梧桐干直、根深、叶阔、婆娑，引发了古今乡邻无限丰富的想象，被赋予无限丰富的内涵。远古先人最先高唱：“凤凰鸣矣，于彼高冈。梧桐生矣，于彼朝阳。”（《诗经·大雅·卷阿》）“栽下梧桐树，引来金凤凰”是乡亲们常挂在嘴边的老话。古语有云：良禽择木而栖。传说中的凤凰是灵禽异鸟，非梧桐不栖说明梧桐树的不同寻常。干直而宁折不屈，冠大如伞且遮蔽风雨，招来凤凰福不可测。尤其是成年的梧桐树非常有气势，立在家门前就像忠诚的卫士，有保家护院之意。

枣树亦然。枣树是一种落叶小乔木，植株的高度能够达到10余米，枝干呈紫红色，枣树的木质非常坚硬。枣树不惹虫，而且非常容易种活。成熟的枣树，每年都能结很多枣，红红火火挂满枝头，品味起来满口脆甜。老大粗壮的枣树更是非常值钱，打造成家具都是珍品。枣树还是一种寓意很好的树木。俗话说做事“赶早不赶晚”，结婚生子都要摆上红枣以图“早生贵子”，因此枣树在民间文化中也被寄予了“吉祥如意”的寓意。

椿树，也是乡邻喜欢种植的树木。乡邻喜种椿树，大概是因其名含“春”，并不一定知道关于椿树的历史典故。椿树分香椿和臭椿两种。乡人种在庭院中的多为香椿。香椿是落叶乔木，嫩枝叶有香味，可食，简称椿。《庄子・逍遥游》谓上古有大椿长寿，《论语・季氏》篇记孔鲤趋庭接受父训，后以“椿庭”为父亲的代称。“椿津”指父亲的教诲。“椿年”“椿龄”，皆意大椿的年龄。《庄子・逍遥游》谓，上古有大椿木，以八千岁为一春，八千岁为一秋。后世以“椿年”“椿龄”为祝人长寿之辞。《诗・卫风・伯兮》：“焉得谖草，言树之背。”谖草，即萱草。后世以萱称母。椿萱连用，代称父母。唐诗人牟融《送徐浩》诗：“知君此去情偏切，堂上椿萱雪满头。”椿萱并茂比喻父母健在。椿树在农村有护宅、祈寿的寓意。

银杏树属尊贵之物，乡人亦多喜爱。银杏属落叶乔木，据说最早出现在几亿年前，是第四纪冰川运动后遗留下来的裸子植物中最古老的孑遗植物，所以银杏又有“活化石”的美称。银杏树的果实俗称白果，因此银杏又名白果树。银杏树生长较慢，寿命极长，自然条件下从栽种到结银杏果要 20 多年，40 年后才能大量结果，因此又有人把它称作公孙树，有“公种而孙得食”的含义，是树中的老寿星，具有观赏、经济和药用价值。叶黄如金，金如财满地，象征金落满堂。银杏树的生长速度不快，但寿命非常长，因此在民间文化中，银杏树也是长寿的象征。

从自然与人的关系这一角度来看，院子中央是不宜栽树的。在院子中心栽树，会破坏院子的平坦，影响家人出行，也不利于房屋采光。窗前也不宜有树。树木太贴近窗子，会招致阴湿之气，不利于居住者的身体健康。实在要种的话，就种些花草，或者种些桂、梅之类低矮的树种。桂主平安富贵，寓意节节高升；梅主高洁淡雅，寓意幸福美满。一般来说，房前栽花，屋后植树。以上所言几种树木，多应栽在宅院周边及屋后。窗前之树要离开房舍两米以外，让住宅与树木形成一个和谐的关系。

炊烟袅袅的乡村岁月

张留坡

记得1973年初，我高中毕业后要出一趟远门，去投靠我父亲的一位师弟，他当时在安徽巢县当县生产指挥长（县长的时称），让他给我谋个差事。早晨临走时我回望家乡，看到袅袅升起的炊烟，即景生情，写了一首言志小诗："农家小子欲何求，不下扬州志未休。闲事悠悠成梦景，炊烟袅袅惹乡愁。"或许正是从那时候起，我开始对家乡的炊烟有了一种说不清道不明的离情别绪。

更小的时候，未上小学的我随妈妈一起下地干活，看到远处的村子升起一缕缕的炊烟，曾不解地问妈妈："村子为啥会冒烟啊？"妈妈摸了摸我的头说："孩子，那是炊烟。人要吃饭，做饭要烧柴，烧柴会冒烟，就成炊烟了。以后你不论在哪里，看到了炊烟就赶快回家，免得妈妈担心，好吗？"我说好，从此知道了炊烟就是家的方向。

从早到晚时间不同、一年四季的季节变化，也让炊烟给村子带来不一样的感觉。就拿春天来说吧，早晨的炊烟薄薄如纱，披在村子的身上，然后淡淡如诗般升起，伴着些雾气，在朦朦胧胧的天空中缓缓舒展，一天的生活，一天的希望，从此而始。中午时分，风和日丽，炊烟绵绵，散落于大地，呼吸着带有草香的空气，让每个人都感到丝丝的暖意。傍晚，炊烟四起，轻轻渺渺，盘旋于村子周围。劳作了一天，人们又回归到炊烟升起的地方。晚归的牧童吹响了竹笛，浓浓的乡土味便弥漫在村子周围的空气中。

这以后的记忆里，炊烟就是这样，总是应和着日出日落的节拍，袅袅升上天空。早晨的旭日伴和着炊烟升起，似乎在提醒人们，新的繁忙的一天马上就要开始了，大人们便扛着农具，走向田间。傍晚的夕阳陪着炊烟摇曳，也像是在向田野里劳作的人们招手呼唤，叫他们赶快结束手头的农活，趁天还没黑赶快回家。走在回家的路上，一束束的炊烟便融合在林梢间，给村子披上了一层薄薄的雾纱，感觉特别温馨。我有意无意地反复描写这一日三餐的炊烟带给我童年的感受，连我自己也说不清楚为了什么。

那时候的我贪玩任性，似乎是个永远也长不大的孩子。我知道炊烟总是喜欢站在茅草屋顶上向远处眺望，朝着我贪玩的方向招手，仿佛在大声呼喊我的小名，叫我赶快回家，但我就是故意不听，或者装着没有听见，惹得着急忙慌的母亲四处寻找，带我回家。我以为即便我走得再远，母亲也能找到，因为我永远不可能逃离母亲关爱的目光。

我知道，这炊烟一如母爱。为了这日出日落时升起的炊烟，我总是幻想自己是一个永久长不大的孩子，偎依在父母怀中，一辈子不离开村子，永久地和母亲待在一起。

当我把这个想法说给母亲听时，母亲笑了，拿手指头点着我的额头说，你傻啊，一辈子跟父母待在村子里，能有啥出息？妈知道你喜欢读书，好好读吧，你会有出息的！

学校离村子只有二三里路。小时候读书，从不想有什么出息。放学的钟声一响，就会不由自主地拔腿往家跑。每当望见家里屋顶上升起的炊烟，脚步就会慢下来，仿佛看到了妈妈在灶屋忙碌的身影，似乎闻到了热气腾腾的饭菜香。炊烟升起的地方便是家，或许这就是天下所有的母亲对子女的等待，对子女的牵挂。有妈妈在，炊烟就会升起，一日三餐就有了保证。

自从我懂事起，每天都看着母亲点火、做饭，匆匆忙忙吃过，还要下地劳动。即便很晚了归来，也要匆匆忙忙地点火，做饭，煤油灯下还要纺花织布做针线。那时候生产队的工分不值钱，绝大部分家境都不富裕。父母要赡养体弱多病的爷爷，还要养育我们兄弟 5 个孩子，要吃饱穿暖并不容易。在我的记忆里，家里的生活总是勉强维持，只是从来不会让我们挨饿。那个时候不懂妈妈的艰难与辛苦，总觉得妈妈给我们做饭、做衣服，是天经地义、理所当然的事。

依稀记得妈妈教我唱的一首童谣：芝麻秆，顶花碗；花碗破，狗拉磨。鸡打水，猫刷锅，老鼠上去捏窝窝……

在那时，妈妈从不让我学做饭，不管忙闲。她说好男儿志在四方，烧锅囊灶没有出息。正是妈妈的娇惯，还有后来妻子的容忍，我至今不会做饭。总觉得妈妈做的是天下最好吃的饭，那场景、那味道至今难忘。

炊烟总是随着村庄一起，悄然融入我的心灵。有炊烟的村庄，就有家，就有母爱。有炊烟的村庄，是家的符号，也是母爱的象征，更是清苦日子里的宁静与满足。早些时候的村子，许多房舍安居在各自的角落，几十年不变，村民无忧无虑，对生活的满足感写在每个人的脸上。那时候或是田间地头，或是外出归来，瞧见村子里的炊烟升起，都彼此招呼着走回家去。

后来外出上学，参加工作，偶尔下乡，也会看到袅袅升起炊烟的村庄，那时我会特别想家，想念老家。虽然我进城后一直带着母亲，母亲做饭的权利也被妻子完全取代，但我还是想念老家，想念那飘着炊烟的村庄。这在诗人眼里，可能是一首远离城市喧哗的抒情诗；在画家笔下，可能生成不可抹灭的线条，化作远方游子对家的思念。

这些年，好像一切都在变。外面的世界总是那么精彩，人心变得活络起来，村子里的年轻人，总是向往着走出去，现在的村子已经留不住人了。村子原先的样子，变了许多。曾经整齐的农舍，不复存在，没人居住的旧宅，年久失修，有些已经倒塌，村子显得七零八落，给人以颓败的感觉，所幸的是有新农村建设，村子是整洁的，几幢高楼，还有些墙体画，让人们能触摸到一些现代气息，让人们能看到一些生机、一种希望。

在我眼里，只有飘着炊烟的村子才是鲜活的。那一缕缕飘曳的炊烟，让村子若神若仙，永远是一道美丽的风景。正因为有了那一缕缕的炊烟，乡村原本宁静、平淡、安详的岁月，才增添了一笔笔浓重亲情、乡情的色彩。

遥夜人何在，舆渊月里行。悠悠天宇旷，切切故乡情。如今，父母已故去多年，我也垂垂老矣。属于我的村子里，灶火已渐渐被液化气、电磁炉所替代，村庄上空，已很难再见到那丝丝缕缕的炊烟了。但我相信，只要亲情还在，乡情还在，那袅袅升起炊烟的乡村岁月，就永远存在。

茅草屋的记忆

张留坡

在我的知识记忆库里，茅草屋太古老了，让人很容易联想起素朴的农耕生活。

最早的农耕文化起源于遥远的上古时期，勤劳的先民们在地表的高凸处平整出方形或圆形的房址，将泥土或捆绑的树枝柴草沿坑壁围成墙，抹上草泥，上面搭些草木，这便是人类最早搭建的用以躲避风雨、躲避禽兽灾害的屋舍。群聚部落的先民们摆脱了对自然的先天依赖，从洞穴中走出来，创造了自己安定的栖居地。他们用笨拙的石刀、石斧、石镰、石盘躬耕劳作，过着日出而作，日落而息的农耕生活。茅草屋是人类跨入了原始农业的见证。

在封建社会里，茅草屋是生活在社会底层的穷人因为没有能力和没有足够的钱财去建造更好的房子而产生的一种简易居住之所。因为茅草容易采集不用花钱，又能遮风挡雨，所以穷人才选择它来建造住室。

旧时平舆地方上的茅草屋，一般都是土坯墙，房顶上一般用茅草、淮草和麦秆草铺顶覆盖。笔者出生的20世纪50年代，茅草屋各家都是，偶尔有一两户地主家的瓦房，都用来做了生产队的仓库或办公室。

平舆一般农民盖茅草屋，要先准备土坯或薤块，土坯是用土掺麦草和成泥巴，装在坯斗里做成的泥巴块，干了叫土坯。薤块是将河坡里长草的滩地用石磙碾压结实，再用犁刀犁成一个个的方块，把这些方形薤块用车拉回家，垒垛成四方形或长方形的土墙，缝隙用泥巴衔接勾和，垒成一人多的高度就行了，只在向阳的南方留门窗。土坯墙垒好后，加梁上檩加椽子，用麻绳编织成的高粱秆箔，铺在房屋顶的斜坡面上，上面抹上一层泥巴，泥巴上铺上草，茅草、淮草或麦秆草都行，草约半尺厚，一直铺到屋脊上，屋脊顶部铺麦秸，再用厚厚的一层草泥覆盖在上面，茅草屋就盖成了。

这样的茅草屋在平原农村，一般能住个十年八年没有问题。只要下面的土坯墙不坍塌，上面的房顶漏雨了，随时可以再修补。但修补的衔接处还是容易漏雨。所以，每次修补过后，过半年或者几个月就又漏雨了。住茅草屋，最大的担心就是漏雨。至于有人说茅草屋冬暖夏凉，我因为那时年龄较小，还真没有体会到。

现在旅游景点见到的茅草屋，已经不再具备原来茅草屋的性质了。据说已经很少用自然的茅草，而是用铝制仿真茅草来代替。这样比较“吃年岁”（平舆土话，意为能经过很长的年月而不腐烂）。

记得有人曾经这样说，茅草屋是乡野历史上一面永不生锈的镜子，发出古铜般的光亮，不管沧海桑田，依然闲情自在地在稻浪麦涛间映照着华夏五千年文明。它像一位饱经风霜的老人，以敦厚、纯朴的形象孤立在葱茏的田野上，青山为邻，翠鸟相伴，髯发银须在风中轻轻飘动，怡然面对田间花开花落。所以，已经成为人们脱离城市、追寻自然的一个代表性建筑。寓景茅草屋在风景区的出现，给有茅草屋向往的人们以满足，给长期生活在城市的人们以心灵的洗涤。

这也太诗意化了点。曾经住过茅草屋十几年的我，虽然至今从没有嫌弃过它，回忆起来还会感到心中那一缕缕的温暖在升起。但还是一直坚持认为：茅草屋是穷人迫不得已的栖身之处，是穷人穷苦潦倒、苦不堪言生活环境的真实写照，这个定义才是正确的。

乡间记忆

倪　霁

雨

雨，在我的童年和少年时代留下了深深的印记。

在 20 世纪六七十年代，感觉下雨的日子比现在要多，特别是在夏秋季节，大雨多是伴着雷电，天昏地暗，像是世界末日的到来。我清楚地记得五六岁的时候，有一天的傍晚，我正在家门前的大树下面玩水，突然天空一道闪电划过，接着数声闷雷像是在头顶上炸响，我当时吓得“哇”的一声大哭，跑向屋内，一头扎进母亲的怀中，母亲急忙搂着我说：“别怕，雷是打妖精的，不打小孩和好人。”过了好长时间，我惊魂方定。

记忆中一入夏季，雨便三天一小场，五天一大场地下，经常是中午还是艳阳高照，下午头顶上的几片乌云一聚，几声雷声响过，大雨伴随着狂风，便从天而降。绕村的圈沟里、坑塘里和田间地头沟里常常是水满为患，时常漫溢出来，淹没了道路。我的故乡射桥镇倪庄村，西边有一条通往村委和学校的村道，一到夏天，大雨一下村头的一段路就变成了一条小浅河和道路两边坑塘里的水连在一起，成了一片汪洋。我和同村的发小便不得不经常在家长的护送下蹚着水、掂着鞋子和书包去学校。

对那时的雨具蓑衣，我记忆尤深。蓑衣是一种传统而古老的雨具，穿上看起来样子怪怪的。那时雨伞虽然在农村也已流行，但由于当时家里经济条件不好，不舍得买，而雨衣在当时又是稀罕物，所以，每逢下雨，我就披着蓑衣去上学。到现在我还记得，当时我是十二分不情愿穿蓑衣，因为穿上显土气，怕同学们笑话，但无奈雨下得大，不穿就去不了学校，只好将就着穿上。谁曾想，几十年后的今天，蓑衣竟成了非物质文化遗产，进了民俗博物馆和展厅，供人民睹物怀古……

最难忘的雨，还是1975年8月的那场特大暴雨。从8月5～7日，大暴雨不停地下，沟满河平，村庄平地上都上了水。由于雨下得非常暴，我家房顶出现了多处漏水，屋内门口洼处积满了水。父亲和兄长手忙脚乱的一人拿一个盆，不停地向外舀水泼水。

由特大暴雨引发的洪水，导致了上游水库、滞洪区相继垮坝、决口，造成了百年不遇的特大洪灾。我的家乡射桥镇当时属于洪水走廊，受灾严重。我记得8月8日下午四五点时，水涨得很快，不到半小时的时间，平地积水即在1米以上，庄上房屋从西到东相继倒塌，随着水头东进，房屋倒塌的轰隆声此起彼伏，小孩哭、大人喊，场面甚是惊悚。

由75·8那场特大暴雨引发的洪灾，成了那个年代驻马店人的梦魇。好在在党中央的坚强领导下，如同这次我国突遇新冠疫情一样，各级政府果断采取措施，一方有难，八方支援，三军闻令而动，在洪水期间和洪水过后，米、面、油、药品、帐篷等大批的生活和应急救灾物资源源不断地送到灾民的手中，防疫医疗队随后跟进，保证了灾区群众的基本生活供给，确保了灾后没有疫情的暴发。灾区群众平安度过洪灾后，随即开展了轰轰烈烈的生产自救和重建家园，记得当时有一位灾民随口编了几句顺口溜“发大水，真得法，大米白面送到家……”顺口溜虽不高雅，但反映了政府救灾工作做得确实到家，群众无饥馁之忧，大灾之年还能吃上大米、白面，这只有我们共产党领导下的社会主义中国，才能做到。

“洋”

在乡村，“洋”与“土”相对。某人着装时髦、新潮，会装扮，人们就称其“洋气”，有羡慕和赞美之意；穿着邋遢或言语方言较多，人们便会说此人很“土”，多少有些贬义的成分。

20世纪70年代以前，那时中国改革开放的大门尚未打开，物资供应不那么充足，很多日常生活用品都是按计划凭票供给。购粮要粮票，买布要布票，买油要油票，等等。而对于从海外进到内地的洋货，人们往往是充满十二分羡慕的。某人或某人的亲戚朋友从海外带回或通过邮路寄回国内一些电子手表、收录机、黑白电视机之类的生活用品，会被街坊邻居在羡慕中议论好一阵子，单位或身边的熟人谁要是能有机会出一次国、渡一次洋，身边的不少同事就会在三分羡慕七分嫉妒中，用至少半年的时间方能平复心中的涟漪。

我对于“洋”字记忆也特别深，因为在20世纪70年代以前，有相当一部分日常生活用品，其名称的前面都被冠以“洋”字，如火柴不叫火柴，叫洋火；钉子不叫钉，叫洋钉；自行车叫洋车子；肥皂叫洋胰子；搪瓷盆叫洋瓷盆；煤油叫洋油；平布叫洋布；楼房叫洋房。更有“大跃进”年代，农村基层干部向社员描述社会主义远景讲了这样一句顺口溜：“将来实现了共产主义，就是洋犁子洋耙，楼上楼下电灯电话，不见人会说话”等。总之，时间上溯至五六十年前，凡带“洋”字的物品在中国老百姓的心目中，都被贴上了神秘的标签。

曾经，许多带“洋”字的商品充斥于我们的生活中，说明了旧中国极其落后的工业发展水平，就是在新中国成立之初，国内能造的东西也非常有限。在改革开放之初，现在国内已经普及和大量出口到国外的冰箱、彩电等日用品，当时全部依靠进口。

现如今，经过几十年的改革开放，我们取得了巨大的成绩。我们用几十年的时间完成了发达国家几百年走过的历程，建立了全世界最完备的工业体系，220多种主要工业品产量居世界第一。钢铁、电子通信、基建、纺织和日用家电等类工业产品大量出口到国外，完成了从无到有到占据国际市场的嬗变。在科技创新领域的很多方面，我国也正在实现从“跟跑”向“领跑”的历史跨越。仅在2020年一年，率先进入5G时代、“中国天眼”投入运行、“天问一号”火星探测器升空、“嫦娥五号”登月回家、“北斗”导航全面建成等，展现了中国人民创新创造的无穷智慧和磅礴力量。

今天，我们终于不用再仰望“洋货”了。在越来越多的中国人心中“外国的月亮已经不那么圆了”，“从欧洲回来”的人也没有什么了不起了，因为现在我们的国家富裕了、强大了，过去西方人有的，现在我们都有了，现在西方人没有的，我们也有了。相信在不远的未来，中国制造将会风靡整个世界，这一天不会远的。

作者简介：倪霁，男，平舆射桥镇人，1964年出生，中共党员，平舆县人大常委会原农工委主任。

舆乡野菜知多少

张留坡

我这人虽然属马，却无远驰之志，一辈子自得其乐，在平舆这块乡土上徘徊啃食。舆乡与我朝夕相会、荣辱与共，遂有相遇相识相知之感，正如那些我熟识的乡间野菜一样，年年月月，稍有闲暇，便去寻访，不再有果腹之欲，而意在寻芳品味。

舆乡最多、最常见的是地菜，学名叫荠菜。周作人在《故乡的野菜》一文中开头便写它，还记录了许多关于它的民俗之事，说荠菜是浙东人春天常吃的野菜，乡间不必说，就是城里只要有后园的人家都可以随时采食，妇女小儿各拿一把剪刀一只“苗篮”，蹲在地上搜寻，是一种有趣味的游戏工作……《西湖游览志》云：三月三日男女皆戴荠菜花。谚云：三春戴荠花，桃李羞繁华。顾禄的《清嘉录》上亦说：“荠菜花俗呼野菜花，因谚有三月三蚂蚁上灶山之语，三日人家皆以野菜花置灶陉上，以厌虫蚁。清晨村童叫卖不绝。或妇女簪髻上以祈清目，俗号眼亮花”等。女作家张洁的《挖荠菜》更是进入中学语文课文了。但是，平舆人一直都说地菜，绝不为它更名。至于民俗什么的，也全然不顾，只管挖来做菜吃。地菜的嫩叶焯后可以凉拌、蘸酱、做汤、炒食，还可以熬成鲜美的地菜粥，气味清香甘甜，美味无比。因为地菜在舆乡到处都是，随处都能挖到，四季都可食用，是最受乡里百姓欢迎的野菜了。

野苋菜，在舆乡也很常见，田间、地边、路旁、房前屋后等到处都是，生命力极其旺盛，大叶嫩头掐去之后，老根或枝丫处，新芽很快又生长出来，一场雨水过后，就是一大片出来，高大的棵子摇曳着生命的绿色，春夏之际随时可供掐食。野苋菜掐回家后，用热水一焯，加盐即可食用，热炒后味道更佳。乡亲们又亲切地称它为三斗谷。因为旧时粮食产量低，家家户户都不够吃，大家就常用它来充饥，可顶三斗谷子之用。

灰灰菜，春季很常见，但它的生命周期较短，到了初夏就老了，可掐食的周期比野苋菜短多了。灰灰菜幼苗和嫩茎叶可食用，掐回家后，用沸水焯后，再用清水漂泡，可炒食、凉拌或做汤，也可晾干贮藏。把幼嫩的灰灰菜放进沸水中焯一下，用来炒肉味道鲜美。也可拌入葱、姜、蒜、盐、味精和香油等，如果再加入一些辣椒和醋，吃起来口感柔嫩，味道更鲜美，营养更丰富。据说食用灰灰菜能够预防贫血，促进儿童生长发育，对中老年缺钙者也有一定的保健功能。另外，全草还含有挥发油、藜碱等特有物质，能够防止消化道寄生虫、消除口臭。因此，灰灰菜作为一种老少皆宜的保健食品，不仅为寻常百姓采食，还登上了大都市宾馆饭店的餐桌。

还有狗儿秧和马齿苋。童谣曰："狗儿秧，马齿苋，剜到篮里都是菜。"

狗儿秧名字俗，可它是鼎鼎有名的根生草药，《救荒本草》说它叫葍子根、兔儿苗、秧子根等，《天宝本草》说它叫面根草、狗儿完，《植物学大辞典》称它为小旋花等。多年生蔓性草本，茎纤细，缠绕或匍匐。舆乡人可不管它药用不药用，只管在春天掐它的嫩叶，直接下到锅里，和面条一起吃，鲜嫩光滑，很是可口。夏秋天则割来喂猪羊。

马齿苋，春末或夏初方才多见，都是匝地而生，茎平卧，伏地铺散，枝淡绿色或带暗红色，叶肥厚，似马齿状，故名。因为耐旱耐涝，生命力顽强，俗名又称晒不死，嫩茎叶可作蔬菜，生食、烹食均可，柔软的茎可像菠菜一样烹制。马齿苋茎顶部的叶子很柔软，可以像豆瓣菜一样烹食，可用来做汤或用于做沙司、蛋黄酱和炖菜，可以和碎萝卜或马铃薯泥一起做，也可以和洋葱或番茄一起烹饪，其茎叶可用醋腌泡食用。马齿苋焯后挤出水分，可以炒食、凉拌、做馅。不过舆乡人不喜欢麻烦，最喜欢用它来做蒸菜，掐回后拌面蒸熟，加蒜泥、香油，即可食用，味微酸，真的很好吃。

和春天的麦苗一起在麦垄间生长的麦石榴，农历二三月里长成细长粉嫩的叶子，拔回来掐去根茎，用开水一焯，拌上食盐即可食用。它四五月里成熟的果实很像一个个浓缩版的小石榴，故名之。

枸杞芽又名枸杞头、枸芽子、甜菜头，即枸杞的嫩梢、嫩叶。舆乡人不种枸杞，枸杞在舆乡多野生，沟渠田边、道旁自主生长。初春枸杞初生嫩芽，三四月嫩苗长成，能清火明目，民间常用来治疗阴虚内热、咽干喉痛、肝火上扬、头晕目糊、低热等。《食疗本草》中记载枸杞头有坚筋耐老、除风、补益筋骨和去虚劳等作用。舆乡人喜欢大把直接掐来嫩头，回来水焯后，加盐和调料，即可当菜肴食用，略带苦味，后味微甜，十分爽口。

蒲公英又名鹅儿食，因为刚孵出的小鹅特别喜欢吃，故名。因开黄花，又称为黄花地丁。食用有清热解毒、利尿散结之效用。

剪子股又称剪儿股、镰刀菜，比地菜头多棵大，鹅鸭都喜欢啄食。和蒲公英二者皆可连根挖回，洗净焯水，冷调热炒皆可食用。

野葱蒜又名野蒜或野葱，它的根茎有点像微缩版的大蒜，身体又像微缩版的大葱，故名之。《诗经》上称它为薤 (xi è)，可见其食用之早。根茎用作草药时称为薤白。我和妻子前两年还在洪河及其支流采挖过。归来洗净，掺入饺子馅调味，那感觉特别出味。

堇堇菜又叫地丁草，最响亮的名字叫紫花地丁，它们返青早，观赏性高，适应性强，因为它开出的紫花太招人喜爱了，我和妻子每每看到它们，只顾得兴奋地观看，却舍不得剜它，虽然我们知道，吃它可以清热解毒、凉血消肿。

涩老秧又名丝儿秧，春季田野中的一种杂草，幼苗期间可食用，成熟后植株涩，故名之。因可采掐的时日太短，转眼已老，就不能吃了，故今人已很少食用。

还有苜蓿，多年生草本，舆乡人称老苜蓿，多野生于沟渠河岸。初生根能深入地下，对土壤的适应性很强，阳光是否充足，尤其是生长季节降雨数量都无所谓，耐旱能力极强，不会因干旱而死亡。茎枝割除后能迅速再生出大量新茎。据说苜蓿含有大量的粗蛋白质、丰富的碳水化合物和 B 族维生素、维生素 C、维生素 E 及铁等多种微量营养素，不仅可用于家畜饲养，也是人类最古老的食物之一。舆乡人主要食用苜蓿早春返青时的幼芽，掐回来蒸食。苜蓿芽营养成分高，含有丰富的膳食纤维，且仅有很少的糖类，热量非常低，是一种上佳的高纤维、低热量食物。

舆乡人最喜爱的，还有野腊菜。它和油菜是近亲，因而又得名野油菜。它们随遇而安，不挑剔环境，有水有土即可生存，春天的幼苗往往潜伏在春天的雨雪里，扎深深的根，待到桃花雪一消融，它们便一个劲儿地长个，在温水样温度递增的时间段，一不留神，它们便叶片舒展，亭亭玉立，并长出细嫩的菜薹，而花苞，约会似的，一簇簇，热热闹闹，魔术样钻出它们薹上的枝杈，开油菜样黄灿灿的花儿，结油菜样圆滚滚、小小的籽儿。挖回来的野腊菜，水焯后挤压一下水分，用大油热炒一下，加上粉条、大葱等包包子，蒸出来的包子味道绝对独特，吃了这个还想拿那个。更有人用它来做泡菜，其味道和雪里蕻有得一拼。

苣荬菜又叫苦苣菜，它的叶子更像减肥后瘦弱的菠菜，性寒味苦，有消热解毒、凉血、利湿、消肿排脓、祛瘀止痛、补虚止咳的功效。平舆中南部及汝河一带多见，北部则很少见到。水焯后凉拌热炒，口感都好。但生食可更有效地发挥其营养特性。我喜欢吃那稍显苦涩的味道。

相比之下，最不像菜的就是蛤蟆皮棵了。蛤蟆皮棵又叫癞蛤蟆草，舆乡人更喜欢它的药用价值。采一把新鲜癞蛤蟆草洗净，直接入口咀嚼，将汁液慢慢吞服，渣吐出，对咽喉肿痛有奇效。采适量（约 1 把）的鲜癞蛤蟆草洗净切碎，打适量鸡蛋搅拌均匀，用油煎，趁热食用，一天 1 ~ 2 次。也可采适量（约 1 把）的鲜癞蛤蟆草洗净切碎，拌入适量面粉和水，做成煎饼，趁热食用，一天 1 ~ 2 次。以上两种使用方法对咳嗽、支气管炎、喉咙疼痛都有明显的疗效，其中咳嗽、喉咙疼痛 1 ~ 2 次即可痊愈，支气管炎 3 ~ 6 次即可痊愈。

还有剔剔牙，学名“小蓟”，这种根生草本植物生命力旺盛，叶子一圈有刺。有药用价值，叶子捏出的水滴在棉花上塞在鼻子里能治流鼻血。亦可食用，1959 年前后人们曾用它来做馍，或当下面条的菜叶子用。我就吃过这样的馍饭。之后虽然再没有食用过，但迄今难忘。

按说，挖食过这么多的舆乡野菜，应该心满意足了，然而，我却仍小有遗憾，那就是位列《诗经》第一的“荇菜”，至今与我无缘。荇菜叶片形同睡莲，小巧别致，鲜黄色花朵挺出水面，花多花期长，常生长在河塘边缘。既然是菜，就一定可食。有人介绍说可以熬制美味的荇菜绿豆粥：将荇菜花去梗去花柄去杂质，花瓣洗净，将绿豆放入锅内加水煮至豆开花时，下入浸泡好的粳米，加适量水，用旺火煮沸，转用慢火熬煮，绿豆和米熟烂时，加入荇菜花，翻拌几下，加入白糖调味即可食用。粥糯、味甜、绿豆酥烂，花香，爽口。功用为清热解毒、解暑止渴。用于消肿降脂、热毒等症。如此药膳美味之粥，却从未品味过。也正因为如此，我才仍有颇多期待。

老棉布记忆

梁宏宇

棉布是平舆人祖祖辈辈赖以做衣保暖、遮羞蔽体的主要布料。

棉花种植是第一步。自宋代以来，平舆一直是棉花的主产区。春棉花在每年的4月上旬播种，秋棉花在每年的5月上旬也可播种，7月初到8月是收获期。棉花生长需要充足的阳光，水肥要及时跟进，病虫害防治十分关键，给花打头十分必要，在棉花长到1 ~ 1.2米时就要打头，将没有结桃子的枝条剪去，使肥料不致浪费，这样桃子会装得饱满些，多产些棉花。

弹花去籽是第二步。收获的棉花叫籽棉，需要把棉籽去掉，才能得到棉絮，这叫皮棉。大集体时，大队里都有大型轧花机和弹花机，机器弹好的棉絮是一层一层的，洁白如雪，轻盈如云，给人以温暖和遐想。20世纪80年代，县级以下城乡集镇上都有弹棉花的作坊，那种身背弹弓、手拿弓锤的弹棉花实际上不是去棉籽的，而是为客户制作被套的。

擀花成条是第三步。弹好的棉花，用布单子包着，弄回家之后，放在里间高处，防大人吸烟防小孩玩火。如果套新被子，先铺上里子，然后按照被子的长度、宽度、厚度来截取那一层一层的棉絮，搦好之后，把被面一盖，就可以缝制了。如果是纺成棉线，就需要擀成（平舆人叫搓成）花卜剂子（棉条），擀（搓）的工具不是擀面杖，而是高粱秆上的秫秆莛子，用手拽下二指宽的棉絮，把秫秆莛子压上去，一推一搓，就成了长长的带眼儿的棉条，平舆人叫花卜剂子，这是纺线的必备用品。

纺花成线是第四步。过去，每个农村家庭都会有一架纺车子，往往安放在堂屋当门，既利用光线又关注门户。一架纺车子，无论放在东侧或者西侧，一般情况下，女主人会坐在草扁子（用秫秆莛子外面包裹的一层叶子，也叫秫裤子编的）上，右手摇纺车把子，左手捏着花卜剂子，随着纺车的顺时针转动，左手的花卜剂子抽出长长的细线，然后往下送、缠到事先套在锭子上的秫裤子上，就这样一抽一送、一丝一线，很快就纺成一个中间凸出、两头尖的线穗子，纺好的线穗子，一个一个都放在麦秸秆纳成的大篮子里，等到篮子一满，就可以用互车子纺成线把子。互车子也叫线逛子，一种像马扎一样固定的十字交叉的工具，主要用来把线穗子上的线纺成大圆圈成束的线把子。纺成线把子之后，可以根据需要染成不同颜色，黑的、红的、蓝的、绿的都可以染，染之前到集上买来靛粉，烧一大锅水，把靛粉放进去，就变成需要的颜色，把事先准备好的线把子放进去，来回翻动，让线均匀染色，等染好之后，捞出，搭绳上晒，染色的和未染色的，都必须用粉浆浆一下，这样线容易变硬一点，也便于下一步经线。

纬线织布是第五步。浆洗之后的线把子，晒干之后，还要再往直径两三厘米的竹竿筒子上纺，也是用互车子带动一个转轴，这比纺花快，纺成后比线穗子要大得多。等五颜六色的线纺完之后，就可以经线了。经线时一般趁农闲，喊几个邻居妯娌姐妹、婶子大娘前来帮助，找一片宽敞一点的空地儿，地上揳上一排细棍，把带线的竹竿筒子逐个套上，把线头都收集起来，集中到手中，手握线头的人来回走动，到一头就把拉成束的线交给蹲守着的人，两头来回折放，很快就把竹筒子上的线拉完。如果还有，可接着继续拉，如果没有或者想一匹一截，就可以挽住两头。一头均匀分布好，然后卡在缠绕经线的木棍上，一头逐根逐线地穿过地综、文综的综框（布挣子），再穿过细竹篾制成的竹扣，把竹扣匣在织布机的挡板上，两只脚替换踩压、挡板的推动与拉回形成经口和纬口，便于梭子里的纬线来回穿梭，经过挤撞压实，就织成布匹。织成的布匹如果是彩色的可以专门使用，如果是白布，可以染成黑色、靛蓝等各种样式的布料，做衣服、做被褥等就有了用武之地。

洋布的出现对中国古老的棉纺织业是个极大的冲击。20 世纪 90 年代，古老的织布机在平舆大地已经销声匿迹。

作者简介：梁宏宇，平舆县庙湾镇人，1968 年 3 月出生，现就职于平舆县农业农村局。驻马店市作家协会会员，写作《庙湾纪事》《阳城记忆》《杨埠印象》《舆之车系列》《平舆民俗实录》等乡土文化系列和部分诗歌、散文作品，发表在国内纸媒及网络上。

曾经的乡村时尚：“粪包”衣裳

张留坡

估计现在的年轻人怎么也想不到，曾经有一种被人们称为“粪包”的衣裳，能成为在乡村流行近 10 年的时髦服装，那是发生在我青年时代的事情。

20 世纪五六十年代的农村，农民种地，只用农家肥，农作物的亩产量很低，只有一二百斤（1 斤 =500 克，下同）。到了 70 年代以后，才开始时兴使用化肥。当时的群众不称化肥，都说是“洋粪”，而用来包装“洋粪”的袋子，就是大家俗称的“粪包”。

我记得很清楚，那时使用最多的“粪包”，袋子的正面上方用中文写着“尿素”两个大字，下方写着较小的“日本株式会社制造”字样。在当时的干群眼里，最好的洋粪是“尿素”，这尿素每袋 100 斤。多少钱一袋我记不清了，只记得很贵，街坊邻居说，日本人真能，开大轮船来中国，来时运的是“粪包”，走时运的是“钱包”，你说赚了咱们多少钱。虽如此说，但由于尿素质量好，大家还是乐意购买。使用这种洋粪以后，农作物产量开始成倍增长，亩产量提高到四五百斤，虽然不能和现在的亩产量相比，但那时候已经很惊人了。

也不知道是哪个“脑洞大开”的乡下裁缝，突然想起使用“日本尿素”的外包装袋缝制衣服。这种“粪包”衣服，在当时农村青年人的心目中，仅次于“军服热”，小伙子都以有这样一件时髦衣裳为荣。

我是 1973 年后刘公社第一届社办高中毕业的，因为大学不招生（上大学只分指标不考试，凭大队公社逐层推荐），只能回到本村参加生产劳动。所幸那时高中毕业生很少，还是乡村的“宝贝”（我所在的大黑大队，只有 8 个高中应届毕业生），我因为在校学习成绩较好和表现突出，毕业后就被大队领导看中，推荐到大队担任团支部书记，还兼任生产小队的会计。我那时穿的，都是母亲亲自纺线织布，缝制的衣服。即便是我这样的时代“杰出”

青年，自始至终，都没能得到一件心仪已久的“粪包”衣裳，可见那时的它，有多“稀缺”。

“粪包”纺织细密，不折不皱，入手柔软轻薄，滑如丝绸，在那时的群众眼里，实在是好东西。会裁缝的人们把它拆开，漂白或染蓝染黑后，就成了质地上乘的布料。一个“粪包”，可用来制作一件短袖上衣或一条裤子。

乡村物质生活尚不富余，人们崇尚节俭，“废物利用”被认为是治家能手。衣服破了，补补再穿，一个褂子一条裤子，肩膀大襟膝盖屁股处打几块补丁是常有的事。旧衣服破损不能再补再用时，还能拆开来打“袼白”。能把“粪包”制作成流行服装，实在是“废物利用”的典范之作。

现在想想，一个“粪包”衣裳，它为什么就能流行起来呢？首先是它穿在身上的感觉好，很舒爽，有丝绸衣服那种“轻不沾身”的感觉。其次是它的质地好，耐穿耐用，一件“粪包”衣服，穿个二三年都不见破损。而家织的土布衣裳就不行了，粗糙厚重不说，还不耐穿，经常干农活的话，一件土布衣服，不到半年就破损严重，不能再穿了。

我之所以对“粪包”衣服记忆深刻，一方面是因为我在那个青春热血的时代，十分向往得到，而自始至终没有实现愿望；另一方面是因为我曾经借用过堂弟的“粪包”裤子，去相亲时穿过一次，给妻子留下了十分深刻的印象，以至于嫁过来两年后，还在问我“为啥没有见过你的那条裤子”，待我如实回答后，我们夫妻间一直当笑话讲到了现在。

当时农村流行这样两句妇孺皆知的名话，一语道破“粪包”衣裳的实质：“穿着怪骚，日本‘粪包’；看着怪拽，不值两块。”

“骚”和“拽”这两个字，从农村人口中说出来，一般都带有贬义的色彩。骚有招摇之意，一般是形容喜欢到处显摆的人。“骚包”是说一个人喜欢搔首弄姿，太过招摇自恋，有点白痴的意思。拽与“有范”“神气”词义相近，说一个人很拽，意思是“很有范”、很神气的样子，却自带贬义。俗语“这人拽得跟二五八、五顷地似的”，就是此义。二五八是牌场用语，好牌；家有五顷地的人，一般都很拽，通常“眼睛都长在头顶上”，不知天高地厚、恃才傲物，或者恃财傲物，刺头一个，因为有本钱，所以根本看不起周围的人。这种人自然也被别人看不起。两块指两元钱，虽然不多，当时可去集市上割上 3 斤猪肉，但当时的每个农村人都知道，一个劳动力一天挣 10 个工分，年终结算，只能折合人民币一二角钱。

到了20世纪80年代以后，我国农村开始实现包产到户，并逐步走向改革开放。土地增产丰收了，农民的腰包也开始逐渐鼓起来，我国工业自主生产的“的确良”等各种布料日益丰富，各式花色的服装制品充盈市场，花褂子、大风衣、喇叭裤也流行起来，这种“粪包”衣裳，虽然好用，但因为有如此不雅的称谓，自然而然地被追求时尚的小青年们所抛弃，成为人们茶余饭后的谈资。

儿时记忆中的几种工匠

张留坡

在20世纪五六十年代我儿时的记忆里，平舆乡下，有铁匠、木匠、石匠、染匠、剃头匠等。

之所以把铁匠排在最前面，是因为我家有个铁匠铺子，我父亲是个铁匠。

铁匠，打铁或锻造铁器的工匠。铁匠以铁为原料，靠几把大小不一的铁锤打造出各式各样的生产工具和生活用品来养家糊口。铁匠一般都有一个自己的铁匠铺，有一座用来煅烧铁坯的火炉，在火炉的连接处有一个用手拉的大风箱掌控火候，用来控制火的温度，提高铁的热度。火炉所用的燃料主要是煤炭。打铁所用煤炭的要求比较高，100公斤煤炭中大约只有十几公斤煤可以用来打铁，能够打铁的炭叫铁炭。一个铁匠一般会带一到两个学徒，学徒的主要工作是用一把比自己师傅的大出五六倍的大铁锤，帮助师傅把用来制作工具的被炉火烧熟了的铁毛坯打成所需的形状，在最后工具成型阶段就没有学徒的活了。铁匠用来打铁的工具有：小铁锤、大铁锤、铁钳、铁戗子、砧子（铁匠打铁的平台）等。铁匠尊太上老君为祖师爷，大概是因为他有个能炼制仙丹的八卦炉。

我小时候，地方上还称公社、大队、生产队。本大队东北部有个赵庄，村里有一对赵姓木匠父子，老木匠有60多岁，我喊他爷爷，一手好雕刻，远近闻名。长大后才知道，像他这样会雕刻的老木工并不多，10里之内的村庄里能找到一两个就不错了。他的儿子跟着他学做木工，比我父亲小几岁，我喊他叔（方言“大”），曾多次来我家做活，我老家中的条几、桌凳、木箱，还有我爷爷的棺材，都是他们父子做的，因此印象很深。

木匠，亦称木工。在制造家具、门窗框架，或其他木制品过程中用手工工具或机器工具进行操作的人。木匠以木头为材料，他们伸展绳墨，用笔画线，后拿刨子刨平，再用量具测量，制作成各种各样的家具和工艺品。木匠从事的行业是很广泛的，他们不仅可以制作各种家具，在建筑行业、装饰行业、广告行业等也都离不开木匠。比如在建筑行业要通过木匠来做必不可少的门窗等。木匠的常用工具有：斧头，用以劈开木材，砍削平直木料；刨子，更细致地刨平修饰木料表面；凿子，用以凿孔与开槽；锯子，用来开料和切断木料；墨斗，用来弹线与校直屋柱等；规尺，又称鲁班尺，丈量与校正角度等。木匠尊鲁班为祖师爷。鲁班是春秋时鲁国人，古代著名的建筑工匠、建筑家。

木匠中最大的官，是明熹宗朱由校。他自幼便有木匠天分，不仅经常沉迷于刀锯斧凿、油漆的木匠活中，而且技巧娴熟，一般的能工巧匠也只能望尘莫及。据说，凡是他所看过的木器用具、亭台楼榭，都能够做出来。凡刀锯斧凿、丹青揉漆之类的木匠活，他都要亲自操作，乐此不疲，甚至废寝忘食。他打造的漆器、床、梳匣等，均装饰五彩，精巧绝伦，出人意料。据《先拨志》载："斧斤之属，皆躬自操之。虽巧匠，不能过焉。"他执政时，外有金兵侵扰，内有明末起义，正是国难当头，内忧外患的时期。明熹宗却不务正业，不听先贤教诲去"祖法尧舜，宪章文武"，而是对木匠活有着浓厚的兴趣，整天与斧子、锯子、刨子打交道，只知道制作木器，盖小宫殿，将国家大事抛在脑后不顾，成了名副其实的"木匠皇帝"。

石匠，又称石工，是指从事采集石料，将石料加工成产品的手工业者。石匠是历史传承时间最长、最久的职业，从古石器时代的简单打磨石头到现代的石雕工艺和艺术的完美结合，离不开一代代石匠们默默的贡献。许多流传千古的碑文，许多精美绝伦的石刻佛像，许多精巧的宝石雕刻，包括那些经典的石桥技术，石匠对中国数千年的历史文化形成起到了功不可没的作用。斧子和錾子是石匠最常用的工具。只要有一把斧子和几根大小不一的錾子，石匠就能走遍天下。石匠尊女娲为祖师，应该与她炼石有关，但也有尊鲁班的。

有一个姓孙的石匠，我叫他孙叔，好像是鲁山人，叫什么名记不清了，一到农闲，就来我家住，为周围各村群众锻磨，大家又叫他锻磨匠，算是石匠中的一个分支吧，遇到雨雪、连阴天不能出去找活干，就吃住在我家，找个无用的石头，锻个小碓窑子、碓碓头，我家从不缺那小玩意，前些年还一直在用。

石匠锻磨用的工具不多，一把铁锤，几根大小不一的钢钎。用铁锤击打钢钎，把石磨的沟槽加深，就是锻磨师傅要做的工作。我至今还记得，“石匠锻磨——硬对硬、走老路”的歇后语，就是跟他学的。钢钎凿石头，一凿一冒火，石头星子打脸，生疼，我看得心惊胆战。钢钎磨损得很快，三五盘磨锻后，那钢钎就得让我父亲给他回炉重修。他在我家，不但吃住不要钱，连维修钢钎也从来没有要过钱。

我老舅家在上蔡朱湖桃花店大队，该大队有个彭庄，有个姓彭的远亲表叔染布，经常下乡收布料，每到洪山庙一带，中午必到我家吃饭。1959 年至 1960 年，我们全家搬到桃花店居住，父亲在他所在的生产队打铁器，我去过他家，印象颇深。那时干他那一行的很好，方圆几十里，我就知道他那一家。那时候，各家都自己织布。为了防止把各家的织布弄混了，他就用竹子做成虎符一样的小竹板，每个小竹板上刻上不同圆圈的花纹，然后将小竹板一分为二,一片系在染布上，一片交染布人保管。等染好布送货上门，两个竹片，严丝合缝，就是谁家染的布，绝不会弄错。

染匠，也叫染布匠，就是专门给人染布为生的手艺人。过去人们在乡村会经常听到小贩高叫:“染布，染衫，染裤”，这是上门替人染布的行业。成衣还未发展前，基于不浪费的原则，衣服布料都能物尽其用。假如对穿过的旧衣服颜色不满意，就会让染布匠漂染，当然，只能把褪了色的衣服再染成深色。

染匠的工具很简单：小炉、四方形火水铁罐和数种基本颜料。他们会上门就地替客人染布，先把颜料注入火水罐搅匀，然后放进布料，大约浸 1 个小时，客人对颜色满意，生意便完成了。

从前，人多穿蓝色衣服，土法染蓝特别流行。土靛染布的步骤是：抽靛脚子，用抽水葫芦抽出沉在染缸底的“靛脚子”；下靛，置土靛于箩中，在缸水中淘洗，使细靛漏下，再把碱和石灰加入水中；疏缸，下靛后用缸棍子搅动缸水，用缸碗看颜色深浅；染布，在缸中间悬挂一个用铁丝编成的网状“缸罩子”，把缸水分成上、下两层，把布浸在上层，以手操作，染 20 分钟，取出，叠起来放在缸口上的“担缸板”上轻轻压出水分，摊开晾干，布就由黄变绿、由绿变蓝了。

第一次染出的是浅蓝色，晾干后再染一次就深一层，愈染愈深，由浅而深的颜色依次是月白色、二蓝、深蓝、缸青，最深的蓝色近于黑色，称为青，“青出于蓝而胜于蓝”的成语显见是染坊中的经验。

老家土楼东3里外有个大黑村，村中有黑姓父子剃头匠，周围十几个村庄的人剃头都由他们父子来做。小时候是老爷子给我剃头，光用刀子刮光头。剃头钱也只要大人的，小孩子剃头不要钱。我上初中、高中时，是他儿子来剃头，用推子推、刀子刮。大人剃头每人每年2元钱，小孩子依然不要钱。

“剃头挑子一头热”的俗语，是他们父子给我的温馨记忆。剃头匠走村串乡，用一根扁担挑起剃头挑子，一头是热的，是烧水用的火炉、水罐、脸盆，为客人洗头、刮脸准备热水用的；另一头是凉的，供顾客坐的凳子，这个凳子下面分3层，上层装剃头工具，即剃刀、梳子、篦子，中层装手巾和布单，最下层回收碎头发等。

剃头匠，现在称理发师、美容师。据说在过去，这个职业属于下九流的行当，被人看不起，三代不能参加科举考试。不过，做这种“下等”生意的人，只不过为了活命讨生活，多余的事儿，根本来不及想，不能考也就不能考了，又有哪个能考上呢？这个行当，在清代之前，干的是理发事业，不剃头，只给人们整理头发，也刮刮脸、修修眉什么的。身体发肤受之父母，不敢毁伤是儒家教条，有哪个男子敢轻易剃发呢？除非你安心出家做和尚。理发业尊吕洞宾为祖师爷。相传吕洞宾座下之柳木，曾以随剃即长术戏耍剃头师，经吕洞宾以飞刀变剃刀制伏，故后世理发业供其为祖师。

打铁技艺琐谈

张留坡

平舆县位于黄淮平原，适合多种农作物的生长，农业生产条件非常优越，自古就是有名的小麦、芝麻产区。从前，农民所需农具的数量很大，许多村庄也就有了打铁的铺子，俗称铁匠炉子。

我的父亲就是平舆众多铁匠中的一个。父亲是1930年人，新中国成立前在汝南城里跟着他的师父黑砖头学打铁。听父亲说，解放军解放汝南之前，父亲的手艺已经学成了，还是个向往革命的进步青年，跟当时的地下党组织有过密切接触，还自造了土枪支持他们。汝南解放后，他的同门师兄弟都随解放军南下了，他因为我爷爷不同意没有去，而是留在汝南县竹木业社继续当工人。分田地时，为了多分一份土地，爷爷多次去汝南，把他叫了回来，从此开始了他农忙时当社员，农闲时打铁的生涯。他带领我二叔、三叔、堂四叔等人，经常被生产队派出到外生产队打铁，一去就是两三个月，本生产队开工分，外生产队管吃管住。20世纪60年代时兴社办工厂，父亲被抽调到乡铁业社当掌钳师傅，我20世纪70年代初在后刘上高中时，还多次到他的铁业社食堂里吃饭，比学校的大锅饭好吃多了。落实分田到户，实行生产责任制后，父亲与大伙一样，再也不用挣工分。他就在自家院子里支起了铁匠炉，和他的两个弟弟专心打铁，凡农民日用的铁器，小到锥子、小刀、饭勺、饭铲、钢刀、剪子，大到钉耙、锄板、镢头、铡刀、犁耙、车铁器，无所不会，无所不能。他还为我专制过一把七星宝剑，寒气逼人，可惜“75·8”大洪水埋在了老宅地下，再也没有找到。20世纪80年代是父亲人生的高峰，他用打铁挣来的钱在我们土楼村第一个盖起了二层小楼，虽然只有一间，但和另外3间全新的砖瓦房排在一起，有些居高临下的感觉，名传十里八乡。

我从七八岁起，就跟着父亲学打铁。虽然因为种种原因，没有成为铁匠，也没有学到父亲过硬的打铁手艺，但对于打铁的技艺，还是耳濡目染地知道不少，特此记下来，以为怀念。

传统打铁工具，主要有铁匠炉、风箱、铁砧子（铁匠打铁的平台）、铁钳子（又称钳子，用来夹着烧热了的铁坯）、铁锤，辅助工具有铁剪、铁戗（又称戗子，用来除去铁器上面的表皮部分使之明光）、铁锉（又简称锉，表层有许多短而尖的铁齿）、铁铳（又称铳子，给需要打眼的铁器打眼）、磨刀石（使刀具的刃部锋利）、药剂（使刀剑、锄板明亮不锈）、印章（铁匠的独家标识，我家的印章是个繁体张字，和我们现在使用的个人印章大小差不多，菜刀、铡刀、锄板等器物上一般都盖有印章）等。

打铁铺子俗称铁匠炉。铁匠铺里的一间屋子，靠墙的一边一般是个大风箱，我家打铁用的方形风箱，4 尺（1 尺 =33.33 厘米，下同）半长，1 尺半宽，3 尺高，拉起来虽然费力些，但吹出来的风也大，炉火很旺，熟铁快。风箱底部靠近炉子的地方有个出风口，通道从下面与打铁炉的火膛相通。挨着风箱的是一个用土坯垒砌而成的大火炉，火炉的大小与风箱的长度基本一致，呈方形。炉边架一风箱，风箱一拉，风进火炉，炉膛内火苗直蹿。要锻打的铁器先在火炉中烧红，然后移到大铁墩上，由师傅掌主锤，下手握大锤进行锻打。右手握小锤，左手握铁钳，在锻打过程中，上手要凭目测不断翻动铁料，使之能将方铁打成圆铁棒或将粗铁棍打成细长铁棍。

打铁是一项古老的技艺，有其自身技术的私密性。比如凡是打制的刃器，一般刀刃的部分才用钢；比如刀，刀刃的部分，是夹钢，俗称铁包钢，而刀背、刀把等其他部位是不用钢的，这样打出来的刀具使用时才锋利，又好磨。如果铁匠图省事，全用钢打成一把刀，那虽然很硬、耐用，但不好磨，这样的刀具不受欢迎。

一般人说钢铁，钢和铁还真不好区分，但到了一个老铁匠的手里，打眼一瞧，他会分得很清楚。我虽然跟着父亲学打了好几年铁，但至今仍然分不清楚，更别说没有接触过打铁的人了。

将一块块形状不同的铁块打制到要打制的铁器形状，需要一个加热、锤打的过程。我听说炉火内的温度在达到 800 摄氏度以上时，铁板才会被烧成橙红色，这时的铁板才会变软，可以打出自己想要的形状。加钢熔接时，需要的温度更高。温度的调整全都是看颜色、凭感觉。所以，打铁的时候，进火是最主要的，也就是说，在烧制铁块时，一定要掌握好火候。制作不同的农具，需要不同的铁块，采用的火候也不一样。一个铁匠，就这样在打制铁器的过程中，不断地总结和累积经验，最后达到技艺的炉火纯青。可以说，在一个老铁匠的手中，让坚硬的铁块在他的锤下变方、变圆，变长、变短，变扁、变尖，可以说随心所欲，无所不可。传统铁器农具成品与传统的农耕生活及生产方式相配套，农耕生产用的如犁、耙、锄、镐、镰等，生活用品如菜刀、锅铲、刨刀、剪刀等，只要农民有需要，铁匠师傅就能把它打制出来，包你称心如意。

在我的记忆中，打铁的工艺流程基本如下：

一是拣料。由掌钳师傅直接挑拣适合的铁料。这样做的目的是为了节省作为烧料的煤炭和锻打时间。比如打一把菜刀，需要半斤以上的铁块，打一把铡刀，需要 10 斤以上的铁块，这个主要靠打铁师傅的经验，通过目测与手掂来挑选合适的铁料。有经验的师父可以从一大堆铁料中，三两把就能挑拣出来。

二是烧料。挑好铁料后，喂入生好火正在熊熊燃烧的炉灶里，炉灶一旁有专人拉动风箱，不停地鼓风烧旺炉火（20 世纪 90 年代以后，大多使用鼓风机替代，以节省人力）。铁匠手握长柄铁钳夹住铁料，偶尔翻动一下，使铁料充分均匀地受热软化。

三是锻打。用铁钳子将加热到整体通红的铁料夹到铁砧子上，举锤敲打。等锻打后的铁料逐渐失去火红的颜色和足够的温度，铁匠再次将它喂入火膛里，再次烧料。这样反复多次。若打制的是小件器具，掌钳铁匠一人拿着小锤反复敲打，就可定型完成。若是大件农器具，比如钉耙、锄板等，则须 2 ~ 3 人抡大锤，轮流快速多次敲打，才能完成。

四是加钢。加钢有加明钢和加暗钢之分。打造锄板、铁铲之类的农具，则需要加明钢，把一块薄钢条直接贴在铁块的上面，高温烧至即将熔化的温度时，夹到铁砧子上快速锻打，使之融为一体。掌钳师傅须记得哪一面有钢，把有钢之面作为农器具的正面。如果是打造菜刀、铡刀等农器具，那就是在锻打时，先将铁块打成一个小长方体，在长方体的一边用冷劈刀劈开一半，在其内夹上一块薄薄的长方形钢条，再放入火炉烧红到几乎熔化的热度，用铁钳子快速夹出来，放到铁砧子上锻打，使之熔为一体。这叫加暗钢。只有掌钳师傅记得这个铁块哪一边加钢，加钢处作刀刃面，不加钢的部分作刀背使用。

五是定型。在上述方式反复锻打的基础上，所要制作的农器具的定型就完成了。如果是钉耙之类的粗制农具，不需要加钢，或使用混钢打造，直接定型，冷却后即可交付买家拿走使用。如果是刀具、锄板之类，还要把周围多余的部分用铁剪子剪掉。趁铁器还在微红绵柔之际，于其上一角落处，用小铁锤敲击一铁制方章，算是自家出品标记。这只能算是基本成型，初具成品模样。后面还有不少工序要做。

六是淬火。这是刀剑等锋利型器具必不可少的一道工序，也是打铁工艺中最显铁匠技艺的精华部分。打造的铁器好不好，火候的掌握和冷却过程至关重要，尤为关键。淬火时，根据需要淬火的器物大小，事先准备好一桶或一盆凉水。将已经打造完成的铁件放入炉火中烧红，然后快速放入凉水内，“哧啦”一声，热气腾起，即可将之取出来。对于刀具更有不同的要求，淬火时刀具的刃口放入多少也是很有讲究的。一般放入 1/5 就可以了，最多放入 1/3 的程度，这样淬火出来的刀具才好磨且锋利。

淬火时，须保持铁器的足够温度。有些经验丰富的铁匠会在普通水里淬火之后，加温再度放盐水里淬火，以增加光泽度。

七是回火。锻件淬火后硬度变高了，但脆性也变大了，容易走形，直接敲打，就会出现断裂，这样就必须将之重新放回火炉，稍微加温一下，来调整硬度和形状。

八是打磨。打磨又叫净表。刚打制成型的刀具的表面有锤击的痕迹，凹凸不平，要用戗子戗去，或用铁锉除去刀具等器物的表面铁质，使其平坦而有光泽。然后放在磨刀石上，慢慢蘸水细磨，将其磨得锋利。

九是抹药。锄板、铁铲等加明钢的农器具，一般都是要抹药的，抹药的目的是使它变得明亮，在一个较短的时间段（比如一两年）内不生锈。药是事先调配好的。我知道的药料有蝎子、蚰蜒、斑蝥、蜈蚣等毒物，还有头发、鸽子屎等不少特殊的物品。父亲将它们焙制加工成药糊，平时密封装入一个瓦罐内，使用时拿出来，用后再密封保存，一次制成，可连续使用多年。

十是泽油。所谓泽油，就是在一般铁器回火后趁高温尚存，迅速夹块猪肥肉（植物油或猪皮亦可），将猪油抹到器具上，然后反复摩擦，铁器的温度使猪肉渗出猪油涂抹在器具上，这既有助于提高光泽，又能使器具长时间不生锈。

除了打制农具，铁匠师傅还必须学会翻修铁制农具。比如一个钉耙掉了根齿，那就需要把钉耙的铁库烧红后，用铁铳子将其剥离，将断了的那根齿修好，再和其他两个齿高温熔合在一起，最后连铁裤熔合在一起，才能继续使用。生产队里的铡刀使用很久了，只剩下窄窄的一个铡背，无法继续使用。这就需要加钢加宽铡刀，俗称焖刀。焖刀是个大活计，先把铡刀烧热，用铁铳子将铡刀的刃口部分除去，只剩下铡刀背。再用一块六七斤重的铁块，烧红劈开一半，加进去一根一两斤重的钢片，高温熔合在一起，打成铡刀内刃的部分。再将原铡刀背与新打的铡刀内刃进行高温熔合，锤打成一个整体。这就是焖刀。20 世纪 80 年代时，生产队要焖刀，没有十几元钱是不行的。当然，一口新铡刀需要二三十元钱才能买到。

游走在舆乡记忆中的锔匠

张留坡

我小时候，生活在20世纪五六十年代的平舆乡下，村子里隔一段时间就能听到一阵叮当叮当的类似铃铛的响声，伴随着几声“锔缸、锔盆、锔碗、锔大锅咯哦”的叫喊声。这响声和喊声是锔匠在招揽生意。

记得儿时的家中，常有破碗、破锅、破缸之类，一有锔匠来，母亲便会拣出几个要紧必用之物，如盆、碗之类，请锔匠锔好。

那时候物资短缺，家家都没有多少钱，家用的锅碗瓢盆都显得金贵，锅漏了，碗裂了，缸烂了，都是要经过维修之后再用的。旧衣必补，破物必锔，这是老祖宗留下的惜物美德，在乡间可谓根深蒂固。锅碗瓢盆，锔后照样好用，还可以再用许多年。所以，农村人居家过日子，离不开锔匠。

锔匠是指过去靠修补锅、碗、缸、罐之类东西为生的匠人。在经济不发达的年代，老百姓们生活贫困，锅、碗、罐、缸等生活用品若有破损也舍不得去买新的替换，因此锔匠就应运而生。

锔匠都有一个小木挑，叫作锔匠挑子。挑子一头是个柜子，样式就像过去饭馆儿伙计给人家送饭用的食盒。柜子有两三层抽屉，主要存放锤、钻、锔、绳子、小铁桶等维修用具和放大小锔子，提梁上吊着一个铜做的，像拨浪鼓似的东西，走起来时担子一晃，就会发出叮叮当当的响声，人们坐在家中听到声音，就知道有锔匠进村了。挑子的另一头是被褥及换洗衣服，有些锔匠还会加带一个木凳，接到活后将木凳作工作台，即可工作，方便实用。因为锔匠是外地人，并不常见，所以生意特别多，一进村子，便忙个不停，总要锔上一两天才会离开。

锔匠的手艺有高低，手艺精湛的，锔出来的盆碗就很漂亮。高档的瓷器上一般用铜锔子，在破缝上的两边各钻一个小孔，打进小小的铜锔子，将缝箍紧箍结实了，再在器物上依据残破的图形锔出花鸟藤蔓形状，不仅结实，而且较原先更加好看。

游走在舆乡的锔匠都是男性，好像没有本地人，听口音多为豫东、安徽或山东人。舆乡人对锔匠的称谓颇多，锔锅时人们叫锔锅匠，锔碗时叫锔碗匠，锔缸时叫锔缸匠，因为其随行离不开一个小火炉，因而人们有时也叫他小炉匠。

锔碗匠工作的主要对象是修补碗、盘、瓶子一类的瓷器。干这行当的，多半是40岁以上的老师傅，干活时带着老花镜，先看好碴口，估计要用几个锔子，再说价钱。不论是瓷盆瓷碗瓷碟子，只要还对得上碴口，就能修好接着用。民间有句歇后语，叫“锔碗儿的戴眼镜儿——没碴儿找碴儿”，其出处就在这儿。

锔碗所用的工具叫金刚钻，它有一个圆木钻杆，最下面安放一个像米粒儿大小的钻头，外加一把像拉胡琴的弓子叫钻把，钻把两头连接一根细绳儿。用它缠在钻杆上，来回拉动，那钻头在又滑又脆的瓷器上钻孔，就像锥子扎在豆腐上，真是易如反掌。可别小看那个小钻头，它可是金刚石做成的。据说是明代的李时珍，在研究金刚石时发现，它不但可切割玉石，还能在玉器或瓷器上钻眼，于是就称它金刚钻。瓷器烧制后质地脆硬，想在上面打眼钻孔，唯有金刚石钻头才可以，玉器也是。金刚石钻头很贵，锔匠一副担子加起来的价值，也不值那一粒金刚石值钱。没有了它，锔匠就什么也干不成了。于是就有了那么句最流行的俗话“没有金刚钻，别揽瓷器活儿。”

修一只瓷碗，锔匠通常会事先将一块厚厚的棉布放在腿上，把需要修补的碗的裂缝或者破损处用专门的小刷子清理干净，再慢慢地将碗破损掉的碎片拼接回原位，再将其用带有绳子的弯钩固定在碗边上，随后用绳子把碗同拼接好的碎片缠起来固定住。由于碗的表面相对较光滑因此这个过程需要特别细心，若是不能将碎片固定好位置，那么就无法进行随后的修补工作了。

固定好后就需要用钻头打眼了，瓷器极易破碎，因此打眼时需要特别小心。有经验的锔匠都会将碗放在两腿中间，用双腿将碗固定好以避免其破碎，之后才会钻孔，瓷碗上的孔相对较小，再将小锔子用锤头轻轻敲打镶嵌进去固定好，最后把具有黏性的油膏均匀地涂抹在破损处就可以了。

锔匠除常用修补工具外，还随身携带一个小火炉，它主要用来加热铁粉将其化成铁水，以做修补铁锅铁盆之用。所以，人们还称他们为“小炉匠”。《林海雪原》中的土匪栾平，他的掩护身份就是小炉匠。

锔匠的工作看起来简单，但其实并不容易，一个经验丰富的锔匠可以根据物件的材质、大小、破损程度、裂纹长短等状态来确定打孔的部位、数量、大小和深浅，若是没有高超的技术则无法完全将破损弥补。

确定好打孔的位置和深浅、大小后，锔匠就会挑选合适的钻头开始打孔，之后再把修补用的铆钉镶入打好的孔中，用木棉钉敲打牢固，最后再在裂缝周围涂抹上一些防止渗水的腻子，就可以让破碎的物件重获新生了。若是破损程度较大，那么修补的过程就要复杂多了，以铁锅为例，若是铁锅漏了，锔锅匠就要点燃随身携带的小火炉，再把铁粉放在一个特殊的容器中置于火上，盖上盖子，待容器中的铁粉完全熔化成铁水后，趁热将其倒入特定的模子中，再快速地将模子扣在铁锅破损的位置，停留片刻。等到铁水变凉之后，再慢慢地将模子移开，铁锅就修补好了。

除了碗和锅，大缸也是锔匠们经常修补的器具。同瓷碗不同，修补瓦缸或质地一般的瓷缸，多用铁锔子，修补带有人物风景画的上好瓷缸，才用铜锔子。通常，锔匠们会先将大缸的外表用布清理干净，找出破损处或裂纹，用手指来判断裂缝的方向和长短，并用随身的小锤头轻轻地敲打裂纹。随后，他们会在手工钻上安装适宜的钻头，用钻头在裂纹两边整齐地打出孔来，最后就是将铜质或者铁质的锔钉儿嵌入打好的孔中，如此这般缸上的裂纹就会被锔钉紧紧地固定住了。同修补其他器具一样，最后在裂缝周围涂抹上具有黏性的腻子就修补完成了。待腻子完全干透之后，大缸就可以重新使用了。

锔匠干活，不论大小件，只分粗细活。锔盆、大缸等瓦器或粗瓷器之类的物件，为粗活；锔花瓶、瓷碗之类的细瓷器，为细活。锔瓦缸、铁锅之类，用铁锔子；锔瓷器，多用铜锔子。

锔匠来到村里，随便在路边找一块不碍事的地儿，放下挑子，刚摆开干活的家什儿，就有大娘大婶拿着锅碗瓢盆过来了。铁锅裂一条纹，扔掉可惜，锔一下，不耽误用。小盆一样的大瓷碗，掉地上摔了两掰，锔一下，照样好用。铝瓢漏了一个黄豆粒大小的洞儿，一块焊锡，一块铝板，能再用上好几年。搪瓷盆、搪瓷掉了瓷，铁生了锈，就漏了，一段焊丝就完事大吉。不管活儿大小，来活就接，至于工钱，锔匠的要价是按照锔子的质地、大小和数量来计算的。锔子分铜锔子和铁锔子两种。锔子大小不一，但基本都是扁平型，两头有钩可锔住。锔匠们大都诚信厚道，该用那样锔子，绝不会乱用或多加锔子，丁是丁，卯是卯，算得清楚明白，绝不多要一分钱。有些妇女觉得过意不去，中午时就会端来午饭或馍，招待锔匠。半大孩子围在身边看热闹，锔匠也不恼，不时嚷着，“别乱跑，被碰着啊。”锔匠活儿干得不错，叮叮当当一阵儿，本应该扔掉的锅碗瓢盆，变废为宝了。

至于修补大水缸、大铁锅，锔匠只好上门去修，快手儿，也得大半天时间。活儿干完了，天也晚了，主人说啥也要留吃饭，锔匠是死活不肯。主人知道锔匠小心眼儿，害怕吃了一顿饭，工钱就不好意思要了，于是先付工钱，然后再极力挽留。这样十有八九，锔匠也就半推半就了。赶上富余人家，还能有几个小菜一壶浊酒，彼此推杯换盏，喝着喝着就成了哥们儿。第二天早晨酒醒以后，锔匠说啥要把锔缸锔锅的工钱退了，主人是说啥也不再收回，彼此那个亲啊，跟没出五服的兄弟一样。

如今想来，锔匠真不容易，一年四季行走在各个村庄，吃不上一口热乎饭菜，睡在生产队的牛棚、草屋里，一天到晚没有消停时候，凭着手艺和人品，得到微薄的收入，赖以养家糊口……多少年了，再也没有听到那种心灵激动的声响和亲切的吆喝声了，只好把它写进拙文，留给大家回味了。

旧时室内使用的几种物件

韩建中

条案：条案在我们那里又称作“香案”，置于正堂靠后墙正中央，是逢年过节用来摆设供奉天地诸神、历代先祖供品的案子。条案的骨架用硬木料（槐树、枣树等），其他的则用平常的木料。上面是个平面，接着一层是抽屉，再下面是储物柜（也有只上面一层，或再加上下两层中的一层的，视家境和各自的喜好而定）。储物柜一般是“一头沉”或“两头沉”，“一头沉”是条案的一端加装储物柜，“两头沉”则是两头都加装储物柜。也有案面下方不加抽屉，而是全空的。一般来说，条案都要雕刻点儿花，没雕刻者，也在油漆时画上些图案，油漆条案，不仅是为了好看，也是为了经久耐用；也有不油漆的，用枣木等的原色，反而起到返璞归真的效果。家境不太好的人家没能力添置条案，只好用方桌来代替，效果也很不错。家境很差，没条件做木制条案的，许多人家代以泥制，打磨光滑，也挺实用。

方桌：方桌分为大方桌和小方桌两种。基本格式都是方方正正，四条腿分别与四根撑木榫接，以起到固定的作用，这是简单的方桌。稍为讲究些的人家，方桌会设有小抽屉，就是在桌面与四根撑木之间每面的中间装上一个（也有相邻两面装两个的）抽屉。如条案一样，方桌也可油漆，也可不施油漆。大方桌又名八仙桌，主要是用来招待客人，平时则可供家人吃饭之用，过去农村如有待大客的，八仙桌和长板凳可以互借使用。当然，没有条案的人家还会把它作为供桌使用，可谓一举数得。小方桌是大方桌的缩小版，它的作用，一是为了方便家人坐着小凳子围在一起干活，二是为了方便全家在一起吃饭，或进行一些娱乐活动，尤其是方便小孩子读书、妇女们做女工等，既舒服又简便。

几案：在我们家乡，过去几案的种类繁多，有茶几、书几、琴几等，造型有长、有方、有圆、有椭圆，有纯平面的、有两头带堵头的，用料有木料的、有石头的、有木石混用的……不一而足。大体来说，富庶人家的几案比较讲究，也比较华美；寒素文士雅而简约；普通人家则粗陋简单；至于贫穷人家，最多也只是用几块木头拼接一个平实木板，安上四条腿，讲求实用而已。习俗如此。这里仅以文士们的书几为例，说说过去小几的大致式样，其他的不过是或增或减，或华丽或粗陋而已。

旧时文人雅士的书房之内，大多设一书几，主要是为了读书、写字之用。书几一般不是太高，坐着矮凳能够正常读写就好。它的两头大多设有堵头（也有对着座位的一面加堵头的，不过比较少见），这是防止文房四宝被不小心碰落到地上。很多人会在几上添加一两个抽屉，以放置一些文人必需的东西，如信笺、裁纸刀、剪刀、锥子、笔墨、糨糊等随时用得着的小东西，随手取用，十分方便；同时，还可以将那些废纸残稿及书房中有碍观瞻的小东西暂时放置其中，以待有暇时焚烧、处理。

书房的小几（及桌案）很多人都备有“桌撒”，也就是一头较薄一头较厚的一些小木片儿，其大小、长短不一。过去的地面不是很平整，放置书几（也包括桌凳之类）时会有一条腿悬空，弄得时常摇晃，自然不太舒服，如果取个合适的小木片去垫一下，就很好地解决了这个问题。

椅、凳：过去民间的椅子有很多种，做工讲究些的是圈椅和扶手椅。圈椅的最上面是一圈后高前低的圆形木条，椅座与此木条左右各有两个立柱，后面则是一条较宽的、一般雕有花纹图案的立柱。这种椅子可以正坐，也可半仰卧躺坐，较为舒服；还有一种如现在常见的坐椅，只是多了两边的扶手，因此也有人叫它扶手椅，做工也很是讲究。这两种椅子多为有经济条件且较为讲究点的人家所用，一般摆在客厅桌案的两边，一者可以招待客人共坐，二者平时可以舒舒服服地坐着抽烟、品茗，年节时老年人坐着接受儿孙们的拜礼。我家留有一个圈椅，至今犹存；我在三姥爷家曾见过扶手椅一对，是后靠背有雕花的那种。其他的椅子现在也比较常见，此不再赘述。

凳子的种类也很多，有大板凳，小板凳、小方凳、小圆凳、马扎子（又名胡凳）等，方便搬移，现在农村仍然常见。长板凳适宜配八仙桌，小矮凳适宜配小方桌。现在不太常见的当属小条凳和大条凳了。小条凳板面比长板凳宽，四条腿直而短，其木质较好，更结实耐用；大条凳较小条凳高、长、宽，有的可以两面坐人，有人在夏天还把它当成小床，故我们家乡一带还有人叫它躺凳或睡凳。过去，除大条凳外，其余的椅、凳是可以互相借用的，因为大条凳较为笨重，不便挪移，而且与其他的凳子不太相配，所以一般不被借用。

衣柜：过去，我们那里最常见的差不多都是卧柜，就是四条腿作立柱、底部离地数寸、四面用木板密封、上面加盖的那种（也有上面不设活盖，于柜前壁单设两扇门者）。柜子用来盛放衣物和被褥、布料等，是经济条件较好的人家必备之物。普通的柜子一般只有齐腰高。家境越好，衣柜越大越高，先祖母说，我们村的韩瑯斋家是个大地主，他家的那个柜子就有两人高，简直比得上穷人家的小屋子了。过去，做柜子叫“打柜子”，是把木匠请到自己家里，依照主家的要求、或由木匠提供式样，用上好的木料来打造。普通人家打柜子都是给出嫁的女儿，里面装上陪嫁的衣物等嫁妆，大婚时随同女儿走的。许多人家不需要另行打造，母亲或祖母会将自己陪嫁的柜子油漆一下，装上嫁妆，随女而去。只有家境好的人家才有能力新制柜子，面子上自然好看得多。所以，过去的衣柜有传至数代，乃至上百年的。

板箱：普通人家没有能力制作衣柜，陪送闺女盛嫁妆的差不多都是板箱。板箱大多由桐木制成，然后刷以油漆——多为红漆或黑漆，作为陪嫁品用时，多用红漆，取喜庆吉祥之意；作为家庭自用时，则可刷以黑漆。桐木轻，而且能防潮，是我们这一带制作板箱的上等材料。

橱柜：过去，大户人家物品甚多而且较杂，自然会用到橱柜。橱柜小的两层，大的也不过三四层。财主们通常都会把橱柜造得又高又大，比较华美，却往往不太注意里面的空间大小。那些有较高素养的缙绅、富裕的高雅文士，橱柜就造得比较实用、巧妙。先祖父曾于万家镇万家寨万拔贡家见过他家的橱柜，那橱柜也是分三层，各层空间都比较大，跟常见的橱柜不同的是，各层之中又用小木条钉在等高的两壁间，用来搁活动的小板子，需要放置大物件时，不用活板；放置小些的物件时，将活板放上，使一层变成两层，储物灵活而适用。橱柜的中间部位，大多设有一些抽屉，抽屉之内，往往分成两三个格，用来盛放一些七零八碎的小物件，很是方便。后来，我们村的韩瑯斋家也仿其样式，做过一个，但不及万家的精致。我小时候见过我三姥爷家也有个大橱柜，是没有活板那种，也小得多。

五斗桌（五斗橱）、三斗桌：五斗桌又名五斗橱。它的上层有三个抽屉，下层左右各有一个抽屉。这种桌子坚固耐用，而且能够分装多量的钱币、账册、文房四宝等，因此，过去多为账房先生或有一些账目进出较多的家庭所用。我小时候，家里就有这么个东西；大集体时，我们大队和我当知青时的黑田村委及其学校的会计，都是用这样的桌子。五个抽屉加三把锁——左右的上下两抽屉各自中间有一个铁鼻子，套上一个圆形的铁叶子，用一把锁锁上；中间的抽屉单用一把锁，通常只是挂着，里面装的是文墨、糨糊、纸张和平时的零星用品，随时可以打开，方便取用。五斗桌的用料比较坚固，所以能经久不坏。

三斗桌现在还能经常见到，仍在普遍使用。

床、帐：过去的床、帐有“床不离七”之说，但凡是床，其长、高、宽皆为“七”这个数字，如七寸（1 寸 =3.33 厘米，同下）、七尺等，“七”与“妻”谐音，是古人讲究处，这个习俗至今还在。床的种类很多，如花牙床、小竹床、顶棚床、棕床、铜床等，视各人家境和爱好而制作。

旧时富贵人家的床，大多是带顶棚的床，而且制作起来很是讲究。这种床是由四根坚固的长木料上下通顶，上下两层各用 4 根硬木料（分别为相等的两长、两短）作为主架，下边长的两根叫床帮，短的叫床头，床帮间有数根横木，横木上铺有床板，床帮高于床板数寸，上边的床顶也是平板铺成。床帮下方与床腿的地方，都有雕镂成花状的三角木板装饰；床顶下边四周有雕刻精致的图案，或戏剧故事，或历史典故……制作这样的床大费功力，记得先祖母曾说过，我们村的大富户韩琊斋家打一个大床，老洒的父亲带着老洒干了一个多月才完工。

等而下之的是花牙子床。它的式样，可以看作带顶棚床去掉床帮以上的部分。其用料也没有那么讲究，大多是椿树之类的木料；下边的八个雕刻图案，也往往不太讲究精美，甚至变成了如同祥云的木板，而在油漆床的时候用图画代替；床的铺板，一般也会取消，而代之以秫秆箔或麻秆箔。因其费功不多，经济实用，而为大多数普通家庭所采用。

上述两种床的床帮都高出床撑子半尺左右（有达七寸者），那是防止老人不小心跌落床下，特别是小孩子睡觉滚来滚去而掉到地上摔伤的缘故。

还有一种土坯床——赤贫人家做不起木床，就用土坯垒成土坯床，冬天上面铺上麦草，夏天铺上秫秆，也就将就着解决了“床”的问题。

帐，就是我们所说的帐子。帐子的作用，夏天用来防蚊虫叮咬，冬天用来保暖御寒。经济条件好的人家，夏天会用漂亮的轻罗细纱做帐子，冬天则用厚实的锦绸绣缎；普通人家则夏天用普通的棉纱做帐子，冬天用厚实的棉布御风寒；贫寒之士基本上冬夏一样，都是一个粗布棉帐。帐子的作用还在于隔离卧具与外界的视觉联系，也是保护个人隐私的必需品。至于赤贫之家，能将就用破布烂衣将床围一下，虽也勉强称作帐子，实则只能算作挂帘罢了。

作者简介：韩建中，1958 年出生于河南省平舆县庙湾镇韩庄，历任高中教师、平舆县政协文史委副主任、主任、主任科员等职，1987—1988 年参与编辑《河南省文化志》，执笔编辑《平舆文史资料》第一至第十辑，著有《平舆历史人物》《东汉名臣陈蕃》等书；1989 年加入河南诗词学会，现为驻马店市文史资料研究员、平舆炎黄文化研究会副会长。

响器班

陶中民

老家一婶子高龄仙逝，出殡那天，我回去吊孝。婶子的葬礼庄严、古朴而不乏热闹，这其中便少不了响器班的强力烘托。

在我的豫东南老家，人们把唢呐班叫作响器班或老响器。老（死）了人办白事的时候，无论穷富，主家一般都会请响器班，以示重视。而上了年纪的老人过世又叫喜丧，响器班就更必须要请了。

响器班可大可小，一般由一只唢呐、两只笙（成语“滥竽充数”中的“竽”）和一个梆子组成，唢呐主奏，其他伴奏。大一点的响器班还有铜器（铜锣、铜镲等）敲打，表现力更丰富，感染力更强。演奏以豫剧、曲剧等地方戏的唱腔为主，间杂民间小调。喜的一般为《百鸟朝凤》，悲的通常是《小寡妇上坟》。改革开放后，还吹奏一些流行歌曲，虽然音准、节奏等都不那么准确，但颇能活跃气氛，并很受年轻人的欢迎。

老人葬礼一般由儿子操办，闺女出钱扎社火、请响器班，也算是各尽各的孝心。葬礼丰俭根据各自家庭条件而定，但都会尽力办得排场一些，老人辛苦一辈子，要走的风光体面。

几声散炮炸响，“呜里哇啦”的唢呐声响起，人们便知道村里谁家老人了。平静的村子渐渐热闹起来，乡亲们纷纷前去，吊孝的吊孝，帮忙的帮忙。响器班先是在“大总管”的指挥下，吹响乐器，陪同“孝子”（主家）来回迎宾。然后，从“押魂儿”、入殓、出殡直到殡后宴席，全程吹奏陪同。其间什么时候吹，吹什么调，他们都能与“大总管”默契配合，很像现今流行的脱口秀节目里的现场伴奏，既烘托气氛，又把控节奏。吹奏时而高亢激昂，时而悲怆低沉，其情真切，其声呜咽，如歌如咏、如泣如诉。让人不仅能听到悲、听到痛，更能听出对死者的哀悼，对生者的抚慰。尤其到了“起棺”“下棺”等关键时刻，响器的哀鸣与子女亲人的号啕混响一片，葬礼便达到高潮。此情此景，让人禁不住唏嘘感叹，悲从中来。人生一世，草木一秋，一个生命的逝去便预示着另一个新生命的到来，新陈代谢，是自然规律。于是，从中又能体味出对死者的欢送与留恋，吹出的又是一派欢乐祥和。

响器班通常请一班，也可以两班、三班。最热闹的自然是两三班打擂对着吹——主家做一面小红旗，哪一班吹赢了（跟前围的人多）红旗就归谁。为了荣誉，各班都拿出看家本领，从男到女，从徒弟到师傅，长短唢呐、高音低音轮番上阵。人群挤来拥去，一忽儿跑向这班，一忽儿又跑到那班。吹得兴起，索性站到方桌上，与对方相向而立，曲对曲、段对段，绝活儿对绝活儿。禽鸟虫兽、生旦净末，无不模仿得惟妙惟肖；换气偷气、指齿颤音，全都运用得游刃有余。他们都有着惊人的肺活量，能口鼻并用、气贯丹田。拿一个木碗，在唢呐口有节奏地按下抬起，还能模仿吐字发音。一些大家耳熟能详的戏曲唱段，都能被艺人们演绎得自然完整、优美动听。

随着时代的发展，响器班越来越职业化，专业化程度也越来越高。伴奏增加了电子琴等电声乐器，土洋结合，效果倒还不错。有钱人家还搭起台子进行歌舞表演，演员们穿着时尚，载歌载舞，把葬礼搞得跟庙会似的。如今的响器班还提供“哭灵”“串灵”等服务，“哭”得情真意切，“串”得有模有样，使葬礼从形式到内容都更加丰富。不过，这些当然是要另外计费的。

响器班作为一个民间艺术团体，和戏班子一样，到现在还得不到人们太多尊重。相比其他行业，收入也算不上高。但响器艺人们出于对行业的热爱和对艺术的执着，似乎并不在乎这些，仍一如既往地认真排练，倾情演出。常言说：没有雨露，禾苗不长；没有君子，不养艺人。社会在进步，人们的传统观念也应该改变。三百六十行，行行都有其存在的必要，实在不应分高低贵贱，上下“九流”。

作者简介：陶中民，1966 年 10 月出生，河南省平舆县人，文学爱好者，现居驻马店市驿城区。

要媳妇

陶中民

在我的农村老家，有一种说法叫“进入腊月都是好儿”。所谓“好儿”，就是结婚典礼的大好日子。平常，“好儿”一般都选在逢双（“成双成对”）或六（顺）、九（久）的日子。而到了腊月间，一是人忙，办喜事儿的多；二是趁着过年图个热闹喜庆，对日子也就没那么多讲究了。

20世纪六七十年代的农村，男女青年到了一二十岁就有人上门提亲了。那时候“破四旧”，专职媒婆是没有的，说媒提亲都是由乡里乡亲互相介绍。男女双方感觉条件差不多，就可以约定见面，算是相亲（一般男方主要看人，而女方则连人带家都得看）；如果都没意见，就把亲事定下来，算是定亲。

经过一段时间的相处，感觉时机成熟了，男方便开始张罗着要媳妇（娶媳妇），送彩礼和定日子，算是订婚。

那时候经济落后，物资匮乏。所谓彩礼，也就是几块涤卡、涤纶的布料和一两身成衣，外加几条头巾、手绢儿，现金、首饰基本上没有。但是“四折礼”是绝对不能少的——一个羊腿，两条鲤鱼，一块猪肉，外加烟酒果品。老家将送彩礼叫“下礼”或“送衣裳”——选好日子，男方派几个人挑着彩礼到女方家，女方设宴招待。席间，除了当场把日子定好，还要就双方的规矩、讲究和一些婚礼上的细节进行沟通并达成一致。

接下来的这段时间，双方都开始做成亲准备。男方一般要收拾婚房（洞房），准备婚床（喜床）和一些结婚用品；女方则要准备箱、柜、桌、椅和被褥、床单等嫁妆。

那时的婚礼也十分简单。男方挑着礼物接亲，女方抬着嫁妆送亲。生产队里有一辆胶轮马车，在上面铺上草席和棉被，条件好的再在上面用苇席扎个篷子，就算婚车。新媳妇（新娘）由当哥的背上车，由一个晚辈男孩儿压车陪同，当真不当假地哭几声算是出门子告别。鞭炮点着，接亲和送亲队伍相继出发。

男方家里早已布置一新，满院满屋的大红喜字，门上也请人写了对联。对联内容也颇有时代特征，通常是“革命伉俪多奇志，不爱红装爱武装”“移风易俗，破旧立新”等。做菜的厨师，帮忙的、打杂的都在主事的指挥下各司其职，紧张有序地忙碌着。

新媳妇到家，放鞭炮迎接。下车前，先后有晚辈男童和同辈成年男人，各持麻秆火和犁铧顺时针绕车三周，然后才由当嫂子的搀扶到堂屋门口的一张桌子前，在众人的簇拥下，和新郎一起对毛主席像三鞠躬，就算是拜了天地。入洞房，礼毕。

这边酒席开始，送亲的由接亲的陪着喝酒吃饭。走的时候自然少不了一人一个三角五角的封子。

老家有种风俗叫“新婚三天没大小”，这天村里的男女老少都来挤着瞧新媳妇。可怜新娘子呆坐在床沿，像动物园里的猴子一样被人们肆无忌惮地全身打量。尤其是那些青年后生，目光像刀子一样直视过去，嘴里还不时崩出一些难听的俏皮话，羞得新媳妇不敢抬头。几番试探，看新媳妇老实不吭气儿，便大胆地动起手来，使劲儿把新郎或小孩儿们往新媳妇身上推，同时“噢、噢”着高声起哄。也有性子烈、脾气大的新媳妇，实在忍无可忍，不堪其辱，高声怒骂，奋起反击。这倒更刺激了围观者亢奋的神经，那阵势，怎一个热闹了得。

对于这些，主家是不能生气和干涉的。喜事嘛，图的就是个热闹，没人闹显得冷清，反而不好。

到了晚上，各色人等逐渐散去。正是一对新人享受“人生四大喜”之洞房花烛的时候，此刻却仍不得安生。那些熊孩子白天还没闹够，等到新人熄灯就寝后趴到洞房窗户下偷听。一开始还能既紧张又兴奋地屏住呼吸，不多会儿便不是谁踩了谁的脚就是谁压了谁的头，难免弄出声响。新郎听见便大声呵斥、吓唬，但根本没用，片刻的安静后又开始压抑着的躁动。这时，新郎便冷不丁打开门，或一盆凉水冷不丁兜头泼下，或掂着棍子就撵。这时候你看谁跑得快，年纪小的落在后面吓得哇哇直哭。但一波跑了一波又来，几次三番，一晚上的良辰美景就这样被闹得个烟消云散。

新婚第三天，新媳妇还要“回门”（古语叫“归宁”）——由女方的几个至亲，套车（现在是开车）接回娘家小住。自然又少不了男方的一番热情款待。

乡村大花轿兴衰记

路艳芳

童年时见过许多的热闹、喜庆场面，但最使我难以忘怀的还是家乡的大花轿，以及农家姑娘出嫁时坐花轿的热闹场面了。

那时农家姑娘出嫁，至少要向男方家提出一个条件，必须用“八抬大轿来接”。出嫁的那天，新郎家早早地把花轿摆到新娘家门口，等待着新娘梳妆打扮齐备后上轿。随着主持仪式的喜头一声“开门发嫁”的高喊声和新娘的哭嫁声，新娘在伴娘的簇拥下上轿了。这时响起“隆、隆、隆”三声炮，和噼里啪啦的鞭炮声，那响声真是震耳欲聋，然后只听一声高喊“起轿”，8名男青年齐刷刷地把轿抬到肩上，迈着有节奏的步伐，花轿就颤颤悠悠的前行了。

花轿前是“嘀嘀嗒嗒”吹着唢呐乐器的乐手和“咚咚锵锵”的敲锣打鼓的锣鼓班子，后边是抬着花花绿绿嫁妆的人群，还有送亲和迎亲的队伍，全村男女老少站在街道两旁看热闹，小孩子们跑着、追着刻有龙凤图案的花轿，欢呼跳跃。迎亲和送亲的队伍拉长后，那场面十分壮观，平时寂静的乡村沸腾了，众乡亲也陶醉在喜庆里。

千百年来，花轿给人们带来了喜庆和吉祥，成了农民生活的一部分，在20世纪50年代，花轿的出租业还很兴旺，家乡方圆七八里地的几个村庄都有租赁花轿的。但为了争得一个良辰吉日，有时一天跑几个地方才能租到一顶花轿，出租花轿的收入应该是可观的。租赁花轿时，新郎家要送去一个大红包，退还花轿时，要随花轿送去烟酒和一块肥肉。这样下来一年租赁花轿的收入，可抵上一个脱产干部一年的工资还多。因此当时租赁花轿的业主自然是让人羡慕的。

可是“文化大革命”一开始，花轿就被红卫兵“破四旧”烧掉了。党的十一届三中全会后，花轿在农村又重新受到追捧，花轿出租业又红火起来。

不过花轿出租业在热闹了几年之后，又渐渐疲软起来。上门租花轿的人越来越少了，时下在农村出嫁，不坐花轿又开始坐轿车了。2020年侄子结婚，本村的花轿不用，竟租了四部小轿车开进了村里。接亲那天热闹非凡，红色轿车里坐着新娘和迎亲的姑娘，后边跟着几部桑塔纳和大卡车。专门接送客和拉电视机、冰箱、洗衣机等各种嫁妆。车队排开了一大溜，真是气派非凡。

花轿业主看着披着红色彩球的小轿车，回到屋里，又摸摸他的老花轿，心里很不平静……

作者简介：路艳芳，女，1950年2月出生，平舆县李屯镇管坡人，中共党员，曾任管坡村委干部。

平舆农谚四十则及简注

李景晰

1. 土是金，地是银，土地是农民的活财神。

2. 地是刮金板，人勤地不懒。

3. 有地就有粮，没地饿断肠。（上述三则说明农民与土地的关系）

4. 东大坡，西大坡，打的粮食没头搁。（说明农民对于土地只嫌其少，不嫌其多。远田薄地，只要下功夫耕种，照样多打粮食）

5. 庄稼一枝花，全靠肥当家。种地不上粪，等于瞎胡混。

6. 人哄地皮，地哄肚皮。

7. 巧种不如拙上粪。（上述三则强调种田施肥的重要性。农民种地必须实实在在，施足肥料、精耕细作，才能得到丰厚的回报，否则会受到惩罚）

8. 底粪主，苗粪补，多打粮食才有谱。（种庄稼以施底肥为主，苗粪是适当的补充。这一则是讲施肥技术的）

9. 春争日，夏争时，适时耕种不容迟。（说明农事活动时间性强，要做到不误农时，特别是夏季播种，耽误半日，苗情就大不一样）

10. 人误地一时，地误人一年。（强调不误农时的重要性。在关键时候错过了时机就耽误一季，甚至是一年）

11. 种是根，种是源，品种优良值万钱。（反映农民对良种的珍视）

12. 宁饿肚子，不吃种子。（农民把种子看得比自己的生命还重要）

13. 有苗不愁长，没苗胡乱想。

14. 见苗三分收，没苗一季丢。

15. 有钱买种，没钱买苗。（以上三则说明种庄稼有苗就有希望，没苗就没有收成，播种时要适当多些，缺苗就不好办了）

16. 过罢年，看罢灯，培育秧苗莫放松。（农历正月中下旬，大地回春，培育各种秧苗的农活便开始了）

17. 三月三，倭瓜葫芦往下钻。（农历三月，各种瓜菜种子可以下地了）

18. 清明种秫秫，谷种三月中，早了肯哑巴，晚了穗头松。（讲的是高粱、谷子的播种时机）

19. 枣芽发，种棉花；灰拚种，土散松。（棉花播种时间和技术要求）

20. 一麦顶三秋，种麦占大头。（反映出小麦生产在全年粮食生产中的地位及对小麦生产的重视）

21. 秋分到霜降，种麦不慌张。（在秋分与霜降间播种小麦都算适时）

22. 秋分早，霜降迟，寒露种麦正当时。（这是过去的说法。近年来由于气候变暖，种麦的时间适当推后）

23. 秋出苗，冬盘根，春上长，夏熟新。（这是说小麦的生长发育过程）

24. 芝麻醇香是珍宝，细种细管收成好。（芝麻是当地特产，营养价值、经济价值高。但它比较娇嫩，容易受灾，必须细种细管）

25. 秫秫全身都是宝，日常生活离不了。（秫秫，高粱的别称。它的秆、叶、茎、穗，在农民生活中各有用处，不可或缺）

26. 一季红薯半年粮，栽好红薯心不慌。（红薯保收，产量高，曾是农民的主要口粮，所以老一代农民对它情有独钟）

27. 土里芝麻、泥里豆，不干不泥种秫秫。（不同的农作物，在播种的时候对墒情有不同的要求，只有适墒播种，才能保证全苗）

28. 三分种，七分管，十分收成才保险。（突出田间管理的作用）

29. 锄地基本功，草苗要分清；杂草要除净，保苗健壮生。（过去锄地，主要是除草保苗，松土保墒，对确保农作物丰收，作用重大）

30. 锄头有水，锄头有肥。锄头进地，苗壮苗肥。（突出锄地的好处）

31. 勤快粮满仓，懒惰一把糠；同是一块地，收成差几倍。（在农业生产中只有勤劳，不怕吃苦受累，才能得到丰厚的回报）

32. 水是庄稼的命，缺水难收成。（水在农业生产中具有至关重要的作用）

33. 旱能浇，涝能排，黄金万两滚滚来。（这是现代出现的农谚，反映了农业生产的进步）

34. 该热不热，五谷不结；该冷不冷，害虫乱拱。（说明农业生产与气候变化的关系）

35. 有钱难买五月旱，六月连阴吃饱饭。（五月是夏麦成熟时节，需要晴

天；六月麦收完毕，晚秋作物已种上，此时雨水充沛有利于农作物生长）

36. 麦勾头，豆摇铃，赶紧收割不容停。（麦穗勾头，豆角摇铃，说明熟透了，必须抓紧收割）

37. 冬耕深一寸，顶上一层粪。（冬耕是传统农业中的一种耕作方式，它有利于疏松土壤增强地力，消灭地下害虫，使耕地形成良性循环）

38. 麦茬豆，豆茬麦，每年收入二三百。（此谚反映出过去很长时期内农业生产故步自封，低水平轮回生产的状况）

39. 科技进了田，一年顶几年。（显示科学种田的重要性）

40. 庄稼活，不用学，人家咋做你咋做。（是说农活并不难学。说“不用学”，其实“人家咋做你咋做”也是学，只不过是在实践中学罢了）

作者简介：李景晰，1936 年出生，平舆高杨店人。20 世纪 50 年代后期曾在平舆县报、县广播站任编辑，之后在文教、宣传、党政部门多年从事文秘工作，曾任平舆县政府办公室副主任、县史志办公室主任等职。退休后曾任驻马店市老新闻工作者协会平舆县分会副会长兼秘书长，县诗词学会常务理事，著有诗集《景晰诗稿》《景晰诗稿续》。

关于芝麻的谜语和歇后语

杨秋红

平舆芝麻是原产地物种，传说殷商末年由周文王之母太任在平舆培植而得名。与芝麻有关的谜语、歇后语，是当地乡村百姓之所爱，用芝麻做比喻制作的谜语很多都很出彩，尤其是使用芝麻制作的歇后语，更是嬉笑怒骂随口而言，风趣幽默，可谓家喻户晓、妇孺皆知。笔者多有所闻，挂一漏万，这里只能凭记忆写下一些，虽属孤陋寡闻，也愿意不揣冒昧就此拿来，与喜欢平舆芝麻文化的朋友们共享。

一、关于芝麻的谜语

关于芝麻的谜语又可分为两种，一种是谜底是芝麻的；另一种用芝麻作谜面猜其他的。

谜底是芝麻的，举例如下：

走过草丛，广木重生。（打两字农作物）

方梗子，青叶子，倒开花，顺结籽。（打一农作物）

直直的开花，横横的结子，不生儿子打死你。（打一农作物）

一根葱，直到梢，开个花来节节高，人人说我有福气，老来还受木棒敲。（打一农作物）

种个细粒头，出个米苋头，开个喇叭花，结个八棱瓜。（打一农作物）

一棵苗儿长齐腰，开的花儿节节高，结的籽儿真不少，能做油来能做糕。（打一农作物）

青梗，方梗，花茂，叶密，几扇花格子，格格花珠子。（打一农作物）

齐腰一根苗，开花节节高，结籽小又密，榨油香味飘。（打一农作物）

有和其他农作物一起猜的，如：老大头上一撮毛，老二红脸似火烧，老三越长腰越弯，老四开花节节高。（打四种农作物，谜底为：玉米、高粱、

谷子、芝麻）

还有用芝麻作谜面，猜其他事物的，这样的谜语可多了，可以说不胜枚举。举例如下：

青梗绿叶开黄花，大红绢帕包芝麻。（打一植物：辣椒）

紫色树，紫色花，紫花开了结紫瓜，紫瓜柄上生小刺，紫瓜肚里装芝麻。（打一蔬菜：茄子）

紫红树，紫红花，紫红袋里包芝麻。（打一植物：茄子）

紫的树，紫的花，紫的荷包，包了芝麻。（打一植物：茄子）

铜盆粗棵树，芝麻大点叶，叶上结果，果上开裂。（打一植物：柏树）

远看就像一团火，打开满眼是芝麻。（打一水果：火龙果）

蛟龙外鳞吉祥果，果肉万粒芝麻种。（打一水果：火龙果）

姑娘爱着麒麟装，颗颗芝麻肚里藏。（打一水果：火龙果）

远看像芝麻，地上慢慢爬。虽然力气小，团结力量大。（打一动物：蚂蚁）

姑娘真像黑芝麻，成群结队地上爬，一旦找到好吃的，齐心合力往家抬。（打一动物：蚂蚁）

远看像芝麻粒，近看好像小黑驴，白天干活不怕累，晚上睡在洞洞里。（打一动物：蚂蚁）

远望满地是芝麻，近瞅一群小黑马，不怕高山与陡坡，就怕热锅上面爬。（打一动物：蚂蚁）

白发公公种芝麻，不用锄头用脚爬。（打一动物：蚕蛾）

白牛犁白地，白地撒芝麻，今年撒下去，明年才发芽。（打一动物：蚕蛾）

白须老翁种芝麻，不用锄头用脚爬，聪明织匠真能干，造起房子没门窗。（打一动物：蚕）

当了皇帝怕造反，身处州衙畏罢官，芝麻小令巴升迁。（中医名词三：上焦位，中焦位，下焦位）

四四方方一糍粑，满满粘着黑芝麻，粒粒从人嘴里过，一生也难吃光它。（打一物：书）

四四方方一块粑，满满粘着黑芝麻，粒粒从人嘴里过，一世也难嚼着它。（打一动作：读书）

查问芝麻。（打一财会词语：盘点）

“芝麻，开门吧！”（打一成语：生财之道）

芝麻从此不早朝。（打一成语：点到为止）

芝麻吹牛跃龙门。（打一俗语：跳梁小丑）

芝麻进轧机。（打一成语：油然而生）

捡了芝麻，丢了西瓜。（打一成语：因小失大）

丢了西瓜捡芝麻。（打一成语：避重就轻）

芝麻绿豆官。（打一三字常言俗语：长不大）

二、关于芝麻的歇后语

芝麻开花——节节高。

芝麻堆里藏西瓜——小中见大。

芝麻做饼——点子不少。

棉花套上晒芝麻——自找麻烦。

大道上泼香油，小路上捡芝麻——得不偿失；大处不算算小处。

整筐丢西瓜，满地拾芝麻——只喜欢小的。

挖耳勺里炒芝麻——小打小闹。

一斗芝麻掉一粒——有你不多，无你不少。

捧着西瓜捡芝麻——大小都要。

烧饼上的芝麻——不算白搭。

芝麻地里长玉米——高低不齐。

烟袋锅子炒芝麻——小气得很；小气。

一包芝麻囫囵吞——满肚子点子；一肚子点子。

吃黑芝麻长大的——一肚子黑点子。

对着芝麻花打喷嚏——喷得够味。

棉花地里种芝麻——一举两得。

陈年谷子烂芝麻——不新鲜。

芝麻堆里拣黄豆——算你是老大。

大砂缸里数芝麻——盘点不清。

土垃堆里藏芝麻——没处寻；难寻。

在刚杀过的芝麻地摔跤——踩到茬子很正常。

阎王爷当街卖芝麻饼——鬼点子不少。

糯米团子滚芝麻——多少沾点边。

雷公电母打芝麻——专捡小的欺磨；小的好欺磨。

看戏的瞧卖芝麻糖——心不在焉。

芝麻酱拌豆腐——花鸡屎（滑稽事）。

老鼠偷芝麻——吃香。

老鼠进了芝麻地——吃香的来了（讽刺语）。

洒了一地的芝麻——难以收拾。

打架碰翻了芝麻挑子——难以收场。

满地丢西瓜，撅腚捡芝麻——不知轻重（讽刺语）。

丢了西瓜捡芝麻——大处不看小处看；不知大小；得不偿失；因小失大；避重就轻（讽刺语）。

有西瓜不讲芝麻——光拣大的说。

芝麻地里种西瓜——有大有小；大小皆得。

芝麻里头加虱子——乱掺和。

陈年的芝麻——没得用。

蛇虫子钻到芝麻棵里——油嘴滑舌。

一粒芝麻遮着个脸——好大的面皮（讽刺语）。

两种芝麻一锅炒——黑白不分。

大水缸里捞芝麻——颇费工夫；难上加难。

煤堆里找芝麻——难寻；难得；得之不易。

三升芝麻一榨——小打油。

针尖上落芝麻——难得；得之不易；难顶。

黄豆地里带芝麻——点子多；有高有低。

芝麻地里打锣——敲到点子上了。

吃烧饼掉芝麻——免不了的事。

芝麻堆里的黄豆——数它最大。

拾芝麻凑斗——非一日之功；积少成多。

芝麻掉进针眼儿里——奇巧；巧极了；凑巧了。

一把芝麻撒上天——星星点点。

厕所里放芝麻——香臭不分。

打破油缸寻芝麻——因小失大。

南瓜蔓上结芝麻——越小越香。

吃了一堆烂芝麻——满肚子坏点子。

阎王爷做的芝麻饼——鬼点子还真多。

瘪芝麻榨油——轧不出多少油水；油水不多。

阴雨天的芝麻——难开口。

一升芝麻没有一粒秕——完美无瑕。

大眼筛子筛芝麻——全落空。

大缸香油浇庄稼——得不偿失。

赖小子抓吃烂芝麻——满肚子坏点子。

长老种芝麻——未得见；未见得；不见得。

粉球滚芝麻——多少污点。

啃着西瓜就芝麻——大小通吃。

水塘里捞芝麻——难得；得之不易。

大磅秤上放个芝麻粒——无足轻重。

八月里的芝麻——满顶了；到顶了。

割罢芝麻打跟斗——碰到茬子上了。

芝麻秆做门闩——不顶用；不能推只管敲。

芝麻秆子挑水——担当不起。

芝麻秆子喂驴——吃不吃让到了（骂人语）。

芝麻秆子上供——祖宗八辈得罪完了。

芝麻开门——不再是童话。（蓝天小镇白芝麻博物馆有“芝麻开门”之语音场景设置）

过年风俗诗

张贤锋

一、腊月二十三，俗称小年，传说是“灶王爷上天”之日，要祭灶神。有诗曰：最爱在民间，今天玉帝宣。上天言好事，下界保平安。

二、腊月二十四，掸尘扫房子。这日是约定俗成的扫除日。有诗曰：一年风雨过，四壁垢尘多。力扫庭堂净，心生快乐歌。

三、腊月二十五，推磨做豆腐。传说玉帝下界查访，吃豆腐表清苦。有诗曰：天堂无豆腐，玉帝何清苦？凡界不空虚，众生都是福。

四、腊月二十六，杀猪割年肉。这天主要筹备过年的肉食。有诗曰：童稚唱儿歌，过年欢乐多。杀猪割块肉，享受好生活。

五、腊月二十七，宰年鸡、赶大集，春节所需物品都在置办之中。有诗曰：看过宰公鸡，才来赶大集。过年多有趣，我爱买东西。

六、腊月二十八，打糕蒸馍贴花花。所谓贴花花，就是张贴年画。有诗曰：蒸馍妇妪忙，贴画稚童欢。喜气添春色，新年在眼前。

七、腊月二十九，上坟请祖上大供。对祖先的崇拜在我国由来已久。有诗曰：坟地请先人，诚心上大供。儿孙求庇护，世代共欣荣。

八、大年三十，阖家团圆，天地同庆。有诗曰：一夜连双岁，五更分二天。欢辞飞白雪，笑脸胜春燕。

九、大年初一，金鸡报晓。晚辈给长辈拜年，长辈给压岁钱。有诗曰：报晓金鸡唱，初一大拜年。红包迎富岁，老少俱欢颜。

十、大年初二，金吠报春。亲友拜年，东家留吃饭、西家排酒筵。有诗曰：吠声随问讯，女婿走新亲。舅姥出门看，外甥才进村。

十一、大年初四，三阳开泰。灶王爷要查户口，恭迎灶神回民间。有诗曰：灶王查户口，百姓乐民间。欢唱曲连曲，太平年复年。

十二、大年初五，艮牛耕春。百姓接财神，东西南北中，财富五路通。

有诗曰：破五艮牛耕，财神户户迎。平舆通大道，富庶美天中。

十三、大年初六，马到成功。沥酒拜街中。万户千门看，无人不送穷。有诗曰：起早趁春风，无人不送穷。只需勤努力，马到可成功。

十四、大年初八，放生祈福。众星下界之日，制小灯燃而祭之。有诗曰：众星才下界，百姓祭灯燃。结伴放生去，福荫前路宽。

十五、大年初十，祭石感恩。有天有地，人畜房米麦谷，皆生于地。有诗曰：祭拜挽君来，焚香石母台。人生天地养，感恩阔襟怀。

十六、正月十五，挂灯观色，判断一年丰歉，后演化为元宵节观灯。有诗曰：灯似繁星灿，人如新月娇。龙腾迎瑞雪，狮舞闹元宵。

城区篇

舆侯亭与雎鸠湖

张留坡

在今平舆西城区舆西湖北的车舆文化园内、市民之家之北，高埠土山上有亭，名曰舆侯亭，是平舆人专为纪念造车鼻祖奚仲而修建的。我曾为其亭撰二联曰：

（一）

车舆创世，由此车舆通世界；

道路因人，从来道路向人寰。

（二）

平舆匝地连龙界；

大道通天向未来。

楹联（二）中的“平舆”既是一种车子，也是平舆之名。“龙界”一词，也是有典故的。平舆小清河秦汉时人称平舆渊，许劭、许靖兴月旦评而被誉为平舆渊二龙。月旦评遗址之北、清河之阳，旧有舆侯祠，是专为纪念车神奚仲、舟神番禺、马神吉光而建造的，清末毁于捻军首领陈大喜之手。陈大喜拆舆侯祠而建老围子寨，至今舆侯祠废而未修。今人为了纪念奚仲、吉光父子在平舆发明车舆，一并弘扬车舆文化，在清河之阳置400余亩的奚仲公园。又在阳城大道之东、舆西湖公园之北复置车舆文化园。

舆侯亭东有湖，数十亩水面大小，名曰雎鸠湖。此湖古已有之，水域比今不知大几倍许。难得今又修复，令人不禁唏嘘赞叹。

据野老相传，《关雎》之诗即诞生于雎鸠湖畔。西周先王季历，青年时游学中原来到平舆，在雎鸠湖边遇到了前来散步闲游的挚国国君二公主太任。太任不但品貌出众，而且端庄大方，“维德之行”，季历一见，惊为仙女，遂生爱慕之心。在多次追求无果的情况下，竟然积郁成诗，遂作《关雎》之诗，以赠太任。太任几番诵读之后，深受感动，于是允婚，远嫁西周，成就千年美好佳话。季历与太任大婚之日，曾将此诗配乐演奏于宫廷，轰动一时。孔子采风周南时，听说了这个美好的轶事，在“韦编三绝”之后，最终把《关雎》作为《诗三百》的第一篇。其序亦曰：此诗乃赞后妃之德也。这后妃之称，当然应指周文王之母太任。太任在平舆及周边一带，已享有“中华太任圣母”盛誉久矣。平舆上河城至今已连续举办中华太任圣母祭拜大典近十年，逐渐形成太任圣母热及太任文化热的新潮流。太任已成为中华母亲节呼声最高的中华母亲代表性人物

雎鸠在平舆一带，被乡下父老呼之为野鸭，或曰水扁嘴子，凡有水处皆有此鸟。因被西周先王季历写入其求婚诗，身价大涨，故称“王鸠”。“关关雎鸠”中的“关关”，本地私塾教读为“呱呱”，相沿至今。而“呱呱”之声，实乃野鸭之鸣声也。

寻找净衣塘

申和平

民国二十七年（1938 年）本《重修汝南县志》有这样一条记载：“净衣塘，平舆西南三里许任庄，传为太任之母家，旁有土塘，谓为太任浣衣之所，因名净衣塘。终日水清如镜，湛然不滓……今被土人毁弃。”

太任在三千多年前是一位真实存在的人物。其最早见于《诗经 · 大明》：挚中氏任，自彼殷商，来嫁于周，曰嫔于京。乃及王季，维德之行。太任有娠，生此文王。是说挚国第二个女儿太任，从殷商的王畿之地嫁到周国而生下周文王。《史记 · 周本记》曰：“古公娶太姜，季历娶太任，皆贤妇人。生昌，有圣瑞。”《列女传》载：“太任者，挚任氏中女也，王季娶为妃。太任之性，端一诚庄，维德之行，及其有娠，目不视恶色，耳不听淫声，口不出傲言，足不履非礼之地。能以胎教子，而生文王。”所以太任被称为胎教第一人，从而生出了有名的圣贤周文王姬昌。

那么这个时候的挚国在哪里？《说文解字》云：“汝南平舆有挚亭”。《路史 · 国名记》曰：“挚，祖乙七世孙成封。周文王母太任国，今蔡州平舆有挚亭。”祖乙是第十四代商王，他的第七代孙成被封于挚。由此可见，太任时的挚国就在平舆，证据链基本完整，没有大的缺环。

但是，打开民国二十六年（1937 年）的地图，平舆周边 3 ～ 5 里范围内并没有任庄。平舆西南 3 里仅有一个三里桥，是因为村后有一座两孔石桥而得名。村里大户姓阎，其他多为阎家佃户和长工。仅有两户姓任的也是外乡人，后来也迁走了。现在的三里桥以张姓居多。

还有人说平舆西边的西湖是净衣塘，甚至给这个湖又起了个名字叫挚湖。谁都知道，西湖离平舆别说 3 里，半里也没有。其实这里是古代的石母台。宋《太平寰宇记》载：“石母台，在平舆县西百五十步”。把这里和净衣塘画等号，也只能是一种美好的联想而已。

那么是不是旧志记载有误？比如不是3里，而是5里、10里或者13里？再看那张地图，平舆周边十几里范围内只有西南十来里有一个任庄。我抽空去了一趟。村南边还真有3方排列成品字形的坑塘，已经没水了，大约有三四千平方米。西北角的那口塘已缩小成一个小坑，东边两个坑塘中间有一道土堤，上面随便栽几棵杨树。村民为了养鱼，又在东边挖了一口更大的鱼塘。

我在任庄没有探听到关于太任和净衣塘的任何信息，却听到一个非常诡异的传说。90岁的许志荣老人讲，任庄的任姓人家是附近有名的大户，外边土地多，家里楼房多。村里其他姓都是任家的佃户和长工。

老任家养了12头大水牛，每天都赶进村前的水塘里，夜晚再赶上来。有一天，人们突然发现坑塘里的水牛多了1头，于是用长竹竿把牛赶上岸，一查，还是12头。心想可能是看花了眼或者数错了，就把牛又赶下水去，留心一查，还是13头！

老任家的人认为这是妖孽，是不祥之兆。第二天，给每一头牛角上拴上红布条，再赶下水。当发现水中仍然是13头牛时，就把牛往岸上赶。当差不多都要上来时，老任家的人端起长枪，瞄准没有拴红布条的那头牛，“砰”的一枪，水牛四处惊散……再看水里，啥也没有，只有满水塘鲜红的血水。

从此，大灾小难不断降临到老任家。一个月黑风大的夜晚，一场莫名其妙的大火把老任家的大小楼房烧成了一片瓦砾。老任家的人恐慌万分，再也没法在任庄生活下去了，大小几百口人全都四处逃难去了。从此，任庄再也没有姓任的人了，只剩下姓李和姓许的穷人家。

听到这里，我不禁有些黯然，如果老任家的人还在的话，应该可以打听到一些任家的陈年旧事来。但是，任家的人走了，就像很多人走进了云遮雾罩的时空之中，再也见不到了。

3000年的岁月足以抹平人类绝大部分记忆，好在我们有大量的历史文献可供参考。但是，“一自高唐赋成后，楚天云雨尽堪疑”。一般来说，远古时期的历史往往比较简略，而且真假杂糅，又和神话传说掺和在一起。所以到后来又会不断有更多、更丰富的材料来诠释、渲染。当然，后来的资料基本上只是添油加醋而已。梁启超先生说：“谓距史迹发生愈近者，其所制成传留之史料愈可信也”。（史料的）年代愈早者，则可信之程度愈强。所以，读历史就应该尽量查阅最原始的资料，后来的材料只能作为参考。

至于地方志，多详细记载一个地方的人文风物，可以补充正史大而疏的缺陷。但并不是所有方志编撰者都具有史才，不可避免地会有一些虚妄成分。因此，引用地方志时不能一概照单全收，多方求证方可征信。

作者简介：申和平，中共党员，汝南人。1981 年在平舆县农业局工作，1986 年进入平舆县委宣传部工作，1997 年任平舆县文明办主任。2005 年供职于平舆县卫生局，兼任平舆县红十字会常务副会长。2010 年退居二线，2017 年退休。

白庙村名的衍变

张留坡

平舆县清河街道王堂社区有一个叫白庙的村庄，村址坐落在老城区之南车舆大道与迎宾大道十字路口的东南角不远处。30多年前我初来平舆县城居住，曾于周末去该村采风，询问白庙村的来由。一位老先生说，他很小的时候，听村中老人说，大概是明洪武年间，一户李姓人家最早迁来此地居住，站稳脚跟，繁衍生子，渐成村落后，盖了一座家庙，取名太白庙。家庙不大，3间房屋成一殿，内中供奉的是三太白还是李太白，没有谁说得清了。村名就依庙名，叫太白庙。不知道是什么时候改称的白庙，反正民国年间就省去了一个“太”字，称白庙了。

我不禁猜想，如果最早迁来该村的这位李姓先人是个读书人，那他可能就是唐代大诗人李白的后裔，他家的太白庙里供奉的神主牌位一定是这位诗仙大人的名讳，他的宗谱记载里一定以李白为始祖，并选入诸多李白的山水诗句。有这样一位“谪仙人”为始祖，是很令后辈人脸上有光的。

若最早迁来该村的这位李姓先人不是读书人，而是一位信奉道教之人，那他的家庙里供奉的可能就是道教三太白了。

道教三太白指元始天尊、灵宝天尊和道德天尊，这三位神仙又合称三清，因为他们的全称都带“清”字：元始天尊全称玉清境清微天元始天尊，灵宝天尊全称上清境禹馀天灵宝天尊，道德天尊全称太清境大赤天道德天尊，故合称三清。

其实，元始天尊约在晋代才在道教神系中出现。他被说成是由赤混洞太无元的青气化生的。每到劫数终尽，天地初开，就出来传授秘道，开劫度人。灵宝天尊在道教神系中出现，则晚于元始天尊，是南北朝时才有的。他被说成是由混太无元玄黄之气所化生，又称太上道君，也随劫运出法度人。

道德天尊又称太上老君，老子为其化身。为了构成三清尊神的等级序列，他被说成是由冥寂玄通元玄白之气化生的。事实上，道教从创立之时起，就尊奉老子为教主，进而说他上处五京，为神王之宗；下在紫微，为飞仙之主，成了至尊天神，而且常常分身降世，无世不存。但在三清中，他的地位处于最低层，显然不合所有道教徒的信仰，所以到后来，又产生了老子“一气化三清”的说法。

从道教尊神三清的产生和演变足以看出，不是神创造了人，而是人创造了神。神由人起，这应该是真的。但从白庙村名的衍变中可想而知，我们要寻求一些历史的源头和真相，其实并不容易。

冯寨的一些事

冯文成

平舆县城南7华里（1华里=500米，下同），有一个2000多村民的大村庄，原名冯家寨，现名冯寨，是冯寨社区所在地。

冯寨在清代初年并没有建寨子，只有东楼院和西楼院两部分。

清代晚期，由于内有官员贪污腐败，外有西方列强入侵，老百姓生活在水深火热之中。长江流域以南爆发了以洪秀全为首的太平天国农民起义，淮河流域继太平天国农民起义后，又爆发了以张乐行、曹福田为首的捻军起义。平舆籍人、陈家寨陈大喜追随捻军起义，被捻军大首领封为豫王。陈大喜统领的捻军活跃在汝南、上蔡、正阳、新蔡、项城一带，给当时的河南清军以沉重打击。冯寨人冯天杰，时任汝宁府团练使，官居五品，陈大喜部捻军放火烧了冯天杰的老家——冯寨的东楼院和西楼院。冯天杰到北京城告御状，清廷调集山陕、湖北等多路清军，在河南布政使张曜的统领下，对陈大喜部捻军四面围困，经过多次激战后，清军包围了陈大喜老家陈家寨，清军用红衣大炮炮轰陈家寨，陈大喜部捻军孤立无援，陈大喜率精兵乘黑夜突围后，转战湖北和安徽，后来陈大喜战死于湖北白雀园。陈家寨被清军攻破后，清军血洗了陈家寨。

为报陈大喜火烧冯寨之仇，也为了杜绝后患，冯天杰率清军拆了陈家寨。据老人传说，寨墙砖是清兵排队人转人，一夜之间全部转到冯寨的。

冯天杰计划将东楼院和西楼院旧址建成一个大寨子。河南布政使张曜是汝南县官庄人，与冯天杰有亲戚关系，虽然张曜是二品官，比冯天杰的官职高得多，按辈分冯天杰比张曜辈分长，张曜劝冯天杰说："冯老，您建这么大的寨子，冯寨的村民不是太多，寨子又地处平原，大寨子是不太好防守的，不如建小一些，建坚固点就行了。"

冯天杰听取了布政使张曜的建议，就在东楼院旧址，建起了长50丈（1

丈 =3.33 米，下同），宽 40 丈，高一丈五的砖寨。寨墙以上有儿墙，有东、西两个寨门，东南西北四个寨角建有炮楼。寨门上有堡垒，砖寨四周挖有寨沟，两寨门有吊桥与外界相通。吊桥白天放下，夜晚升起。寨子西有从两路口集过来的西港，寨子东有从阎庄流入冯寨大港的东港，寨子南面有东西沟连接东港和西港，它们和冯寨大港一起构成寨子的外围防线。

冯寨建成后，在当时的汝南城东比较出名。每天天黑，附近的阎庄、蔡庄、七里河、胡堂、魏庄等村民扶老携幼，牵着牛羊，带着贵重物品到寨子躲避匪患，天亮后各自回家从事生产劳动。冯寨的寨子在新中国成立前的动乱年代，从来没有被土匪攻破过，造福了冯寨和附近村庄的村民。

另外，当地有一句俗语“四十五里贼冯家”，也与冯寨冯家有关。

新中国成立前冯姓人在平舆城南到汝河边是大姓。从县城北的冯店到汝河边的李逵庄，以冯姓命名的村庄很多，能够说出渊源的首推冯楼、冯寨、冯家老湾，此三村庄都是冯姓居多的大村庄，这三个村庄的冯姓村民都共认同宗同族。据冯寨老辈人讲，在新中国成立前，冯寨、冯楼、冯家老湾在冯楼村西，共同出资建有祠堂，祠堂还有几十亩地的公共资产，并委派人专门看护管理祠堂，共有土地的收入，作为 3 个村庄的族人逢年过节祭祖的费用。每逢春节祠堂人来人往，香火旺盛。那时候的公路都是土路，每逢雨雪天气，道路泥泞，冯家老湾冯姓族人行路倍感艰难，心生不轨，就组织人将祠堂供奉的祖宗牌位偷走，供奉在冯家老湾。冯楼、冯寨的冯姓族人发现祖宗牌位被盗，找冯家老湾族人争议无果后，也采用偷的办法，又把祖宗牌位盗回。

这件事在当时传扬开后，其他村庄的村民认为这 3 个村庄的冯姓人，连祖宗牌位也相互偷，真是贼冯家。从城北冯店到李逵庄刚好 45 华里，为冯姓。“四十五里贼冯家”一说，在新中国成立前就逐渐传开了。3 个村子的冯姓人对于互偷祖宗牌位一事，也感觉不是件光彩的事情，冯姓人总是与他姓人争辩说，应该是“四十五里净冯家”。新中国成立后，3 个村的冯姓后人就不再来往了。在 20 世纪六七十年代，平舆冯姓人到寒冻赶集，路过冯家老湾，只要报是冯寨、冯楼的，冯家老湾的人都热情接待，亲如一家。

作者简介：冯文成，现年 59 岁，中共党员，清河街道冯寨社区冯寨村人。1982 年辛店联中毕业后返乡务农至今，喜爱古典文学、哲学，擅长传统医学，躬耕于沃土，乐善于杏林。

冯寨老桥话沧桑

冯文成

冯寨位于平舆县城南，213省道穿村而过。村后有条自西向东的河流，人称冯寨大港。河上有桥，人称冯寨老桥。

之所以叫它冯寨老桥，是冯寨村民拿它和新中国成立后新修的原平正公路上的公路桥相比较而言的。冯寨老桥有多老，枯水季节我曾在老桥东北方向桥基的石条上，看到“道光十四年建”。据此推论，冯寨老桥的修建时间，应比冯寨砖寨修建的时间还要早。

冯寨村先前是没有寨子的，冯寨人相传，寨子是在陈大喜捻军起义失败后，时任五品团练使的冯寨先辈冯天杰，拆了陈家寨建的冯寨。平舆境内的捻军起事是在清同治年间，故冯寨老桥在冯寨修建之前就存在了。老桥南北长约12米，东西宽4米，高约5米，此桥共3孔，中央稍大，左右两孔均等，为满河桥。

老桥最坚固的桥基是大石条承担，大石条长2米或1.5米不等，宽0.8米，厚约0.2米，石条下的河床上密布着柏树做的地桩。柏树削成一头平、一头尖，直径有碗口粗，用大锤深砸在河床上。木桩的作用是稳固桥基，防止石条下河床长期受河水冲刷，掏空后桥基沉降，造成桥身变形进而影响桥体安全。石条上面整齐平放着圆柱状的石柱，石柱长1米，直径约0.8米，老人口传是搜集附近的农具石磙（西寨村民冯海全说，当时为了便于转运故意加工成石磙的模样，用牛从石料厂拉回来的）。石柱的上面是用长0.4米，高0.2米，厚0.1米的大青砖砌起后，成拱形桥洞。洞高约2.5米，桥面用青砖、石条紧扣，中间一空的桥面上还平放着一个碾盘，两头引桥长2米。此桥乃是新中国成立前，两路口集通往平舆集的交通枢纽，来往客商川流不息，方便了村民出行和生产、生活。

新中国成立后，由于平舆县城到西洋店乡公路，改道至此桥东400米处，并新修了砌混结构的公路桥，老桥逐渐冷落。由于早期的道路都是土路面，雨天泥泞，晴天尘土飞扬，引桥两端的路面比桥面矮了许多。新中国成立初期老桥西面的冯寨大港并没有太多支流，有从两路口过来的南北走向的西港，在冯寨村西距老桥300米处，汇入冯寨大港；从任庄，小王庄方向过来的斜港，在老桥的东北角处汇入冯寨大港。现在的流向是20世纪六七十年代兴修水利时重新改的流向，往冯寨大港上游亦有许多小支流。

"75·8"洪水以前，老桥东西两侧的河道里长满了芦苇，春来苇芽尖尖，鱼儿闲游其间，两岸绿柳成荫；夏季苇叶翠绿，水鸟声声，蛙声起伏不断，枯热难耐的村民在河内洗澡，摸鱼，捉虾。贪玩的孩子到芦苇荡寻找鸟窝，掏食鸟蛋，时常被芦苇荡内的水蛇惊吓得叫声连连；秋冬来时芦花飘飘，村民大多剪取芦花，托请会编草靴的邻里，编过冬用的草靴，那草靴比现在的皮靴还保暖。忙完农活的村民将芦苇割上岸，卖给编席子的手艺人，也是一笔不小的收入。爱好捉鱼的村民，相约拆了自家门板，混合岸边草泥，在老河上游筑坝截流，老桥周围的水位下降许多后，又在桥东筑起围堰，七八个壮小伙并排站在围堰内，用铁桶、脸盆奋力泼水，中途累了有人轮换。约到晌午时，老桥两边的水还有20多厘米时，壮小伙们就开始下水摸鱼了，很多大鲶鱼、乌鱼、鲤鱼等，都藏在相邻石柱的缝隙间，捉到鱼的吆喝声起伏不断，村子里的男女老幼站在桥上，指引鱼儿藏匿方向，鱼儿们无处逃窜，路过的行人也禁不住驻足观战。一次能有两三百斤的渔获。

冬季枯水期，河里经常有养鸭人，他们结伴赶着鸭群在河面放鸭，他们在河坡平缓地段搭鸭棚、建鸭圈。那时河里小鱼、小虾特别多而肥，放鸭人不用给鸭群投放食料，黎明时将鸭群放入河中，傍晚时分，便挥舞长长的竹竿，相互照应着将鸭群赶回鸭圈。鸭圈内布满圆溜溜的大鸭蛋，鸭蛋有白皮的、绿皮的。附近村民早早赶到鸭棚买鸭蛋，良善的赶鸭人也非常慷慨地给前来购买鸭蛋的村民赠送几个大鸭蛋。

"75·8"洪水后，新建的砖混桥桥孔太小，影响汛期泄洪，只好炸掉重建。炸桥时四周拉起警戒线，专人把守不让靠近，四周远远地站满了围观的村民。头几炮没有放响，重新打孔装药才炸响，桥拱仍然没有完全坍塌。

在重建平正公路冯寨公路桥的过程中，车辆从老桥绕行，一些载重量大的车辆，对老桥桥身产生了较大伤害，引桥出现裂缝，村民群起抗议，也不了了之。河道内的芦苇也因影响泄洪，在河道疏浚治理施工中连根拔起，彻底消失了。经治理后，每到汛期河水流速快了许多，即便是连场暴雨，雨停一两天后，洪水很快退去，两岸庄稼免受水涝，然秋冬季节河道时常断流。干旱年份，河底干枯能行人，老桥桥基的大石条及石条下的木桩都暴露出来了，鱼儿也消失得踪影皆无。20 世纪八九十年代工业化进程加快，地下水位下降，冯寨大港彻底干枯，河底成了牧场。附近庄子的养羊人三五成群，在河道内悠闲自在地放羊聊天，累了就躺在河坡上晒太阳。伴随村民耕种土地意念的高涨，河坡也开垦出来，种上了油菜、红薯，更有甚者，在河底种上了小麦。老桥四周野草丛生，像一位久经沧桑的老人，孤零零地挺立在风雨中。伴随着新阳高速的建成通车，在老桥西侧胡堂村东，一座宏伟壮观的景观桥，飞架在冯寨大港上。老桥夹在两座现代桥梁中间，突显出破旧不堪。老桥失去了通行意义，偶尔有村民步行通行。由于无人维护，桥面有部分坍塌，老桥成了险桥。

2019 年春，平舆县委、县政府引巨资对冯寨大港扩宽改造，冯寨大港获得了新生。河道扩宽到 40 ~ 50 米，河道两侧护坡全部用混凝土砌块硬化，并在下游冯寨东港入河口西侧建设一座电动液压六门闸钢结构水坝，使冯寨大港老桥两侧水位保持在 2 米左右，河道水面宽 35 米，并在河道两侧建设带形公园，供人们休闲、游玩。公园内有草坪、人工堆筑的土丘，弯弯曲曲的混凝土结构的人行便道，起伏着穿行在土丘中间，土丘上栽植了银杏、水杉、海棠、法桐等各种观赏树木，便道两侧埋设了间隔 30 米远的两行路灯，设置了供游人临时休息的条椅、遮阳的望河亭，垃圾桶、公厕一应俱全。为保存冯寨老桥 200 年的历史，施工方精心设计，在冯寨大港老桥段，别出心裁地扩宽了河面，并在老桥引桥两端各自修建了长 20 米、宽 8 米、高 7 米的钢筋混凝土结构的两座便桥，两座便桥间修筑了半圆形的道路供游人观光游览冯寨老桥。半圆形便道全部用大理石铺面，道路两侧修筑了城墙式样的防护墙，防护墙外栽植了树木。老桥的西侧构建了环形石砌护堤，新桥与老桥连接处修建了坚固的链形护堤，两座新桥像两位勇猛健壮的勇士，守护着冯寨老桥，这位饱经风雨，并见证了时代变迁的老人，屹立在冯寨大港上，向游人诉说着岁月的苦辣酸甜。

藏在谜语里的村名

张留坡

一个周末与老妻闲话，说平舆亦有南山，就在城南天水湖之东南岸，山上有亭，名曰南山亭，登山莅亭而望，可观鳞波天水湖，可眺乡野锦绣色，可睹南山不老松……惹来老妻游兴，一同去天水湖郊游，绕湖半周后登上湖东南的南山亭，极目远眺，湖光山色乡野尽收眼底，让人心旷神怡。

这时，我发现一位养花弄草的中年妇女走过来了，就鼓动老妻说，帮我问问这周边几个村庄都叫什么，兴许还能听得一些我们不知道的故事。

老妻于是迎了上去——嗨！我说大妹子，忙活够歇了吧？快过来坐这歇会儿！

那女人一听，微笑着回应说，老大姐好哇！还是恁城里人得法，吃饱了，出来遛遛腿，消消食，看看景，让人眼气呀！边说边大大方方地走过来，与老妻并排坐在亭柱边的美人靠上。

恁好！恁是一家子的吧？她朝我看了看并主动问好。

你好！是一家人，不骗你。我也连忙客气地微笑着朝她点头示意。

不是一家人也没什么，现在不是都兴自由恋爱吗？女人说完兀自笑了起来。可能是刚干完活，她的脸上红扑扑的，满是健康的气色。

一听这话，我就知道这女人不但是个自来熟，还有一副响当脾气。

大妹子是这个庄子上的人吗？妻子指着湖南岸近处的一个村子说。

不是呀。俺是那个庄上的。女人朝西南方向指了指。

恁那庄叫啥名呀？妻子开始把话语扯入正题了。

叫啥名不是啥秘密，告诉恁也中。看恁俩也像有学问的人，我就出个谜语考考恁吧！

妻子和我相顾一笑，回头对她说，那感情好，我最好猜谜了，可就是猜不着。我这老伴也爱猜谜，让他也猜猜。大妹子你说吧！

女人说：一个够不着，一个晒不干，一个三千年。恁猜猜吧！

我一听不由地笑了，这谜语不难猜。够不着，当然是高了；晒不干，当然是潮了；三千年，当然是古老了，可是古是老就不一定了。

我把心中的想法对她说了一遍，她故意装作有点吃惊地看着我说，你还真是个有学问的人哪，咋跟我当时想的一样呢！说完就哈哈笑了。

我和妻子也笑了。她的意思是和我水平相当呗，这是夸我也兼夸她自己呀！

那他是猜对了吗？妻子赶忙问。

不全对。女人说，高庄、曹庄猜对了。可这个村子没有猜对。它既不是古庄也不是老庄，它叫任庄。她边说边指了指湖南边的村子。

哪个任字？妻子问。

还有哪个任，太任的任啊，大家不是都说她是周文王的老娘吗？她老娘原先就是咱们这个庄的出门子闺女呀。换句话说，这个庄子就是文王的姥姥家。恁听明白了吗？

这回轮到我吃惊了：原来这个村庄就是任庄呀！我来平舆居住已有三四十年之久了，早在《汝阳县志》里读到过这个任庄，可就是没有找到它在哪，原来就藏在这里呀！

我不禁开始对这个其貌不扬的村妇另眼相看了，不由对她拱了拱手说，你真是高人！她竟然知道太任，知道周文王，还知道连我都不知道的这个任庄的历史故事。

当然了，我是高庄人，应该算是名副其实的高人了。女人再一次自信地笑了，开始神采飞扬起来。

就在这个时候，她突然发现下面的同伴向她招手，急忙对我们说，俺得下去干活了，再见吧！希望有空去俺庄做客呀！

再见、再见！有空一定去叨扰。我和老妻同时向她挥手。

回城的路上，我边走边想：俗话说高手在民间，一点不错。看来有时间一定得再来几趟，到村里再找人聊聊，继续深挖一下，兴许能得到更多有关太任圣母的故事传闻。

五里赵庄赵好德

张留坡

平舆护城河玉带河东北角，临河有一村庄，名曰五里赵庄。问及村名由来，村中父老皆曰：宋时赵氏祖上自汝南城东五里屯迁来居住，为了不忘祖居之地，故名之。问及赵氏名人，则曰：明代赵好德即出生于此，其子赵毅也做过侍郎。民国年间河南督军赵倜是近宗同枝，赵倜祖父从五里赵庄迁到玉皇庙曾庄佣耕，落户到那里。

赵好德（1334—1395年），字秉彝，明代汝阳（今河南平舆县境五里赵庄）人。由安庆知府入为户部侍郎，进尚书，改吏部。帝嘉其典铨平，尝召与四辅官入内殿。坐论治道，命画史图像禁中。终陕西参政。子毅，永乐中，官至工部侍郎。

赵好德自幼聪明好学，元至正十一年（1351年），年18岁，在乡试中获隽。元代末叶，汝、颍地区的人民，由于不堪元朝的黑暗统治和民族压迫，纷纷起兵反抗，府县多被攻陷，社会动荡不安。在这种形势下，赵好德对其妻张氏说："今元运将尽，豪杰并起，我观察东南地区起义的烽火势力较强，有夺取政权取代元朝之势，要到那里去投靠他们。"于是与妻挥泪而别。自和阳（今安徽和县）渡江，拜见吴王朱元璋于金陵（今江苏南京市），交谈很投机，颇受朱元璋的赏识，留在义军中供职。后来，多次告诫朱元璋莫嗜杀人，辅佐他讨平天下。

明洪武元年（1368年），朱元璋立国称帝，授赵好德为陕州（今河南三门峡市陕州区）同知，不久迁安庆（今属安徽）知府。洪武七年（1374年）升为户部侍郎，第二年晋升为吏部尚书，妻张氏被诰封为淑人。此间，常与何显周等春、夏、秋、冬四辅官一起，被太祖诏至内殿，坐论治国安邦之道。他们的观点很受太祖的赏识，各赐锦衣一袭，命画工把他们的像画下来悬挂在禁中，还赐他御书宋文学家王禹偁的《待漏院记》字轴，诰封三代爵号。

洪武二十三年（1390年），赵好德迁官陕西行中书省参知政事。洪武二十八年（1395年）病故于任上，年62岁。有司护丧归汝，检点其遗物，箧中仅诰敕11通及书籍数十卷，别无他物。世人无不崇敬。

陈大喜反清

张贤锋

大喜出世

平舆西南三里地，有个村庄叫陈家寨，现在叫老围子。清代年间，豫南捻军起义领袖陈大喜，就出生在这个村子里。

陈大喜的祖宗三代都住在陈家寨。世世代代都是佃农，靠租种财主几亩薄田过日子。陈大喜的父亲叫陈兵，母亲王氏。陈兵与王氏结婚十几年，闺女、儿子没生一个。夫妻俩心里着了急，南里烧香，北里拜佛，求菩萨奶奶保佑生个小宝宝，谁知“送生娘娘”就是不肯发善心，王氏眼看年过40还没生子。

到了道光十二年（1832年），王氏42岁时终于怀了孕。陈兵一家人高兴透了。王氏还没等到坐月子的时候，就给未出生的小宝宝，缝好了什么小毛衫呀，小兜肚呀，小花帽呀，小被子呀，屎布片呀。陈兵呢？更是忙得不亦乐乎，到处张罗，给妻子准备坐月子的吃食。

这天上午，陈兵正在平舆赶集卖东西，一个熟人对他说：“哎呀！陈兵你还在这赶集呀？恁那庄失火了，还不赶快回去看看！”陈兵开始不信，站到高处一望，真的！陈家寨火光满天，烟雾腾腾，火光照射的位置，正是他家的住宅。于是，他便离开平舆集，飞快地往陈家寨跑。跑到自己院门口一看，家里的房子安然无事。只见门前围了一大堆人，有的端着盆子，有的挑着水桶。一问，才知道都是本村跑来救火的人，他们正问陈家人，陈家人蒙在鼓里，也说不清是怎么回事。陈兵和来救火的人，你看看我，我看看你，都感到奇怪。正在这时，陈兵内屋里传出婴儿哇哇的哭声。回到屋里，恰巧老接生婆从里间出来，她一见陈兵，就笑呵呵地说：“恭喜你呀，兄弟！”陈兵耐不住性子，赶忙问，是大喜还是小喜，老娘婆说：“大喜大喜，白胖白胖一小子。”陈兵是个老实人，接着就说：“好，陈家总算又有后人了！”

陈兵40岁得了一个宝贝儿子，喜欢得嘴都合不住。3天头上，要给孩子起名啦！起个啥名字好呢？陈兵想想，生他时红光满天，他又是个头生子，就叫大喜吧。

村里的人都说：“大喜这孩子，将来一定是个了不起的人物。”

后来陈大喜领导豫南捻军起义，果真当上了豫王。

投师学艺

平舆一带的老辈人都知道，陈大喜文武双全。那么他的武艺从何而来呢？

相传，陈大喜生来身材魁梧，力气超人，六七岁就能背百十斤的草篮子，打小他就是一个学艺练武的有心人。村上来了舞枪弄棒的、踢脚打拳的，他总要跑去看看学学，有时还跟着比画两下子。不知是他天资聪颖，还是他生来就与武术有缘，只要他看过一遍，就能记得清清楚楚，回到家里依照样式练起来。日复一日、年复一年，他就练会了拳脚，耍起了兵器。

清道光二十三年（1843年）三月二十八，平舆庙会。东、西门外有两台大戏，西塔寺庙外大广场上，有跑马的、耍猴的、变戏法的、打把式卖艺的，加上做买卖的、烧香的、逛庙会的……真是人山人海，车水马龙，要多热闹有多热闹。

正会这天，陈大喜来逛庙会。他没有去看大戏，却直奔西塔寺外的广场而去。广场中间撂了一个不大不小的场子，被人们围得水泄不通，他费了好大的劲儿才挤进去，一看场子里竖有刀枪剑戟各种兵器，就知道是一家打把式卖艺的。这一家只有两个人，一老一少。老者年纪60开外，高高的个儿，膀阔腰圆，银须白发，满面红光，身穿一件灰色长衫，胳膊腿脚矫健，很有功夫。少者乃一女孩，约有十一二岁，聪明伶俐，身材苗条，面色黑里透红，柳眉杏眼，身着一套束身短衣，显得格外利索。

陈大喜也不知这两个卖艺的是谁，便请教一位身边的老人。这位老人颇知底细，就告诉他，老者祖籍天津，是少林派拳师、武林高手，江湖道上名流，人称老泰山。老泰山为人性格豪爽，仗义疏财，他终身未娶妻室，把卖艺挣得的银钱，大都周济了穷人。少者，是鸦片战争时期，老泰山在广州街头捡来的一个讨饭女孩，收为义女，取名和儿，抚养至今，已是高艺在身。

刚讲到这里，就见老泰山站在场子中间，作了个揖，高声大嗓地说了几句江湖套话，而后便脱下外衣、紧紧腰带，活动活动筋骨，搬来一块石头放在高凳上，握紧拳头，运足力气，一拳下去把一块方方正正的石头，砸成8瓣，围观的人们无不啧啧称赞："好手艺，好手艺！"和儿拾起碎石，老泰山抄起单刀，又来了一趟刀，只见刀片在手上嗖嗖乱飞，好似一道白光缠身，耍得风雨不透，博得满场喝彩："好刀法，好刀法！"顿时，观众把制钱、铜板成把成把地投进了场子。老泰山一趟刀耍过，和儿接着舞了双剑，扎了一路花枪，最后，老泰山耍了七节鞭、三节棍，人们都说，老泰山真是样样兵器精通，软硬功夫都行。此时，日已偏晌，散场了。

围观的人走完了，陈大喜没有走。他乘老泰山收拾场子不注意，手使七节鞭耍了起来，老泰山见了大为惊奇，心里说："这孩子力气不小哇！我这七节钢鞭，二三十斤重，耍起来需得一二百斤的力气。莫说是个小孩子，就是成年人，也须得有些功夫才能耍起来。"于是，便问大喜叫什么名字？多大啦？家住哪里？跟哪个师父学的？

老泰山听大喜说是自已练的，越发觉得这孩子中，就想收他做徒弟，便有意启发陈大喜说："孩子，学武要投师呀！经过名人指教，才能武艺高强。"

聪明的陈大喜立刻明白了老泰山的意思，忙说："师傅，俺想跟您学武卖艺，请你收俺当徒弟吧！"

"你想跟我学武，你爹娘愿意吗？"

"爹早死了，这事还没给娘说，不知道她愿意不愿意。"

"领我到你家去一趟，同你娘商量商量再说吧！"

陈大喜高兴地领着老泰山来到陈家寨，给母亲一说，母亲想着让孩子学点本事，也好养家糊口，便满口答应下来。从此陈大喜走上了学武卖艺的道路。

光阴似箭，日月如梭，转眼就是8年。由于陈大喜如饥似渴，勤学苦练，终于练得枪、刀、剑、戟、斧、钩、叉十八般武艺，样样精通，成为阜阳一带江湖道上、武林之中的名士。

道光三十年（1850年）冬天，师徒三人正在阜阳卖艺，不幸老泰山病逝。大喜遵照师傅生前遗言，埋葬了师傅遗骨，遂与和儿结为夫妻，不再游荡江湖，返回了故乡——平舆陈家寨。

陈大喜为了怀念师傅教养之恩和夫妻缘分，便取字泰和。

抱打不平

老辈人说，陈大喜身材魁梧，力气过人，武艺高强，好朋好友，乐于助人，爱打抱不平。

平舆南边冯寨有个人叫冯天杰，是平舆附近有名的大财主，有十几顷（1顷=6.667公顷，下同）地，还在府城开了3个当铺。他家里养了一二十个家丁，专管看守门户，收租逼债。冯天杰当着冯寨的寨长，又用银子捐了个监生，仗着自己有钱有势，横行霸道，欺压百姓。穷人们对他恨之入骨，可谁也不敢惹他。偏偏陈大喜，硬是捅了他的马蜂窝。

那是清咸丰四年（1854年）冬天的事。陈寨有个庄稼汉子叫张大毛，家里很穷，跟冯天杰扛活。老婆死的时候，为办丧事，借冯天杰3串铜钱，驴打滚的利息，多厉害呀！张大毛算是还不清他的债了。冯天杰听说张大毛有个闺女叫梅花，心灵手巧，模样儿好，就起了歹心，想让梅花做他的七房小老婆。他叫大管家给张大毛一说，张大毛高低不愿意。冯天杰火了，便派几个家丁到陈家寨去抢梅花。梅花任死不从，一头扎到她爹怀里，哭叫起来。几个家丁如狼似虎，扑上前去，抢拉梅花。就在这时，陈大喜恰巧路过这里，见家丁抢人，不由怒火烧心，便大喝一声："给我住手！"众家丁一惊，松了手，扭头一看，见是陈大喜。家丁头目侯三斜着眼，歪着头说："啊！我当是谁呢，原来是跑江湖卖艺的陈大喜呀！你是哪架子上的鸡？咋呼啥？"

陈大喜指着众家丁的鼻梁子问道："我来问你，大天白的，为啥抢人？"

侯三横鼻子竖眼地说："挨不着你的事，别多插嘴！"

陈大喜进前一步说："路不平有人踩，理不公有人评。我咋不兴问？不兴管？今天我就是要问问，你为啥抢人？"

侯三"嘿嘿"冷笑几声："这叫抢人？这是'以人顶债'。张大毛欠寨长老爷的钱还不起，不该……"

陈大喜见侯三蛮不讲理，气急了。没等侯三说完，便接上去说："不该抢人！俗话说：欠债还钱，人不死财不烂嘛！"

侯三明知张大毛当下没钱还债，就皮笑肉不笑地说："欠债还钱，好哇！不过，老爷说了今天就得还。分文不能欠，没钱有人，没人有钱。小的也好回去交差。"说着把手一伸，"拿过来吧！"

陈大喜气恼地问："多少？"

侯三伸出 3 个指头:“3 串!”

陈大喜二话没说，回到家里掂出 3 串铜钱，“刷!”顺手扔给了侯三:“看你们还有啥闲屁放的?”

你想 3 串铜钱足有七八斤重，陈大喜又在气头上扔过去的，侯三咋能受得了?一下子被砸倒地上，四脚朝天。侯三本来是想将一下张大毛的军，料想不到陈大喜替张大毛还了债，也就没有啥话可说了，想与陈大喜较量吧，几个家丁都不是陈大喜的对手，只好从地上爬起来，把手一挥“走!”让家丁掂着 3 串铜钱，气冲冲地回冯寨去了。

走到半路上，侯三的胸脯疼起来，嗷嗷大叫，豆大的汗珠从脸上往下滚，撕开衣裳一看，胸脯起了个大血疱，青一块紫一块，像乌鳖肉一样。只得由两个家丁抬着他，回到了冯寨。冯天杰看没有带回梅花，家丁掂着 3 串钱，抬着侯三回来了，心里就有了气，便问侯三咋回事，侯三忍着疼，上气不接下气地把根根底底说了一遍。冯天杰一听，顿时火冒三丈，先把侯三和几个家丁臭骂一顿，然后咬牙切齿地说:“好你个陈大喜，不识字，你也摸摸招牌，竟敢与我冯天杰作起对来，去，快去把他给我捆来，我倒要看看陈大喜长有几个头!”

大管家冯老六，带着一二十个家丁上了路。

别看冯老六长得貌不惊人，尖嘴、猴腮、老鼠眼，可就是有一肚子坏主意，一眨眼皮，就是一个点子。路上，家丁担心地说:“听说陈大喜会个啥三脚猫功夫，不是好惹的，这次咱去逮他，可得小心哪!”

冯老六满有把握地说:“怕啥?好狗搁不住犬多，咱 20 个人还逮不住他一个陈大喜?”

家丁问:“咋个逮法?”

冯老六眨了眨老鼠眼说:“咱给他来个先礼后兵。”

家丁又问:“啥叫先礼后兵?”

冯老六笑了笑:“哈哈，这个你不懂啊?到时候看我的就是了。”

到了陈家寨，冯老六带着俩家丁一进陈大喜院里，就面带笑容向屋内问:“陈大喜在家吗?”

陈大喜劝慰了张家父女刚回来，屁股还没坐稳，听有人问他，一抬头，见是冯家管家和两个家丁，心中便有了数。看势头，就知道黄鼠狼给鸡拜年，没安什么好心，忙从屋里出来，迎上去问:“找我有事吗?”

“寨长老爷请你哩！”

“笑话，寨长老爷请我一个穷汉？”

“真哩，一点不错，真是请你。”

“我一不欠租，二不欠债，请我啥事？”

“我也不清楚。就请你劳驾跟我走一趟吧！”

“可惜我没有闲工夫！真要有事，那就请老爷到我家里来吧！”

冯老六见软的不行，就来硬的，霎时脸色一变：“陈大喜，你别不识排场，给你面子你不要。咱就实话实说吧，今天你去也得去，不去也得去，可由不得你。”

“嘿嘿，我的身子我当家，就是不去，看你咋办？”

“说得多轻巧。你小子平白无故地打了家丁，就算拉倒了？没那么便宜的事儿！”说着向前逼近两步，还像平常对待其他穷人一样，伸手去攥陈大喜的领子。

“你这看家狗又想咬人？”陈大喜举起巴掌“啪啪”照冯老六脸上左右开弓打了两耳光，接着又来一个掏心捶，把冯老六撂一丈多远，跌到地上，顺嘴淌血。两个家丁还没往前一晃，陈大喜来个扫堂腿，“扑通、扑通”两个家丁跌了个嘴啃泥。这时，冯老六纵了纵身子也没站起来，就一手捂脸，一手抚胸，扯着他那公鸡嗓子吆喝开了：“都快过来呀，陈大喜行凶啦！”

院墙外边的家丁，一听冯老六呼救，像饿狼一样扑进院里，拿着长杆短棍，冲向陈大喜。

“嗬！来了这么多‘看家狗’哇！看样子是真想打架呀！好，那就过来吧！”说着一个箭步飞到窗前，顺手把一棵碗口粗的枣树连根拔起，梢朝前，根朝后，双手举起，只见他左一甩，右一甩，像扫帚扫落叶一样，把家丁扫倒一大片。

众家丁从地上爬起来还未站稳，冯老六又叫开了：“快上，给我打！”众家丁猫着腰，一步一步往前挪。

陈大喜见他们那种架势，差一点没笑出声来，说：“还想再较量一次呀，来吧！”

这一次陈大喜可不留情啦，举起枣树，使足力气，连呼啦带打一阵子，这些“看家狗”可真受不住了，有的被打得头破血流，有的断了胳膊，有的断了腿。“哎哟妈呀”地乱叫唤。

陈大喜举着枣树说："还上啊！谁要不怕死，想给老婆子混个大手巾，就上来吧！"家丁一听这话，缩着脖子退了回去。

俗话说："叨败的鹌鹑，斗败的鸡。"这群"看家狗"已经吃了两次大亏，看见陈大喜就两腿如筛糠，骨头发酥，谁也不敢上来。冯老六见众家丁都不是陈大喜的对手，想着光棍不吃眼前亏，就说："陈大喜，小心住你的，咱不算罢休！"便领着他那群"看家狗"，歪歪扭扭，夹着尾巴逃走了。

且说冯老六领着一群"看家狗"，回到冯寨，给冯天杰一说，冯天杰气得吹胡子瞪眼，跺着脚大骂陈大喜："好小子，欺负到我冯天杰头上了。打狗还看主家面，你竟敢两次殴打我的家丁。看来不给你点厉害瞧瞧，你不知道马王爷长三只眼。套车，进城！"

事隔两天，汝阳县来了两个衙役，传陈大喜到县衙过堂。陈大喜问："我犯了啥法？"衙役说："冯天杰把你告下了，说你抗租不交，还殴打家丁。"陈大喜笑了笑，便跟着衙役到县里去了。

开堂审问那天，县令张绍英坐在堂上，堂下被告陈大喜，证人张大毛、梅花、冯老六、众家丁，跪了一大片，只有冯天杰仗着他是个监生，站在那里。张绍英问了原告问被告，问了被告问证人。询问一遍，张绍英明白了是非经过，断个各打五十大板。还说冯天杰有状告不实之词，宣布退堂。官司打了个皮葫芦儿，冯天杰肺都气炸了，就是没话说。

冯天杰为啥没打赢官司呢？据说是因为冯天杰平时常在张绍英面前摆他那个臭架子。张绍英是七品县令，又是进士出身，早就对他有几分瞧不起，总想瞅机会惩治他一下，加之这次打官司，冯天杰事前又没给张绍英送钱，所以官司打了个平局。

打那以后，陈大喜是打出名啦。穷人们谁家受了地主老财的欺负，就去找陈大喜出主意。从此地方上的恶人，都对陈大喜畏惧三分。

夜打官卡

清咸丰四年（1854 年），汝阳县又遭大灾，先旱后淹，五谷歉收，穷苦百姓连糠菜也吃不上了。年成一不好，穷汉子满身力气也无处使。可谁愿躺在家里等死呢，总得想法子谋条生路啊！当时官府控制着百姓吃盐，都是官家盐店，漫天要价，剥削百姓。穷人十家都有八家吃不起盐。一些穷汉子就东拼西凑，借几个钱做本，到东面的铜城、临泉、界首等地去贩私盐。

说起贩私盐，真不是容易的事。那时候，凡是大集镇、要道口，像庙湾、东和店都设有巡检司，安有盐卡。官家盐车经过那里，盐巡给送茶让水，还派镖丁、保镖护送。穷爷们的私盐车路过那里，盐巡就带着镖丁拦路抢劫，连盐带车都充公，还把人绑送官府，押进大牢。

腊月初十夜晚，陈寨的李小波，三里桥的张大年，马庄的陈石头等5人搭帮贩私盐，路过东和店，碰上了盐巡，盐车被卡了，李小波被打死，张大年、陈石头几个人因为身大力强，和保镖打了一阵，才算逃出了活命，也都是浑身带伤。

他们几个回来以后，都发愁了，贩盐没赚钱，连老本也丢了，这个窟窿咋补？李小波被打死了，这个仇咋报？大家商量来商量去没有办法，最后去找陈大喜，把事情经过一说，陈大喜可气坏了，拍着桌子直骂："这些镖丁，存心不叫穷人活啦！"

"大喜，你说以后该咋办呢？"

大喜皱了皱眉头："兄弟们别发愁。仇咱要报，本咱要捞。约上30个会打拳弄棍，二五打一百的穷弟兄，准备15辆机轱车，每人带根铁棍，咱还去贩私盐，我跟弟兄们一块去。回来教训教训这些镖丁。"

大家知道陈大喜是个有本事的人，办啥事心里有底，就都说好。

第三天，陈大喜便带队上了路。

腊月二十三日夜晚，陈大喜带着15辆盐车，唧唧哇哇来到了东和店。盐巡正在床上抽大烟，一听见车子的响声，高兴极了："财神爷来了，财神爷来了！"把烟枪一扔，提着大刀，不顾更深夜寒，带着一二十个镖丁，个个手掂梢棒，卡着了十字路口。

15辆私盐车摆成一条线，刚到十字路口，盐巡就在路当心拦住了车，挥着大刀恶狠狠地说："停车！谁是老票？"

"我！"陈大喜是头辆车的拉头，掂着铁棍站了出来。

"你们是哪一帮？""平舆帮。"

"一帮几辆车？""15辆。"

"推的啥？""盐。"

"官盐私盐？""私盐！怎么着吧？"

"盐车留下来，饶恁一条命！"

说话间，陈大喜看弟兄们掂着铁棍已围上来了，便喊了一声："给我打！”一个“打”字刚出口，陈大喜手起棍落，先把一个镖丁撂倒了。

大伙一拥而上，挥起铁棍，都冲上去打开了，那些镖丁都是些草包，哪能抵挡得住，经不住几打，扑通扑通撂倒七八个。剩下的看势头不好，抱头鼠窜。

陈大喜带着弟兄们大摇大摆地把车子推走了。

再说逃走的那几个镖丁，回去给巡检司一报，巡检司吓得浑身打战，没敢出头。天明才骑马到县衙禀报。县令听了，大为恼火，把巡检司狠狠训了一顿。

过了几天，县里又给东和店派去一位盐巡，补充几名镖丁，这个盐巡是个老毛兔，多经过几场霜。他和镖丁夜间不出巡，就是白天出巡，只要说是平舆帮的私盐车，他也不敢再卡了。这样一来，给平舆一带的穷苦商贩打开了一条谋生路，老百姓也吃到了便宜盐。

扯旗造反

平舆一带的贫苦农民、小商小贩，抗租、抗税、抗皇粮、打官卡，闹腾起来以后，是平舆帮的打陈大喜的牌子，不是平舆帮的也打陈大喜的牌子。这样一来，地方上的官吏豪绅，无不对陈大喜恨得咬牙切齿，纷纷到汝阳县衙去告状，说陈大喜聚众谋反，闹得平舆一带鸡犬不宁。

汝阳知县廖云台看了状纸，十分生气，亲自骑着高头大马，带着一营兵丁，直奔陈家寨，来捉拿陈大喜。

汝宁府有个把总叫刘中路，家是平舆人，也是穷孩子出身。他与陈大喜是一对知心朋友，一向同情穷苦百姓，敬佩陈大喜的为人。得知县官要捉拿陈大喜的消息，立即写信，派人连夜送去，要陈大喜早做准备。陈大喜看罢信不惊不惧，把附近村上的穷朋友找来，商议对策。大家一听议论纷纷。有的说："光棍不吃眼前亏，咱跑吧。"

"跑了和尚，跑不了庙。陈大喜真走了，咱穷爷们像一群无王蜂，那就更遭殃了。"

"打他那些'狗杂种'，叫他们也知道咱平舆帮的穷爷们不是好欺负的！"

"大喜！你就铺摆吧，看咋样打法？"大家望着陈大喜叫他拿主意。

陈大喜心里早已有谱，就把怎样打法如此这般地讲了一遍。大家听了都赞成，便分头准备去了。

次日上午，廖云台带着兵丁，走到陈家寨西门外，只听寨墙上“砰砰砰”三声炮响，顿时杀声四起，埋伏在寨外河里、树林里的几百名穷弟兄，拿着刀枪棍棒、杈耙扫帚铁抓钩，冲了出来，跟廖云台的兵丁干上了。那些兵丁怎能抵挡住不要命的穷弟兄，不大一会儿，县兵被杀得死的死、伤的伤，廖云台见势不妙，带着几个随从，蹚过清水河，逃回了县城。

陈大喜打跑了县官，事情闹大了，汝宁知府下通缉令捉拿陈大喜。

俗话说，官逼民反。陈大喜被逼得走投无路，就和穷爷们穷朋友一商量，于咸丰十年（1860年）十月二十六日，在平舆聚众起义，树起了“捻”字大旗。邻近县乡听说平舆陈大喜反了，也都纷纷响应，揭竿而起，成群结队投奔陈大喜。数月之内，捻军人马发展到几十万。各路捻军都尊陈大喜为“帅”，陈大喜带领捻军打府攻州，杀赃官除恶霸，开仓济贫。穷苦百姓无不欢天喜地，都夸捻军好。

范寨选将

平舆北四里有个小康庄，小康庄有个穷光蛋叫张老中。提起张老中来，四乡八村的人没有不知道他的。他长得五大三粗，气力过人，人送外号“大力士”。因为他的饭量大，扛长工财主不雇他，打短工没人用，整日靠卖柴糊口，遇上大灾年，本钱吃完了，在家没活路，就横下一条心，来投奔陈大喜。

当时，陈大喜才在平舆起事没几天，大营扎在范寨村。

俗话说千军易得，一将难求。投奔的人不少，可有将才的却不多。这天，陈大喜与军师马克中正在厅中商议，有一弟兄进来禀报，说张老中求见。陈大喜一听，心里非常高兴，当即向军师如此这般地做了一番交代，而后才传令：“有请！”张老中来到大厅，施礼已毕，大喜命人让座倒茶。张老中接过茶杯，与陈大喜对面坐下，两人叙起话来，分外亲热。

两人正谈得起劲，忽听前院人声嘈杂，马克中面带气色走进来，陈大喜就问：“前院吵嚷什么？”马克中说：“前院有两缸水，打算挪到后院，派了4个弟兄，两人抬一缸，他们呲牙咧嘴地说抬不动。你说气人不？”“啊！就这个事呀？你看大力士在这，还会难住人？”陈大喜说着用手一指，把张老中介绍给马克中。马克中随接话茬说：“那就有请大力士，帮助抬一抬水缸吧！”

张老中求之不得，正想露一手，显示显示气力，遂把衣衫一脱，大战带一紧腰，来到前院水缸前，身子往下一蹲，伸出两只大手，让弟兄们抬起水缸放到他手中，托起来便大步向后院走去。陈大喜、马克中齐声称赞:“老中神力果真是名不虚传！”张老中正托着两缸水往前走，突然“轰隆”“轰隆”“轰隆”，大炮连响三声，震天动地，张老中心里一惊，脸色大变，两手一抖，两个水缸掉在地上，“呼嚓”摔得粉碎，溅了张老中一身泥水，张老中又气又羞，脸“刷”地红到耳根。陈大喜上前安慰了几句，这才一起回到屋里。

第二天，陈大喜叫张老中到府城给他买鞋。张老中带着鞋码子，在府城转了半天，把所有的鞋铺都跑遍了，也没买到一双鞋。咋？陈大喜的脚大，卖的鞋小。回来给陈大喜一说，陈大喜说:“你咋不在鞋铺给我定做两双呢？”张老中气得把屁股一拍:“哎呀！你看，我在城里咋没想起来定做鞋哩！”

后来，听说张老中在营里当了一名火头军。有人问陈大喜:“张老中不够做一个将才？”陈大喜摇摇头，笑笑说:“这人有气力，就是缺胆量，少智谋。只能当兵，不能当将。”直到如今，人们一提起陈大喜选将的事儿，还都称赞陈大喜有见识。

整顿军纪

陈大喜有个姑舅表兄，名叫王明太，家住平舆南边小王庄。家中虽不十分富裕，倒也能顾温饱。这个人能写会算，能说会道，又会点武艺，还有点小材料。因他与本村财主王子耀争做排场人，斗不过王子耀，一气之下，在陈大喜起反时入了伙，当上了捻军首领。

那天，王明太带着捻军弟兄，打开了韩岭寨。万安寨寨长万大驴吓坏了，急忙派人给王明太送去 10 斤大烟膏，一位漂亮的大姑娘，请求关照。王明太过去就好女色，又爱吸大烟，接到这些礼物，心里自然高兴。就把大姑娘暂关前院屋里，还派两个弟兄看守着，他打算过透大烟瘾，再把姑娘叫来陪宿。

却说陈大喜平舆起义时，颁布了捻军五条纪律，生怕捻军将士不懂规矩，胡作非为，所以他经常巡查兵营。这天夜里，陈大喜带着几个随从来到韩岭寨。一进兵营大门，就听见女子的哭声，感到奇怪，过去一问，女子把实情告诉了陈大喜。原来，这位女子是一贫家的姑娘，已经订了终身，被万安寨寨长强迫拉来送与王明太，她怕失身、无脸见人，这才啼哭不止。陈大喜当即安慰了姑娘几句，派两个捻军弟兄把姑娘送回万安寨。然后到后院去找王明太。恰巧王明太正躺在床上吸大烟。陈大喜抓起烟盘摔在地上，说：“王明太，论亲戚咱是老表；论捻军你是旗主，本应身先士卒、遵守纪律，可你却不顾一切，带头违反纪律，败坏捻军声誉，是何道理？”王明太无话可答，只好连声说：“我改我改。”

次日，陈大喜把众首领召集到一块，先训斥了王明太一顿，当众重打40军棍，还要斩首示众。众首领讲情，说他是初犯，陈大喜才算罢休。陈大喜又重申了捻军纪律，宣布从今以后不论是谁，再违犯了军纪，轻者重打军棍，重者要杀头，决不留情。

从此，捻军纪律严明，秋毫无犯，深受百姓的欢迎和爱戴。

新蔡撒金

清咸丰十一年（1841年）正月初，陈大喜带领捻军攻开新蔡城，杀了赃官，除了恶霸，打开官仓把粮食、银钱分给穷苦老百姓。百姓们喜气洋洋，送衣送饭慰劳捻军将士。

一日，陈大喜正在同谋主马行远、军师马克中、王明太等厅中议事，部将王学礼带着一包东西走进门来，向陈大喜禀道：“大帅！官库中还有一些金币和金块，你看该怎样处置为好？”说着把这包东西递给陈大喜。接着他又问了一句：“不知新蔡官库中咋会存的有这？”陈大喜接过包，抖开仔细看过，皱了皱眉头，想了一想，又转给马行远等人看。看后，陈大喜问大家：“谁知道新蔡官府中存的金块和金币是怎么来的？”马克中看王明太，王明太看马克中，谁也答不上来。还是谋主马行远的知识广博，他站起身来，笑了笑说：“还是让我来给大家讲讲吧！不过，说起来话就长了。据传远在春秋时期，楚国兴兵伐蔡，蔡国战败。蔡平侯由上蔡迁都新蔡之后，在县城东门外，建了一座制币炉，用黄金、青铜铸造货币。当时剩下的一些金块、金币就存在官库里。2000多年，经朝历代，不少贪官污吏虽见它眼馋，可因为是国宝，所以谁也不敢动一块。大帅，你看我说的对也不对？”

陈大喜听罢，连连点头说：“谋主说得很对，就是这样。过去，历史上新蔡遭受多少次灾难，官府始终不管不问，把金币、金块放在库里，就是不拿出来赈济百姓。今天，我们应该把它全部分给穷人。”

话音一落，众人纷纷表示赞同。王学礼起身就要去库中取金。陈大喜急忙把手一摆，说：“慢！”王学礼又坐了下来。“分是一定要分，但得有个分法，大家想想，金块、金币大，使用也不方便，若百姓拿它到金店去兑换散碎银子，万一被官府发现，就会治百姓私盗官宝之罪。所以，我想还是商量怎么个分法为好。”

王学礼忙问：“依大帅之见，咋分为好呢？”

陈大喜早已心中有数，遂把分的办法告诉给大家：“把库中所有金块、金币锻成碎粒，装制成‘花筒’，趁正月十五元宵佳节的夜晚，在城东街闹市区，大放焰火，把碎金喷洒出去。天明，百姓即可到此捡取碎金，这样救治的穷人又多，钱使用起来又方便，还不留后患。”

众人一听，齐声称赞：“大帅的办法好！”王学礼起身告辞，依计行事而去。

正月十五夜晚，东城区大放焰火，观看焰火的人多得挤不动，十分热闹。不料，天不凑巧，焰火刚放完，就下起大雪来，天晴后，人们纷纷到这里捡取碎金。因当时有些碎金被人畜踩踏埋入土中，所以后来每经暴雨冲刷，时有碎金露于地面，被人拾去。就这样，陈大喜新蔡撒金的事，就世世代代流传下来了。

现在，人们在当年陈大喜放焰火的地带，偶尔还可以拾到碎金哩。

神马救驾

相传，豫王陈大喜有一匹白龙马，又高又大，膘满肉肥，雪毛银鬃，油光发亮，骑着特别稳当，跑起来四蹄生风。据说是一匹通灵性、讲义气的神马。豫王骑着它，南征北战，打过无数次胜仗，它曾经救过豫王几次驾。

那年，陈大喜在淮南与清兵作战，正打得激烈时，突然中了敌人的飞箭，翻身落马。敌人立刻围了上来，咋呼着要捉活的。眼看就要被俘，这时，白龙马急了，“扑通”卧倒地上，硬是用嘴把他拱上马鞍，驮起来四蹄腾空，冲出重围，跑回捻军大营，清兵个个吓得目瞪口呆。

还有一次，陈大喜在桐柏山区抗击清兵。这里山峰重叠，地势复杂。一天早晨，他带领几个亲兵，外出察看地形，来到一个山岭上，他看到这里有一片草地，青草长得又鲜又嫩，便跳下鞍马，松开缰绳，让白龙马吃草。谁知那白龙马突然“咴”的一声，扬起四蹄向山下跑去。开始陈大喜认为不会跑多远，撒撒欢就会回来，没想到白龙马不回头地向前跑，陈大喜他们只好跟在后边撵，越撵越远。白龙马蹚过一条山涧，还跑，陈大喜等人在后边继续追，一直追到另一个小山包上，白龙马才停下来，被亲兵捉住。陈大喜奇怪，白龙马从来都是临战不惊，今日为何这样反常？正揣测时，忽听后边杀声震天，清兵冲上来了。原来在陈大喜察看地形时，有一股清兵就埋伏在山后。陈大喜撵马刚走不久，清兵就围了过来，扑了个空。他们抬头一看，见陈大喜等人已经过了山涧，正在小山包上张望，就又追了过去。

恰在这时，一支接应豫王的捻军赶到了，大杀一阵，杀得清兵败阵而回。陈大喜手扶马头说：“白龙马呀白龙马，感谢你今天又救了我。”

石桥伏击

据说，清咸丰十一年（1841年）八月，陈大喜集结捻军主力，打算西进，到南阳、襄樊一带，开辟新的战场，扩大捻军队伍。

河南巡抚庆廉听到风声，慌了手脚，急忙调集清兵，民团数万人在汝河一带布防，企图阻止捻军西进。陈大喜指挥捻军，英勇奋战，突破了敌人苦心经营的防线。清兵溃败，伤亡惨重。庆廉见汝河防线失守，惊恐万状，赶紧收拾残兵败将，加强臻头河第二道防线，清兵大营安在官庄寨。河南布政使张曜，团总张国本坐镇指挥。陈大喜一边派人围攻官庄，一边率精锐的马队、步兵，埋伏在野猪岗的大石桥附近。大石桥是当时由汝南通往官庄的交通要道，这里河岸有茂密的树林，河滩有大片的芦苇，是隐藏兵马的好地方。

河南布政使张曜，团总张国本，见捻军围攻官庄，来势凶猛，立即组织清兵迎战。怎料，清兵首次出击，就吃了败仗，官兵退缩寨内，不敢露头。张曜见孤寡难守，吓得心惊肉跳，哭着说：“剿捻反被捻围，凶多吉少，恐不能生还！”便命人飞报巡抚，请求庆廉火速派兵增援。庆廉接报，马上派总兵承惠带兵救援官庄。承惠本是陈大喜手下败将，因高辛集一战惨败，被朝廷革去了提督官衔。这次一听叫他增援官庄，决心借此机会报仇雪恨，立功赎罪。于是，马上带着3000人马，杀气腾腾地向官庄进发。

承惠哪里想到，清兵行至大石桥一带，就钻进了陈大喜设下的布袋阵。只听一声炮响，埋伏在芦苇、树林中的捻军弟兄冲了出来，杀声震天，人人手执大刀长矛，像猛虎扑向羊群，直逼清军，一下子把清军截为两截，包围在中间。清兵成了瓮中之鳖，被捻军杀得晕头转向，到处乱窜。从中午时分杀到太阳压山，3000 清兵全部消灭，总兵承惠、后补知府王荣烈等 6 名清军将官，也被生擒活捉，做了捻军刀下鬼。陈大喜站在大石桥上，用大刀的缨子蘸着这些刽子手的血，在石板桥上写下“杀官桥”三个大字。后来，清廷给这座桥取名为丧官桥，可老百姓不认这个账，一直到现在仍称杀官桥。

陈大喜在大石桥歼灭了援军，捻军很快攻破了官庄寨。清兵死伤无数，张曜丧魂落魄，狼狈不堪，逃回汝宁府城，在庆廉面前大哭一场，气得庆廉破口大骂。

陈大喜胜利地突破了清军的两道防线，然后率大队捻军，浩浩荡荡挺进南阳。

英雄末路

说起陈大喜死在哪里，咋死的，还是我八九岁的时候，在地里割草听三里桥张步老人讲的。当年，张步是陈大喜的门旗官，陈大喜起手到陈大喜死，他都一直跟着陈大喜。

记不清是清同治哪一年啦。陈大喜带领捻军向南转移，走到枣（阳）陈（州）一带，遇上清兵又赶上来，前后夹击，捻军吃了败仗，将士伤亡惨重。陈大喜收拾残部，还剩下 3000 多人，就向东撤退。他们沿途又不断遇清兵，只得边打边走，进入安徽境地时清点人马，仅剩下 500 余骑。一天中午，捻军来到一个集镇上，刚要休息，清兵便从四面八方包围上来，陈大喜与捻军兄弟翻身上马，手执大刀、长矛、齐头钐，杀出了一条血路。待到太和县境，只剩 30 余骑了，都是陈大喜的亲兵，他们找到一个偏僻的小村，住在一户富豪家里。

当天夜里，陈大喜突然身患重病，卧床不起，捻军兄弟急忙请来郎中医治，谁知服药无效，病情一天比一天加重。陈大喜躺在床上，思前想后，百感交集，想当年平舆起事之后，率领数十万捻军，配合太平军，转战南北数省，消灭僧格林沁，打败曾国藩，是何等的威赫，想不到如今连遭惨败，豫南捻军寨圩先后失陷，老家陈家寨也被血洗，自己叔父兄弟、儿子侄子都已战死，母亲、妻妾、弟媳尽被杀害……想着想着，不觉流下泪来。

这天，他把众兄弟叫到跟前说：“诸位兄弟随我征战多年，屡立战功，如今看来，捻军气数已尽。我死后，请把我深埋楼下，你们也散了，自谋生路吧。”

“豫王不必伤心难过，养病要紧，等你病好之后，咱重整旗鼓。”众兄弟流着眼泪劝慰陈大喜。

陈大喜摇摇头说：“时到今日，已经不行了。”说罢便断了气。

众兄弟伤心之余，遵照陈大喜遗嘱，找来一副柏木棺材，装殓了陈大喜尸体，深埋楼下，放火烧了楼房，而后远走高飞，各自谋生而去。

有人说他殉难天津。清同治四年（1865年）四月间，陈大喜汝宁突围之后，收拾残部与太平军会合，受遵王之命，转战信阳、潢川、罗山、随山一带，本欲重整旗鼓，以图再举，闻听皖北、山东、宛南战场捻军连连失利、兵势日衰，想到豫南地区捻军村寨先后被清兵攻占，捻军首领战死的战死，投敌的投敌，叔父、母亲、弟弟等一家人，尽皆遇难，怎么也遏止不住内心的悲伤，于是他向遵王交出豫王印玺，疏散弟兄，携带妻子回归老泰山的故乡天津，从此改名换姓，在京津一带，又开始了打拳卖艺的江湖生涯。这时陈大喜才33岁。

由于陈大喜武艺超群，品德高尚，数年之后，他在京津一带，江湖道上，武林之中又成为一位知名的首领。

清光绪二十九年（1903年），八国联军进中国，侵略天津。50多岁的陈大喜义愤填膺，亲自带领江湖道上的武林弟兄，与洋鬼子厮杀拼斗，不幸在一次战斗中，身中数弹，壮烈牺牲。

陈大喜死后，清政府把他作为一位烈士，命人将尸首运回陈家寨，埋在了寨西北角，人称大喜墓，逢年过节，人们烧香上供，祭祀这位英雄人物。

还有人说他病死白雀园。1865年秋，清军在山东包围了捻军。为掩护主力向西南撤退，陈大喜的捻军几乎全军覆没，冲出包围逃至唐河县境，仅剩下几百人了。

这时陈大喜因气恨交加，积忧成疾，得了中风，一病不起，躺在担架上被部下抬着走。因前有清大军阻拦，后有清军追击，捻军首领张宗愚安排，由贴身跟随他的四五十个兄弟，乔装打扮成清军，抬着陈大喜秘密向大别山转移，想进山疗养。

到了光山县白雀园，陈大喜病情恶化，大家只好抬着病人住进一个封门闭户、家里人都逃往城里的大地主家里，给他请医调理，煎汤灌药，其病势仍日益加重，不见好转。

临死前，陈大喜想到20万捻军弟兄死于非命，自己的母亲也落入清妖魔掌，在汝宁府“坐木驴”惨死，陈家寨被破，弟弟、弟媳、乡邻诸亲上千老幼株连被杀，禁不住热泪横流，连喊三声“天地不明”，吐血而亡。

50多个捻军弟兄，在这家地主的楼房里挖掘了一个斜洞，足有两丈来深，用了这家老财主的一口柏木寿棺，把主帅的遗体装殓。埋葬之后，囤土夯平。最后放火烧了这座楼房。从此，陈大喜就长眠在白雀园。

主帅的遗体埋葬完毕，大家打手击掌，约言葬处保密，各奔前程。

附记:《清史稿》中记载陈大喜事，见《吴元柄传》。吴元柄，字子建，河南固始人。清咸丰十年（1860年）进士，选庶吉士。从团练大臣毛昶熙回籍治团练，从解固始围，击退息县窜匪，擒捻首陈得一。清咸丰十一年（1861年），汝宁捻首陈大喜窜居霍庄寨，元炳偕道员张曜攻克之。清同治元年（1862年），巡抚严树森奏:“元柄骁捷善战，所向有功，军中最得力，请散馆后仍令回河南。”命免散馆授检讨，仍留河南委用。大喜负固平舆，其党踞李旗屯，元炳偕张曜先平伊庄、陈庄、刘楼贼垒，乘胜下李旗屯，进攻杨楼，破之。旋克平舆，歼捻首张凤林。清同治二年（1863年），克张冈贼巢，汝南肃清，擢侍讲。寻攻息县鲍家寨，克之。清同治三年（1864年），拔谭家圩，附近贼寨，次第削平。

看得见摸得着的民俗与乡愁

——平舆县挚都民俗文化博物馆随记

张贤锋

君来民俗挚都馆，旧物何多浮眼前。

莫恨乡愁无觅处，农耕千载此中传。

这是我陪同几位远道而来的客人参观平舆县挚都民俗文化博物馆之后，即兴写下的一首绝句《诗赠平舆挚都民俗文化博物馆》。

近年来，每逢节日或假期，平舆县挚都民俗文化博物馆就异常火爆和热闹，慕名而来的各地游客和民众携家带口，走进这里，与各种年代的老物件“相通共鸣”。他们流连忘返，欣赏民俗，回忆当年，感受岁月匆匆，感慨历史变迁，体验了一次实实在在、看得见摸得着的民俗与乡愁。

平舆县挚都民俗文化博物馆，是驻马店市第一家以车舆文化为主线，着力彰显平舆丰富的历史和文化资源，展示天中地区古代及近代车舆文化最丰富的综合型博物馆。2000 多平方米的多个主题特色的展厅，摆放了民俗馆创始人、民间收藏家李维先生的近 4 万件藏品。这些“老物件”，均系他倾情 30 余年的心血收藏。

已经 50 多岁的李维先生，其正式身份是一名律师。30 多年以前，他从收藏酒具、茶具开始，痴迷上收藏，从旧纺车、旧农具，越收藏越专业，花轿、顶子床、太平车、粮仓，只要见到中意的东西，他都会不惜一切代价“淘”回来。

2000 年，李维在平舆县射桥镇见到一架精巧的楠木纺车，咬牙用一年的积蓄买下。

2003 年，李维到福建漳浦县出差时，发现了一块皇家所赐、留有清代名仕蔡新书“书香”字样的牌匾。为得到这件老物件，李维 5 次到漳浦，给出高出当时市场价好几倍的价钱，用诚心感动对方把牌匾卖给了他。李维说，他买这块牌匾的价钱，在当时可以在县城买一套房。

从中医药具、木石金雕、织锦刺绣、皮影、印染等民间非物质文化遗产，到钟表、食盒、灯具、锁具、酒具、农具、钱柜、粮仓、茶具、徽章、斗壶、风箱等具有时代印记的生产劳动工具和日常生活用品，30多年来，李维收藏了上百个种类4万多件与民俗和艺术相关的“老物件”，形成了自己的收藏特色。其中，他收藏的平舆县特有的各式太平车就达数十辆，为平舆县被授予“中国车舆文化之乡”“中国车舆文化研究中心”提供了充分的事实依据。

搞收藏是一件既费精力又烧钱的事业。30多年以来，李维痴迷于收藏，足迹遍布中原大地和大江南北，运输藏品就用报废了4辆车，途中事故，几次与死神擦肩而过。他花光积蓄，变卖房产，垫上自己和老婆的工资，举借200多万债务，几十年来却没变卖过一件藏品。

几万件收藏来的“老物件”，家里装不下，李维便租了十几处仓库存放。经济压力不说，李维最难受的还是，这些“老物件”的安全和不能与社会大众共享。“要是能建个博物馆就好了，展览我的藏品，实物再现平舆县和中原风土文化及劳动人民的智慧，为子孙后代留下历史文化符号，让更多的年轻人记住历史。”

平舆县委、县政府主要领导，在得知了李维的窘境和想办博物馆的想法后，给予了大力支持，并协调场地，协助办理各种手续。

2016年11月9日，世界联合学院中国常熟分校和平舆县思源实验学校的部分师生来到挚都民俗文化博物馆参观。明清时期的老式木制大床、家具，各类生产农具……展厅内的“老物件”琳琅满目。

2017年6月，面积2000多平方米的挚都民俗文化博物馆在平舆县上河城作为河南省非物质文化遗产项目太平车展馆、平舆县青少年传承中华美德教育阵地、平舆县民俗文化研究会免费向公众开放。

挚都民俗文化博物馆是目前河南省规模较大的一家民办公助的综合型博物馆，它以车舆文化为主线，着力彰显平舆丰富的历史和文化资源，展示天中大地古代及近代车舆文化、古今民俗事项。

2017年8月20日，以色列专家赴平舆县考察农业项目，专程赴挚都民俗文化博物馆参观，引起了专家极大的兴趣，给予了极高的评价。

2019年1月18日，河南省文物局组成专家组，莅临挚都民俗文化博物馆进行三级博物馆验收，并给予充分肯定。

同年2月11日，李维收到河南省文物局通过三级博物馆的验收喜讯，并在元宵节当天，举办了“吃汤圆看展览闹元宵”的庆祝活动，引来了数以万计的参观者。

河南省安阳市博物馆、信阳市博物馆、驻马店市博物馆、周口市博物馆等博物馆负责人充分肯定了李维的收藏行为和价值，并表示，会和挚都民俗文化博物馆密切合作，让李维的藏品流动起来，在全省甚至全国开展相应的主题巡展。

文物专家、驻马店市博物馆馆长谢辰说，一部农耕史，千古民俗情。30年如一日坚持收藏民俗生活“老物件”几万件，从商代到现代，品类丰富，自成体系，很有特色，史料价值很高。“我可以肯定地说，李维是驻马店民间收藏第一人，甚至可以说，他是河南省民间收藏第一人。他真是一个有情怀的民间收藏家，别人忽略的、不要的、扔掉的东西，他用一己之力收藏起来，没卖过一件，留住了实物、留住了乡愁、留住了根，也留住了民俗和传统，实在是太难得了。”

李维先生说：“阳光已普照，最难的日子已过去。我要好好把这些老物件保护和传承下去，以更专业的态度，融入生活，服务生活，服务公众，满足周边地市居民和更多青少年学生的需求。”

李维明白，博物馆是保护和传承人类文明的重要殿堂，是连接过去、现在、未来的桥梁，在促进文化交流互鉴方面具有特殊作用。他表示，以后任重道远，下一步，他需要做的工作还有很多，要在馆员培训、藏品梳理、保护研究、陈列展示、专题展览、学术交流、教育活动等诸多方面策划、推进、实施。他说：“我自己写了一副对联——心术不可得罪于天地，言行要留好样与子孙，横批是，挚诚作基。这也表达了我的心声。人活一世，总要留下点儿什么。赶上一个好时代，为明天收藏今天。我不仅要做一名历史的保存者和记录者，更想做一个为实现中国梦而奋斗的见证者和参与者。”

东皇庙清代石碑碑文发现记

张留坡

2012年清明节，我和同乡文友黑平和骑自行车回乡下祭祖，下午归来时，我们贪恋乡下风光，就拣乡下小路曲折骑行，当行至郭楼镇曹寨村委阎庄村后的生产桥南头时，见铺在路面上的一块青石条上面有字，就停下车子察看。在阎新朋、阎涛等村中学童的帮助下，我们清除了上面的泥土，把碑面清理干净，发现上有完整的碑文。虽然铺在路正中，但由于很少过重车，碑体依然完整，碑眉上篆书“皇情”二字，碑文清晰可辨，很有文物考古和保存价值。于是我认读，黑平和抄写，一共费了两个多小时才抄录完毕，这才知道它是一块清代碑石，上面刻写的是嘉庆十二年（1807年）汝阳县学生员韩振志撰写的碑文，内容是关于马定远、马子韶父子二人带领众人重修东岳庙（今天的东皇庙）之事。回到县城家中，我立即起草了一篇题为《乡土路上发现清代碑石，呼吁县有关部门予以保护》的文章，发表在当时的平舆县报《舆乡风》上，并将碑文附在文章后面，希望引起平舆县文物部门的注意，及时予以保护。文章发表后，果然引起了相关人员的关注。原来，平舆东皇庙曾在历史上某一时期叫东岳庙。东皇庙寺院的主持知道此事后，连忙带人去取，惊动了该村的村民，村民不让他们带走。过了几天再去时，石碑已经被村民收藏起来了。这样也好，只要能保护起来，我们保护文物的本意已经达到了。现将该碑文附后，以作留存。

重修东岳庙碑记

夫学者，善继人之志，善述人之事者也。今有马子讳韶者，善念一动，而孝亦于此而见马（当是“焉”之误笔）。何言之？其父定远，念佛殿之倾圮，鸠工庀材而修葺之，所以与人为善也。不数年而东岳庙亦复颓坏，韶又邀聚同众会人等，或各出己囊，或四方募化，重新而整饬之。工既告成，乞余为序。余曰：神功之浩荡，前人言之屡屡矣。一切颂扬称赞之辞，姑且不叙。第就余所闻者而言之，五岳誌有云，东岳号为仁圣齐天，其所谓仁圣齐天者，必其仁爱斯民，与天同其功能也。后之人虔诚而奉祀之，亦固其所抑知立庙之意，其中盖有思深虑远者。尝见非法不道之后，不顾天理，不畏利名，恣意妄为，遂有无所不至者，圣人不得已而惕之以神故。东岳庙中往往设两司，有碓捣狱、磨研狱、锯解狱、油锅狱、刀山狱，种种不二，其有无亦未可深考，但愚夫愚妇入其庙，目有所触而知惧心，有所辞而知儆庶，放纵谣佚之念，固此而稍辑也，亦未可知。马子重修庙宇，不惟与人为善，亦以克迪前人光也，岂为是邀福禳祸云尔哉。是为序。汝阳县学生员韩振志撰文，太学生万诣卓书丹。韶圯讳书，子讳鸿飞督工。石工刘绍贵、朱天福，木工程嵩业，泥工王光文，画工张光先（捐资者名单及银两略）。嘉庆十二年岁次庚午中秋月穀主持道袁和可，徒黄芳、唐礼旺、孙义林。

常庄村玄帝庙碑发现记

张留坡

平舆县政协副主席夏洪亮，2016年时任县政府党组成员，期间下乡检查工作，途经东皇庙张营村西路北，发现道边竖有一块古碑，因当时尚有事务急需处理，无暇得以近睹。2021年9月末，他带队下乡去高杨店调研回来，再次途经此处，于是下车细看，始发现是“常庄村重修玄帝庙碑”，明嘉靖年间刻立，感觉有一定的存史价值，于是安排文史委主任杨秋红拍了几张照片，微信转发给我，让我辨认考究。我看后感觉确有必要再去实地调研，或有收获。杨主任也同意我的见解，就于10月19日上午，邀请平舆县炎黄文化研究会副会长、诗词学会副会长王保成，平舆县志办主任吴岸杰，我们一行4人，乘车前往张营村考察该古碑。

在张营村西道边，我们见到了早已等候在那里的张营村党支部书记张小伟等人。大家一起观看了古碑。碑很古朴，碑头正反面均刻有双龙戏珠图案，其龙体雄浑大气，栩栩如生。正面竖书“玄帝庙”三字，背面仅在碑头上竖书“皇帝万岁”四字，碑身背面无字。正面碑文先是横书“皇图巩固帝道遐昌”八字稍大。其下竖书，仅存上面约1/5的文字，而4/5的文字已经全部损毁，像是故意用利器刮去，或用铁器敲击致残。清晰可辨的文字有“常庄村重修碑”“国子监”“赐进士”“汝宁城东七十余里”“圣朝以来，一切滛祀书”“人王銮王奉同承”“凡有”“寺仍发善心盛”“顺国泰民安民”“圣寿庶罄，臣子报答之”“害于义者从之”等字样。落款立碑时间仅存“嘉靖”二字。确定是明碑无疑。

从仅存的文字上分析，我们可以推测出如下结论：明代时期，这一带有个常庄村，建有玄帝庙，始建年代不详，明嘉靖年间重修并刻碑记事。嘉靖是明世宗朱厚熜（1522—1566 年）的年号。

张营村 83 岁的村民张清禄告诉我们：他小时候，村西南角有座古庙，但不知道叫什么名字，只知道村民有事多去烧香，说是很灵验。现在想来，应该就是玄帝庙。可附近村庄，并无常庄之名，他也没有听老人说过有常庄，更不能确定张营就是常庄。

查阅相关的文献资料：玄帝是玄天上帝的简称，又称真武大帝、玄武大帝、佑圣真君、玄天上帝、荡魔天尊、九天降魔祖师、无量祖师，全称真武荡魔大帝，是中国神话传说中的北方之神，为道教神仙中赫赫有名的玉京尊神。现在湖北武当山供奉的主神就是真武大帝，道经中称他为镇天真武灵应佑圣帝君，简称真武帝君。中国民间称荡魔天尊、报恩祖师、披发祖师。明代以后，在全国影响极大，中国近代民间信仰尤为普遍。据传，他是盘古之子，于玉帝退位后任第三任天帝，生有炎、黄二帝。曾降世为伏羲，为龙身，天龙有八部，中华之祖龙。

道教经书中描绘的玄帝形象十分威猛，他身长百尺，顶罩圆光，披发黑衣，金甲玉带，仗剑怒目，足踏龟蛇，身边侍立着龟、蛇二将及记录三界功过善恶的金童、玉女。《元始天尊说北方真武妙经》记载，真武帝君原来是净乐国太子，生而神灵，察微知运。长大成人后十分勇猛，唯务修行，发誓要除尽天下妖魔，不愿继承王位。后遇紫虚元君，授以无上秘道，连越游东海，又遇天神授以宝剑。入太和山修炼，居四十二年功成圆满，白日飞升，玉皇大天尊下令敕镇北方，统摄玄武之位，并将太和山易名为武当山，意思是“非玄武不足以当（挡）之”。宋天禧年间（1017—1022 年）诏封为真武灵应真君。元大德七年（1303 年）加封为光圣仁威玄天上帝，一跃而为北方最高神。

明代是真武大帝声势显赫、民间信仰最为普遍的时期。明代初期，朱元璋的儿子燕王朱棣发动“靖难之变”，夺取了皇位。传说在燕王的整个行动中，真武大帝都曾显灵相助，因此朱棣登基后，即下诏特封真武为北极镇天真武玄天上帝，并大规模地修建武当山的宫观庙堂，建成八宫二观、三十六庵堂、七十二岩庙、三十九桥、十二亭的庞大道教建筑群，使武当山成为举世闻名的道教圣地，并在天柱峰顶修建“金殿”，奉祀真武大帝神像。因帝王的大力提倡，真武大帝的信仰在明代达到了鼎盛，宫廷内和民间普遍修建了大量的真武庙。

玄帝庙内主要供奉真武大帝，一般为披发跣足，端坐于殿堂之上，旁边塑有龟、蛇二将，或金童、玉女。据说前者是护卫大神，后者专替真武记录三界中的善恶功过。真武的诞辰日为农历的三月初三。

平舆境内的“常庄村重修玄帝庙碑”，明确记载常庄村重修玄帝庙的时间为明嘉靖（1522—1566年）年间，可见该庙初建时间应在明成祖朱棣永乐（1402—1424年）年间。百余年后重修。

至于该碑能够立于村西道边，则是另有一番机遇。张清禄老先生告诉我们：新中国成立后破除迷信，平舆境内的庙宇相继被毁，该碑被用于修建村外的洪河闸口。十几年前河闸废弃不用，村民虽然把该碑挖出，但仍因无用而弃置于地。他的侄媳妇纪小雪，看见碑上有滚龙图案和玄帝庙的字样，心中有所触动，就动员丈夫张振书，买了砖头水泥，请大伙帮忙，在村西道边垒了碑座，花钱请来了吊车，从村北河道中吊运过来，把它竖立在此，事后还在村头刘成开的小饭馆内，宴请了那些参与立碑的村民。

我们感谢纪小雪夫妇和这些村民，让这块500年左右的古碑，得以重现在我们眼前，给我们讲述平舆境内玄帝庙的前世今生，讲述那些发生在明代的故事。

张营村采访随记

张留坡

2021 年 10 月 19 日，平舆县政协文史委主任杨秋红带领王保成、吴岸杰和我，前往东皇街道张营村调研明代古碑玄帝庙碑，在张营村委会办公室里，村委党支部书记张小伟找来了村民张清禄（83 岁）、张玉山（73 岁）等人，事后电话采访了曾经担任驻马店市政府办公室主任的张世才（77 岁），让他们对各自了解的张营村历史与人物作了片段性的回忆。

张营村现在 6 个队，近 2000 人，皆姓张，无他姓。村中原先有族谱，“75·8”大洪水时淹毁了，没有保留下来。

原族谱记载，祖上从山西洪洞大槐树下迁来。张姓字辈，只记得“万、道、贤、清、振、世”。前些年村中有几个教师新修的字辈，记不清是什么了。

清初年间，其祖上张景南、张绍南、张化南兄弟三人，张景南是武举出身，当过多大的官，已经没有人知道，只知道留下来有个红顶子帽子，三大爷家还有块上马石，新中国成立后还保存着，“文化大革命”“破四旧”，不知道怎么的就都弄没了。村西北角原有马道，说是张景南骑马射箭练武用的。还有练武用的大刀。那大刀连把有六七尺长，全是钢铁打造，约有一百七八十斤。1958 年“大炼钢铁”时，村中妇女怕被收走炼化，就偷着拿去卖了。

村中居民，有沿洪河捕鱼的习惯，曾多次遭受周边村子豪强的欺负，强行拿走他们辛苦捕来的鱼而不给钱。张景南告老还乡后，听说了这件事，就和村民一起前往。这次豪强又来强拿，张景南一报名，可把他们吓坏了，不但不再拿鱼，还摆了酒席热情招待，从此再无类似的事件发生。

民国年间，村中甲长张开禄，原平舆县进修学校教师已退休多年的张普（84 岁）他爹张振山当过保长。村中最有名望的人是张清贤，他当过国民党的营长，家有一顷地，是个开明地主，在村中口碑很好。村中穷人谁家揭不开锅了，前去他家借粮，只要开口，借多少就给多少，没有不还也不追究，有了借多少仍还多少，一点也不多要。他的二弟张启贤就不行，借一斗须还一斗半。新中国成立后斗地主老财，村民一致保举张清贤，不让斗争他，只斗他的二弟。张清贤有两个儿子：张红运、张太扬，运动中没有受到多少牵连。

张振山给人留下不少故事。他青年时勤奋好学，人特别聪明，毛笔字也写得特别好，考入龙王庙乡师，毕业回村，娶妻结婚生子，还当上了保长，仍对国民党政府不满，在革命青年胡学志的引导下去割国民党的电话线，放在家中被人发现，敲诈去了很多钱财，还要抓他去坐牢。他只好外出，却因祸得福，报考上了黄埔军校，后来又转投八路军，新中国成立后，疑在沈阳教育厅工作。因为 1962 年时，沈阳教育厅来了两个 20 多岁的年轻人，找到村民张清禄，调查张振山在村中的情况。张振山的儿子张普听说此事后，准备去沈阳找他爹。张普的爱人郭作兰（在县一小当教师）说：张普，你都多大了，还舔着脸去找爹。一句话打消了张普的念头，就没有去找。从此也再没有张振山的消息。

张振山的弟弟张振东，是个特别聪明的人，学习成绩特别好，考二小，保送汝南高中，再考上郑大，留在郑大当了教授。只是身体不大好，一直多病，死得早，在家遗有儿子张成功。

解放战争时期，村中的青年人，被国民党裹胁，去了台湾的有好几个。有幸活到回乡探亲的就有三四个。张清贵是张清禄的大哥，比张清禄大 10 岁，几年前已在台湾去世。他青年时和王营的王荣升一起报考青年军校，军校驻地在洛阳，后来随国民党军队一起到了台湾。到台湾后提干，他不同意，差点被判刑。到了 20 世纪 80 年代初，王荣升成了平舆县第一个从台湾回来的人。那时还没有实现三通，他借口去日本旅游，从日本到香港，再从香港到大陆，回到平舆后，到张营村，找到张清禄，说了他大哥张清贵的情况，要他和母亲照了个全家福，捎了回去。后来张清贵在母亲活着的时候回来了好几趟。张耕耘，当时已在家娶妻，国民党抓壮丁，抓了他的弟弟，他为了让他的弟弟留下来，就自愿当了壮丁，后来去了台湾，一个人孤独多年，直到探亲回来，才算团圆。还有一个外号叫大面坛子的人，原名叫什么，都记不清了。他在台湾头脑活络，会做个小生意，还娶了个高山族的女人，多年后带了回来。

还有 90 多岁的张清兰，先在汝南师范当教师，后调信阳高中任音乐教师，为人很好的一个人，虽然很少回来，老一辈的村民还都记得他。

杨埠篇

三年解放战争中的杨埠镇

张留坡

三年解放战争时期，杨埠镇作为汝东解放区根据地，曾是中共汝南县委、县政府所在地，经历过太多的风雷激荡，留下了太多可歌可泣的英雄人物事迹和历史事件，值得我们回顾和铭记。

刘邓大军南下　豫皖苏军区司令部驻扎杨埠

1947 年 6 月，根据中共中央和毛泽东主席的战略部署，刘伯承、邓小平率领晋冀鲁豫野战军主力第一、二、三、六纵队 12 万多人抢渡黄河，发起鲁西南战役，为千里跃进大别山开辟了道路，揭开了人民解放战争从战略防御转入战略反攻的序幕。

为了配合刘邓大军南下，时任豫皖苏军区司令员的张国华和时任晋冀鲁豫第七纵 20 旅旅长匡斌率部驻扎在今平舆县杨埠镇，作为接应部队。

杨埠镇位于洪河岸边，当时水陆交通便利，是周围农家土特产品的集散地，商铺众多，还有一所中学。豫皖苏军区以杨埠镇为依托，有力地保障了刘邓大军顺利过境。

同年 8 月 7 日，刘邓大军四个纵队及野战军司令部、中原局机关，开始向大别山进军，实施战略上的中央突破。大军兵分三路，东路为第三纵队，沿城武、虞城、鹿邑、界首一线，直插皖西；西路为第一纵队和中原独立旅，沿曹县、宁陵、项城、周口、上蔡一线，直奔豫南；中路为第二、六纵队和野战军司令部、中原局，沿沈丘、项城、平舆、息县方向，挺进大别山腹地。经过 10 多天的长途跋涉，刘邓大军以锐不可当之势，战胜数十万国民党军队的围追堵截，克服无数艰难险阻，先后跨过陇海路，涉过黄泛区，连过涡河、沙河、颍河和洪河。

8 月 24 日，刘邓中路大军又以狭路相逢勇者胜的大无畏精神，血战汝河，胜利闯过了南征途中最为艰险的一道难关。

双庙区位于今平舆县城东南，洪河西岸，汝河北岸。汝河同沙河、淮河相比水面并不算宽，但水深流急，没桥没船，跨不过去。更大的险情是国民党第 85 师的两个旅先抢占了双庙区至老王岗一带布防堵截，后面又有强大追兵。在此紧急情况下，刘邓决定采取敌前强渡，抢搭浮桥，集中火力杀出一条血路冲过去。

国民党 85 师在汝河设防，由吴绍周指挥。刘伯承司令员当时向第六纵队提出“狭路相逢，勇者胜”，这个著名的战斗口号就是在这种情况下产生的。1947 年 8 月 22 日，第六纵队司令兼政委杜义德在刘邓亲自指挥下，第六纵 18 旅肖永银旅长的部队在此地与国民党第 85 师激战。从双庙直到老王岗乡的赵埠口、黄湾、马湾、大埠口、小埠口等，都是当时刘邓大军的渡河地点。英勇善战的 18 旅，为强渡汝河，以伤亡近 800 人的代价，硬是从敌人重兵布防的河段上杀出了数条血路，渡过了汝河。

同年 8 月 24 日，刘邓大军在突破敌第 85 师封锁后，强渡汝河成功，顺利到达汝河南岸。在汝河上成功搭建多处浮桥，使刘邓二位首长带领野战军司令部机关和中原局干部顺利渡河。渡河前，邓小平政委在河边的工事掩体里给带领直属机关的郭天民副参谋长和军政处长杨国宇写了一个便条，内容是：除同党中央和各纵队联络的密码外，其他文件统统烧毁，以防落入敌手。在汝河附近的一个竹林里，部队完成了文件的烧毁工作。

刘邓大军成功过境，千里跃进大别山，是解放战争的一个伟大转折，在这一历史转折关头，中共中央军委以晋冀鲁豫野战军主力组成战略突击队，在各解放区军民的策应和左右两路大军的配合下，采取无后方千里跃进的进攻样式，直捣国民党统治的大别山区，威胁南京和武汉，为转入全国性的战略进攻奠定了基础。

中共汝南县委、县政府恢复成立　治所设在杨埠

1947 年 8 月，根据中共豫皖苏区党委的指示，为了配合刘邓大军南下，开辟汝东的工作，恢复成立了中共汝南县委、县政府。马鸿谟任县委书记（未到任），赵文衡任县长（主持全面工作），张国兴任副县长，刘玉振任组织部部长，李纲任县大队长，王清贤任县大队政委。随后召开会议，研究了如何回汝东发动群众、组织武装、建立政权等问题，并决定先在汝东开展工

作。豫皖苏四分区从所属三团调一个建制连，作为汝南县大队的基干队伍，协助开辟新区。另外，还有张国兴带的两个加强班，配有两挺机枪，4个掷弹筒。赵文衡和先期回乡的李庆，在郭楼周围秘密串联了一批抗战时期的联庄会员，组织起100多人的游击队。这几支武装，在县委的领导下，发动群众，狠狠打击敌人。随后，中共汝南县委、县政府在杨埠召开群众大会，以中共汝南县委、汝南县人民政府的名义，张贴安民告示，大造声势，很快打开了平舆斗争的新局面。

同年9月，中共汝南县委把县大队3个连的兵力分散使用，向敌人在平舆的各个据点出击，先后歼灭王美庄、万金店及双庙一带的土匪武装和10多个乡公所，镇压了一批顽匪和罪大恶极的土豪劣绅。这时四分区司令员黄霖率领一个团奔赴杨埠，狠狠地打击了洪汝河两岸的敌人。很快，汝东国民党区乡政权基本上被摧毁，开辟了洪汝河之间方圆数十里的游击区域。汝南县大队武装在平舆摧垮了国民党区乡政权后，汝南县委开始在平舆建立区级政权，建立了杨埠、平舆、龙王庙、万寨、西洋店5个区工作委员会。杨埠区政委冯致祥、区长姚玉衡，平舆区区长曹子灵，龙王庙区区长李华轩，万寨区区长安玉堂，西洋店区区长余德龙。当时，因本地干部姚玉衡、李华轩、曹子灵等人，与党组织失去联系时间较长，一时难以恢复组织关系，同时上级也未派来党员干部，所以未建立区委，由工作委员会代行党政职能。

同年10月，为了发动广大人民群众，扩大人民武装力量，支援人民解放战争，时任华东军区司令员的陈毅，选派了20多名精干战士，组成一个武装工作队，由马鸿谟任队长，回汝东开展武装斗争。就在他们途经淮阳住宿时，正巧时任中原军区司令员的李先念也率领部队在这里宿营。当李先念司令员得知这支小部队是去汝南工作的，发现他们的武器装备很差，战士还没棉衣，就命令参谋处抽调两挺机枪、500发子弹给他们，并发给每个战士一套棉衣，还一再叮嘱马鸿谟“要好好爱护战士”。从此，马鸿谟率领的这支小部队，实力大增，很快与赵文衡他们在杨埠会合，投入到当地轰轰烈烈的剿匪反霸斗争中。陈毅派兵、李先念赠武器装备的佳话，流传至今。

原先迫于形势压力隐蔽在家的平舆籍中共地下党员张国和、曹子灵、姚玉衡等人，得知消息立即赶到杨埠，与汝南县委取得联系，并根据县委的指示，积极进行串联活动，恢复党的基层组织。接着，汝南县大队锋芒毕露，首先打掉平舆区公所，而后大张旗鼓地发动群众，待机歼敌。一次，县委得知国民党万冢乡公所头子王晋准备在万冢召开大会，向群众摊派粮款、筹枪反共，决定乘敌不备拔掉这个据点。次日，县大队战士全部换上便衣，在赵文衡的带领下，装扮成到万冢参加会议的群众，突然包围了乡公所，经过喊话，保、甲长缴械投降，王晋被活捉。几个土顽妄图越墙逃跑，被县大队战士击毙。这次战斗缴获敌人长、短枪60多支。当日，县大队从万冢到达阎楼，打开大地主阎子正的粮仓，把粮食分给穷人。随后又转回杨埠，根据四分区“抓紧建立地方武装，站稳脚跟”的指示，县委、县政府在杨埠发动群众，动员青壮年参加县大队，并以汝南县政府的名义贴出征兵布告，平舆数百名青壮年踊跃报名参军，县大队很快扩充至4个连。

1948年2月，豫皖苏军区党委从晋察冀、鲁豫、睢杞太（睢县、杞县、太康县）等地南下干部队中抽调160名干部到汝东古镇杨埠开展工作，申修任县委书记，杜润生任副书记，曾治中（3月到任）任县长，刘培贤任县委秘书，刘玉振任组织部长、凌林任县大队长。豫皖苏军区从老苏区派来的这批干部，都经过长期的斗争锻炼，有丰富的地方工作经验，这就为党开辟汝东新区增加了有生力量。由于干部力量的加强，1948年3月重新建立区级人民政权，先后建立了刘寨、杨埠、庙湾、龙王庙、射桥、双庙、平舆、万冢8个区委和区政府。

与此同时，各区委积极发动群众，开展减租减息、征粮征税和支前扩军工作。不仅支援了解放军作战，而且也解决了自己的供给问题。

1949年2月，汝南全境解放，为使汝东区级组织分布更趋合理，中共汝南县委决定撤销双庙、东龙王庙、万寨3个区，新建庙湾、西洋店、城东（李屯）3个区，将射桥区更名为寺耳埠口区。汝东平舆境内共设平舆、寺耳埠口、庙湾、杨埠、西洋店、城东6个区。

指挥打响剿匪反霸的战斗　清除汝东匪患

解放战争初期，汝东大地主、大劣绅都豢养了大批打手和土匪武装，用于欺压人民和对付共产党及其领导的武装力量。1947年，由于刘邓大军挺进大别山，迫于形势震慑和县、区武装的打击，土匪大部分被击溃，残敌散布在洪汝河之间，他们十人一股、八人一伙，夜聚明散，进行破坏活动。鉴于这种情况，中共汝南县委认为，如不消灭土匪，要想顺利开展工作是不可能的。所以，汝南县委就集中力量首先歼灭了淇沟店的土匪，随后又消灭了惯匪李树青等10多人。同时，还通过关系向土匪打招呼，要他们认清形势，只要不帮助国民党政权和反动武装反对共产党，一切事情均可以商量。这时，有一些土匪愿意中立，表示不参与国民党区乡政权及其他反对共产党的活动，这给党组织开展工作减轻了压力。

豫皖苏军区司令员张国华对汝南县委关于处理土匪问题曾给予指示。他说：根据当时情况，你们对土匪不能再用老办法，要灵活些。你们可以通过关系，尽量收编土匪，让他们来当兵，把枪带来，等他带来之后，你们慢慢地改编他们，不要着急，改编好了就有用。真正有些不接受改编的，让他把枪留下，给点钱交个朋友，让他们走人。土匪没有枪了，也就当不成土匪了。真正彻底消灭土匪，还是通过发动群众。群众还没发动起来，你们可以用改编的办法，来消灭土匪。

根据张国华司令员的指示精神，县委及时调整工作策略。1948年4月，万家区委书记杨甫带领区中队在万冢小孙庄，编遣土匪头子孙集轩及部下80多人，其他区也收编了小股土匪。通过对土匪的收编和改造，汝东匪患有所减少。但也有一部分土匪公开投入国民党汝南剿共司令部的怀抱，成为一支新的反共武装，继续与人民为敌。对于这些土匪，县、区委和地方武装在摧毁敌方政权，建立人民政权的同时，集中力量予以剿除。仅用半年的时间，经过数十次战斗，汝东匪患基本平息。

建立区、乡、村级民主政权　开展急性土改

中共汝南县委、县政府实施政令，是从杨埠镇开始的。1947年底以前，中共汝南县委还未在汝南西部建立乡政权。1947年9月，平舆一带的国民党区乡政权相继被摧毁。中共汝南县委在这些地方立即建立区、乡、村级民主政权，开始在解放区推行政令。组织贫农协会，推选出穷人头，通过他们实施政令。当时群众还未完全发动起来，加之干部少，就利用国民党的保、甲人员，为共产党办事。当时，汝南县人民政府发出布告，要求保、甲人员“奉公守法，将功折罪”。

行使政令，首先从征集公粮开始。其方法是将应征公粮任务分派各保。起征点是每人平均有土地3亩以上的户，承担交纳公粮任务。在执行中，县委发现这个办法有平均分配的现象，不太合理。因当时国民党政权还未彻底摧毁，地主阶级通过他们的爪牙，把负担交纳公粮的任务，平均分摊在农民

身上。为了纠正这种现象，县委、县政府就通过发布告、召开贫雇农会的形式，把征收任务、征收政策和措施，明确告诉群众，使他们心中有数。同时，警告地主阶级，要按照政策，自动交纳公粮，到1948年五六月，在征收公粮中，基本做到了合理负担。

其次是“开仓济贫”。在尚未实行土地改革之前，为了打击地主阶级，抑制他们的剥削，汝南县委提出“开仓济贫”，选择几户有代表性的大地主，让他们开仓济贫。汝南县人民政府事先发出布告，提出把大地主、大恶霸的粮食无代价地救济贫苦农民，对中、小地主的财产，还尚未触动。只是给他们讲明，不要反对共产党，一切按党的政策办事。对在抗日战争中和共产党有过关系的开明地主和统战人士，也未触动。这样一来，有些地主也开始和共产党建立关系，情愿向人民政府交纳公粮，从而分化了敌人，减少了阻力。

1947年10月10日，中共中央公布了《中国土地法大纲》，规定在消灭封建剥削的土地制度、实行耕者有其田的土地制度的原则下，按人口平均分配土地。1948年2月，中共汝南县委在杨埠镇召开会议，传达上级精神，以杨埠为中心，在平舆境内展开了以贯彻《中国土地法大纲》为中心的土地改革活动。

迅速开展土地改革运动　分田分地忙

1948年3月，西洋店（时称高洋）、傅寨、双庙、东龙王庙、万寨等区委都组织了土改工作队，分赴各村发动群众。不到一个月，半数以上的村庄都行动起来，组织起“贫农团”“贫协会”“民兵队”，建立了村政权。在诉苦清算的高潮中，多数农民认识到，地是根本，没有地不算翻身，于是运动很快转入没收分配地主土地阶段。土改工作队以运动中涌现出来的积极分子、贫雇农为骨干，成立了土地调查组，根据“中间不动两头动”的原则，将土地分配给贫苦农民。在国民党地方武装的多次骚扰下，土改工作队一面坚持游击战争，一面组织群众坚持土改，白天回村分浮财，晚上带着账本评议分地。4月，双庙区突击完成了急性土改任务。

各区由于认真贯彻土改政策，依靠广大贫雇农，从1948年3～4月，完成了近200个村庄的急性土改任务。土改后，群众自动组织起变工队、护麦队，巡逻放哨，斗争情绪日益高涨。

在土改过程中，由于时间紧、任务急，也出现了一些问题。一是树敌过多。当时，分配土地有两种办法，一种是打乱平分，即把地主、富农、富裕中农的土地打乱，平均分配；另一种是只分大地主的土地，中、小地主和富农的土地没有动。前一种方法，由于打击面过大，树敌过多，孤立了自己。后一种方法效果差。由于政策宣传不深透、群众发动不充分，虽然进行了土改，但群众对分到的土地存有思想顾虑，明要暗不要。白天土改工作队带领贫雇农到地里插牌子，夜晚有部分群众把它拔掉。白天分了地主的东西，夜晚又送到地主家。有些人是分粮不敢吃，分柴不敢烧。对于共产党，群众既想又怕，想的是共产党真心为群众办事，是人民的大救星，怕的是共产党在这里站不稳，以后遭到地主阶级的报复。

中原局根据新区土改的经验教训，向党中央提出在新区不宜搞土改的报告，经党中央的同意后，中原地区停止土改，转而实行清匪反霸、减租退押，发动群众，向地主、富农征收土布、粮食等工作，以支援解放大军作战。

坚持武装斗争　粉碎国民党还乡团的反攻倒算

1947 年 12 月 24 日，刘邓大军第一纵队在四分区独立支队、汝南县大队和各区中队的配合下，一举攻克汝南县城。国民党八分区专员谢肖良、汝南县县长高绍钦被击毙。这一战斗的胜利，不仅对地方反动统治阶级是一个很大的打击，而且对固守在平汉铁路沿线的国民党正规军也是一个很大的震慑。刘邓大军第一纵队解放汝南后，又主动撤离。国民党第十、第十一师乘机东进汝南，汝南县大队撤回杨埠一带。

1948 年春，国民党政府把一贯与人民为敌的阮勋、惯匪李耀远扶植上台，分别充任八区专员和汝南县县长。他们一上台，就疯狂地扩充反动武装，收买土匪，成立所谓自卫队（群众称为跑子队、吃干队），同时，还极力培植反动爪牙，加强其乡保基层政权，强迫群众购买枪支，建立乡保地方武装等。并组织了反动的“保安团”，清剿解放区。这些反动武装，白天吃喝嫖赌，夜晚抢劫掠夺，成了公开的土匪，给人民造成极大的灾难。他们还开办所谓的“政工训练班”，大量培植反动骨干，加强反共组织力量，建立情报网、情报站，各保、甲设立情报联络员，形成了一套庞大的特务组织体系，进行反共、反人民的罪恶活动。

1948 年 7 月，国民党第十一师一个团、河南八区保安旅、汝南县自卫队和一些地主武装，组成所谓“剿共”突击队 8000 多人，在李耀远的指挥下，向平舆解放区大举进犯。敌人这次清剿，采用了极为残忍的烧杀奸淫、捆绑吊打、枪杀血洗等手段，镇压翻身人民，杀害共产党人和革命干部。同时，敌人还派出暗探，潜伏在解放区进行阴谋、破坏活动。由于敌人的清剿来得比较突然，采用的手段毒辣，致使共产党的一些基层组织遭到破坏，一些党员、干部和农民积极分子惨遭杀害。

1948 年 8 月，汝南县大队在双庙马营与敌八区保安旅遭遇。经过一阵激战，因寡不敌众，中共汝南县委、县大队转移到洪河东岸。在敌强我弱的形势下，以洪河为依托，带领县、区武装，白天守河东，夜晚回河西，与敌周旋于洪、汝河之间，在运动中消灭敌人。一次，县委带领各区工作队秘密转移到双庙，被敌人的谍报员万妮发现。接到情报后，国民党第十一师一个团突然将中共汝南县委驻地包围。经汝南县公安保卫队和区中队奋力还击，县委突出重围，而双庙区工作队员商存祥、赵伯小、阎乃良、李绪山等人却被捕。他们受尽酷刑，始终未暴露党的秘密。敌人用五马分尸的残忍手段，将他们杀害于梁桥附近。事后，县公安保卫队查出了隐蔽在双庙的国民党谍报站，处决了万妮等 5 名谍报员，除掉了平舆解放区的一大隐患。之后，根据反清剿斗争的特点和需要，县委将汝东各区工作队改为武工队，深入敌后，进行游击战。他们时而集中力量打击成股的敌人，时而分散做群众工作。

由于县、区武装的奋力还击，敌人的清剿处处受阻，形成了敌来我往的拉锯局面。这时，刘邓大军第一纵队五团（群众称黑马团、白马团）奉命在洪、汝河两岸配合地方武装，开展反清剿斗争。敌人怕遭到解放军的毁灭性打击，就龟缩到汝南城附近，白天残害群众，夜晚躲到城内。为了尽快粉碎敌人的清剿，五团主动寻找敌主力决战。1948 年 10 月，五团在县、区武装的配合下，在李旗屯消灭了敌人的一支突击队。

李旗屯是平舆西部的一个大集镇，离汝南城很近，驻有国民党汝南突击队千余人。敌人利用这个据点不断向东进犯，对平舆解放区威胁极大。五团和汝南县、区武装经过研究，决定协同作战，消灭这股敌人。战斗打响后，汝南城内的敌人赶来增援，五团伏击部队突然开火，敌人猝不及防，人仰马翻，鬼哭狼嚎，乱作一团，四处逃散。五团和县、区武装对溃逃之敌未予追击，而是集中力量歼灭了李旗屯的敌人。这次战斗的胜利，拔除了汝南东部敌人的一个重要据点，扩大了平舆解放区。与此同时，汝正县委带领县、区武装，在汝河两岸向敌人展开斗争。1948 年 9 月，在黄寨、淇沟店一带毙敌

80多人。之后，又连续在西洋店、傅寨一带歼敌数百人。10月，西洋店区中队配合分区二连，在正阳寒冻彦白柳村消灭敌方游击大队长尹蛮子等100多人，大大震慑了敌人，巩固和扩大了汝河两岸的解放区和游击区。

西洋店、李旗屯等地战斗的胜利结束，迫使敌人溃退到汝西，一场激烈的反清剿斗争胜利结束。

开展整风、整党运动　稳固民主政权

抗战胜利以后，党的组织得到很大发展。经过艰苦卓绝的革命战争的锻炼和严峻考验，党的队伍状况整体是好的，但是一些党组织特别是在一些农村基层党组织中，思想、作风和成分不纯的问题也明显地暴露出来。有些党员的阶级观点模糊，不能坚决执行党的土改政策；有的党员利用职权侵占群众利益，多分多占土改果实；有的干部有严重的官僚主义，强迫命令，脱离群众；有些地主、富农和流氓分子混入党内，甚至把持了基层的领导权，作威作福，损公肥私，欺压群众。为了认真解决党员队伍中存在的突出问题，让党员干部的思想适应形势发展的需要，平舆解放区党组织在中共汝南县委的领导下，先后进行了两次整党工作。

第一次是1948年的初步整党运动。先在杨埠镇召开会议，结合土地改革，通过开展“三查三整”（查阶级、查思想、查作风，整顿组织、整顿思想、整顿作风），克服党内的非无产阶级思想影响和官僚主义作风，牢固树立全心全意为人民服务的思想；对那些错误严重、屡教不改的党员给予纪律处分；对极少数混进党内的地主、富农和流氓分子，坚决清除出党。基本方法是：公开党的支部，吸收非党群众列席党的支部大会，使“三查三整”工作接受群众的监督；对少数被地主、富农和流氓分子操纵的党支部，则由上级组织派出工作组重新组建党支部，并协助支部开展整党工作。在这次整党工作中，要求党员认真总结过去的工作，反省自己的思想和作风，开展批评和自我批评。

第二次是1948年秋至1949年春的整党运动。1948年下半年，全国形势发生了重大变化。为了迎接全国胜利的到来，使党员干部在政治上更加成熟，使党的政策能够更好地得到贯彻，坚决克服党内思想上的经验主义和组织上的无纪律及无政府状态。1948年12月中旬，中共汝南县委在杨埠镇召开干部会议，共151人参加了会议。县委以整风的态度认真总结了前段工作，检查了过去在执行政策和策略上存在的“左”的倾向。县委明确提出反对“左”倾冒险主义，反对无政府、无组织、无纪律现象，坚决禁止不经批准乱捕人、乱抄家、乱杀人的现象。县委着重强调了党的有关政策：在对待土匪问题上，坚决执行“首恶必办，胁从不问，立功受奖”的规定，对罪大恶极的惯匪、特务、恶霸、乡保长、反动会道门头子等，不杀不足以平民愤的分子，经过上级批准，召开公审大会后处决；对一般坏分子则进行政策教育，令其悔过自新，求得人民谅解；对国民党县、区、乡政府人员，分别将其集中起来，学习党的文件，进行政策教育，令其坦白交代问题、揭发检举、悔过自新、立功赎罪。

1949 年 3 月 8 日，中共汝南县委召开扩大会议，深入贯彻中共中央中原局《关于反对无纪律、无政府状态的指示》，认真分析了产生无组织、无纪律的原因：一是在战争环境中，大部分同志长期处于分散活动的游击状态，缺乏统一的组织观念；二是县委、县政府尽管在县大队、区中队中贯彻了中共中央“三大纪律 八项注意”，但在分散的地方工作中，仍然存在执行纪律不严格、对新参加工作人员缺乏严格的组织纪律性教育等问题；三是对前段发生的一些违纪现象，虽然进行了处理，但没有提高到原则上来认识；四是党的组织生活不严密，少数党员党性不强，违法乱纪时有发生。县委决定，坚决贯彻执行中共中央中原局《关于反对无政府状态的决定》，重申实行请示报告制度；建立集体领导责任制，杜绝重大问题不经县委集体研究、乱发号令的错误行为；对全县党员干部进行增强组织纪律性的教育，保证党的事业顺利进行。

平舆全境解放　解放区人民踊跃支援前线

为了迎接即将到来的胜利，汝南县委于 1948 年冬季在杨埠镇荒坡村召开了干部扩大会议。到会的党政军干部和地方干部 151 人，会议开了 5 天，传达学习了上级党的指示，部署了冬季工作。会议确定 1948 年冬季的基本方针是：对敌展开猛烈的政治攻势，争取一切可以联合的中立社会力量，迅速发展地方武装力量，大量消灭和瓦解土匪，巩固解放区，积极发展新区，通过秋征，发动群众，支援前线（简称支前）。

为了保证上述工作的完成，会议提出了以下要求：第一，完成秋征任务，贯彻好合理负担政策；第二，开展政治攻势，分化瓦解敌人；第三，扩大县、区武装；第四，组织战勤，大力支援淮海战役；第五，加强对敌经济斗争，扩大货币使用范围，控制解放区市场，稳定物价；第六，调整土地关系，实行减租减息；第七，恢复建立基层组织；第八，大量培养地方干部；第九，发展新区。

县委扩大会议还解决了如下几个问题：一是检讨和纠正了过去在执行政策中的“左”“右”两方面的错误倾向，如停止急性土改，转入实行减租减息，禁止不经批准乱捕乱杀人的现象。对待土匪，按照上级政策，打击首恶，胁从者教育，对不杀不足以平民愤者，召开公审大会后处决。对国民党区级以上人员，要做好政策教育和分化瓦解工作。会议对其他政策也都做了明确规定。如加强请示报告制度，反对无政府、无组织、无纪律的行为等。二是通过扩大会议的召开，鼓舞了干部斗志，提高了大家对形势的认识。许多同志在会上检讨了过去违背政策的错误言行。三是会上严厉批评了可耻的逃跑主义（主要是对庙湾区区长进行批判），表扬了武装斗争及其他工作开展得较好的杨埠区。这次会议的召开，为冬季工作的顺利开展打下了良好基础。

1948 年秋，平舆各区武装配合解放军第一纵队五团，在全县境内，采取武装打击和政治攻势相结合的战术，很快击溃和瓦解了国民党汝南跑子队和土匪武装。

由于反清剿斗争的胜利，使县、区武装力量迅猛发展。汝南县大队已达 300 多人，各区中队也有 100 多人，战斗力大大加强，已经能担负起消灭土匪、巩固新生政权的任务。县、区武装先后参战数十次，基本肃清了平舆境内成股的敌人。与此同时，各级党组织还利用多种形式，开展对敌攻心宣传：一是宣传共产党在政治上、军事上等各条战线所取得的伟大胜利；二是宣传党的方针和政策。从 1948 年 10 月到 12 月底，各区分别举行群众大会，保、甲长绅士会，敌伪人员家庭访问会等各种会议 1000 多次。在各个村庄都书写了标语，张贴了致敌伪家属书。并向外地寄发了统战信。通过政治攻势，分化瓦解了敌人，推动了政权建设及各项工作，巩固了基层政权。一些反动分子收敛了气焰，部分动摇分子和中间派开始重新向共产党靠拢，各项工作得到顺利开展。政治攻势安定了民心，初步形成了有利于恢复生产的环境。由于大力宣传党的政策，一些不明真相出走的工商业者和部分逃走的地主、富农纷纷归来，农业生产和工商业得到一定的恢复。

这场政治攻势的开展，大大削弱了敌人，巩固了新生政权，同时也锻炼了党的干部和群众，为以后的工作打下政治基础。为适应形势的发展，从1948年9月到1949年6月，汝南县委对平舆区级政权机构做了3次增减变动，对各区负责人也相应做了较大调整。

1948年11月，中国人民解放军各路大军从豫东、鲁南、苏北向淮海一带推进，拉开了淮海决战的序幕。为了保证淮海战役的胜利，中共中央中原局于11月11日发出《关于全力支援淮海战役的紧急指示》。在汝南、泉南、汝正县委的领导下，平舆人民积极响应党的号召，紧勒腰带，全力支援淮海战役，上缴粮食近百万斤，动员民工近千人，组成运输队、担架队，奔赴淮海战场。时逢秋末，细雨连绵，支前人员不畏道路泥泞难行，克服困难，在数百里的战场上，夜以继日地为解放军运送给养和弹药，转运伤员。此外，还筹集了大批的款项及油、盐、布、鞋、袜等。平舆人民为淮海战役的胜利做出了巨大的贡献。

1949年初，平舆党政军民全力以赴投入支前拥军工作。3月，各区建立了"支前委员会"和"支前指挥部"，村设"支前小组"。在汝南县委的领导下，各区根据自己的实际情况，采取了一系列具体支前措施，组织支前大军、动员青年参加解放军。仅一个月时间，郭楼、万冢等几个区就有300多名青年应征入伍。他们后来随军南下，参加了渡江战役。

1949年2月8日，解放军第一纵队五团和汝南县大队协同作战，再次解放了汝南县城。战前，汝南县委为了保证这次战斗的胜利，在平舆动员了数千名民工支援战斗。战斗胜利后，又陆续动员了几批民工投入支前工作。筹集支前物资（主要是军粮）时，按照上级关于各阶级合理负担的指示精神，规定贫农为6%～9%，中农为16%～19%，富农为25%～29%，地主为50%～60%，大大地调动了广大劳动群众的积极性。据不完全统计，平舆共动员支前大军（包括架桥、铺路、抬担架、运送物资）近10万人次，上缴粮食近百万斤。此外，还筹集了一部分柴草、军鞋、车辆、牲畜等。

1949年2月，平舆全境解放，中共汝南县委、县政府迁入汝南县城。杨埠镇作为解放战争时期中共汝南县委、县政府所在地的历史使命，得以圆满结束。

杨埠与王营的历史关系

申和平

一、历史资料

《明史·地理志》：汝阳，东有阳（杨）埠巡检司。

明万历本《汝南志》：杨埠巡检司，驻巡检一员，弓兵二十名。

《清史稿·地理志》，汝阳：黄岗、阳（杨）埠、射子、寒冻四镇。

《明史·兵志》：天下初定，度要害地，系一郡者设所，连郡者设卫。大率五千六百人为卫，千一百二十人为千户所，百十有二人为百户所。所设总旗二，小旗十，大小联比以成军。……其军皆世籍（即世袭制，一入军籍，世代为兵）。……临边险要者，守多于屯。在平僻，或地虽险要而运输难至者，皆屯多于守。……边腹内外，卫所棋置，以军隶卫，以屯养军。

明万历本《汝南志》：屯田……每军百亩，自食其力，无事则秉耒耜，有事则荷戈矛。省转输之劳，享收获之利。

二、杨埠

“洙湖、射桥、庙儿湾，比不上杨埠大镇店。”这是明清至民国期间流传的一句歌谣。意思是说，洙湖、射桥和庙湾虽然各在方圆数十里内都是一流的大集镇，但是和杨埠比起来就相形见绌了。

其实杨埠的形成与航运业的发达有关。从这里顺洪河而下，经淮河直通京杭大运河，南达江浙，北至京津都十分便利。正因为杨埠地处交通要冲，又是进入汝宁府核心区域的东大门，所以在《读史方舆纪要》和清嘉庆本《重修汝宁府志》中被称为杨埠关。至少在明成化十二年（1476年）就在这里设立杨埠巡检司（相当于现在的公安分局，当然权限更大些，还有防卫要塞的军事功能）。不过在《明史·地理志》中称阳埠巡检司似乎是同音错字，据《明实录 · 宪宗》卷一六〇载:“……汝阳之杨埠俱添立巡检司。”清嘉庆本《大清一统志》也称“杨埠镇，在汝阳县东南九十里，下临洪河，明成化中尝置巡司。”

清代，这里还是汝阳四镇之一（见《清史稿》和《大清一统志》)。

1947 年 9 月，随着刘邓大军的到来，新建的中共汝南县委和县政府都设在杨埠（杨埠早在 1928 年就有中共党支部）。

1948 年 3 月，改组后的中共豫皖苏区第八地委、专署和第八军分区（随即改称汝南地委、专署），直至 1949 年 2 月汝南县城彻底解放才迁到汝南。

三、王营

王营分为前王营和后王营。分别属于杨埠镇的金庄村委和陈樊村委。

如果打开地图，你会发现这样一个现象：在杨埠的西面，沿洪河一线有一片半月形或者说三角形的区域内，分布着十几个叫某营或者是某某营的村庄，如阎营、董营、高营、蔡营、王营、刘营、邢营、南营等，而在其他地方很少有叫什么营的村庄。

原来，这和明代实行的卫所制度有关。明洪武年间，在京师和全国各军事要地设立军事单位——卫，所。几个府设一个卫，下辖千户所、百户所。大概 5600 人为一个卫；1120 人为一个千户所；112 人为一个百户所。每个百户所有总旗 2 名，小旗 10 名，每小旗有 10 名军士。这些士兵入军籍后，世代为兵。大部分以屯田为主，小部分驻扎在军事要地。军饷的大部分来源就是屯田的收入。屯田的士兵每人给 100 亩地，农资若干。平时进行农业生产，收入用于军费，有战事时由都指挥使司（相当于军区、军分区）调遣投入战斗，平时不能随意调动。

卫的长官称指挥使，千户所的长官称千户，百户所的长官称百户。

汝宁府于明洪武元年（1368 年）设立汝宁卫，明永乐七年（1409 年）因中原腹地战事平息，改汝宁卫为汝宁守御千户所。多余的士兵调往宿州卫。但是，汝宁守御千户所并不像其他各府的千户所那样归属河南都司指挥，而是直属于中军都督府（相当于大军区，而不是省军区）。今天，汝南县常兴镇台子寺村存有一尊明弘治十年（1497 年）的汉白玉佛像刻有铭文:“河南道，直隶汝宁守御千户所城南塘下屯西南村……”字样，充分证实了这段历史。

所以，在这些遗存到现在的村庄中，汝南县的南部（主要是三桥、官庄、和孝等）和东部各有数十个以屯为名的村庄，但叫营的并不多。平舆县西部（历史上属于汝阳县东部，1951 年才新设平舆县）也有一部分叫某某屯的村庄，如李旗屯、柳屯、方良屯等。当然，李屯应该是一个百户所下属的旗官所在，所以叫李旗屯。而方良屯则慢慢地演化成了方良河（附近有一条叫方良河的河流）。这些村庄直到清顺治十六年（1659 年）才由军屯改为民庄。

而真正以营命名的村庄大部分都集中在平舆境内，且基本上分布在杨埠西面洪河沿岸的半月形地带。其拱卫杨埠的布防意图非常明显。这些村庄经过 600 多年的生息繁衍，如今都成了数百户的大村庄。不过，这是现在。而明初，乡村几乎看不到人。因为历经战乱，中原地区赤地千里，据康熙本《汝阳县志》记载：明洪武二十四年（1391 年）汝阳县仅有一千一百七十四户，七千五百四十四口人（这其中包括今天的汝南县、平舆县，当然也应该包括正阳县。因为平舆县自元代并入汝阳县，真阳县也于清洪武四年，即 1371 年并入汝阳县，直到明弘治十八年，即 1505 年才又重设真阳县）。这就是说，当时除了府城和一些较大的集镇，我们今天所见到的绝大部分村庄都是形成于明清时期。经过明初大槐树移民，到了明成化十八年（1483 年）才发展到 4260 户，39043 口人。扯得稍微远了点，回头再说王营。

两个王营在清代都属汝阳县杨埠店（店是当时汝阳县最低一级的政区通名）。

20 世纪 30 年代属汝南县二区杨埠北店（店公所驻荒坡）。1949 年属汝南县一区（杨埠区）王沿（营）乡。1951 年属平舆县一区（杨埠区）王营乡。1955 年 8 月原王营乡（三里庄、王平庄除外）并入万金店区马营乡。1956 年 3 月属梁桥中心乡马营乡。1957 年 3 月属杨埠乡。1958 年属杨埠公社金庄大队。1961 年由金庄大队析出后王营、陈庄、樊庄、徐庄、尤庄 5 个自然村另建陈樊大队。1984 年分别属于杨埠乡陈樊村委和金庄村委。1993 年杨埠撤乡建镇，前王营属杨埠镇金庄村，后王营属杨埠镇陈樊村。

王祥墓与王祥卧冰处

张留坡

据民国版《汝南县志》“汝宁府历代名人墓”记载：王祥墓在杨埠镇西三里处；王祥卧冰处在许意河。

我近日骑车去杨埠西实地查看。杨埠镇西三里周围，介于前王营和后王营之间，周边的村庄也只有位于洪河西岸的三里庄、前王营、后王营。王祥墓已不存。询问田间老者，有知情者言，王营村即王祥的老家所在。王祥列入二十四孝的大孝子，王姓村民皆以有这样的先辈骄傲，传承其孝母爱亲的优良传统。王祥墓在王营村南三里港北，民国年间尚在。后因村民取土平坟而消失。

王祥卧冰处在许意河。许意河其名，今已失传。杨埠镇西有一条小溪流入洪河，俗名叫三里港。根据王祥墓在三里港之阳判断，三里港应该就是许意河。

许意为何许人？平舆地方史志没有相关记载。位于七朝古都开封市东南50公里处的练城乡有欧阳岗，传为欧阳修墓所在处。民国版《通许县志》收录《欧阳文忠公墓田碑记》中有与许意相关的文字记载：“……昔者，宋都大梁，去兹百里，许意公卒于京师，遂葬之欤！”由此可知，许意生活的年代，要比欧阳修早很多年，他当年的名气也要比欧阳修大许多。查《许氏族谱》记载，高阳许氏始自秦代末年（公元前207年）隐士许猗。许猗玄孙许毗，官至汉初侍中太常。许毗子许德。许德官至安定、汝南太守，因此在汝南郡内平舆县定居下来。许德生四子：许据、许政、许邀、许劲。许据官至汉朝大司农，被历来许氏宗谱奉为始祖。我的推测是，许意应该是唐至北宋年间的平舆人，在朝廷做官，卒于开封，葬在欧阳岗。他生前为家乡做了不少好事，平舆人才以他的名字命名故乡的一条河。

附：民国版《汝南县志》汝宁府历代名人墓（出处）

春秋至汉

张邵墓：府北三十里鸡黍台西旁世传为邵母墓。
袁安墓：城东三十里官司徒。
张熹墓：城东射桥西（平舆）。
陈蕃墓：平舆故城西南（一传说在庙湾西，墓旁有太白李真人种瓜处）。
梁襄王墓：西洋店丁南里许黄庄。
薛包墓：
伍子胥墓：在三桥集西南。

宋

祖士龙墓：

元

刘顺墓：
刘文秉墓：城北三十里。
郭恕墓：城西十里。

金

金哀宗陵：葬颜冢。
兀术落：城外东西南十里。

明

崇兰王墓：确山北十里。
秀怀王墓：城东北五里。
顺阳怀庄王墓：上蔡西南五里。
怀安府庄惠王墓：城东南八里屯。
温穆王墓：城东南八里屯。
瑞安府恭简王墓：城东南方良屯。

庄惠王墓：城东向方良屯。

庆元府荣康王墓：城东南董家屯。

端穆王墓：城东南董家屯。

庄懿王墓：城东南董家屯。

归德府庄惠王墓：城西。

汝宁府知府万孟雅墓：

汝宁府知府姚本墓：鹅鸭池。

汝宁府知府傅秉文墓：城西三里。

吏部尚书赵好德墓：城西。

工部侍郎赵毅墓：城西。

工部侍郎房安墓：城东。

郭侍郎墓：

兵备刘绅墓：城西十四里。

汝南武德将军王胜刚墓：桃源铺南。

翰林检讨马诚墓：城西十里。

翰林检讨梁翰墓：城西十里。

御史张惟恕墓：城东南三里。

明万户侯王平墓：

国子监司业林时墓：城西十里。

吏部尚书赵贤墓：城西十二里。

尚宝司卿羊可立墓：城西十五里。

王祥墓：杨埠镇西三里。

王祥卧冰处：许意河。

参政孔惟德墓：城北三里。

工部右侍郎桂有根墓：城西十里。

吏部尚书庄靖公李宗延墓：城南二十里。

工部侍郎李本固墓：城东五里。

兵部尚书庄毅公傅振商墓：城西南八十里。

副总兵徐景星墓：城南六十里马乡。

方瑶墓：城南三里。

孝子周永清墓：韩庄四十里。

楚士高云墓：城西韩庄。

徽君秦镐墓：城西三十五里。

解元张自立墓：城西五里。

“天不怕”任来渠

张贤锋

清末至民国初年，杨埠任柳庄有个任来渠，生得身强力壮，膀大腰圆，有九牛二虎之力，又天生义气，爱管闲事，人送外号“天不怕，任来去”。

任柳庄有个少妇，长得如花似玉，结婚半年，丈夫就死了。金刘村的刘财主知道了，他虽有三房太太，但还想娶这个少妇为妾。

那时，死了丈夫的女人低贱得很，要娶亲不能见日头，只有在夜里迎娶。刘财主也不讲人家同意不同意，仗着自己有钱有势，在夜里派家丁抢了少妇抬着就走。想不到刚出门，正好碰上壮士任来去，任来去一阵拳脚，打跑了财主的家丁，救下了少妇。

过了3天，刘财主派人送来一封请帖，给了任来渠，只见上面写道，尊请任壮士：前天之事，一笔勾销，今日家中有客，特请壮士赴宴，来是君子，不来是小人。任来渠看罢，一阵冷笑道：“别说赴宴，就是上刀山下火海，我任来渠也不怕。”任来渠换了衣服，大摇大摆地进了寨。步入财主的大门，便觉得寒气逼人。客厅里坐满了人，见任来渠来了，都不吭声，拿眼盯着他。任来渠也不客气，在一张椅子上坐下。

这时，酒菜上桌，任来渠就同客人们一起大吃大喝起来，吃饱喝足，又上来了红烧鱼压桌，外带一把钢刀。坐在任来渠对面的人忙抢在手中，用刀扎了块肉，说：“任壮士，久闻大名，我敬你一块肉。”说着连肉带刀朝任来渠嘴里捅去。任来渠用牙一咬，把刀尖咬断了，将肉吃下，把咬断的刀尖吐出1丈多远，“叭”的一声扎在门上。拿刀人惊了，忙叫道：“伙计们，快动手。”说时迟，那时快，任来渠一下子掀翻了桌子，一脚把顶梁柱踢断，房子垮了下来，吓得众人一窝蜂朝外挤去。任来渠乘机跃上屋顶，跳出院外，扬长而去，并甩下一句狠话：“不怕死的来追吧！”

家丁们眼睁睁地看着他走了，没有一个人敢去追。

东和店篇

1950年前后的前李楼村

李庆玉

前李楼村，简称前楼，隶属平舆县东和店镇前楼村委。它东临106国道，与安徽省临泉县接壤，东北与项城市接壤，北临小丁河，往南是一马平川的耕地良田，与新蔡县接壤，西临平和路，距县城23公里，是一个历史悠久、地灵人杰、文化底蕴深厚的村寨。

1947年10月以前，隶属汝南县杨埠区管辖，当时汝南县衙门就是在和店西街路北设立着。1947年10月至1949年3月，隶属泉南县和店区管辖，中共泉南县委在姜寨东北王楼办公，是豫皖苏解放区设立的政权机构。1949年3月，又属汝南管辖，至1951年4月，国务院正式下文恢复平舆县，和店编为第五区，后改为和店人民公社，又改为东和店乡和东和店镇至今。

前李楼村历来以农耕为业，1949年统计人口860多人，可耕地7000余亩，马、骡、牛、驴等大牲畜约460多头。1950年土地改革时，人均保留或分得3 ~ 5亩耕地。

1950年前，包括寨海子和大塘在内，总面积约2.5万平方米，寨内有1383年明代时期的寨海子。由于清代晚期扩寨，就形成明代寨海子以外的东园、西园、南园、后园和老寨里面的当街。

寨内东头有小庙，即土地爷庙。西头有两个大庙，分西大庙和东大庙。西大庙是关公庙。东大庙是奉送幼儿奶奶庙。此庙在20世纪40年代一度改成学堂，这是因1944年春至1945年10月，国民党部队102师在前楼驻军时暂住了很多民房和学堂的缘故，后来保长李邦栋为了实现自己迫切要孩子的愿望，自费连唱3天大戏，重把3个奶奶像恢复原样，把学堂搬到自己家院里上课。前楼的人们每逢过年过节或有红白典事，都到两个大庙里烧香烧纸，磕头作揖，以保平安。

大庙的西边是寨墙和两道寨子。外海子以西直到前、后李楼和三所楼的老祖墓以东，有南北长约150米，东西长约500米的高地。建寨时，老祖宗就把这块地定为庙地，是寨上的公共用地，出租给耕地少的或劳动力多的人家来耕种，收来的田租用来办寨上的公益事业，如兴修水利、修路、建桥、修庙宇、建学堂、购买护寨武器和护寨设施等。

前楼寨内房屋布局是东西大街、南北胡同，建成的四合院，都是下面用青砖做根基，上面用土坯砌成墙，上盖木草结构或瓦接檐。街道和胡同都很宽绰、整齐。

前楼有东寨门和北寨门，东寨门为明代中期前楼人精心设计，周密施工筑建而成的。门楼所用的青砖块头比较大，整个墙体是用黏性很强的糯米糊垒砌而筑成。寨门屋内两侧有通往耳旁房的小门，两扇大门高约 2.6 米，每扇门宽约 1.3 米，并且用铁板延边加固，门扇面板厚约 10 厘米，门楼内上面有坚固的木楼板，人可顺着寨门内侧爬上去睡觉休息。门楼外檐下面镶嵌 3 块 30 厘米 × 30 厘米的方砖，从右往左在方砖上横刻着“永和寨”3 个大字。寨门前面两侧耸立着对称的耳坝子墙，北耳坝子墙东北方向延伸到大塘水中，南耳坝子墙东南方向延伸到里寨海子水中，使寨门与深水连为一体，形成扇形大门，非常雄峻壮观，固若金汤。而北寨门是清嘉庆年间扩寨时按照东寨门的规格模仿建筑的，唯有门楼前面没有“永和寨”三字。

前楼寨地势险要，寨周围有很高的寨墙，寨墙上分布着 7 座炮楼，每座炮楼内经常架着生铁铸成的土火炮。寨墙内侧每 2 米有一个战壕，寨墙外侧环绕着两道宽而水深的寨海子，两道寨海子之间有长满树木的海夹场，里外海子沿下长满芦苇和菖蒲或臭蒲，海子和大塘的水有 2 ~ 3 米深，夏季水面上漂浮着莲叶和荷花、菱角秧和菱花。水中生长着各种水生动物，如鲤鱼、泥鳅、鳖、蚂虾、黄鳝、白鳝、蛤蜊、黑褐色蚌，还有青蛙、癞蛤蟆和花蛇等。天气暖和时，川鲦鱼和成群的鲫鱼在水面游来游去，一到炎热的夏季大乌鱼带领着小乌鱼在水面上一动也不动地晒鳞。中午时寨里的年轻人干完农活，就各自拿着撒网、抬网、提网、搬网、笼罩等捕鱼工具，集体下到里外海子和大塘里捕捉各种各样的鱼，还有年轻人下海子里采莲藕和菱角，七八岁的顽童也都学着游泳，还比赛在水下游泳的远近。春秋季大人和儿童各拿着钓鱼竿在海子里钓鱼。到了冬季三九天，水面上就冻结了厚厚的冰，大人和小孩都可以在冰上滑来滑去，玩个不停。

穿过海寨子往外去就是每家每户碾打农作物的场面子，每个场面子里都垛着喂牲口的麦秸垛、豆秆垛、谷秆垛和烧锅用的高粱秆垛及芝麻秆垛，并且都摆放一个碾脱农作物用的石磙和一个耢石，石磙约 70 厘米长，直径 50 厘米，两头带孔的圆柱体，卡上滚罗框，而滚罗框后头挂上扇形耢石，滚罗框前头挂上牲口套，套上牲口拉着可以碾脱各种谷物，如小麦、大麦、大豆、红小豆、豌豆、绿豆、豇豆、高粱、谷子、荞麦等。

过了场面子再往外去，就是一片树林，内有各家祖墓和纪念碑，林子上有数不清的喜鹊窝、斑鸠窝、乌鸦窝。大片的柏树林里还有丹顶鹤、白鹤、灰鹤在那做巢垒窝，在树林里可以聆听到各种鸟的叫声。

由于社会变革，寨子里的这些庙宇、寨门、炮楼，于 20 世纪五六十年代全部拆除，拆下来的砖头用于农田水利，打井时圈井用。高大的土寨墙被扒掉，深而宽的寨海子也几乎填平了，树林也随着农业合作化、人民公社化、“大跃进”运动而消失得无影无踪。

前楼人重视教育。1949 年 8 月中华人民共和国还没有宣布成立，但共产党的红色政权已经建立，校长张景天和教导主任张景文就组织一班子高素质文人，在前楼李三立家前后大院办起前楼中心小学，聘请李超任校董事。当时招聘的教师有吴世俊、陶景福、张世禄、刘玉英、马新敬、孟祥瑞、李盛森等 10 多名，这些老师绝大部分是新中国成立前汝南师范学校毕业的学生，因 1945 年日本人打进汝南城，汝南师范学校搬迁到距前楼十几里地的东岗寺庙院。张景天和张景文就在此学校毕业，对同届毕业的同学都很了解，聘请他们来前楼学校任教，都能正确执行教学大纲，这些老师对学生管理都有一定的水平，有较高的任教能力。学校开学时，要求所有适龄儿童都要入学，如果不入学就发给你一杆红缨枪，让你在寨外边每个路口站岗放哨，巡察有无可疑的敌人，总之不让适龄儿童干农活，促使你必须去学校读书。根据你的私塾底蕴来选定你的班级，从小学一年级到五年级进行开班上课，开始没有课本，都是高年级的学生给低年级的学生手抄课本，不过老师教学和学生的学习情绪都很高昂。前楼中心完全小学在党的领导下兴办的特别成功，后来吸引了附近的临泉县和项城县（今项城市）的学生纷纷前往前楼学校求学，教导主任张景文 1951 年被调到平舆县教育局工作，后来任教育局局长，受过时任国家主席刘少奇的接见。

自从 1949 年新中国成立后，前楼学校一直兴办着，为高一级学校输送了大批优秀生源，不少人成为国家的栋梁之材。其中，李来松考入天津大学攻读博士。李祥泰被保送到北京大学硕博连读。李阳阳郑州大学硕士毕业后在郑大一附院泌尿科工作。李哲娴中国社会科学院研究院硕士，毕业后考入中国铁路总公司经济规划研究院工作。李春伟郑州大学硕士，毕业后在郑大三附院工作。李翔飞考取兰州理工大学硕士研究生。李鹏伟考取新乡医学院硕士研究生。李鹏考取河海大学硕士研究生。李琳琳英国剑桥大学毕业后，由于学习成绩优秀，留到英国德意志银行工作。李婷婷在加拿大约克大学读书。李金帅在加拿大多伦多大学读书……这些人均是前楼人的精英，也是前楼人的典范和楷模。

前楼人热爱祖国，在民主革命、抗日战争、解放战争、抗美援朝战争及社会主义建设中都做出了很大的贡献。如李士英（1896—1982 年）青少年时期跟着秀才李锦秀研读四书五经，本人又博览群书，接受了新文化和新思想，崇拜孙中山的民主革命。在完婚之后，与两个哥哥分家立户，把分得的 100 多亩耕地卖掉，1922 年投笔从戎加入民主革命和解放事业，新中国成立后在吉林担任正厅级职务。又如李迎喜（1906—1982 年），1926 年从军参加冯玉祥的国民革命军，因身高体壮在炮兵团当一名炮兵手，在北伐时打潼关入豫境，讨伐奉系军阀，屡立战功。在抗日战争和解放战争中，前楼的青壮年直接参战的共有 25 人：李思田、李思文、李思全、李思友、李思明、李邦基、李邦禄、李邦发、李邦显、李邦勋、李邦军、李邦恩、李志刚、李超、李盛友、李长友、李冠武、李八戒、李邦啟、李发仁、李廷臣、李志安、李效朋、李盛森、李景周。其中在部队入党的有李邦发、李志刚、李发仁、李邦显、李邦军等 5 人，战死在战场上的有李长友和李志安。1951 年 5 月参加抗美援朝保卫祖国的有李庆灵、李邦林、李庆堂和土改到前楼落户的阎汝德。功绩更加可歌可颂的李邦军，在1948年10月年仅14岁就参加淮海战役，又南下解放江南各省，1950 年奔赴朝鲜战场，一直把美国侵略者赶到朝鲜的三八线以南。

前楼人非常善良，心底很平和，好客善友。新中国成立前因寨大安全，附近小村庄的老百姓，一到下午快天黑前就牵着各种牲口，驮着衣被和重要物品，到前楼的寨子里躲灾。前楼人就给他们腾出房子，以住人、放物品和拴牲口，有时就直接吃住在一起，以防当地的土匪夜间抢劫，第二天清晨他们再返回家，每天就是这样“跑反”。还有一个例子，就是前楼寨的耕地多，有几十亩上百亩地的农户，甚至三四百亩地的大财主家，都会让外村庄没有土地的农户给他们当佃户。前楼人对他们同等相待，向来不仗势欺人并乐善好施的帮助、关心他们。再一个例子就是，前楼寨在新中国成立前，居住的逃黄水的住户很多，他们是来自淮阳、太康等地的老百姓（因蒋介石炸开黄河花园口时，沙河以北很多村庄的房屋全部都被黄河水冲平，黄水下去后都找不到自己的村庄），他们逃到前楼住着，生活非常艰苦，只是提筐挑篓背着小孩带着父母来的，一没有吃，二没有穿，三没有住的，前楼人给他们送吃的，拿衣穿，找房住，并把土地给他们耕种。他们有在前楼住三五年，还有一住就是十几年，长年累月地受到前楼人的关爱和照顾。1945 年 8 月，日本人打进汝南城，汝南城东关的百姓有 100 多人，连夜逃到距汝南 120 里的前楼，住了几天日本投降后才返回汝南，在此期间同样受到前楼人的关爱和照顾。

1950 年朝鲜战争爆发，国家号召老百姓捐钱买飞机大炮，支援抗美援朝，前楼人积极响应党的号召，捐献的热情特别高涨。有的把猪羊卖掉，有的把吃的粮食卖掉，有的把下蛋的老母鸡卖掉，还有的把耕牛也卖掉，来支援抗美援朝第一线。

1952 年春，平舆县委、县政府派人对前楼进行考察，决定在前楼搞试点，成立一个农业生产合作社，李邦生任社长，李邦玉和李思亮任副社长，李超任会计，给平舆县人民树立一面旗帜，引领大家走农业合作化的道路。当时李邦生出席了河南省劳动模范表彰大会。平舆县宣传部还编写个歌曲：“五二年的大生产，重要又重要，学习五区李邦生，劳动第一名……。”

作者简介：李庆玉，平舆东和店镇人。以“铸成前楼家谱，传承李家子孙”为重任，以史为鉴，以教育后人为目的，绘制了前李楼 1950 年以前的村寨图。

后李楼村的历史演变

李锦琦

后李楼村是平舆县东和店镇董庄村委的一个自然村，北距镇政府 1 公里许，西离县城 28 公里，现 106 国道穿村而过。

后李楼村是一个古老的村落，相传形成于宋代。据李氏家谱记载：先祖李成化于明洪武四年（1371 年）三月从山西泽州经洪洞县来到河南。最初，其兄弟 7 人先在一个村子落脚，因此该村被人称作李七店村。后来七兄弟分家，落户附近各村。李成化共有四子，长子落户到前李楼，就是现在的前楼自然村；三子迁到高杨店三所楼落户；四子绝嗣；次子就是我天祖李振京，定居后李楼村。

后李楼原名大陈庄。始祖买陈姓土地的契约，直到土改时还保存着。由于李姓人丁兴旺，大量购买陈姓土地。陈姓人全部外迁，该村至今没有一户陈姓人家。李姓成了该村主人，将陈庄更名为李楼。因李成化长子在前楼，次子在后楼，就有了前李楼、后李楼之称。后李楼名称一直沿袭至今。至于“楼”建于何时、毁于何时，已无从考证，但坍塌的楼基在 1975 年 8 月洪水前还清晰可见。

村北角原有一座古庙。1640 年 9 月，李自成起义军追剿明将陕西总督傅宗龙到了这里，就把指挥部设到这里。义军将明军围困在火烧店（今东和店镇）达 8 天之久。明将傅宗龙内无粮草外无援兵，只好突围北去，在离秣陵镇（今项城老城）8 里处被义军追上，傅宗龙被俘。大获全胜后，李自成深信是神灵佑助，下令重修庙宇，起名李阁庙。一时间香火不断，盛况空前。

清乾隆皇帝下江南微服私访，途经后李楼，曾到李阁庙驻跸观瞻，并留有碑刻，此碑毁于战乱。1928 年，冯玉祥督豫，提出炸神扒庙，李阁庙就破败了。新中国成立初期，为修建后李楼小学，把庙宇仅存的一些根基青砖也拆完了。我年少时也只见过一尊大石神像。尽管破败，但烧香叩头、祈求平安的人还是络绎不绝。曾记得我年幼时发烧，家父还为我到石神前取过“神药”。这座石神，在20世纪50年代初，也被人拉走烧石灰了。

后李楼村也像李阁庙一样饱经沧桑。1860年，捻军大帅陈大喜揭竿而起，竖起了反清大旗，经常在火烧店（今东和店）一带与清军作战，与之毗邻的后李楼村难免受池鱼之殃。

由于连年兵连祸结，加之水旱蝗灾和苛捐杂税，村民早已是食不果腹、衣不蔽体、流离失所。村子人烟稀少，荆榛遍地，满目荒凉，就连素有明清两代财主之称的秀才李连举（1904年清代最后一科的秀才），因用不起油灯，也只能用麻秆火照明读书。此外，村民们还要面对豺狼的侵扰。每当夕阳西下，在长满黄蒿的村子里，豺狼成群结队，从离村十几里地的王桥（当时的狼窝）来村里觅食，咬死、咬伤牲畜和小孩儿是常有的事。我听家父曾讲，有一年夏天，我高祖李凤云抱着我曾祖李春山在麦场里乘凉，忽然一只饿狼扑了上来，竟硬从高祖怀里咬着曾祖的胳膊往外拽，我高祖大声呼救，在众人帮助下，才把我曾祖从狼嘴里夺了下来。当时村民生活环境之恶劣可见一斑。当年有一首童谣，就是这种境况的真实写照：“日头落，狼下坡，洼子（即鹭鸶）叫唤鬼吆喝。有娘的，娘护着，没娘的孩子俺咋过！”一直传唱到20世纪五六十年代。

1932年农历四月初二，后李楼村又遭受一次大劫。拉大杆的土匪头子范八，率匪徒攻破后李楼的寨门，在村里盘踞3天，烧杀抢掠，把村民家值钱的东西悉数抢走，4名村民遇难。

在拉锯战时期的1948年6月，安徽姜寨匪首韩连奎率匪众180多人，为搜捕东和店区政府工作人员，于拂晓前偷袭了后李楼村，把群众赶到南门外空场上，扬言要抓捕与共产党有关系的人，并把艺人杨家明、李景和等人几次拉到铡刀下，以达到杀一儆百的目的。当天中午，该匪众窜至宁庄。杨埠、和店中队和泉南、项城县大队600余人，将其围困，激战5个小时，歼敌近百人，韩连奎等人突围而去。

作者简介：李锦琦，平舆县东和店镇后李楼村人。河南省老年诗词协会会员，驻马店诗词协会会员，平舆晚香诗词协会会员，作品曾在中国文联出版社和河南老年诗词刊物上发表。

“管不饱”李大单

张贤锋

民国初年，东和店的前楼村，有个叫李大单的人，力气大，吃得多，因为他姥姥家穷，管不起一顿饭，所以他从来没去过。后来他姥姥想他想病了，就让人把家中所有的粮食磨成面，做了几大缸馍，打了几大锅稀饭，炒了几大盆菜，非让他来见见面不行。

李大单到了姥姥家，姥姥见外甥长得像个铁塔，高兴得病也好了，就连忙招呼外甥吃饭，把屋里准备的所有饭菜都打开，让外甥尽量吃，心想，都说外甥吃得多，今天我看这么多的馍饭，别说他一个，就是十个八个也够吃的。

李大单也不谦让，一不要碗，二不要筷子，一个个的馍就往嘴里送，一锅锅的稀饭端着喝，一盆盆的菜就着吃，不多一会儿，吃个精光，把姥姥吓呆了。只见李大单抹了抹嘴，问姥姥道：“还有没有饭呀？”

姥姥战战兢兢地说：“屋里的粮食全磨光了，哪里还有哇！”

李大单说：“没有就算了，半饱就半饱吧，回家再吃。”

有一次，李大单去赶集，刚走到里桥，见一群人围在那里看热闹，他凑过去一看，原来是4匹大马拉着一车粮食，陷在泥巴里了，无论怎么拉，就是拉不出来，急得赶车的人直叹气。李大单就对赶车的人说：“你们这么多马，吃得油光肥滑，有什么用，连一辆车也拉不出来，还不如杀吃得了。”

赶车人一听，可气坏了，就说：“你这个人怎么这么说话，真是火上加油，我的马不行，你有什么能耐？你能给我拉出去，这车、这马、这粮食，我都送给你。”

李大单笑了笑说：“你别生气，我说的是实话，这样吧，我试试看，拉不出去就算了，拉出去了，我也不要你的马、车和粮食，你管一顿饭就行了。”

赶车人一听，心想，这个人不是傻子，也是疯子。不管怎样，让他试试，让人家笑话他，说大话不知羞耻，就对李大单说："好吧，要说话算数，当着大家的面，不许耍赖。"

李大单也接着说："行，一言为定。"说着，他让赶车的把4匹马卸下来，自己钻进车底下，大吼一声，肩膀一用力，把车推出了泥地，顿时惊得众人目瞪口呆。

这时李大单对赶车人笑着说："怎么样，能管一顿饭吧？"

赶车人一听，也笑着说："一顿饭有啥难的，走吧，到集上你吃多少，我买多少。"

说着话他们就到集上，把那些卖馍卖饭的都叫来。李大单吃着，赶车人掏着钱。馍吃光了，卖饭的也没有了，赶车人问李大单吃饱了没有，李大单说："连半饱也没吃到。"

赶车人又带他到饭铺里，把所有的饭都买下来，李大单吃了还说没吃饱。赶车人看看街上馍饭都吃光了，没地方再买了，摸摸衣袋里也没有钱了，又见他这样能吃，可吓坏了，就求李大单说："大哥，你就饶了我吧，我实在没办法了，车马粮食都赔你算了。"李大单见他如此，就笑了笑说："别怕，这没什么，吃不饱也算了，哪能让你赔车马粮食呢？办你的事去吧！"赶车人一听，像得救似的跑了。

从此，李大单有神力且能吃的消息就传开了，一直流传到今天。

爷爷吴伯芳

李 勤

爷爷吴伯芳，1915 年 6 月出生于平舆东和店乡大吴庄一个农民家庭，中共党员，1949 年之前就从事教育工作了，1986 年获“特级教师”称号，1989 年离休。多年从事书法、诗词创作，曾是河南省书法协会会员、中华诗词学会会员，并获终身成就奖。于 2017 年的 7 月离我们而去。这位跨世纪老人给后代留下很多的思念和回忆。他把自己的一生献给了教育事业。

1997 年 11 月，我嫁给爷爷的孙子，当时爷爷 82 岁，听力很差，虽然戴着助听器，我们说话时还是要提高几倍的音量。爷爷爱运动，每天早起打太极；他特别喜欢看新闻，他听不清只能看字幕。这些习惯保持了几十年。我们和爷爷一起生活了 10 年，爷爷的晚年是在郑州叔叔那里度过的，偶尔回来去大姑姑家住一段时间。还记得 5 年前的 10 月，爷爷从郑州回来小住，双休日时，我跟爷爷聊天，他说这几年不在平舆住了，想看看平舆发展如何，于是我用轮椅推着他，上午去了舆新广场和太任公园，下午去了陈蕃公园。每到一处，我扶他从轮椅上下来，小心翼翼地踏着台阶看那些功德碑、文化碑，周围的人用钦佩的眼光注视着这位百岁老人，两天下来，推着爷爷去了他想去的几个地方，看着爷爷开心的样子，我累并快乐着。

爷爷 3 岁丧母，兄弟姐妹 7 个，他是老大，下面的弟弟妹妹和他是同父异母的。爷爷的亲生母亲去世后，他被送到了姥姥家，所以爷爷自小在姥姥家（河南项城）长大并在那里接受诗书熏陶，为后来的诗词创作打下了坚实的基础。我依稀记得爷爷 80 多岁了，还每年春节后亲自去他姥姥家看望，尽管他的姥姥、姥爷早已不在了，他依然坚持，后来他的舅父也去世了。爷爷 95 岁之后，走亲戚的任务被我公公接了下来。

爷爷常给我们说“饮水思源”的故事，意思是感谢中国共产党给他带来了幸福生活。他一再告诫我们做人不能忘本。当时我上班的学校，也是爷爷最后离休的单位。每年的12月初，爷爷就会把他一年的党费交给我，由我转交给学校党支部书记。我说："学校还没有安排收取党费呢。"爷爷说："交党费靠自觉，不能让人家催。"对此，学校党支部书记在例会上多次提过"人家吴伯芳同志每年提前预交党费，而极个别党员一而再，再而三的拖着。"

爷爷在平舆，也是一位小有名气的文化人。工作之余，爷爷倾情翰墨，以弘扬祖国文化，继承中华传统书法、诗词为己任。离休后，多次外出采风及考察碑刻，把泰山之厚、黄河之博、长城之绝、华山之险渗入笔下。因为爷爷是离休干部，工资待遇也不错，可我记得2000年前后的几年里，每到腊月二十之后，爷爷都要上街摆摊，商品是他写的字。农村有挂中堂的习俗。一大早起床把自己包裹严严的，吃了饭公公和他一起去摆摊（当然是不放心他独自去），寒冷的冬天刮着风，地上结着冰，一位90岁的老人坐在大街上卖中堂、四幅屏，价格爷爷自己提前定好，我和公公要帮他出摊、收摊。家人、邻居都不理解，"这吴老师根本不缺钱花，干嘛大冷天去街上摆摊啊？"无论我们怎样劝说，他都坚持春节前要赶四五个集，就这样坚持了五六年。我知道爷爷是在找事情做。

爷爷常说"活到老学到老"。爷爷有4个孩子，无论在哪个孩子家里住，我们都会给他准备一个大案子——写毛笔字、写诗词。他的笔墨纸砚走到哪里就带到哪里（平舆、上蔡、郑州）。爷爷的思维和想法与时俱进，2005年后手机、电脑慢慢普及，爷爷让我教他如何上网查阅资料，如何使用手机，他学的非常认真，怎么也想不到我成了爷爷的"老师"。但其实爷爷才是我的老师，我的本科文凭是自考取得的，古代汉语科目如果没有爷爷的帮助，我很难考过（这门学科我考了两次）。更多的是爷爷在文学上、为人处世上给我的指点，感谢有您，爷爷！

我印象中爷爷过了3次大寿（80岁、90岁、100岁），每次征求他的意见，他都坚持不要大操大办，一切从简，一家人坐在一起吃顿饭就可以了。饭前爷爷会给我们"训话"，把他过去的苦难讲述给我们，他今生今世都感谢中国共产党，讲到动情之处痛哭流涕，告诫子孙要好好珍惜时光，报效国家。同时告诉子孙过大寿他不收礼品，只收红本本——荣誉证书。当他手里拿着子孙孝敬的荣誉证书时，心里别提多高兴了。2014年年终，我把得到的荣誉证书拿给爷爷看，这位百岁老人高兴地合不拢嘴："加油干，下学期再拿一个给我看看。"为此爷爷还给我发了500元红包。爷爷，谢谢您的鼓励。

爷爷一生有三不幸：幼年丧母、贫而失学、身体瘦弱不堪大劳。爷爷一生还有三幸：老来生活医疗有保障，儿女孝顺家庭和睦，身体虽然多病但年龄已超过常人。爷爷的诗词被各大报纸、杂志刊登，获得很多荣誉称号。有道是：夕阳无限好，何曾计黄昏。

“诗如人生，人生如诗。”这就是爷爷一生的写照。爷爷，我们想念您！

作者简介：李勤，女，平舆八中英语高级教师，多次被评为市、县级“优秀教师”和“优秀班主任”。

葛陂仙翁助李小

张贤锋

平舆东和店一带，流传着一个《葛陂仙翁助李小》的故事，说来还挺曲折的。

说是多年以前，仙翁庙村里住着这样一对兄弟：哥哥李大心胸狭窄、小肚鸡肠，弟弟李小忠厚老实、与人为善。李大已娶妻成家了，李小还是个光棍小子。

父母去世后，李大两口子不待见李小，兄弟俩就分家。李大分得老宅院3间堂屋带厨房，还有个大院子，李小分到村头看庄稼的一处窝棚。李大分得了村庄附近的几块肥地，李小分得了远处葛陂水洼的那几分薄地。李大分得大缸，李小分得小罐，分到最后，还有一头牛和一条狗，李大对弟弟说，我和你嫂子是俩人，我们要牛，你一人，就要狗吧。李小说中，把狗领回去了。

农忙时节到了，李大有牛犁地，李小只好抱着狗在村头窝棚边流泪。这时从不远处的仙翁墓地里，走来了一位白发白胡子老头，对李小说，为啥哭呀？

李小说，没牛犁地。老头说，为啥不把狗当牛试试呢？

李小听了，试着把狗牵去犁地，说来也怪，这只狗好像有天生神力一样，比哥哥家的牛犁得快多了。

真是怪事，狗能犁地。嫂子看见了，把这事告诉了李大，李大马上去找李小，说，弟呀，你哥哥我犁地时把腰闪了，明天还有几块地要耕，都快愁死我了！边说边摸着李小的狗。

李小说：哥，别愁了，咱这只狗今天犁地可神了，明天就借给你用吧。

第二天李大牵狗下地，狗拉不动犁子，李大气不过，朝狗甩了一鞭子，疼得狗嗷嗷叫，还是拉不动，李大再打，就这样活生生把狗打死了。

李小听说了，连忙抱着死去的狗，来到自家地里，边哭边把它埋葬在地头沟边。

那位白发白胡子老头来了，问他哭啥，李小就把发生的事情对老头说了。老头捋捋白胡子说，别哭了，这只狗埋在这里，明天就可以长出一棵树，树上会结果，那果子可治百病，正常人吃了延年益寿。你摘来给邻居换头牛来犁地吧。

果然，第二天地头长出了一棵树，树上长满了果实。李小很高兴，摘下两颗果实，就往村里走，遇到邻居王二婶急匆匆走来，李小忙问王二婶啥事这么急？王二婶说，你二叔得了急病，我想回娘家借点钱，买药去呢。

李小说，王二婶，我这有颗果子，你拿给二叔吃了，他就会好的。

王二婶半信半疑说，能行吗？

李小说，能行！吃了这果实，一定会治好王二叔的病！

李小在家才吃过午饭，正要出门，王二婶带着王二叔提着一篮子鸡蛋来了，对李小说，多亏了你的果子呀，你看看，你二叔的病全好了！

王二叔递过一篮子鸡蛋说，这是我们的一点心意。

李小忙摆手说，都是邻居，互相帮助是应该的，二叔二婶还是把东西带回去吧。

王二叔看看李小说，你这是出去借牛犁地吧？李小点了点头。

王二叔说，我家养了两头牛，正准备卖一头呢，就送给你好了。

李小连忙摆手说不行，坚决不要。

王二叔说，我把牛借你耕地，用完再还给我，总可以了吧？李小连忙谢过二叔二婶。

这事很快传遍了全村。

嫂子对李大说，有这么好的果子，他居然给了外人，你是他哥，他为啥不给你呢？

李大说，我这就向他要去！见了李小，他说弟呀，听说你手里有神奇的果实，能治病？

李小于是把经过说给李大听，李大听了说：有着这么好的果实，如果我们摘下来拿到集市上卖，准能发财的。李小说，好，就听哥的。

哥哥嫂子拿着箩筐连夜来到树下，很快就把果子摘光了。第二天李小过来，树上一颗果实也没有了。

哥嫂挑着果子到集市上卖。有人问，这是什么果子?

哥嫂说，能治病的果子。

大家纷纷围着争着买，果子很快卖完了。正当哥嫂准备收摊时，买果子的人又回来了，都拿起果子气愤地说，你们这俩骗子，卖的什么狗屁果实?一堆狗屎能治病吗?还我钱来！大家推推搡搡，把哥嫂身上的钱全抢了去。

从集上回来，嫂子劈头盖脸把李小痛骂了一顿，哥哥更是气急败坏，拿起一把斧头，把地头那棵树砍倒了。

李小回到自己的房子里，看到自己之前摘的那只果实，这怎么能是狗屎呢?扔了也怪可惜的，还是吃了吧。李小把它放入口中一嚼，觉得甜丝丝的。

第二天李小来到地头，看到被砍倒的树，不觉悲从中来，只好默默地掉眼泪。

那位神秘的老头又从仙翁墓里出来了。他问李小哭啥?

李小说，老爷爷你不知道，我哥嫂摘了这些果实去卖，为啥变成狗屎了呢。

老头笑了，说这本是你的狗变化而来的，善心人得到它就是仙果，贪心人得到它不就该是狗屎吗!

李小说，谢谢爷爷一直帮我。

老头说，这是你自己的善心在助你。现在这棵树也有用啊，你把它扛回家，找木匠帮你打制成木盆，盛粮食吧！李小照办了。

过了一段时间，村里闹起饥荒，家家户户都缺粮食。李小家的木盆里，还是满满的一大盆米，总不见少，左邻右舍前来借米，李小二话没说就给。这事被嫂子撞见了，连忙回去告诉了李大。

李大说，等着，我这就去要。来到李小家里，见李小正在煮饭。

李小问：哥，吃饭了没?

哥哥说：弟呀，这几天家中早已无米了，往后的日子咋过呀!

李小说，哥，我这里有米，你拿去做饭吧。哥哥从家里拿来了一个大斗，把木盆里的米舀得所剩无几了。

回到自己家，哥嫂心里乐开了花。连忙舀米做饭。饭做得差不多了，嫂子揭开锅一看，立刻吓傻了，原来锅里煮的是一锅狗毛。李大又惊又怒，走过来对弟弟又打又骂，觉得还不解气，于是他把木盆拿到院子里摔了个稀巴烂。

李小感到冤枉啊，他只有哭的份，边哭边捡那些破碎的木料。这时老头又来了，他问李小哭啥？李小把事情的经过告诉了老头。老头说：算了，你把这些碎木料埋到你地里吧！

李小说，老爷爷，我就不明白了，我给哥的明明是大米，可煮出来的为啥是狗毛呢？

老头说，好人得到的是大米，坏人得到的是狗毛。

李小听从老头的话，把木料埋到了地里去了。第二天地里爬满了藤萝。藤萝上慢慢地长了许多奇异的花蕾，微风吹过，芬芳四溢。李小高兴啊，天天浇水，花儿越长越旺。

一天，来了一位美丽的女子，她十分喜欢这些花，看到李小在浇水，就问，这些花是你种的？我可以采几朵回去吗？李小连忙点点头。当天晚上，李小做了个梦，梦见这位美丽女子笑着向他招手。

第二天，李小发现那位女子还在花丛中，看到李小来了，就说，昨天谢谢你的花，今天我还要采几朵回去，可以吗？李小说，没关系的，只要你喜欢，采多少都行。

当李小回到家里，他惊呆了，如今的家变得富丽堂皇，家中设有亭台轩榭，他一辈子都没见过这么美丽的房屋，相当气派。那位女子走过来，牵着他的手说，这些都是你的呀！

李小说，那，你呢？女子说：我也是你的，如果你不想要的话，我这就走。

李小一把拉住说，我怎么会不要呢，你就留在我身边吧，我一定会好好待你的。于是双双结为夫妻。

话说嫂子看到弟弟的房子变得这么漂亮，就一个劲儿指责李大没本事。李大说，俺弟命咋恁好呢，啥好事都让他占了，我不甘心，也咽不下这口气。趁无人之时，李大来到那块花地里，抡起铁锨，胡铲乱挖起来。

这时李小正和妻子在家中休息，突然，妻子哎哟一声，浑身疼痛。此时，天色更暗，大雨倾盆，大地抖动，李小吓得连忙拉着妻子，问怎么了？妻子痛不欲生，不能言语。这个时候，美丽的房子正一点点的消失，不一会儿房子又恢复到了原来的模样，美丽的妻子也不见了，只剩下李小坐在地上痛哭。

这时李大回来了，手拎着柴刀，浑身湿漉漉的，看到弟弟的房子恢复了原样，得意地笑了起来。

李小来到地里一看，满地残枝断藤，花蕾凋零，他哭了，边哭边数落，妻呀，是我对不起你呀！哥呀，你做得也太过分了！

那位老头又来了，劝他别哭了，你哥心毒，自有报应；你心善，当然也有善报。你看看，这是什么？

李小一看，被哥哥打死的那只狗，又活过来了，正在老头身边摇尾巴呢！李小高兴极了，说，你还活着，太好了！老爷爷，谢谢你救活了我的狗！可我不明白，当我哥毁坏这里的花草后，为啥一切都没有了呢？

老头说，这是这只狗和你们兄弟的一段情分，你哥斩断了与狗的情分，当然这个狗就属于你了。

看到弟弟牵着狗回来了，李大又惊又惧，不久便病死了，嫂子也疯了，不知去向。李小在村里与邻居相处融洽，他种的地年年大丰收。富裕后的李小，还是和当年一样，把粮食、钱财接济贫苦邻舍。大家都说李小是好人，争着给李小做媒。李小不久后就成了亲，贤惠的妻子给他生了一大堆孩子，他家迅速发展成为当地的李氏大家族。

那个帮助李小的白发白胡子老头是谁？村民们都说，他就是葛陂仙翁费长房啊！

高杨店篇

关于安李庄的一些记忆

李景晰

安李庄，是平舆县高杨店镇的一个普通村落，位于镇北部不足1华里处，北面与项城境界紧接，地势平而略高，是生我养我的地方。我童年时代与其朝夕相处，所以印象特别深刻，感情也特别深厚。在我心中，它是一册画，一部书，一部农村与农民的演变史，很值得回味。

村　名

说起安李庄村名的来历，确有一些故事。传说之一是：隋代末年，天下大乱，群雄并起，中原逐鹿。其中以李密为首的一支义军，与隋将王世充转战于汴淮之间。李密率军途经此地，见地势优越，几户人家殷勤忠厚、热诚劳军，颇为感动，且得知这里几户人家均为李姓，与自己本家属于一脉，更加喜悦，遂下令部下不得骚扰民家，并保其安定生活，从此定名为安李庄。传说之二为后续。说是唐宪宗时代，淮西节度使吴少阳暴亡，其子吴元济隐匿不报，擅取兵权，叛唐自立。唐宪宗派李愬平叛，李愬足智多谋，雪夜成功破蔡州，擒获吴元济，接着追剿其残部至安李庄一带，将其残部全部消灭之。唐宪宗见战报中有“安”字，因有恨于安禄山，颇为不悦，随后去掉“安”字，改为“李庄”。后改朝换代，历经沧桑，至清代康熙年间，提倡民族融和，更有当地明士奏请，遂又恢复了“安李庄”的原有名称。总之，安李庄历史久远，源远流长，有1000多年的历史了。

仔细考查，古老的村落还是留有痕迹的。新中国成立前村东北角有一片高地，高地中央矗立着一座高大的坟墓，高约3米，直径约6米，称为老祖坟。村里李氏门第谁家娶了媳妇，第二天要到老祖坟前烧喜纸，新人祭拜先祖。还有，单就西头一脉家族的祖坟，直到20世纪50年代，还保留着10余代。可见先人在这里生存很久了。

村 貌

这里所说的村貌，是指我幼年时代记忆中的大体面貌。村中心是一条东西大道，大道以北为一个个南北走向的胡同，胡同两侧便是居民的住宅，紧密而有序。村里习惯上称为东头、西头。东头住的稠密些，西头稍为宽松。东西大道两侧，是一个长方形的大水塘，俗称南大坑。大坑常年有水，周围栽满了柳树，成群的鹅鸭在水中游戏。大坑南岸，也稀疏地分布着几户人家。原来只是个普通的村庄。清末民国初社会动乱，匪患猖獗，为保安宁生存，村民合力建起了一座土寨。北面是砖墙，东、西、南三面是土墙。东、西两端建起两座宏伟的大寨门，四角建起了 4 座威武的炮楼。在北面还特意建了一座小角门，作为应急之用。寨墙外围，挖有约 5 丈宽、3 丈深的海子。在当地除了高杨店，这也算一座比较坚固的村寨。据说在动乱年代，一旦有乱情，三里五村的村民都到安李庄避乱，可见在当时还是起到一定庇护作用的。

此外，在形态上它还有三个明显的特征：一是塘多。除了村中的大塘，还有村南面与寨海子相连的南大塘，村外东西两头另有数个大小不等的水塘。这些水塘平时可以储水，发生洪水时可起到滞洪作用。二是村东西两端有系统的排水沟，在洪水泛滥时可以起到顺利排水的作用。三是大树多。村里村外生长着各种高大茂密的树木，主要是椿树、桑树、梓树、榆树、槐树和各种果树。其中，有几棵特别古老的大树，比如大坑沿上的歪柳树、村西头的大杨树、村中心的大皂角树，它们苍劲而古朴的风貌，把整个村落也衬托得威严起来。尤其是那棵大皂角树，树身几人合抱，树冠大如巨伞，是人们常年的休闲地、吃饭场。我在那里听到了许多书本上所没有的知识，至今回味无穷。

勤 业

同内地其他乡村一样，安李庄村民的主业是农耕，当然也兼及其他。村民特别能干，精耕细作、团结互助、崇尚勤俭，许多人家追求发家致富，成为当地比较富裕者。单就农耕来说，早出晚归，自不必说。精耕细作是出了名的，村里许多人被称为“庄稼把式”“种地能手”。有的人“撒播无双颗”，撒播的时候，没有两粒种子在一起的，出来的苗均匀得很；有的人“锄地细如梭”，比喻锄地像篦头发一样，细密而透彻；有的人“驾驭不用鞭”，全用口哨指挥牲口，得心应手。一代带一代，一家带多家。用现代话说，形成了比学赶帮的风气和互帮的村风。在种子、农具、技术、劳力等方面，大多数人家互通有无，彼此相帮。所以，庄稼比邻村长得好，收入也自然多一些。

除了勤于务农，也有少数精于经商、做工的人家。他们一般是土地较少，或逃难的外来户，或祖传工艺，或脑筋灵活，善于开辟财源的人家。有开杂货铺的，有开油坊的，有开豆腐坊的，有开木匠铺的，有酿酒制醋的，有担货郎担的，还有外出闯荡做生意的。村里有两位老长辈，在20世纪三四十年代，为生活所迫，做生意北到周口，南到潢川，东到阜阳，西到驻马店。带去的是芝麻、香油等土特产，带回的是洋布、洋火、洋胰子、大米等本地所没有的物品。他们经常饶有兴趣地讲周口码头停泊的大商船，驻马店整洁的“洋街”，明亮的电灯，看不见头的铁路，喷着气大声吼叫、巨龙般飞驰的火车，让听的人赞叹不已。

融　和

安李庄民风优良，值得称道，主要表现在几个方面：一是平等相待，和睦相处。原本是李姓立村，李姓是主户，又先后进入了田氏、范氏、许氏、樊氏、郭氏等人家。这样就成了六姓共处的村庄。后来迁入的人家，开始时人少力单，生存困难重重，而李氏家族对他们持同情和帮助的态度，帮他们解决建房用地、临时就业等问题，让他们住下来，生活下去，逐步发展起来，成为村中的重要组成部分。二是互帮互济，一家有难，多家相助。如在农忙季节，谁家劳力紧张，邻家知道了，就主动帮忙，不误农时。种子、农具等方面更是互通有无。在新中国成立前安李庄曾遭遇几场大火，损失惨重。但有些农户幸免于难。幸免的人家主动帮助烧房户清理火场，帮工帮料尽快把烧毁的房屋建起来。三是在发生重大危难时，有大义大勇者敢于挺身而出，解救危难，恩泽众人。民国初年社会混乱，从西北流窜过来的“大杆儿”（即势力强大的群匪）攻破了安李庄寨，抢走财物，烧掉房屋，掠走一批妇女和儿童作为人质，索要巨额赎金，情况危急。被掠人质多数是李氏家族的，家人束手无策。这时田氏家族中有一位长者名叫田春林，家境贫寒，颇有胆识，受托冒险与“大杆儿”头领会面、谈判。经过艰苦努力，被劫人质终全部获救。四是村民中有一种浓浓的友善睦邻的良好风气。许氏家庭中许年家是祖传开豆腐坊的，设施完备，工艺精良，不仅生意活道且乐于助人。谁家有了大事需要磨个豆腐，他们会随时停下自己的生意，方便于邻，并且帮助制作。特别是过年的时候，村里许多人家都要磨豆腐，他们家就把自己的生意停了，几口人帮助邻家制作豆腐，直至深夜，并且不要任何报酬。当然借坊制豆腐的人家也以某种方式表示适当的回报，比如多搬去一些柴火，或把豆渣留下，表示不能白劳碌人家。在郭家一门中，老太熟练编席，村里许多家种有苇子，每年秋后割下苇子便请郭老太帮助编几张席。郭老太是有求必应，并且不取或少取报酬。田氏家族中田洪恩是远近闻名的果子匠，逢年过节他成了大忙人，做果子、做月饼，忙了这家忙那家，并且热心传授技艺，带出了一群徒弟。范氏家族的长辈们多有一定的文化教养，如范子仲、范子恒、范好善等颇有见识，善与人交，或谈古论今，或调羹配菜，或应付差事，都得到大家的赞许。总之，安李庄几个姓氏中尽管李姓占绝大多数，但是在长时间内大家生活得像一家人一样。

村 学

安李庄具有崇文重教的优良传统，男娃绝大多数都不同程度地读过几天书，认识一些字，有一部分人还达到了较高的水准。从我记事起至新中国成立前夕，村里共办了 3 次学校。第一次是私塾，在村东头一户人家的过道里。当时称为学屋，学生自备桌凳，自备书本。开始时由本村老先生李金容执教，老先生年纪大了，看样子教起来很吃力，就请来邻村的杨明甫任教，但不知什么原因，没多久便停了。第二次是国民小学，时间大概在 1943 年或 1944 年。当时高杨店办起了中心小学，安李庄有许多孩子因年龄小去不了，村里主事人便到高杨店中心小学找到校长请求能不能在本村办一班，校长居然答应了。教室设在村西头三间房里，20 多名学童，读国民小学课本，两位老师任教，一位姓房，一位姓阎，实行新的教学方法。坚持一年多便收归高杨店中心小学了。第三次办学，是在解放战争“拉锯”时期。当时因政局动荡，高杨店中心小学停了，村里就想办法自己办学。在大塘南沿选一片空地建三间学屋，请来杨明甫任教，学童所读课本很杂，有读《百家姓》《千字文》的，也有读国民小学课本的，反正主要是学认字。但持续不到一年，杨明甫请辞了。恰在此时，李全德回来了。李全德是当地颇有名气的私塾先生，学识深厚，诗书画俱佳，常年被外乡聘请教书，此时因时局不定，回来了，村里就请他接着任教。他是我爷爷的兄长，我称呼为大爷。他教书认真，要求严格，讲究正规。当时收学童 30 多名，年龄参差不齐。他遵循因人施教、循序渐进的原则，耐心指导每一位学生。按规定，早晨读书，朗读昨天新学的语段；上午，逐人抽背书，教学新语段；下午，指导写大楷，抄小楷，讲有关刻苦读书的故事、历史典故等；傍晚，读书，形成高潮，先生也高声诵读。大家正读得起劲，先生忽然说："去吧！"算是放学了，学生蜂拥而出，我在大爷教的私塾里就读将近 3 年，从《论语》读到《孟子》《诗经》，都是通背到底。我的文化基础知识可以说有相当一部分是在这里奠定的。

那个时期重男轻女的思想在村学中表现得尤为明显。在 3 所村学中，我见到的女生只有一名，是先生杨明甫的外甥女，邻村一家大户的女儿。刚入学吧，穿戴很花，学娃子见到女孩子上学本来就稀奇，加之穿戴华丽，当时先生未到，齐喊："新媳妇！新媳妇！"把女生喊哭了。这时先生赶到，见此情景，火冒三丈，不由分说，挨个儿朝男娃子背上打起来，打一遍还未出气，又打第二遍。全屋的学娃子都大哭起来。这时杨先生才发话："要懂得规矩，不能说侮辱人的话。再说了，比这次打得还要狠。"其实，他的手是用袍袖垫着的，举得很高，落下来并不是很重，掌握着分寸的。

大　火

在时局动荡、社会混乱的旧年代，安分守己的安李庄人却很难过上安稳的日子，历遭大灾大难。别的不说，单就大的火灾，据我知道的就有两次。一次是听说。大概在清末民国初，社会极度混乱，匪盗蜂起，西北"大杆儿"（即结帮成伍的土匪团体）袭来，一座小小的土寨怎能抵挡得住。杆匪攻打三天三夜终于攻破，杀人几十口，物资抢劫一空，最后一把火，把全村房屋几乎都烧光了，弄得安李庄人几十年喘不过气来。另一次大火是我亲身经历的。那是 1944 年深秋，项城县保安团一个营的兵力追剿一股土匪。土匪从项城属地深夜窜入与之毗邻的安李庄躲藏。保安团的军队进驻在距安李庄不足一里的扈庄，得到准确情报，天蒙蒙亮，由姓高的营长亲自率队，向安李庄扑来，土匪闻讯，仓皇外逃。其中一股土匪妄图从村北面小角门逃出，刚冲出小角门，正迎面碰上领队的高营长，土匪顺手一枪，把高营长打死在吊桥上。他们见军队人多，随即缩回村里。军队把整个村庄紧紧包围，然后逐步缩小包围圈。但终究不敢进前，别无他法，便想起了放火。当时我 8 岁，随着母亲（她怀抱着不满周岁的弟弟）还有奶奶，躲到较为偏僻的一户老长辈家里。半晌午时分，在密一阵疏一阵的枪声之后，听到外面有人说话的声音。伸头一看，只见几名士兵手持长枪，威逼着本村一位村民朝房子上点火。霎时，火光浓烟冲天。我们躲出来的时候，父亲护家舍不得离开。放火的地方离我家不远，此时母亲和奶奶都大哭起来，我也跟着哭。大火从中午一直烧到次日早晨，村中心部位的房屋变成一片废墟。听说土匪全跑掉了，军队也撤了。村里哭声一片，人们急急忙忙扑灭余火，寻找残留的衣物。这场大火烧毁房屋 200 余间，财物不计其数。大火震动方圆几十里，人称“安李庄大火”。由此可见，在万恶的旧社会，人民的生命财产是毫无保障的。

巨　变

新中国成立以后，安李庄发生了巨大变化。随着社会的安定，寨墙拆除了，炮楼拆除了，寨门也拆除了。不知什么时候，树西头的大杨树、村中心的大皂角树、大塘周围的大柳树都伐掉了，建起或翻修了一座座新房，新栽了不少杨树。几十年来，由于人口的增加和经济条件的改善，村庄不断向外扩展，南、北、西三面都建起了新区，面积比原来扩大了两三倍。加强了规划，建起不少楼房，各户都用上了自来水，村中所有道路都修成了水泥路，路旁安装了电灯，摆放着分类垃圾桶，有的路段旁边还栽植了美化环境的树木花草，开始向建设美丽乡村迈进了。

安李庄，这个古老的村庄，历经磨难，终于获得新生，一步步跨进了充满希望的新时代。

高杨店村庄记忆

陈东建

荒坡村

荒坡村隶属高杨店镇陈刘村，东临王阁村，西靠大广高速，南与杨埠镇王美村比邻，北与刘寨村接壤。明清以来，荒坡以寨高沟深，成为汝东重要的军事据点。

清咸丰、同治年间，荒坡寨（今荒坡村）属项城管辖，地处汝阳、项城交界处，战略位置非常重要。平舆人陈大喜领导的捻军起义，驰骋数省延续十余年，此寨是他的重要据点之一。陈大喜的老家陈家寨失陷后，荒坡一带诸寨成为捻军与清军斗争的最前沿。1863 年（清同治二年）正月，陈大喜为援救张乐行，率捻军打回荒坡、庙湾时，将一些重要战略物资囤积荒坡寨。陈大喜率军转移后，命得力干将徐四万留守荒坡诸寨。

荒坡一带是张曜部豫胜二营的防区。徐四万率捻军驻守荒坡，成了张曜的心腹大患，唯恐捻军以此为依托收复平舆。于是在同治二年二月初五，张曜亲自督队，从张湾过洪河进攻荒坡。徐四万率 800 勇士在骑兵、步兵配合下，出寨迎敌。胡寨、马寨、高杨店、王庄等村寨捻军一齐增援荒坡。两军激战到初七，清军大败、落荒而逃。时隔不久，清军卷土重来。张曜重新调兵遣将，采取围城打援的策略，先攻占了荒坡附近的胡寨、王庄，又派兵进驻高杨店南，拦截马寨、高杨店的捻军增援。二月十一日，张曜令汝阳练长刘常伦密派奸细潜入荒坡寨内做内应，十二日午后大风，张曜令各营多备火器。入夜大风不止，清军用大车、门板、干柴填充寨壕，逼近寨下。捻军依寨抗击，清军借风施放火器，万箭齐发。顿时寨内火光四起，民众乱作一团，奸细乘机打开寨门。张曜亲督游击周明昆、姬成功，参将周登高，知州汪鼎和率队入寨。捻军将士大部战死，少数突围至高杨店寨、马寨。

曾经固若金汤的荒坡寨，经此一役，化作一片废墟。不屈的荒坡人掩埋了亲人的尸骨，诊治好心头的创伤，开始重建家园。大家众志成城，用几十年的时间，又修建了东西长1000米、南北宽500米的砖寨。

民国时期，荒坡寨划归汝南二区（杨埠）管辖，在杨埠设杨埠南店联保办公处；在荒坡寨设杨埠北店联保办公处。清末民国初，军阀混战、匪患猖獗，老百姓朝不保夕，荒坡高高的寨墙成为老百姓的救命稻草。四面八方的群众纷纷来此避难，有些难民索性在寨内安家。刘姓居民是坐地户，韩、李、陈、王、孟、卫、杜等居民都是外来户。

抗日战争爆发后，1940年，河南省百泉乡村师范学校跋涉千里，从豫北迁到洪河西龙王庙；1942年冬，日本侵略军从驻马店东犯汝南，汝南县县长杜光远率国民党党政机关迁至杨埠王美寨；1944年河南省第八行政公署从汝南迁至荒坡寨；同年8年，汝南女中陶怀琨校长率领310名女学生和50多名教职员工来到荒坡寨。杨埠、荒坡、龙王庙一带，成为汝东当时政治、经济、文化的中心和抗击日寇的根据地。

1949年2月汝南全境解放，荒坡隶属汝南县一区（杨埠）。1951年平舆恢复县制，荒坡为平舆一区所辖。1962年成立高杨店人民公社，荒坡村划归高杨店所辖。从此荒坡村远离了喧嚣，重归和平宁静。

荒坡作为汝东大寨，在近现代地方史中人才辈出，其中际遇坎坷而不改初心的，要数刘其刚了。

刘其刚，字子浩（或子豪），荒坡人。1916年出生，1935年在信阳求学期间加入中国共产党，信阳三师毕业后，受党组织派遣，回乡发展党员，开展地下工作，创办荒坡小学。1938年，根据党的指示，打入国民党地方政权内部，利用合法身份发动群众，掌握武装，开展抗日活动，并创办东岗寺小学。

1940年，刘子豪、马秀云夫妇创办河南第六中学分校——杨埠初中。万振华任校长，马秀云分管后勤并亲自任课，任用共产党员及进步知识分子为教师，3个教学班、10名教师、120名学生。随着办学规模不断扩大，杨埠初中被确立为汝南县县立中学。1948年迁往汝南。

在当时的条件下，为了能让自己创办的3所学校不受侵扰，顺利发展，刘子豪大量结交国民党汝南县官员，甚至与土匪头子称兄道弟。荒坡人说：“刘子豪是个大能人，黑白两道都吃得开！”

1944年9月，国民党汝南县政府（住址在杨埠）以扰乱社会安宁之罪名，逮捕共产党员刘子豪、唐翼生、唐象九、张鹤亭、姚玉振5人，送临泉党政分会关押。在狱中，刘子豪被国民党反动派严刑拷打，把他绑在老虎凳上，受尽非人待遇，他坚不吐实。敌人查无实据，只好无罪释放。

1948年拉锯时期，国民党明知败局已定，仍做垂死挣扎，大肆封赏地方武装和土匪，委任状满天飞。得知刘子豪回到家乡，汝南国民党官员和几伙土匪先后前来拜访，并给他带来了杨埠区区长、汝东游击队队长的委任状。

1948年冬，有3名解放军战士到王楼、刘寨一带地主家征粮，地主向当地土匪武装通风报信，一伙土匪闻讯前来捉拿，3名战士每人配有一长一短两杆枪，边打边撤。当时铁埠寺正逢集，人很多，一些不明真相的群众也加入了追捕队伍。3名战士一边撤退一边高喊："我们是八路军！……"人声嘈杂，枪声鸣响，也没人理会，3名战士也分不清谁是土匪，谁是群众，就没有再开枪。一直追到王楼村东头铁埠寺，土匪将3人残忍杀害。当时刘子豪远在汝南，毫不知情。

1949年2月，汝南解放，刘子豪第一时间找到汝南县县长姜明鼎、汝南县公安局局长谷逢汉及老战友李华轩等，认真交代了自己的情况，交出国民党颁发的委任状、武器、铃记、粮证等物，被汝南县政府确认为投诚人员，并安排了工作。

1951年全国掀起了轰轰烈烈的镇压反革命运动，当年杀害3名解放军战士的那伙土匪余孽8人被抓。为躲避罪责，土匪们众口一词，咬定是刘子豪命令他们干的。众口铄金、铁证如山，在镇压反革命运动的时代情景下，此罪过不可饶恕。1951年6月17日，地方政府在荒坡村对刘子豪执行枪决。

1989年6月23日，时隔39年，平舆县人民法院重审此案，撤销刘子豪反革命罪之原判，恢复他投诚人员名誉，为刘子豪平反昭雪。

如今，荒坡村有4个村民组，沿村内东西水泥大道分布，东西长1500米，南北宽近1000米，人口3000多人。村内楼房林立，各项事业欣欣向荣。在党的惠民政策指引下，荒坡群众正走在全民奔小康的路上。

大窑马庄

从高杨店沿公路向南行走10里，路东有个村庄叫十里庄，路西约500米就是大窑马庄，这两个村同属高杨店镇王阁村。

名为马庄，村里却没有一家姓马的。相传200年前，村里确实是马家的天下，姓杨的和姓彭的分别是他们的管家和车夫，马车有棚（彭），家中有羊（杨），所以马家飞黄腾达。后来马家的女儿当上了皇后，作为皇亲国戚，马家去了京城，从此马庄只有彭、杨两家了。可翻遍清朝史书也找不到一个马皇后，更何况清朝皇帝不会与汉族女子结亲。村民杨群山的父亲，已经70岁了，他说："我们祖上是从庙湾镇郑楼村委杨庄寨搬来的，到我这辈已经来6代人了。刚开始确实在马家当管家，这是祖上传下来的话。按20年一代人，也有170多年了，彭家来的还要早一些。"由此可见，马家应该是在外做了大官，或者做买卖发了财，举家外迁了。

马庄和刘寨之间有一条南北走向的低洼带，在高杨店境内延伸6公里，以马庄西边面积最大，是一片方圆百亩的低洼地，一到雨季就成了汪洋，无法耕种，野草丛生。新中国成立后，杨埠公社、高杨店公社分别于1959年、1973年集中人力对这条南北狭长的低洼带进行集中整治，去弯取直，筑堤架桥，挖通了从高杨店高楼村东一直到杨埠集的一条小河——蔡港。蔡港全长10公里，从杨埠注入洪河。蔡港挖通后，大大降低了境内洪涝灾害的发生频率，但马庄西边仍改观不大。1975年8月，洪水下去后，高杨店公社决定利用马庄这片低洼地建一座砖窑厂。公社干部杜金明担任总指挥，全公社抽精干劳力参与，窑厂于1976年建成投产，公社指派黄文俊任厂长，王再臣任会计，高德勋负责采购。20世纪80年代，改革开放的春风唤醒了广大的农村，包产到户后农民的腰包开始鼓起来了，大家纷纷扒掉土坯房建砖瓦房，马庄大窑烧制的红砖结实光亮，格外受欢迎。全公社的四轮拖拉机都集中到这里，排起了一字长蛇阵，拥挤不动。为了解决这种情况，大窑规定先付钱订单，再排号拉砖。大窑的生意产销两旺、红红火火。马庄人近水楼台先得月，成了香饽饽，农闲时进窑厂打工，平时帮人排队买砖，大家都以和马庄有亲戚为荣。从此马庄就被人们称为大窑马庄了。

那时大窑马庄高高矗立的烟囱和荒坡的铁塔成了地标性的建筑物。当时从高杨店到杨埠还是坑坑洼洼的砖碴路，不通公交车，去平舆上学的学生都是先步行到杨埠再坐车。走过马庄大窑的烟囱，就剩一半路程了，走过荒坡的铁塔，就快到杨埠了。如今，荒坡的铁塔早已拆除，马庄的大窑也于21世纪初熄火停产，柏油马路可直达平舆，只剩下那座烟囱高耸入云、格外显眼。

为了有效地保护耕地和生态环境，马庄的大窑拆除后，镇政府对这片洼地进行了进一步的整治，在取土烧砖的位置挖了一个鱼塘，对洼地进行了回填、改造，大大改善了此地的生态环境。

如今的大窑马庄天清水秀，绿树成荫，出门是宽阔的水泥路，眼前是一望无际的碧绿麦田，杨、彭两姓居民和睦相处，共同追求幸福美好的生活。

洼李村

洼李村位于平舆县高杨店镇西北方向，南迎三所楼村，北依四门戴村，东临张胡营村委李班庄，西面与庙湾镇岗李村相望。相传李老汉带两个儿子从山西迁来，分家时想让小儿子去岗李，大儿子不相让，执意要去岗李，去了以后傻了眼，原来"洼李不洼，岗李不岗"！从此可以看出，在血缘上岗李和洼李应该同出一枝。

说起洼李，最让人们津津乐道的就是民国时期发生在本村的一件诡异之事。1921年春，洼李乡绅李光的大儿子李富突然病了，疯疯癫癫，而且越来越严重，最终不治身亡。家里人悲痛万分，正忙着办丧事，突然狂风大作，门前的大杨树噼噼作响。大家惊魂未定之时，李富缓缓从灵箔坐起，在场的所有人都目瞪口呆，大家诧异地看着他。他却诧异地环视四周，仿佛他从不曾来过这里一样，甚至连自己的爹娘都不认识。他突然起身，边走边喊："这是哪？你们是谁？我叫孙贯，西平孙庄人氏，我要回家！"

洼李村有人起死回生、"借尸还魂"，这件事像引爆的炸弹般掀起轩然大波，十里八乡的人们都前去观看，大家七嘴八舌，100个人就有100个版本，一时间在汝东地区传得沸沸扬扬。

不久，一个老夫人从西平来认儿子了，她家确实有个独子叫孙贯，在汝南上高小，回家的路上被恶人杀害，孙母整天以泪洗面、烧香许愿，盼望儿子能还魂复活。汝南官府还因此缉拿一干嫌犯。人们更加确信了，没想到天下竟有这样的事！

老夫人提出的问题，"孙贯"都能对答如流，甚至家有几亩地几间房几口人都毫厘不差。据说他回到西平，还指认出杀害自己的真凶，为自己报了仇。后来汝南的文人们还编出一折"还阳传"的戏，到处传唱，轰动了西平、汝南、平舆，流传方圆数百里。

李富曾于1946年、1963年多次回过洼李，一直到20世纪70年代，这位生命垂危的老人才含泪还原了在他心里尘封50多年的事情真相——

事情发生在1920年腊月，西平县盆尧孙庄村有个富户，其子孙贯年方20岁，家有万贯财产，在汝南求学。其妻貌美，与西平驻军军官佟某有染。为了长期霸占孙妻，在孙贯回家的路上，佟某将其杀害，反诬孙贯的6个穷汉邻居，因图谋霸占其家产所为……孙家万贯家产无人继承。此事被孙贯的同乡同学陈某传入汝南，而当时汝东庙湾人在汝南颇具影响，在汝南为官、为师、求学的大有人在。李富在家与继母经常生气，李父正愁无处安置，而孙家独子被害，家产无人继承，所谓的借尸还魂，只不过是孙李两家各取所需合演的一出双簧戏。

洼李村真正称得上风流人物的，当数建威将军李广珠。

李广珠的父母是地地道道的农民，家境贫寒，农闲时在高杨店卖大油条。经常受兵匪骚扰欺负。幼小的李广珠强悍侠义，有抗争精神，慢慢地身边就有了众多讲义气的朋友。清同治年间，太平军、捻军四起，李广珠组织地方团练，因剿匪有功而渐渐出名。据史料记载：李广珠字浦泉，汝阳庙湾店人，初带地方练勇剿匪有功蒙赏拔，后随大军西征战功卓著，承蒙陕甘总督左宗棠保奏，加提督衔。西域平，奉上谕以提督补用。清光绪十三年（1887年）官陕甘靖远协镇，封建威将军。光绪二十六年（1900年）卒于官。其弟广琳亦勇敢，有军功。

在洼李村西600米，有李广珠坟茔，据洼李老年人讲，李广珠死于任上，因入殓棺材太重，回运遗体时绠绳断于此，于是就地埋葬。

李广珠后人因在陶楼村委董庄置地耕种，所以后人们大多生活在董庄。

如今，洼李村有6个村民组，人口近3500人，且几乎没有他姓居民。因地理位置靠近项城，20世纪80年代，就有居民外出从事防水工程，起步早、发展快。现在洼李青壮劳力多半从事防水、防潮工程，足迹遍及全国各地。外出成功人士不忘家乡父老，捐款捐物、建项目，支援家乡建设，带动洼李各种产业走上了快车道。2019年，李禄返乡成立了河南兆隆农业发展有限公司，主导产业为文冠果种植，致力于木本油料、经济树种的开发与研究。共吸纳本村60余名群众务工，其中包括贫困户26人，有力地带动了群众脱贫致富。

西高庄

西高庄是高杨店镇袁庄村的一个自然村，位于袁庄村最北部，西与庙湾镇郑楼村为邻，北面是洼李村郑庄寨，从高杨店中心街往西，沿着宽阔笔直的水泥大道行走 3 公里就可到达该村。居民以高姓为主，孙、苏姓居民是民国时期从项城迁来的，全村有 300 多口人。

村里高姓居民与高杨店中高同属一枝，都是明成祖时期从项城高寺迁入，血缘上与中高村高庄寨较近。清同治年间，有两枝高姓族人从西高庄外迁，现居住在庙湾和杨埠镇胡刘村。

民国时期，高东斗、高东展兄弟有良田百亩，因邻村村民毁坏庄稼而与土匪结仇。1924 年冬，土匪绑了高东展，高家无论出多少赎金，土匪都不放人，只要这百亩良田。一边是尚未成家立业的弟弟，一边是全家十几口人赖以生存的土地，高东斗思量、犹豫、艰难抉择……眼看着弟弟要被撕票，高东斗挺身而出，独闯匪窝，情愿用自己换回弟弟。弟弟脱险，而他却被土匪杀害。

高顺天，生于 1895 年，1912 年考入汝南高小，同年加入同盟会，1913 年考入河南省第二中学（开封），并由同盟会改入国民党。因火药局爆炸一案，很多国民党人被杀，于 1915 年被迫辍学，投笔从戎。1925 年，因陕军在河南作恶多端，河南人民以豫人治豫的口号组织豫人抗击陕军，高顺天参加了任良甫创建的第十路军第一旅，岳国屏（兰考人）任旅长，他任该旅副旅长，因此高杨店人都称他为高旅长。1926 年，国民革命军进行北伐，占领武汉，经任良甫介绍，让高顺天到汉口加入国民党组织参加北伐军，派一位姓何的同志在驻马店与高顺天谈话，并约定了行程，怎耐他当时腿部生疮，行动不便，未能如愿。任良甫又来信让他去汉口领取国民革命军颁发的凭证，于是命丁喜长（泌阳人）随何同志领来河南宣抚使及豫南招抚使两个证令和张参议的一封亲笔信，另外还有一笔活动经费，让高顺天在豫南发展队伍，配合北伐。丁喜长回到驻马店，让张学孔把证件转交于他，丁喜长竟然携款潜逃了。1927 年夏，高顺天腿疾痊愈后，前去汉口寻找国民党组织和任良甫，适逢汪精卫发动七一五反革命政变，国民党清党论派，任良甫部已经转移到信阳，在任部驻地仅见到任元志同志。当时蒋介石当局对革命人士的屠杀一天比一天严重，他们 5 人多次转移也无法藏身，只好来到信阳长苔关，又遇到冯玉祥部营长赵玉堂的突袭，王荣田等3人牺牲，高顺天与任元志乔装打扮躲过敌人搜捕，逃到东山刘兴庵处，等了20多天，再也无法与组织联系，于是冒雪回到西高庄，此时高顺天腿疾复发，4年后才治愈，与他联络的同志渐行渐远，他如同风浪中一叶小舟，慢慢地搁浅在了西高庄。因有是共产党的嫌疑，高顺天多次被汝南县国民党政府传唤、关押，因无确凿证据又被释放。

1947年正月十六，在西高庄发生了一件震动汝东的大事：汝东匪患猖獗，民不聊生，国民党汝南政府和庙湾区政府勒令高杨店负责人杨朝贤进行剿匪，并且要求10日之内要见成效。杨朝贤带领高杨店地方武装，设计诱杀了杨埠大土匪刘田青手下两名得力干将，汝南县政府对杨朝贤等人嘉奖，敲锣打鼓以示庆祝。此举激怒了刘田青，多次传话要进行报复，扬言要“杀羊羔（杨），卖羊皮”，经常带手下到高杨店寻衅滋事，双方多次交火，互有伤亡。杨朝贤忧郁成疾，不久去世。1947年年后，刘田青传话要与高杨店地方武装谈判，地点定在西高庄。西高庄寨主高中天（高重华的爷爷）被迫接待。刘田青有备而来，高杨店人尽管也做了准备，但明显处于劣势。双方谈崩，在宴席间动起手来，顿时枪声大作，西高庄人吓得关门闭户、不敢出门，唯有高中天挺身而出，站在两股势力之间，喝令土匪住手，刘田青哪里肯听，一不做二不休，决定一网打尽。他先鸣枪警示，让高中天躲开，见高不动，又一枪打断高中天手指，鲜血流淌，但他仍毅立不动，大声呵斥，刘田青的手下又一枪打中高中天胸膛，他踉跄两步，倒在血泊中。这次匪祸，高杨店8人丧命，只有2人侥幸逃生。

西高庄人注重耕读继世、诗书传家，多有较高的文化素养。从新中国成立至2021年，西高庄已有60多人接受过高等教育、在外地工作。

高子善，汝南高小毕业后，秘密加入地下党组织，1947年刘邓大军挺进大别山，他背着家人跟随刘邓大军南下，由于作战勇敢，又有文化，很快得到提拔重用。武汉解放后，高子善长期担任武钢保卫科科长，20世纪60年代曾担任孝感县（今孝南区）党委书记。

高子栋，高杨店镇西高庄人，1959年毕业于汝南高中，并考入东北工学院（今东北大学）。1964年毕业并分配到长沙矿山研究院。教授级高级工程师。他长期从事金属矿山平巷掘进机械的研究，参与成功研制“新－线1型平巷快速装运卸机械化作业线”，创造了全国纪录，居世界第三位。这项科研成果受到全国科学大会嘉奖。20世纪80年代多次应邀到英国、美国参加学术研讨会并宣读论文。1990年应平舆县政府邀请，为平舆县的发展出谋划策，提出了中肯的建议。

高重言，上高中时成绩非常优秀，因家庭为富农成分，与推荐上大学无缘，他伤心过、埋怨过，但从没有灰心过，高中毕业后潜心专研木工技术，20世纪80年代，只身闯北京。从木工干起，后转行从事建筑防水工程。由于他为人忠厚、诚信经营，在北京牢牢地站稳脚步。成为西高庄年轻人效仿的典范。

20世纪90年代，高重恒、高重礼、高重华大学毕业后，放弃安适的体制内工作，在经济发展大潮中一展身手，大有壮士断腕，破釜沉舟之意。

高重恒，1968年9月出生，1990年7月毕业于郑州大学新闻系，后攻读北京师范大学经济学院房地产金融方向硕士研究生，大学毕业后在经济日报社工作，自1993年开始从事房地产营销咨询工作至今，是郑州市最早从事房地产营销咨询的专业人士。2001年11月被中国房地产协会、《中国房地产报》评为“2001中国（河南）房地产营销精英”。2011年9月加入美盛置业，担任执行董事，并兼任河南财经政法大学等高校兼职教授，现担任某地产集团总裁，郑州市房地产业研究会副会长，河南省营销协会房地产专业委员会主任。

高重华，1979年，恢复高考的第三年，考上了驻马店师范学校汉语言专业。毕业后从教9年，从1990年起，他先是在新乡做了5年的防水，之后辗转到郑州，2006年正式成立河南君盟实业有限公司，主要经营防水工程和建筑防水材料销售。2016年成为东方雨虹河南省唯一的合伙人董事。

小吴庄

小吴庄是高杨店镇中高社区的一个自然村。高杨店集南头东西外环路，与高杨店至杨埠南北路交叉。从十字路口往西走大约600米，路北便是小吴庄。

小吴庄村民全姓吴，他们的先祖是约200年前从东和店镇小吴庄迁来的。小吴庄老前辈吴学广说：“东和店北有两个吴庄，大吴庄人口少、面积小，小吴庄人口多、面积大。我们的祖先是清道光年间从小吴庄来到高杨店的。”

清道光年间，东和店小吴庄村东头有一户人家，兄弟5人，家境较好，在村外开了一个大菜园，为了防止别人到菜园偷菜，养了一条大狗。有一天晚上，有个邻居到菜园偷菜被狗咬伤，双方发生口角，矛盾激化，两家大打出手，结果把邻居打成重伤。经村里长老协调：吴家以土地、房屋、菜园包赔邻居，双方不再追究，不再报官。吴家兄弟再无立足之地，只好举家外迁，其中两兄弟拖家带口搬迁到高杨店镇高楼村；另外三兄弟因打架事件负有主要责任，出事后提前外迁，去向不明。

吴家兄弟两人聪明能干，待人和气，慢慢在高楼站稳了脚。又过了30多年，吴家年轻人生意越做越大，人口也越来越多，置地盖房，日子过得红红火火。有一天，吴家年轻后生在酒馆喝酒，谈论起村庄改名之事，说："不如把高楼改名叫吴楼，更好！"几个人纷纷赞同。酒馆人多嘴杂，这话最终传到老高家耳朵里，本来是几句年少轻狂的酒后话，可老高家人听了心里很不爽。老高家祖祖辈辈在这住了几百年，高楼这个名字哪能说改就改。于是高家人便订了君子协定，任何人不准再卖给吴家一分住宅、一亩田。从此对待吴家的态度也不那么友好了。

吴家人越来越多，在高楼又买不到宅基地，无法建房分家，吴家几个老人忧心忡忡，就找到了交情深厚的高楼乡绅高鹏展。高鹏展是高楼人，在高杨店开粮食行，生意兴隆，家富且有威望，吴家长者说明来意后，高鹏展思索一会儿说："这事好办，我在高楼西南有良田24亩，劈给你们一半，你们在那盖房生活，想叫吴楼也好，想叫吴庄也行，你们安心生活，我们高楼人也不再忌讳，岂不是两全其美！"于是，吴家人先后搬到高楼西南，慢慢形成了今天的小吴庄。吴家人在高杨店集以做买卖为生，开了杂货店、蔬菜种子摊、牲口行、果点铺、旅店，人丁兴旺、丰衣足食。

新中国成立后进行土地改革，小吴庄人除原先的12亩住宅地外，又分得了大片土地。在高杨店开杂货店的吴学良，主持牲口行的吴德义就近落户在了高杨店村二组。改革开放后，吴家大批年轻人外出创业，从事防水防潮工程，或到新疆包地，吴家人走到哪里哪是家，都在所打拼的城市买房置业，几乎有一半人在外定居。在家的吴家人也奋发向上、积极进取，高杨店大街两旁，有吴家人开的超市、打面房、榨油坊等。

如今，老吴家已经由200年前的老兄弟俩发展到近300人，吴家子孙很多人都成为各行各业的佼佼者。

杨楼村

杨楼村是高杨店镇高杨店社区的一个自然村，共有两个村民组，人口近1000人。位于高杨店护寨河的东北侧，现在已与高杨店连成一片。杨楼村的历史近300年，是高杨店周围杨姓族人的发源地。杨楼因杨家人发达后在村中心位置营建多座楼房而得名，至今村民盖房挖地基时，总能挖出深青色的残砖断瓦和成锭的铜钱。

清雍正年间，高杨店杨姓始祖杨杰、杨义从庙湾镇洪河岸边荣花树（当时名老杨坡）迁到杨楼，杨家二世祖杨国让（排行老大）、杨国理（排行二）因在高杨店做生意逐渐在高杨店寨内落户，行三杨国政及其他杨家人仍留在杨楼。当时高杨店集市呈东西走向分布在大港北，从南天门庙一直延伸到翡翠庄园一带。随着时代发展、人口增多，又有一部分杨姓族人搬迁到小杨庄。杨国让一枝族人住高杨店南寨门内、小杨庄西头；杨国理一枝族人住东寨门内、小杨庄东头。老杨家在高杨店共同的祖坟在杨楼村南，高杨店寨东门外，1958年被平。

高杨店二组老人杨文献说："新中国成立前，我曾跟随大人到荣花树上坟。有一年因邻村建房偷挖了荣花树的杨家老祖坟，高杨店族人派代表和老家人一起与他们交涉。后来荣花树老家人来高杨店卖粮籴米，都不会收他们的行用钱。"

洼李村原党支书杨发元说："清道光年间，我们的祖先带着两个儿子共4人从杨楼来杨土楼（当时名祁庄）种地，到我这辈整整8代人了，如今杨土楼杨氏后人已经300多人。1970年，我在高杨店上高中，到杨楼文艺宣传，前辈杨文锋（杨楼人）拍着我的肩膀说：'孩子，你到家了！'"

杨氏族人曾建观音庙一座，老百姓称之谷庵庙，位于杨楼东队。清道光二十六年（1900年），由杨楼乡绅杨永魁主持重修，现留有《重修观音庙碑记》石碑一座，挖掘出土后立在南天门庙外，观音庙新中国成立后被拆毁。

清末民国初，又有鲍、彭、麻、石、田、李、苏等姓居民从外地迁入杨楼。

鲍家于清咸丰年间（约1860年）从项城贾岭镇鲍庄来杨楼种地，落户杨楼时遭到众人反对，因为鲍谐音豹，大家认为不利于杨家，但鲍家与杨家是儿女亲家，村民杨保华的祖上力排众议，让鲍家住在他家屋后。彭家来自湖北省黄陂县彭家湾，约于清同治年间迁到项城位店，民国初年辗转来到杨楼。麻家于民国初年从项城麻大庄迁到杨楼。麻家落户杨楼受到欢迎，因为大家认为麻绳可以拴住豹子，主吉。石家民国时期来自项城石桥口，其中一家新中国成立前搬到高杨店寨内。田家于清同治年间从项城路阁庄搬迁到高杨店，其中一家新中国成立后搬到杨楼。李、苏姓居民皆于新中国成立前后从项城付集一带迁到杨楼。

杨楼人才济济，贤达辈出。鲍志刚，新中国成立前参加工作，教师，杨埠高中校长，离休干部。杨文中，新中国成立初期参加工作，教师，高杨店高中第一任校长。杨文锋，新中国成立初期参加工作，先后在后刘、和店、高杨店任党委秘书、政府秘书。杨文山，新中国成立初期参加工作，平舆县银行系统干部。他们4人都是新中国成立时期的国家工作人员，被高杨店人称为杨楼的“三杨一鲍”。

鲍培义，平舆县高杨店镇杨楼村人，生于1946年，1962年考入平舆高级中学（平舆一高），由于家庭小孩多（兄弟姐妹6人），母亲早逝，缺少劳动力，家境贫寒。每到周末，他从平舆步行回来，推磨到深夜，家人连夜用磨出的红薯干面粉蒸馍，以便他星期天带着干粮返校。高中就读时的鲍培义始终处于半饥饿状态，在亲人的接济下勉强完成高中学业。1965年，鲍培义考入中央金融政法学院（今中央财经大学），大学毕业后由石油工业部调任河南油田工作，从事财务核算，财务管理工作，历任主任会计师，高级会计师，财务处长等职位。20世纪90年代初，参加塔里木石油勘探开发大会战，担任会战指挥部总会计师，后调河南石油勘探局，河南油田工作，任党委常委、总会计师、教授级高级会计师，为河南油田财务核算、财务管理的主要奠基者。先后发表石油石化、煤炭等不可再生资源领域学术论著近百部，正厅级干部。

金老庄

从高杨店中心街出发，沿着通往东和店方向的公路走2公里，就到了老庄村委王桥村，从王桥向南有一条水泥路，走大约700米，路东便是金老庄。

据村里老年人讲，北宋灭亡后，金人长驱直入，锐不可当，南宋对金称臣，双方以淮河为界，金兵占据了汝南地区。老庄是金军的一个军营，金人在村东的地里种植大片的生姜，现在村民还称这片土地为姜原。村北的土地地势较高，村民称之为晾马台，金人是马背上的民族，爱马如命。老庄背靠大黄港，据说金人到大黄港洗马后在此晾马。村西地势平坦，被老百姓称为跑马场地。今年 93 岁的离休教师杨庆云说：“我家祖上于清道光初年逃荒要饭来到金老庄，新中国成立前，我家在村东有 5 亩姜原地，村北有 18 亩晾马台地。”

村庄南边有个高大的冢子，里面可能埋葬了金军的主将，老百姓叫它“金蛮子坟”，相传谁家有了红白典事，需用碗碟，只要到坟前烧几页祭纸，第二天便可来此取足够数量的金盘子金碗。后来有贪心之人，用完碗碟没有如数归还，瞒昧了几个，从此便再也不灵光了。

还有一种传说：老庄南边原来有一片竹竿园，有一天，从南乡来了一个姓金的蛮子，看到这片竹竿园是一片风水宝地，就买了几头猪放在这个园子里，把竹子拱得东倒西歪，园子主人不愿意，于是金蛮子就花大价钱买下了这片地，并叮嘱子孙们，在他死后一定要将其埋葬于此，从此他的子孙富贵发达起来，全家都外迁了。这些传说自然是不可信，但这个高大的金蛮子坟里曾经埋有贵重的器具应该是真的，有人从此挖出过宝贝。1958 年，这座高大的金蛮子坟被平，村委会在此位置兴建了老庄小学。

金老庄还有一个传说：大集体时，粮食产量低，老百姓不能填饱肚子，有一年收完秋，有兄弟俩放学之后到豆地里挖老鼠仓。突然看到一个白老鼠钻进了老鼠洞，他们就沿着这个鼠洞挖，费了九牛二虎之力，却挖到了两块奇形怪状的“黄石头”。两小孩就把这些“黄石头”带回了家，第二年他们家就在村里盖起了 5 间红砖大瓦房。村里就有人说他们家从地里挖出了宝贝，还有人说他们兄弟挖出的是一对金马驹子。

金老庄得名的原因是南宋时金人在此屯兵，还是村里曾经有过金姓居民，还是因为地下埋有金子？众说纷纭，不得而知。

金老庄目前有张、余、苏、谭、高、马、杨等 7 姓居民，正可谓七姓八家了。其中高姓居民迁来最晚，村委主任高华东说：“老庄临大黄港。河湾坡地多，就是因为这个，我爷爷兄弟 4 人才从高杨店迁到老庄种地，老高家来老庄落户还不到百年呢。1982 年国家实行家庭联产承包责任制时，我村每人划 3 亩多地，1998 年国家规定耕地承包期 30 年不动，村民每人分地近 2 亩。”

金老庄有尊师重教的传统，所以人才辈出。1978 年恢复高考以后，村里每有学生考上大学，村委会都送电影、送慰问金，在村委会门前贴光荣榜以示鼓励。这种习惯一直坚持到现在。改革开放后，以余氏兄弟为代表的金老庄人最先在天津创办防水公司。带动全村青壮年纷纷外出创业，青出于蓝而胜于蓝，如今金老庄的防水人在全国各地防水建筑领域开创出一片新天地。

金老庄村巾帼不让须眉——

妇女主任胡小红，带领全村妇女100多人，成立了采茶劳务输出团队，她与外地茶农做好对接，每年春上，组织本村妇女集体外出采茶，她把队员们分成劳务组和服务组，劳务组全身心投入采茶劳动，服务组从衣食住行各方面为队员提供服务，既保证了妇女人身安全，又维护了她们的合法权益，短短的20多天时间，每个妇女可以得到5000元左右的劳动报酬。

村民刘雪影，组织本村妇女10多人，成立粉刷施工队，承揽建筑物内外墙腻子、涂料、油漆粉刷，一年到头活不断，东奔西跑忙不停，收入可观。她们穿着最脏的工作服，干着最累的活，挣着最干净的钱，成为金老庄妇女效仿的榜样。

现任金老庄村委余书记说："党的扶贫政策，给我村妇女打了一支兴奋剂，通过辛勤劳动发家致富的妇女成为我村的标杆和榜样，把妇女们从家长里短的闲聊中拉出来，从纠纷和绯闻不断的牌桌上拉出来，加入脱贫致富的洪流中，她们忙施工、忙采茶、忙大棚蔬菜种植、忙家庭养殖，金老庄的妇女们在全民奔小康的致富路上，谱写出一曲曲动人心弦的乐章。"

上湾村

上湾村是高杨店镇陈刘村的一个自然村，位于洪河东岸，沿洪河呈蛇形分布，东西较窄，南北绵延2000米。南面是陈埠口，北面是庙湾镇荣花树。清咸丰初年，陈家兄弟4人从陈埠口迁移至此，其后代组成村中的老四门。清末又从荣花树迁来陈姓兄弟两家，所以上湾村民以陈姓人口为主。民国时期，又来了几家投亲和种地的外姓人。全村共两个村民组，人口近1200人。

洪河在上湾村南北各拐了一个弯，河水暴涨时，南北各有一个大漩涡，水流湍急，全村人都能听到波涛声。河水千年流淌，滋养了上湾人，也给上湾人内心深处留下诸多伤痕。

1915年深秋，荻叶泛黄，荻花飘零。上湾村大姑娘、小媳妇都在河边收割荻子，6艘棍子船从南边逆流而上，船上装满4米长的棍子，每条船上有两根纤绳延伸到河两岸，几十个纤夫分两队吃力前行。他们看到上湾的美女，精神为之一振，唱起歌来："秋风凉，洪河长，湾上女子真排场，红脸蛋，娇模样，搂着妹子当新娘……”上湾的女人看惯了百舸争流，泼辣胆大，哪受得了如此调戏？便有人走向前去，挥镰割断了纤绳，双方起了纷争。

上湾绅士陈万毅，家有良田300亩，在村里德高望重，闻听此事勃然大怒，连忙召集家丁和村民，直奔河边，打跑了纤夫，截下了桤子船。

陈万毅此举惹下了大麻烦，原来这些桤子是项城袁家的货，袁世凯当了民国大总统，袁家在袁寨大兴土木，特意从江南运了这些木料，沿淮河北运，准备从庙湾卸货，再从陆路运往项城。没想到竟有人胆大包天打人劫船，袁家着令汝南地方政府彻查此事。消息传到上湾，村民诚惶诚恐，陈万毅见多识广，临危不乱，召集众人商议。他说：“杀人不过头点地，何况他们犯错在先，我们把桤子给他们送到项城，作为大总统家人，不会难为我们的！”

于是陈万毅花钱雇了荒坡、刘寨、河西陈埠口等村40多辆牛车，亲自押车前往项城。车队绵延数里，浩浩荡荡。每逢关卡盘查或强盗劫路，便自报家门道：“陈万毅为袁大总统押送桤子！”袁家被陈万毅的行为感动，主事人与他摆香案拜了把子。后来这件事被编成戏曲在各地传唱，戏名就叫《陈万毅怒打桤子船》。有一年铁埠寺集逢会，陈万毅也在台下听戏，大戏开锣唱的就是这场戏，扮演陈万毅的演员化妆时化成了花脸小丑，他上台怒斥演员：“我就是陈万毅，怎么成了花脸小丑？”班主赶紧道歉，立即换戏。

陈家家富，又与项城袁家有交情，陈万毅之子陈学富广交朋友，结拜了十八家兄弟，可惜他结交的狐朋狗友里有很多奸佞之徒、土匪强盗。1942年河南大旱，小麦颗粒无收，秋后霜打荞麦，老百姓纷纷向南逃荒要饭，他的这些结拜弟兄先后前来借粮，他都一一应承，眼看自家口粮难以为继，陈学富妻子忍无可忍，把来借粮者的布袋扔出门外，大吵大闹，激怒了这些土匪。那天夜里，没借到粮的所谓把兄弟闯入陈家，枪杀了陈学富，把陈家抢劫一空。陈学富之子陈九官再也不敢进家，一直住在项城袁家，据说后来跟随袁二少当了兵，死在战场。也有人说他跟随袁二少跑到台湾，从此音信皆无。

陈官生，1928年生人，是高杨店镇资历最长的小学校长。1989年退休，从事教育工作40余年。

陈官生的父亲新中国成立前是陈刘村一带出名的医生，主治跌打损伤、关节错位。若有病人掉了下颌，崴了手脚，他都能手到病除，推拿按摩的功夫一流。家有良田50亩，娶三所楼村陶氏为妻，陶氏生有二女，其中二女儿早夭，夫妻年近50，再也没有添丁进口。眼看陈家后继无人，陶氏忧心忡忡，便瞒着丈夫花 200 大洋从河西龙王庙一带买回一个 18 岁女子，逼丈夫与之成亲。这女子便是陈官生的亲娘。

陈官生从记事起，称陶氏为娘，管自己的亲娘叫姨。直到陶氏辞世。而陶氏对他则视如己出，关爱备至。有时自己亲娘打他，陶氏都会袒护。自从陈官生出生，陶氏约束丈夫行医不准收费，为儿子行善积德，但一定要带回治愈病人家一根长线，攒够百根，搓成腰带给儿子系上，祈求“百家线”保佑儿子长命百岁，陶氏对儿子倾注了全部的心血，还为儿子定了娃娃亲。

陈官生 8 岁那年，陶氏病重，卧床不起，而此时土匪却砸开了陈家的大门，绑走了陈官生。她从此滴水不进，几天后儿子被赎回，陶氏悲喜交加，紧紧握着儿子的手不放，安详地闭上了眼睛。

经过此事，亲生母亲忍痛割爱，把他送到龙王庙姥姥家，一是躲土匪，二就是让他读书识字。1944 年腊月，陈官生 16 岁，正在龙王庙百泉中学上学。父亲病重卧床不起，乡邻纷纷劝慰母亲：“你儿子早已定亲，为何不把儿媳妇接回来冲冲喜，说不定他大的病就好了。”母亲听从了大家的建议，让陈官生回家迎娶了他 15 岁的新媳妇。

当时上湾村家有土地的富户轮流当甲长，如果哪家当甲长，其余各家都要兑一瓢白面，因为要接待上面的官员。父亲病重，母亲在家照料无法脱身，而新媳妇又不能出门，于是母亲让他去送面。刚走到村中间，就遇了国民党拉壮丁，不容分说就把陈官生拉走了，立即送到了汝南县政府（杨埠王美村），当天就进行了体检，马上就要送走。家里人赶紧托人上下打点，因为他是独子，父亲重病卧床，才刚结婚，这些理由都可以免除兵役，但丝毫不起作用。

陈家孤注一掷，拿出全部家底，凑够 1.5 万大洋，用 1 万大洋从杨埠大徐买个壮丁充数顶替，又给管事的送 5000 大洋，才把陈官生营救出来，等他到家已经是大年夜了，他家经历这次拉壮丁事件后，几乎倾家荡产。

“汝东土匪多，上湾土匪窝！”由于上湾偏僻，远离交通要道，又背靠洪河天堑，成为土匪得天独厚的藏身之地。一开始他们只是小打小闹，贴条子、绑票。如果能勒索到钱财，一般不会把肉票摔入洪河，但也有例外，有一次土匪绑了一个十几岁的孩子，这孩子认出了土匪头目，跪地求饶：“陈大队长，我家没钱赎我，你就放了我吧。”土匪头目向喽啰递了个眼色，“那就送他回家吧！”土匪应声把孩子带走了……村民陈某曼的父亲，往土匪酒桌上端饭时失手碎了一个碗，犯了土匪的忌讳，被土匪扔入洪河。

解放战争时期，国民党政权摇摇欲坠，便大肆收编封赏土匪武装。一些穷凶极恶的土匪头子摇身一变，成为国民党的军官、游击队长。1948 年大年初一，大土匪刘田青领一干人马窜到吕庄寨村，抓走了村长张逢旗，连同另外 3 名解放军战士，押到上湾村，用绳子缚住 4 人手脚，撺入洪河中。1948 年冬，3 名解放军战士到上湾附近征粮，被土匪打死在铁埠寺集。

85 岁村民陈正义说："新中国成立前，我耳闻目睹土匪把人撺入洪河中不下 10 人。陈万毅之子陈学富被杀后，陈家人去楼空，他家的大院成了土匪的窝点，土匪抓了人，就绑在他家中，趁夜深人静，把人撺入洪河。有一天晚上，我父亲到陈家大院喂牲口，发现磨坊里捆着两人，其中一人对我父亲说：'老哥，给我们弄袋烟吸吧？'我父亲也不搭话，从腰里掏出了长烟袋，装了满满一锅烟丝，端着让他们交替吸烟。那人又说：'我们可能活不成了，老哥能不能去杨埠集给我们捎个口信？'我父亲迟疑了很久，'我的两孩子都被土匪绑两回了，若给你捎信，恐怕我们也活不成了！'不一会儿，外面响起脚步声，从外边进来一群土匪，为首的人说：'该送你们上路了！'其中一人坦然说：'都一天没吃饭了，给我们弄点吃的，总不能让人饿着肚子上路吧？'一个土匪出去拿来几个馍给他们吃，那人又说：'你说我们是共产党，我们就是，如果你们能放了我俩，也算是对革命有功，将来共产党打下天下，我可以保你一命，你看行不？''少废话，来把他们带走！'土匪拉着这两个共产党人向洪河边走去……"

新中国成立后，共产党领导人民当家做主，通过检举、揭发和排查，这些杀害解放军战士、祸害群众的土匪被一网打尽，罪大恶极者就地正法，胁从者也受到了应有的惩罚。

当我结束这次走访时，老校长陈官生一直把我送出大门。他脚步轻快，丝毫不像一个近百岁的老人。村头几个老人悠闲地聊天，村外金黄的麦穗万头攒动，放学的孩子在家长的陪伴下欢歌笑语。

作者简介：陈东建，1968 年 10 月出生，1989 年参加工作，平舆县高杨店镇一中教师，文学及乡村历史爱好者。

香椿，乡村

陶国立

我是平舆高杨店三所楼村人，2019 年清明前后回老家时，看到院墙外的一棵胳膊粗的香椿树正在发芽，棕红斑斓，生机盎然，感到一种莫名的兴奋：春天里，吃上一口香椿芽，正是解馋的好时机。我在家里吃了两顿，没吃够，离家时又特意采摘了一小兜，准备带到城里和家人分享。可能因为这些香椿芽是来自家乡的味道，老婆孩子都喜欢吃；我将另一部分送给岳父岳母家，他们吃得更是有滋有味。岳父吧嗒一下嘴说：多年没吃了，还是当年的那个味道……

2020 年又到了吃香椿芽的季节，我和妻子去早市买了半斤，花了 30 元钱，周末带到岳父岳母家大家一起享用。我将香椿芽做好的美味菜肴拍了照片，传在了我家的微信群里，并发表了很好吃、很爱吃的评论。可能是父亲看到了我发的微信，就打电话过来，说要采摘一些给我邮寄过来。我说别邮了，一来，从老家到东北我所在的城市有 2000 公里，路途遥远，邮寄到这儿怕坏了，新鲜的嫩芽好吃，若路上变质就不好了；二来，由于新冠疫情的原因，快递费用也比较贵，有邮费的钱都够买上一斤半斤的了。实在想吃，自己去市场上买些，解解馋就是了。

我给父亲反复解释着，却并没有劝阻得了他老人家。4 天后的一个上午，我收到了一个大的包裹，是父亲从老家邮寄过来的一箱香椿芽。包裹有 10 多斤重，邮费 66 元，是用中国邮政特快专递邮寄过来的，外面用胶带打了一遍，比较结实。箱子里有两把韭菜，2 斤左右；其余的都是我和家里人爱吃的香椿芽，有六七斤之多；另外，白色泡沫保温箱里还有两瓶冰冻的矿泉水，是怕路途中菜叶发烧变质而放进去的。由于冰冻的水起到制冷、保鲜的效果，箱子里的菜一点都没有烂，新鲜如初。经过 40 多个小时的腾挪辗转，父亲跑多家采摘的香椿芽和母亲亲手割的二茬韭菜，就这样带着满满的关爱邮寄了过来。那天中午，我和家人吃上了可口的香椿芽炒鸡蛋，滋味很是厚重，正是家乡的味道，我吃得尤为香甜。

这么多的香椿芽我不可能一下子吃完，于是就拿出一些品相好的分给了身边的亲友，剩余的我就用开水焯一下，控去水，然后放进冰箱，准备以后慢慢享用。能够品享餐桌上的美味，当然要感谢现代高速发展的物流业，感谢冰块的制冷、泡沫的保温、冰箱的保鲜，感谢土地的馈赠、大自然的恩赐，但更应该感谢牵挂我的人，感谢为我们创造美好生活而默默付出的人。

在年少的记忆中，我家的院子里有两棵香椿树，一大一小。太奶奶、爷爷他们很喜欢吃香椿芽。每到春天，他们就会让我们这些孩子爬上大树去摘，或用一根竹竿摽上镰刀去够。新鲜脆嫩的香椿芽是春天里一道不可多得的美味，可以炒鸡蛋，可以腌咸菜，还可以用滚水焯一下，直接炝拌着吃。太奶奶的牙早掉光了，吃东西嚼着费劲，母亲炒鸡蛋的时候就特意将香椿芽剁得碎碎的；有时候，母亲还将香椿芽放到蒜臼里和着蒜瓣捣碎，放上盐，浇上芝麻香油，做成香椿蒜泥，可以泼蒜面条，还可以泼在新蒸出锅的椿醭揪、榆钱上，味道鲜香，美得很哩！香椿，就像是一剂厚重绵长的调料，散透着特殊的幽香，给乡下人往昔素淡的生活增添了些许滋味。

说实话，我小时候讨厌香椿的那个味儿，每当太奶奶或爷爷给我用筷子夹一块香椿芽炒鸡蛋的时候，我都远远地躲开，不是我不想吃鸡蛋，是因为我不喜欢吃香椿的那个味儿。稍微长大了，我才感觉很多东西的滋味是那么的熟悉亲切，甚至会不知不觉爱上它，我也不知道我是什么时候开始喜欢吃香椿的。正像芫荽、茴香、芹菜、辣姜，乃至大葱，这些带有特殊滋味的东西，并不是所有孩子都喜欢吃；但是，小时候不喜欢，不代表长大了还不喜欢。随着年龄的增长，人的口味也是会改变的。大概是骨子里的血统和生活传承的原因吧，很多过去我不喜欢吃的东西，长大了反倒喜欢吃得不得了，香椿就是最典型的例子。

香椿树的幼芽嫩叶芳香可口，可当蔬菜食用，香椿树的木材也是宝贝。香椿木黄褐色且具红色环带，纹理美丽，质地坚硬，有光泽，耐腐力强，易于施工，是做家具、室内装饰及造船的优良木材。记得小时候，爷爷会从那棵大香椿树上砍下直溜的树杈，去皮后用刨子刨光，短的制作成优质的擀面杖，长的作为锄把使用。据说，用香椿木做的锄把光滑顺溜，吸汗，不磨手，是上乘的农用物件。随着农业机械化的普及，估计锄头、镢头、钉耙这类农具也快都派不上用场了。

听父亲说，现在农村的香椿树已经很少见了，不像过去困难年代，家家户户的房前屋后几乎都种有一两棵香椿树。前几天，为了摘那一箱子香椿芽，父亲跑遍了整个村庄，问了好几户人家，所获不多，最后又去几里外的舅舅家的院子里才采得那些香椿芽。

香椿，寄托着一缕乡愁；香椿，也惯坏着一个人胃口。味蕾的记忆是割舍不断的，就像是割舍不断对老家乡村的想念。再过些年，当香椿在老家乡村绝迹的时候，那一缕乡愁不知道又该安放在何处呢？

品味时下的香椿，回味记忆中的乡村……

作者简介：陶国立，男，河南平舆人，现就职于东北师范大学。

高杨店的饭

高驭科

高杨店的饭，分为家常饭、礼宾饭和供奉饭，还有小吃、馃子、点心，这里主要谈谈馍和面条。

今天高杨店人的祖先，明代由山西迁来，称呼馒头为馍。这是西北方言在高杨店的遗留。高杨店蒸馍手艺首屈一指者是杨常山。他家蒸的馍，曾经供应抗日部队驻军高杨店的国民革命军骑兵第三师师部，获得骑兵第三师师长王奇峰将军的赞许。杨家的馍以表面光鲜、造型周正、麦香浓郁、口感绵糯、层次丰富而驰名周边，可以存放 10 日不坏。翡翠庄园路南边小杨庄也有一个有名气的蒸匠，杨安民的父亲，一把抓的猪肚帽，黑条绒的千层底棉鞋，瘦脸，满面沧桑，右手扤一个柳条扤斗，扤斗上插着两个馍幌子，雪白的盖馍布，叫卖声高亢嘹亮。晨光熹微之中，晓雾还未散尽，他便“七（吃）吧——七（吃）吧——小杨庄的馍啊——”地叫卖着。每当路过粮管所门口，仿佛还能听到悠长苍凉的腔调。因为善于叫卖，南来北往的老客、买羊皮的回民、拧草鞋的老丁、收羊肠子的老魏、卖苇毛缨子的老陶、焊锡茶壶的老王、刻章的老高、打棉线袜子的老李、砸白铁皮的……纷纷购买，大快朵颐。

很多人把馍和馒头混为一谈。事实上，馒头这种面食，更接近今天的包子。《水浒传》里面，有人肉馒头，应该还是原版的。后来民间小门小户肉食不易得，就有了素馒头，偶尔也在里面包大枣、赤小豆，甚至一粒红薯，或者一点油盐馅料。到了宋代，包子馒头正式分家，现在，高杨店人祭祀时还是要用馒头，不能用家常的卷子馍。馒头，高杨店呼作蒸馍（读轻声）。小麦面，高杨店人叫好面，这一个“好”字，可以看出高杨店人对小麦面的嘉许，1983 年之前，高杨店主流民众除了逢年过节，是吃不到好面馍的，主流的馍制品是杂面馍。

杂面馍品种可谓丰富，最常见的是玉米面窝头，玉米面锅饼子。明代末年，玉米传入中国，高杨店也普遍种植，用它做馍。和玉米一起坐哥伦布的船离开美洲的作物，还有红薯。红薯传入中国曾救了高杨店人的命。8 月起开始鲜食，秋季刨成红薯片晒干贮存，待磨面做馍或贴锅饼子，搭配煳广椒糜，好吃极了。红薯面还能和豆面搭档创造一个面条传奇——芝麻叶豆面条。

芝麻叶豆面条是高杨店人魂牵梦萦的乡情符号，面条也是高杨店人的主食，特别是晌午饭的主角。红薯干面做面醭的芝麻叶豆面条，从明末起就挑起了高杨店午饭的大梁，一直到 20 世纪 80 年代，才有机会脱去了民间老土的外衣，逐渐登入大雅之堂，成为在豪华酒店才有机会一睹芳容的奢侈品。高杨店的面条里，有一个大智慧的品种，那就是藿香蒜糜凉面条，过了立夏，天气渐热，地里面活多起来，劳作一上午，浑身燥热，需要吃点凉面条，但是用井拔凉水激过的面条，会有湿气，而且有可能被水中的微生物污染。不用担心，高杨店的先民们发明了藿香蒜糜，藿香除湿，蒜糜消毒，三种沐浴日精月华、天地灵秀的尤物组合到了一起，造就了完美的捞面条，加上黄瓜臊子，再难侍候的伙计也抵挡不住 3 碗藿香捞面条的巨大诱惑力。我吃过北京的炸酱面、安徽的虾子面、新疆的揪片子、开封的鲤鱼焙面，不能说藿香蒜糜黄瓜臊凉面条超越这些面全国第一，把它列在最美味的面之一中，是毫不夸张的。和藿香面并列前三元的，还有茄子面片和面鱼儿，面鱼儿高杨店话简单地称为扇疙瘩。

事实上，面条和高杨店的大白菜一样，到宋代才完善，那时候叫索饼，直接和面，用手撕撕扯扯，下锅，捞出锅用蒜汁凉拌吃叫面鱼儿。这本是从前若干普通面食之一，后来因为蒙元鞑子管控刀具，手撕汤饼被大大深入加强。高杨店人不叫汤饼，叫做扇疙瘩。荆芥是扇疙瘩的标配，最后一点面搦出面筋入锅，甩上鸡蛋穗子，堪称美味，高杨店的扇疙瘩混元为一，包容一切，老弱丁壮，红女白婆，皆乐食之，符合道家大道至简、清静无为之道，实在是一种大智慧。

作者简介：高驭科，平舆县高杨店人，1971 年出生，1995 年毕业于郑州牧业工程高等专科学校，曾创办育龙私学，深爱老庄，后游历西北，游学华南，浪迹江湖。

剃　头

陶中民

居家隔离的日子，本就无聊，头发还蒿草一样地疯长，让人不胜其烦。一天在小区门口，看到有人在坐着理发。知情者说，新冠疫情期间，可以邀约。看着这既熟悉又陌生的场景，便不由得怀想起过去在老家剃头的日子来。

小时候，在我的平舆东北乡老家，经济落后，物资匮乏。生活虽然简朴，但头还是要剃的。剃头简单，没有理发那么讲究。一个剃头匠，一副剃头挑子，一两天就能把一个村子的活儿做完。

夏天隔个一二十天，冬天隔个月把儿，就有剃头匠挑着剃头挑子来村里剃头。

剃头挑子装着所有的剃头设备和工具。一头是一条上小下大梯形的屉柜，共3层，里面分别放着围布、钢刀布、磨刀石、剃刀、推子、梳子、篦子等，既可以放东西又可以坐在上面剃头。另一头是一个火炉，火炉上坐一口厚厚的小铁锅。烧水一般用棉籽。棉籽含油量大、耐烧、灰少，慢慢燃着而不出火苗，可以保持水温。“剃头挑子一头热”，就是这样来的。

剃头不讲场地，晴天一般在吃饭场，雨天就挪到牲口屋。大人先剃，然后是小孩儿。那时候一般都剃光头，老家叫光葫芦头。只有村干部、教师和较讲究的青年学生才留背发或偏分，叫东洋头。小孩子头顶留一块月牙形状，叫木梳篦儿；后脑勺留一撮儿，然后一年换个地方叫老鸹搬家。

洗头直接舀沟里水，说是可以败毒。冬天用热水，天不冷的时候就直接用凉水洗。大人就着盆洗，小孩子则要跑到沟边自己洗。没有肥皂，更没有洗头膏，只能反复揉搓，把头发和胡子搓软；把剃刀在钢刀布子上“啪啪”擦几下，然后左手食指和拇指将头皮把紧，右手持刀，一刀连一刀“哧啦哧啦”往下剃。大人要剃两遍，第一遍粗刮，第二遍再仔细刮净残留的头发和皮屑老灰。小孩儿则一遍成。剃完用毛巾擦一遍，然后“啪”的一声巴掌：

好了！这动作还衍生出一则歇后语：剃头的拍呱儿（巴掌）——完蛋了。

过去卫生条件差，村人也没有洗头的习惯，头皮屑连同灰尘粘在头皮分泌的油脂上，如果不剃光头，就要先用篦子刮掉，头发刮顺了再用推子推。推子不利了、缺油了或出毛病了，还会夹头发，大人还能咬牙忍住，孩子们则疼得吱哇乱叫。那时候人皮实，再加上“沟里水败毒”，一把剃刀、一把推子剃下来，有谁头上长了疮生了癣的，别人也不会传染上。只是剃头匠给小孩儿剃头总是比较毛糙，一不小心就刮掉了疮痂，一股鲜血顺头淌下，却也没啥大惊小怪的，随手从地上捏一撮醭土，往伤口上一摁，立马止血，并保证不会发炎。

在过去，剃头跟唱戏、搓澡、修脚等服务行业一样属“下九流”，社会地位不高，所以剃头技术一般都是祖传，很少有拜师学艺。剃头的报酬，是生产队按时按量给粮食，当天管一顿饭。

当时集上倒是有一家理发店，理得好看还卫生，但顾客大都是公社干部、公立教师，以及供销社、粮管所等单位吃商品粮的国家工作人员。我从上学起就跟着父亲在集上理发店理发，而且从不剃光头。

剃头也是有讲究的。年关一定要剃，“有钱没钱，剃个光头过年”，一来图个精神，辞旧迎新；二来不出正月不能剃头，否则会“死舅舅”；再就是农历二月二，龙抬头，剃龙头，图个吉利。

在那个机械化程度不高、生产力低下的年代，对于终日辛勤劳作的农人来说，剃头就算是一种休闲、一种享受。围布一围，眼睛一闭，剃去的不仅是头发胡须，更是一头的烦忧，一身的疲惫。

农村的剃头场和吃饭场一样，只要聚了人，便是一个热闹的所在。各种小道消息、奇人怪事、家长里短，无不从这里生成并传播开去。人们轻松地聊着从广播里听来、一知半解的国家大事和农村政策，讨论交流着庄稼农事，间或开开玩笑、讲讲笑话（孩子们不少经验和启蒙就是从那里得来的），直到炊烟四起，家里人喊吃饭，才意犹未尽、恋恋不舍地散去。

一晃几十年过去了，儿时的剃头场景却历历在目。怀念故乡，怀念故乡的剃头匠和剃头挑子。

抹 澡

陶中民

在我的平舆东北乡老家，人们把下到沟塘里洗澡叫抹澡。

村子南边有一片池塘，村人叫南大塘。池塘年代久远，算是农耕文明的水利设施，主要用于蓄水和灌溉，平时则可以养鱼、洗衣、淘粮食，当然也可以下去抹澡。

过去，每年的端午前后，“夜来南风起，小麦覆陇黄”的时节，天气渐热，孩子们就迫不及待地下塘抹澡了。他们相约到塘边，一个个脱得精赤条条，下饺子一样扑通通跃入水中，水面上很快就浮起一颗颗黑黑的“葫芦瓢”。

对于孩子们来说，抹澡的意义主要在于玩儿水，而要想玩儿得痛快尽兴，则要先学会凫水（游泳）。凫水没有太高的技术含量，只要人不太笨，胆子不是太小，一般都能学会。先从“踩水”学起，锻炼手脚的协调能力。练到身体不往下沉的时候，再学基础泳姿：“打扑腾”（狗刨，自由泳初级）、压逆凫（音，仰泳）。第一步一般很难迈出，总要被人猛地推到深水区，或者自己不小心掉到“井子”里，呛进几口水，出于本能，赶紧手扒脚蹬，扑腾几下就学会了。学会了这些，再学“起猛子”（潜泳）。“起猛子”首先要练习憋气，憋气时间越长，起的猛子才能越深越远。

练就了相当的水性，就能参加水里的各种游戏了。孩子们别出心裁地把岸上的各种游戏玩儿到水里来。最好玩儿的游戏当数“挑兵”。一群人按实力大小平均分成两队，然后保持一定的距离相向而立。随着一声“开始！”，双方同时潜入水下，挖出塘泥来砸向对方。脚下的泥不够用了，就得往水深的地方移动，越移越深，越游越远。水性差、体力小的就会渐渐不支而被淘汰，坚持到最后的一个便是“王”。接着其他人一起上，全都摸着“王”的头才算胜利，然后重新挑兵布阵，进行下一轮。有一种比较刺激的游戏是

“下山”（类似滑滑梯）。拣一块平坦、坡度适中的坡岸，泼水湿透，然后或仰或坐或趴，从岸上滑到水里，速度虽然赶不上如今水上乐园里的滑梯，但入水效果相差不大。乡下孩子皮实，有时候被“滑道”上尖利的东西划破了皮，也丝毫不影响兴致。跳水是一种比较危险的游戏，从高高的岸上一头攮下去，看不清下面是否有人潜水，结果两颗头撞在一起，不冒血也得起个疙瘩。

疯够了，玩儿累了，洗去一身的泥污，湿漉漉地上岸。先是歪着头单脚起跳，控控耳朵眼儿里的水，不然会害耳朵底子（中耳炎）。然后拍着屁股蹦跳，嘴里同时喊着：晾，晾，晾麻秆，你哩不干我哩干。一个个形态各异的“小蚕蛹”，随着身体上下跳动，场面煞是壮观。

村子北面有一条港，也有人就近到港里抹澡。港里长满了丰盛的水草，水草下面有厚厚的淤泥，脚踩上去，就有一串串温热的气泡冒上来，带着一股浓浓的泥腥味儿。港里不适合游泳，一不小心就会被水草缠住腿脚。最讨厌的是麻鳖蚂蟥（水蛭），不知道啥时候就吸到身上，而且不能硬拔，越拔吸得越紧，只有忍痛用巴掌或鞋底使劲打，才能让它松了吸盘掉下来。有时候还能看见清水飘（一种蛇）倏地游过，癞头蛤蟆（蟾蜍）笨拙地逃跑，虽然无毒，但也够吓人的。

大人一般只在晚上才下塘抹澡。夜幕降临，月亮升起来了，南风吹来一阵阵稼禾的清香。劳作了一天的农人，最惬意的事情就是下塘抹澡。他们吃过晚饭，肩上搭一条毛巾，身上只穿一条裤衩，慢慢地下到水里，静静地泡着，然后洗去黏黏的油汗和一身的疲惫。洗完后再把裤衩褪下来搓洗，上岸后拧干穿上。孩子们也安静下来，不再打闹嬉戏。远处还有女人的一块领地，她们总是等这边基本结束后，才小心翼翼地穿着衣服下去。

抹澡，让我七八岁上就学会了游泳，既丰富了童趣，又增强了生存技能，“75·8”洪水的时候就已成“浪里白条”，不但自救，还能救人。

城里宽阔的游泳池，设施齐全。水里因为加了氯、铜等化学物质而泛着好看的湖绿色，看上去清澈凉爽。花花绿绿的比基尼让人眼花缭乱。然而，这里却闻不到水中特有的好闻的腥味儿，也看不到充满野性和率真的孩子们的裸体。

篆刻文刀利，分朱布白皙

高子栋

我的父亲高顺天，字存斋，平舆县高杨店镇西高庄人，生于 1895 年，逝于 1979 年。他一生酷爱篆刻艺术，是汝南、平舆一带的篆刻名家。

父亲 9 岁入私塾启蒙，18 岁改入汝南县高等小学读书，并经同仁介绍加入同盟会，后转入国民党。19 岁考入河南省立第二中学（开封），次年，因袁世凯与国民党闹对立，袁系亲信河南督军张镇芳借口火药局爆炸案为国民党所为，便大肆捕杀国民党人，其中包括不少河南省立第二中学的师生。在开封的国民党员被迫撤退，父亲因此辍学，投笔从戎。

1919 年，我父亲再去开封，挂牌刻章 4 年。1924 年，因我爷爷被邻村王姓土匪枪杀，父亲即回家奔丧。之后数年中，与共产党组织多次联系，却因腿病、机遇等多种原因，未能走出家乡为国效力。

1937 年，父亲在高杨店买了一处临街的小院落，经营几种小商品兼刻图章，以此养育几个孩子在此上学。从此基本脱离了西高庄兄弟 4 人的大家庭。从 1933 ～ 1939 年，父亲曾因有共产党嫌疑，先后被汝南县国民党政府传唤过 3 次，最后一次还坐了 8 个月的牢。

新中国成立以后，父亲向平舆县公安局申请到了特种营业许可证，潜心篆刻图章，以此修身养性，以此养家糊口。我从小学到大学的生活费用皆出于此。

父亲认为篆刻是一门高雅的艺术门类，不同于一般意义上的刻字。他从来没有刻过木质印章，他认为真正的印章没有木质的，只有石质、玉质、铜银、牛角、象牙等材质。每当他讲起这些总是神采飞扬，他说："众多材质中，以寿山石、青田石、昌化石、南阳玉最为常用，而最贵重的材质当数浙江寿山的田黄和昌化县的鸡血石。"在他的影响下，我也很喜欢篆刻，他总是告诫我："篆刻是一种艺术和一门学问，不仅要有深厚的功底，还要有渊博的学识，尤其要提高对篆字（包括甲骨文、金文、籀书、秦篆、汉篆）的学习和识别能力。而刻字相比较为简单，木质印章是新中国成立后才兴起的，更注重实用性，没有太大的艺术性。金石书画是我国古代传统文化瑰宝，其中的金石就是指篆刻艺术，一幅成功的书画作品，书、画、印三者相辅相成，由此可见印章的重要性。”

新中国成立后，随着经济的发展和信息的畅通，父亲先后与北京、上海、南阳的材料供应商取得联系，购得各种优质的章料和南阳的烙花章盒。父亲精心设计了两个图章柜，高 2 尺，宽一尺六，柜内加设了 4 层隔板，分层放置各种章料和他收藏的历代有代表性的贵重印章，颇有小博物馆的味道。柜子的正面安装玻璃，其他三面是木质板，背面是可开合的柜门，柜门内面工整地贴着特种行业经营许可证，顾客和工商管理人员透过玻璃就能一目了然。父亲还特意制作了一个韧性十足的小扁担，一头挂上一个柜子，重约 50 斤，挑起来就能赶集了。逢集时，父亲早早地吃过饭，把门前打扫干净，摆上桌椅板凳，两个章柜并排放在桌子上，父亲坐在桌后长凳上，或忙着手中的活计，或与人打招呼，忙并快乐着。

高杨店集逢双，南 18 里杨埠、东 18 里和店、西 18 里庙湾、东北 16 里贾岭，都留下了他艰辛的足迹。父亲外出主要是赶庙湾集，庙湾集老街坊张好礼先生的父亲和我父亲是多年的好朋友。我父亲还没到，他就把桌凳搬出摆好摊子。有时活很多，父亲忙得忘了吃饭，张好礼先生就会端来一碗热腾腾的肉丝面。父亲忙到很晚才收摊，路过老家西高庄时，还要回去和我奶奶聊一会，顺便把在庙湾买的一些熟食点心给她老人家。等他再挑着担子回到家，已经夜深人静了。

农历三月初三，高杨店逢会；三月二十八，庙湾逢会。集会上车水马龙，热闹非凡，父亲就会在他的摊位上方挂上一条布质横幅，上写“存斋篆刻图章店”7 个楷书大字，刚劲有力，光彩夺目，这是平舆一中钱老先生为父亲写的，钱老先生是平舆县有名的书法家，招牌字漂亮，父亲篆刻技术精湛，顾客们站在摊位前，赞叹不已。

父亲自幼喜欢篆刻，所以非常注重有关篆刻之类书籍和资料的收集，特别是明清以来著名篆刻家的著作和印样，如文彭、丁敬、邓石如、吴昌硕、赵之谦等。另有碑帖和拓片数本，以及《辞海》《六书通》《六书分类》《说文解字》等十几部线装古籍。这些东西是他的宝贝，每逢阴雨天或忙中偷闲时，他都会反复翻阅，如吃饭、睡觉一样，成为他生活的必需。

父亲以认真严谨的态度对待他完成的每一枚印章和篆刻，万一有不尽人意的硬伤，干脆磨平重来。他认为他完成的每一枚印章，都应该是成功的作品，绝不允许有欠美、伤美的败笔。篆刻完成交付给客户之前，他首先把这枚作品盖印在他专门准备的线装本子上，以此作为留底和以后著书的积累。就这样十几年下来，他盖满了 3 本，盖印有数千枚之多。

1956 年以后，父亲刻章已经轻车熟路，拈重若轻，再也不打底稿，只用墨汁把印面抹黑，就着手篆刻了，至于字体繁简、笔画多少、线条粗细、黑白布局，他早已酝酿妥当、成竹在胸了。

20 世纪五六十年代，父亲的作品多次参加平舆县和信阳地区的书画篆刻艺术展览，受到资深专家的一致好评并获奖。

作者简介：高子栋，高杨店镇西高庄人。1964 年东北工学院（今东北大学）毕业，分配到长沙矿山研究院，长期从事金属矿山平巷掘进机械的研究。教授级高级工程师。20 世纪 80 年代应邀到英国、美国参加学术研讨，1990 年曾受到平舆县政府邀请为平舆县的发展出谋划策。

高杨店人物二题

陈东建

名医陈大停

陈大停是一位在高杨店赫赫有名的老中医。他于1897年出生在中医世家，原籍河南省鹿邑县丘集乡胡堂村，8岁入私塾启蒙，16岁随祖父、父亲行医，积累了丰富的临床经验。在祖父的指导下，潜心研读《黄帝内经》和《伤寒杂病论》等中医学著作，熟练掌握“望、闻、问、切”的传统诊断方法，擅长针灸和推拿按摩，逐渐成为地方上家喻户晓的名医。

1938年6月，侵华日军占领了河南开封后，大举西进，直逼郑州、洛阳，威胁武汉，国民党政府为阻止日军西进南下，采用“以水代兵”的策略，从郑州花园口一带炸毁黄河大堤，洪水奔腾而下，淹没河南、安徽、江苏44个县（市），造成90多万人丧命，1200多万人流离失所。鹿邑是重灾区，村落被毁，农田变成一片汪洋，陈大停先生带领家人，跟随灾民逃荒南下，于1939年辗转到项城闻楼村，又于1940年来到高杨店。他先是租住在现在高西山住处，一年后又搬迁到现在高先锋住处，后来又搬到现在李玉名南边，直到1947年才买下三岔路口北路东的临街房，又买了几亩薄田，凭高超的医术在高杨店安居下来。

20世纪60年代以前，医疗条件差，药物奇缺，头疼、发烧之类的小病就能取人性命，特别是妇女分娩，是每个家庭妇女要过的鬼门关，即便是顺生，大多是接生婆助生，卫生条件差，操作不规范，几乎没有消毒措施，妇女产后出血、产后风，婴儿“四六风”“七六风”是常事，让人们谈虎色变。

其实，“四六风”“七六风”就是破伤风，当时是一种高死亡率病症。陈大停最擅长的是针灸治疗风气。他刚到高杨店开药铺看病，就遇到本村的高广河患这种病，高广河当时四肢僵硬，牙齿紧咬，脸色乌紫，高广河的母亲躺在床上哭泣。街坊邻居都来劝慰，高广河的父亲已经把高广河放在院子里麦秸秆子上了，高广河的爷爷不甘心，叫来了陈大停先生。陈大停先生急匆匆赶来，放下药箱，撩起长衫，一条腿蹲下，另一条腿跪在地上，先看瞳孔后再把脉，回头对高广河的爷爷说:“这孩子还有救，快搭把手，帮他翻下身，背朝我。”陈大停先生打开药箱，取出了铮亮的银针，找准穴位，相继刺入人中、百会、大椎、迎风等穴位。周围的邻居屏住气，气氛紧张到了极点。突然“呜”的一声小孩哭出声来，周围的人先是吓了一跳，紧接着兴奋地唏嘘不止。高广河的父亲和爷爷既高兴又不知所措，呆在了那里。“都别愣着了，快！给孩子灌点热汤。”陈大停先生说。大家七手八脚地帮忙，高广河的父亲喜极而泣，高广河的母亲不顾身体虚弱，在床上磕起头来……

高杨店原始居民只有高、杨两家，其余十一姓居民都是外来户。人们管从南方来的叫“蛮子”，从北方来的叫“侉子”，这种称呼虽说没什么恶意，但绝非褒义。陈大停先生在高杨店最初的称呼就是“陈侉子”，直到大家亲眼看见了他起死回生的医术，才对他肃然起敬，恭敬地叫他陈先生。

高广河老人今年 79 岁了，仍然不辍劳作，每当他讲起这件事，感激之情溢于言表。陈先生在高杨店行医 30 年，经他针灸治愈的孩子数以百计。其中包括他的亲外孙高喜明。那是一个冬天的夜晚，寒风刺骨，高喜明已经被父母扔到门外了，姥爷知道他有病，晚饭后不放心前来查看，通过一番治疗，硬是从死神手里拉回了他的生命。

陈大停先生扎风气成功率极高，可以说是针到病除。经我多方了解，发现仅有一次意外：由于大椎和迎风穴位分布在脊柱位置，靠近神经中枢，针刺时必须拿捏准确才能万无一失。他白天坐诊、出诊，很是劳累，所以每晚都要喝点酒解除疲劳。那天他刚睡下就听到打门声，高楼村民抱着发病的孩子急匆匆赶来。孩子的情况万分紧急，治病救人、救死扶伤的职责不允许他推辞。一番忙碌之后孩子转危为安，父母心存感激，连连致谢。陈大停先生却充满愧疚地说:“针下得有点老了，这孩子可能要哑。”生死事大，残疾事小，家长自然明白，可陈先生非常自责，一宿没睡，从此不再饮酒。

除扎风气外，通过推拿按摩和针灸治疗身体各部位疼痛是陈大停先生的又一绝技。项城周庄周子玉，在高杨店方圆 20 里很有名气，黑白两道没人敢驳他的面子，连土匪头子刘田青见了他都毕恭毕敬地喊大哥。他患腰疼病好多年，经常疼得不能下床，多方寻医效果甚微。陈先生只给他扎针按摩 7

天，病痛全消，从没再犯过。高杨店出了名医的消息不胫而走，十里八乡的老百姓都来看病，一时间门庭若市、热闹非凡。

1948 年，陈大停先生在高杨店扬名立万，病人在他门前排成了一字长龙，如此喧闹的场景，吸引了过往的赶集人，也招来了土匪的光顾。一天早上，还没开门，老陈家门前就围了一堆人，大家指指点点，七嘴八舌。原来土匪在陈家大门贴上了条子，扬言要陈大停 3 日内凑齐 500 银圆，否则将绑了他两个儿子，5 天不拿银子，就撕票。全家顿时人心惶惶，不知所措。高杨店国民小学校长高献厅和陈家比邻而居，关系要好，闻听此事急忙赶来，身后还跟着 4 个荷枪实弹的校警，带他们来为陈家看家护院。这一举动被陈先生婉言谢绝了，他说："看上去我家怪热闹，其实挣不了几个钱，别说 500 大洋，100 我家也没有！既然土匪盯上我家了，对抗也不是办法，更不能长久，让我另想办法吧。"当天就请来了周子玉，周子玉出马，很快弄清了贴条子土匪的底细，没到天黑危机就化解了，陈先生还是拿出了仅有的 30 银圆给了土匪，只为图个安生。

在高杨店新农村社区内，我找到了阙子恒老先生，他是高杨店村韩庄人，今年 99 岁了，耳聪目明，思路清晰。提起陈大停，他不禁啧啧称赞。

他说："韩庄有个王老三，新中国成立前家里有 10 亩地，喂了两头大牲口，和陈大停先生关系要好，两家经常互相帮衬一起干活。我妻子有胸口疼的毛病，一直也没搁在意上看，有一年秋后种麦，妻子在地里干活，突然疼得厉害，倒地不起，满头大汗，不能动弹。在地里干活的人都围了过来，正好陈大停在王老三地里拉犁种麦，与他家地挨着，赶紧把陈先生喊过来，他诊断后说：'我在干活，没带药箱，赶快回家拿一根纳鞋底的大针。'家人不敢怠慢，立即回家取来。他先让我妻子躺正，反复告诉她不要说话、不要乱动，然后一针扎在她胸口。大家都捏了一把汗，面面相觑，陈先生拔针后，又按一会儿针口，大约一支烟时间，妻子就好了，从此再没犯过。大家既震惊又迷惑不解，缠着他不让走，让他介绍治病原理。他拗不过众人，就说：'人体脉络四通八达，穴位就分布在脉络上，一旦出现气血阻塞，脉络不畅，就会生病疼痛。这时只要针刺相应的穴位，打通脉络，病痛自然会消失，就是这么简单。'众人脸上露出佩服的笑容，目送陈先生离开。"

有些病人神经错乱、邪气附身、抑郁、精神分裂，也属于针灸治疗的范围。每遇到这样的病人，陈大停先生就会拿出细长铮亮的银针，猛刺病人曾经错乱的神经，只要一针就能驱除病魔，让病人镇静下来。在科学知识尚未普及的年代，老百姓称这种病人为恶鬼缠身，无法理解他用银针治病救人的奥妙，往往把他正常的行医看病与降妖除魔联系起来，纷纷认为陈先生道行高，法术无边，把他手中的银针说成神针，把他的故事传得神乎其神……

相传有一天夜里，一辆马车停在了陈先生门前，赶车人说家里主人得了急病，要他出诊。陈先生二话不说，提着药箱就上了车，不知过了多长时间，车停了，他下了车，眼前的房屋高大华丽，长廊迂回，台阶重叠，赶车人搀扶着他拾级而上，来到了主屋。门刚打开，一群妖魔鬼怪蜂拥而上，他们奇形怪状、青面獠牙，纷纷大叫："还我命来！"先生吓得掩面而蹲，不敢动弹。危急时刻雄鸡一唱天下白，眼前的情境烟消云散，一个早起拾粪的老头从此路过，看见陈大停先生正站在一棵大杨树上瑟瑟发抖，一群麻雀叽叽喳喳，他赶紧把陈先生扶下了树……从此陈大停先生夜间不再独自出诊。

当我把高杨店坊间这一传说讲给陈先生的长子陈帮俊时，他笑了起来，并当场否定。他说："父亲夜里出诊是家常便饭，最远时有十几里路，那时道路不像现在平坦溜直，都是斜梢路，再加上有时天气恶劣，大雪屯门，所以迷路是常有的事，有几次就摸到了老坟地里，天亮才回到家。像你说的这事，我从没听老父亲讲过。"

陈先生行医数十年，始终秉承"穷人吃药，富人打钱"的祖训，即家庭条件好的病人就多收一点费用，条件差的病人就只收药物成本，真正一贫如洗的人家不收费，从不会因没钱看病而将病人拒之门外。

陈大停先生于 1971 年农历十月二十七日子时驾鹤西归，享年 74 岁。后世子孙在祖辈精神的感召下，事业有成，成为各行各业的佼佼者。

阎铁匠

阎铁匠原名阎子清，原籍新张胡营村五门庄西小阎庄，距离高杨店只有 6 里路。阎铁匠的父母是老实巴交的农民，育有 4 个儿子，家中一贫如洗。1915 年阎子清 16 岁时，连个媳妇也说不上，于是他背上包袱，远赴周口投师学艺，入徒从端茶倒水、拉风箱、递工具干起，十年磨一剑，百炼成钢，最终学得一身过硬本领。他于 1925 年回乡立炉开铺，打造铁器，并逐渐教会了 3 个弟弟，老二阎子正天资聪慧，爱交朋友，仗义疏财，肯卖力气，为人活道，逐渐成了家中的顶梁柱，老阎家旧貌换新颜，越来越富裕。又给老

三、老四娶妻成了家。

当时的汝南、平舆一带，属于陕军统治，陕军田维勤部驻守汝南，大肆扩充实力，征粮派款、欺压百姓、收匪纵匪，无恶不作。豫西鲁山、宝丰一带土匪成建制的横行于汝东，老洋人、老戴正、老王太等匪众都曾祸害于此，杀人放火，民不聊生，整个农村哀鸿遍野，如此沉重的负担再加上匪乱，势必激起农民的强烈反抗，于是从1924年春季开始，全县各乡村普遍请武师，组织了红枪会农民武装，抗苛捐杂税，反土匪侵扰。

阎铁匠家除了打制农具，还给红枪会农民武装锻造大刀、长矛等武器。也因此多次受到陕军和土匪的恐吓。大铁匠、二铁匠于1927年春被迫搬离了原籍。

高杨店一带有一句顺口溜：“欧寨半私半官，路阎庄三里地不敢傍边。”欧寨晚清出了个进士，黑白两道都不敢得罪他；而路阎庄寨大人多，有十几个神枪手，令土匪闻风丧胆。再加上两个寨子寨墙坚固、戒备森严，没有土匪敢轻举妄动。于是大铁匠搬到路阎庄，二铁匠搬到欧寨，收徒立铺，艰苦创业。

大铁匠打制的农具钢火好，做工细，但要价高，再加上为人倔强、缺乏灵活，生意一直不如二铁匠的兴隆。欧寨南边的王桥村，有一户师姓人家慧眼识珠，看中了二铁匠阎子正为人厚道、本分实诚、善经营，就把女儿许配给他。师家女儿勤劳能干，掌家立事，夫妻志同道合，日子越过越红火。

阎家打制的铁器除了供应附近村民，还要到高杨店摆摊出售，全靠师徒肩挑人扛，非常辛苦。特别是大雨过后，小路泥泞不堪，负重前行很是艰难。二铁匠阎子正便萌生了在高杨店买宅院的想法。

王三营祖籍王桥，擅长扎社火，扎出的纸人、纸马、摇钱树、金山银山，栩栩如生，成为高杨店一绝。曾经富甲一方，置下了高杨店北头东西路以北直到护寨的海子、西大寺东约3000平方米的宅子，可惜膝下无子，慢慢地人也颓废了，又染上了吸食鸦片的毒瘾。家道慢慢落败，入不抵出，最后到了变卖家产的地步，先卖地，后卖屋，以至于连屋西北方的小坑都作价变卖了。

1945年，二铁匠阎子正先买了寨内三岔路口的门面房，又买了王三营家东半边南北方正的田宅，第二年又动员哥哥买下紧邻的西边另一半，兄弟两家都搬迁到高杨店。最后王家到了山穷水尽的地步，就又把现在阎海云住处卖给了二铁匠。二铁匠宽厚仁慈，尽管已经出钱买下，却仍然让王家居住在该处，还不断地接济王家。

从1945年至20世纪末，老阎家铁匠铺炉火旺盛，叮叮当当的铁锤声鸣响在高杨店，成为一道亮丽的风景。老阎家人老几辈都是能工巧匠，靠勤劳能干一直走在发家致富的最前沿。高杨店方圆20里素有民谚："阎家板，蔡口钩……"说的就是阎家的锄板质量过硬、经久耐用，很受百姓欢迎。阎家制锄配方讲究，材质优良。锄钩如鳝，弯曲自然适度，有利于锄板吃土；锄口做工讲究，钢火好，锋利轻快，不生锈；锄面起拱，弧度适中，明光锃亮，不粘土。相传锄面起拱的技术是大铁匠阎子清的看家本领，二铁匠阎子正唯独在这一点上技不如人，怎么也悟不出其中的奥妙。阎家锄板成为农民家家必备的农具，卖得最好的时候，一块银圆一把，供不应求。

大铁匠阎子清携子阎钦中、阎钦英，二铁匠阎子正带领大儿子阎钦明、二子阎钦敬、三子阎钦贤在高杨店村三队立炉开铺，凭高超的手艺和端正的人品，稳稳地站住了脚步。

我家与老阎家比邻而居，从记事时起多次看过他们打铁时紧张而有序的场面。小徒弟生火、拉风箱，把锻件放在炭火上有序排开，上面盖上盖火，等到炉火纯青之时，老匠人阎子正把长衫衣角撩起，塞在腰里，两个身强力壮的徒弟穿上油布围裙，拿起大锤、二锤，老匠人阎子正左手持铁钳抛掉盖火。夹住通红的锻件，急放在砧台上，右手拿着小锤叮叮两锤，指明部位，右侧大锤用力较大发出嘣嘣之声，对面二锤迅速跟进，用力较小发出当当之声，锻件在砧板上翻滚，似火龙出海，每一锤砸下去，火花四溅，如同霞光万道，屋内一片通明。约有一分多钟，掌钳大师小锤轻轻一敲，大锤、二锤戛然而止，老铁匠一边把锻件放入炉火，一边又教导徒弟一些注意事项。随后又夹出另一个锻件……

老匠人阎子正那时已经上了年纪，大部分时间站在炉边做指导，有时也坐在墙边晒太阳，一身黑布棉衫，腰间裹着大带子，头上一顶黑毡帽，头发胡须全白了，说话时头微微颤动，慢条斯理，很有长者风范。他常常告诫子孙："相惜个人开条路，得罪个人立堵墙；穷不失义，富不离道；钱财乃身外之物；独门小户不惹事。"在他的教诲下，阎家子弟为人随和，仗义疏财，对人大度。

20世纪60年代，打击投机倒把、割资本主义尾巴运动中，阎家铁匠铺被定性为资本主义地下工厂，财产被没收，工具被充公，铁匠铺被勒令停业。甚至连箱子、柜子等生活用品都被没收，两代人积攒的两坛子铜钱被抄走，一坛子银圆遗失。然而阎家人并没有气馁，而是凭一技之长进入平舆县机械厂、社办工厂做工，并开始从事自行车、架车及农机修理。并且成为锻造和修理方面的尖子。铁匠家第三代传人阎海全曾经用自行车、架车和柴油机改造成一辆拖拉机，村北头孩子们抢着坐在上面兜风，那是我生平坐的第一辆机动车。拨乱反正之后，在运动中受损失的一些人鼓动阎家人一起告状，要回财产，在人们看来是理所当然的事情，却被阎家人婉言谢绝，明确表示原谅当事人，财物不再讨要。

21 世纪初，大铁匠阎子清的后人仍然坚守着祖上留下的手艺和事业，锻造钉耙、铲子、条镢等农具。随着时代的发展，机械化生产代替了手工劳动，阎家打铁的手艺没有了用武之地，渐渐失去了传承，但老一代人留下的与人为善的家风和艰苦创业、拼搏进取的精神却一脉相传，发扬光大。

庙湾篇

庙湾村庄散记

梁宏宇

庙湾寨

庙湾在旧社会是个镇，也是一个寨。

庙湾寨与众不同。西边和南边是洪河天堑，榆树桥西北角向北，沿着山陕会馆庙西侧是一道深深的寨沟（海子），到北头是一条东西向的寨沟，拐向东南是一大片坑塘，汪洋连绵，像湖泊一样。就这样经供销社东边墙外继续向南，在电影院北侧形成新的大面积坑塘。向东走，在庙湾完小西边向南，直达洪河北岸，是一连串的坑塘，然后顺着一条东西港沟向西流到庙湾老石桥东头桥下。只要不是大旱之年，这些坑塘就会水系相通、湖泊相连，构成一道天然的可循环的水系屏障。

沿着这些坑塘湖泊的里沿，是修建的土寨墙，4 米多高的样子，新中国成立后这些寨墙的残垣断壁依然存在，后来就随着家家户户建房消失了。这些寨墙应该说挡不住土匪兵痞，但宽而深的坑塘比一般寨海子还让人难以捉摸，"远怕水，近怕鬼"，水对于土匪兵痞来说，在心理上产生一种障碍。

庙湾寨只有 3 座寨门，西寨门冲着庙湾老石桥，大致在现在的港（jiǎng 音讲）街西头靠北一点儿；北寨门在庙湾最北头，现在邮政所南侧有条东西港沟，港沟就是北寨门外的寨沟，港沟上面的柏油路口就是当时的北寨门；南寨门在武术街南头向东，寨门向东南，现在还有一条向东南的道路，就是当年南寨门方向的明证。

庙湾寨比其他寨更独特的一点，就是还有外寨，像古城门外的瓮城一样，形成双寨子。庙湾寨的外寨就在河西，为了保护庙湾寨，庙湾人在河西沿建起一座小寨，把庙湾老石桥西头的出路都圈进去，倚河堤而建，成为庙湾寨的一道屏障。

庙湾镇处在水陆交叉的黄金十字路口。洪河是淮河的一大支流，向西深入到伏牛山方城县，蜿蜒曲折，经过舞阳、西平、上蔡、平舆到新蔡，最后从淮滨县入淮。由淮河再入长江，所以上下来往的船只十分频繁。上游的山货石货，下游甚至长江流域的木材毛竹、丝绸布匹、海鲜鱼类、南北海盐、皮草山货、珍贵药材等都会沿着洪河上溯，成为沿洪河各个村镇埠口不可多得的贸易物品。庙湾这样重要的村镇和河埠自然是重大集散地。

庙湾镇正处在汝南至项城官道的中点，北上京津，南控江汉，西抵伏牛，东达吴越。是南北要冲、东西咽喉，历来为兵家必争之地，更是贸易商埠。正是看到庙湾经济繁荣的优势，明代就设立了庙儿湾镇，驻有镇守的总兵。清朝时，承袭明朝的管理体制，在庙湾设立了庙湾巡检司，加强对庙湾经济和社会治安的管理，使庙湾成为洪河上著名的政治、经济和文化中心。

庙湾作为一个经济重镇，当时有南北三里长街，有文化节、港街、武术街等，特别是三里长街，一街两行所有的门面店铺都山搭山建设，没有留下任何间隔，整个建筑都是明清式建筑，古色古香的，一眼望不到头，让人十分震撼。更让人震撼的是，一街两行在建门面时都往外建有走廊，走廊上方的廊檐齐整整地伸到街上，两侧的廊檐几乎遮盖了大街。正是有了这样的设计建造，庙湾镇一街两行，无论晴天还是下雨，无论买家还是行人，都可以在廊檐下自由行走。这种廊檐式街景成为庙湾镇的一绝，是豫南地区独一无二的。正因如此，庙湾镇更是驰名远扬，自然也受到贪官、兵痞和土匪的青睐。

1921 年，陕西军阀田维勤的部队驻扎在汝南县城，他手下一个营长王伯符带一个营驻扎在庙湾镇。田维勤是冯玉祥西北军的一个旅长，1921 年冯玉祥还属直系军阀曹锟、吴佩孚统辖，所以田维勤被安排驻扎在汝南县。直到战争失败后，田维勤带着几个团长逃回汝南，自称司令，大肆扩军，对汝南县百姓敲骨吸髓式的盘剥，兵匪一家，抢掠百姓，强奸妇女，祸国殃民。当时流传的民谣唱道："陕兵下了乡，鸡狗都遭殃，不是拿鞋袜，便是抢衣裳。""陕军招匪又放匪，闹得村庄无人睡，白天村口跑兵反，天黑还得躲土匪。"对于田维勤在汝南犯下的滔天大罪，冯玉祥在 1927 年进驻洛阳后知悉，以召开军事会议为名，把田维勤引诱到洛阳，活埋了。这是后话。

单说 1926 年秋，王伯符奉田维勤的命令，驻扎在庙湾区，搜刮民脂民膏，集聚了大量财富，庙湾镇及周边百姓苦不堪言。百姓们私下诅咒陕军，盼望他们快快离开。说啥来啥，这一年的农历八月十二日，突然间来了一股散兵游勇，大约600多人，与王伯符打了起来。王伯符仗着自己是驻军，枪炮齐全，根本没有把来袭的土匪放在眼里。哪知道这股土匪破了命地进攻，竟然把王伯符的一个营打败了。王伯符挡不住败退的士兵，只好命令手下带着搜刮来的钱财，提前带头溜之大吉，把一个空荡荡的庙湾留给土匪。战斗结束了，庙湾人才知道，这股土匪原来是袁英带来的。

袁英，正阳人，早年留学日本，赞同孙中山，后加入国民党，反对袁世凯称帝，1915年1月18日，他参与刺杀袁世凯，未遂，逃至天津，后被捕入狱，获释后回到正阳，开始扩军，到处收编土匪地痞，妄图自成一派势力。1925年1月，袁英把正阳县团丁700余人收编，改名“河南新编第一混成旅”。1926年秋，国民革命军北伐到武汉。袁英为了抢占地盘，打着响应北伐军的旗号，率军北上，农历八月十二日赶到庙湾镇，为了抢占庙湾重镇，他突然袭击，打了王伯符一个措手不及。正是这次战斗，袁英对庙湾人民犯下滔天大罪。此后，袁英攻破项城、新蔡、正阳，一路烧杀抢掠，无恶不作。袁英后来被蒋介石收编，授予他少将参议。袁英不甘寂寞，欲谋刺杀蒋介石，被蒋介石秘密逮捕杀害。这也是咎由自取，罪有应得。

这一次偷袭庙湾镇，本想着得一块肥肉，结果是自己的弟兄死了不少，没落到什么值钱的东西。袁英心里怀恨，咬牙切齿，命令手下土匪把镇里所有的商店、客栈、会馆、钱号甚至居民家庭都洗劫一空。袁英还不解气，走之前，他下令火烧庙湾镇。

当天夜里，袁英手下的土匪一分为二,一班手拿火把，一班掂着油桶，先泼油后点火，大火烧了3天，把庙湾南北三里长街两侧1000多间门面房，全部烧毁。可怜庙湾镇多少代、多少商贾血汗建成的门面，被袁英一把火烧了个精光。从此，便留下“烧得像庙儿湾”的口语。因此，袁英是庙湾古镇历史文化的最大破坏者，他的罪大恶极是庙湾人永远不能饶恕的。

李　寨

庙湾镇东北角，有一个李寨行政村，算是庙湾最边缘的村，也是庙湾直接通往项城的村。庙湾这个李寨，项城人和庙湾人都叫南李寨，与项城的李寨南北呼应，不过项城的李寨是个镇，行政级别大一级，项城人和庙湾人都叫北李寨，庙湾人习惯叫韩李寨。

庙湾李寨，旧社会是座壁垒森严的砖寨，里面的住户多以李姓为主。据百岁老人讲，李寨村建村较早，具体时间说不清，但建寨时间大概在清同治年间（1861 年始），由寨内几家大地主发起组织，有钱出钱，没钱出力，不仅本寨，连周围大部分村庄都出钱出力。为了建寨，买了一部分青砖，缺口的砖头，是扒民宅的根脚得来的。为了建寨，可谓齐心协力、不遗余力，土匪兵痞来了，人们无处躲藏，进寨是最好的选择，这也是平原地区多处建寨的原因，也是无奈的选择。

李寨整体是东西长、南北较窄，寨墙高 5 米多，寨隍宽厚，一色的青砖砌成，十分的牢固。寨子四角建有炮楼，寨墙上有瞭望哨有射击孔，有游动哨来回走动。偌大的寨子只留南北两座寨门，南寨门正对向南的道，北寨门冲着北去的路，北去项城，南去汝南，这里是必经要道。南北寨门都建有高大宽厚的门楼，都有吊桥，晚上很早吊起，早晨很晚放下，夜里无论什么人喊都不会开门。正是因为有这种规矩，每到半晚上，周围村庄的群众就会赶着牲口、猪羊，带着孩子，赶紧往李寨走；第二天早晨天大亮后，吊桥放下，外村人才走出寨子，回家耕作；夜里不开门，这是每个寨子都铁定的规矩，李寨也不例外。寨子外边分内、外两道海子，每道寨海子宽都在 20 米以上，深度能有 5 至 6 米，最可怕的是陡深滑溜，掉进之后，一个人很难上岸，必死无疑。

李寨建成后，李万毅担任第一任寨长，为了保护寨子安全，需要买枪，他便卖了寨门口的 30 亩好地。他死之后，他的二儿子李春玉接任寨长。父子爷俩把李寨经营得铁桶一般。1927 年农历四月，豫西悍匪老王太、老戴正合兵一处到汝东庙湾抢掠，攻破了荣花寨、大秦寨，血洗了杨庄寨，但怯于李寨固若金汤，始终没敢攻击李寨。只是到了 1947 年，大地主李学典、李学广当寨长，李寨才由反动分子把持，李寨成了反动势力的老窝，才出现邢克亮打李寨的战斗。

邢克亮打李寨是 1947 年 12 月，那次战斗的起因是邢克亮的部队想借宿李寨，喊门不开，又遭枪击死了两名战士。为了剿清土匪也为了替战士报仇，第二天邢克亮指挥强攻，又伤亡一些战士。攻克不下，邢克亮只好请解放军 604 团王团长派兵支援。第三天晚上，王团长带的一个营和邢克亮的部队会合，用 60 炮炸开了防守最薄弱的东北角寨墙，战士们冲进寨内，与敌人展开激战，很快结束战斗。这次李寨之战，虽然剿清了李寨土匪，但解放军损失很大，牺牲了 17 人，邢克亮的长子邢学谦也在这次战斗中英勇牺牲。战斗结束后，把牺牲的战士埋葬在李寨南边、贺庄北边的地里 12 人，八里夏村委院内埋了 5 人，5 人之中就有邢学谦。新中国成立后，邢学谦的坟被迁回老家东和店邢寨。人民政府多次对贺庄和八里夏的烈士墓进行修缮，如今已经改造成烈士陵园，成为红色革命基因传承的教育基地。

李寨之战之后，李寨就成为解放区，村民们进进出出十分自由。新中国成立之后，因为平舆县城建设和庙湾公社建设，砖头被运走，寨墙被毁坏。20 世纪 70 年代初，李寨还是一个人口众多、繁华热闹的大村庄，四周的寨海子依旧，南北两个出路依旧，只是没有了寨墙。

75·8 洪水后，几个队的队长按照上级建排房的要求，商量着迁出寨子，分头居住，一个李寨又分成了 3 个自然村：寨海子东南角的叫南李寨，寨海子北边的叫北李寨，寨海子正东 2 里地的叫东李寨。现在你要到李寨，得说出哪个李寨，人家才给你指路。

寨内变化也不小，寨的东部旧社会是大地主的宅院，新中国成立后作了学校，20 世纪 90 年代新建了教学楼，李寨小学环境比较优美、安静。小学的西侧是一家中型养牛场，养牛场西侧就是南北路，寨门路口的海子都被填住，成了南北公路。公路的西边是李寨村卫生诊所。再西边就是大片的庄稼地，过去都是寨子住人的地方。四周的海子大的格局还在，但局部也都变了样，寨南的两道海子挖通了，被人承包养鱼；寨北的海子依然还有旧时的模样。

杨庄寨

杨庄寨是庙湾东南有名的寨子。

杨庄寨现在属平舆县庙湾镇郑楼村管辖，位于郑楼村东南角，是一个不大的村庄。

走近杨庄寨，东、西、南、北四面寨海子依然四棱四正。旧社会，杨庄寨是个四方寨，四周是宽而深的寨海子，海子里沿就是高大的寨墙，寨墙外壁是大青砖砌成，墙高 4 米多，寨隍由土堆成，很宽很厚。整座寨就一个南寨门，四个角都有炮楼，可谓壁垒森严。

杨庄寨成为周边村民跑反躲藏的首选之地。杨庄寨东邻高庄、南邻袁庄、八姓庄、南郑庄，身后是郑楼大庄，西边不远是小杨庄，西北是岗李儿个庄，北边有老宋庄、小宋庄，而且周围这些村庄都没有寨子，村民们跑反都会就近躲进杨庄寨，小小寨子平时就住有三五千人，遇到老汤、拉大杆的，寨子里的人猛增，小万把人很正常，这使得杨庄寨名气大增。

杨庄寨之所以固若金汤、坚如磐石，就是因为有红枪会首领李金堂和他的红枪会。

民国初年，土匪猖獗，百姓苦不堪言，于是义和拳教摇身一变，以红枪会名目在山东再度兴起，很快传入河南。因为他们所用的武器多系长矛，在长矛上系以红缨，所以便叫红枪会。红枪会最初以村、镇为单位，一村或一镇设一会堂，亦有联合数小村设一会堂者，由大师兄统领，余称师弟。此后，会员日众，才有二师兄、三师兄等名称。红枪会成员都信奉刀枪不入的神功，打起仗来不要命，也不怕死。红枪会之间，只有横的联系，但联系得很少，没有纵的关系，彼此互不听从，只听本会大师兄的。也正是因为这种架构关系，红枪会往往各自为战。

李金堂本是岗李人，因为读过私塾，肚子里有墨水，身材魁伟，孔武有力，加上脑子灵活，在红枪会传入河南之初，便加入红枪会。近 10 年的奋斗，使李金堂成为杨庄寨这一带的红枪会首领，俗称大师兄。民国十三年（1924 年）农历八月，李金堂带领自己的红枪会，参加了汝南县保安团团总胡际五发动的围困汝南城驱逐陕军的战斗。虽然失败了，但扩大了影响，壮大了队伍。回到杨庄寨后，李金堂带领手下几百名红枪会会员，把杨庄寨打造得如铁桶一般。很多土匪想起寨内住有很多地主，便垂涎欲滴，看到李金堂的红枪会，又都打退堂鼓。这就使得杨庄寨安全、有钱的名声越传越远。

杨庄寨里富人多的名声竟传到豫西大土匪的耳朵里，这个豫西大土匪就是戴明权，外号老戴正。1927 年初夏，豫西土匪老王太和戴明权两大杆匪，各带 3000 余众，从豫西翻铁路进入豫南。四月初一，两大杆匪合兵攻破庙湾寨。老戴正进驻庙湾安营扎寨后，同老王太商定：分兵两路分别去破荣花寨、大秦寨，然后合并一家围攻杨庄寨。老王太表示赞同。老戴正就派出两名骑兵前往杨庄寨侦查，在郭湾东北角的老三里桥处，被杨庄寨红枪会的流动哨发现，两名红枪会员埋伏在三里桥下，等两名探子走进时突然袭击，用红缨枪刺死一个，另一个逃回庙湾。听到一个探子被杀，老戴正大怒，改变计划，先攻打杨庄寨。并要求土匪们“捉住李金堂，杀他个孩娃不留！”他留下老王太驻守庙湾，亲自率领本部土匪围困杨庄寨，并派亲信去汝南陕军李茂森处求援枪支弹药。这李茂森是土匪出身，后加入田维勤的陕军任团长，经常打家劫舍，并与杆匪相互联系狼狈为奸。

刺死探子后，红枪会会员回去禀报给李金堂。李金堂知道不妙，他知道老戴正是豫西有名的大土匪，又刚刚破了庙湾寨，势头正旺，人家有枪有炮，人多势众。便命令刺死探子的那名红枪会会员骑着缴获的那匹马，带上缴获的盒子炮，拿着他的信，赶紧到东南10里远的刘寨和荒坡寨请求救兵，但刘寨和荒坡寨不愿引火烧身，拒绝了请求。

农历四月初二凌晨，老戴正围攻杨庄寨。一开始，老戴正采取一边掩护一边凫水过海子架云梯的办法，从四面分别强攻。李金堂把寨内的青壮年分成4支狙击队，分别把守，8架佛郎机大枪放置在四角炮楼上，两尊土炮置于南寨门。妇女老头搬运砖头石块，堆积在寨隍上。你来我往，你攻我守，都有准备，特别是杨庄寨李金堂的红枪会利用坚固的寨墙等有利地形地势，以逸待劳，连续3次击退老戴正匪徒的进攻，寨墙外一堆堆尽是土匪尸体。

初三傍晚，老戴正见自己伤亡很大，便命令停止攻击。有土匪给老戴正出主意，说寨内居高临下，火力又猛，咱要想转败为胜就得比他们站得更高，这就要搭建更高的工事。并指给老戴正看，寨西50米远的桑树林，寨西北角60米远的奶奶庙，都可以搭建掩体工事。老戴正一拍大腿，好主意，马上行动。于是，那位出主意的副手便带领一部分土匪到郑楼村拆卸家家户户的门板、木料，利用火把照明，连夜在大桑树树杈上、奶奶庙屋脊上搭建了两处射击工事。

一夜无话，初四早晨，一大马车陕军援助的武器弹药也从汝南运到。老戴正命令匪众居高临下疯狂扫射，守寨的红枪会会员虽然勇敢，但赤身露体、手拿钢刀抵不过土匪的枪弹。这个时候，杆匪的敢死队趁机跳下寨海子，凫水游过，竖起云梯爬墙。中午时候，西寨墙被攻破，南门也被土匪打开，大量的土匪鱼贯而入。匪徒们见人就杀，连吃奶的婴儿也不放过。李金堂见匪徒攻入寨内，手下弟兄和百姓死伤无数，咬牙切齿，眼睛出血，赤膊上阵，被众匪包围在一条街巷内，死于乱刀之下。

血洗杨庄寨，成为豫南最惨的杆匪作恶事件，充分证明了旧社会官府不管、兵匪一家的黑暗现实。这次血洗，860余家的大小车辆和财物被抢，房屋被烧，杀死群众2300多人，其中郑楼一村被杀绝户103户，小杨庄有51户死难者83人，杨庄寨侥幸逃命者仅30余人。有老人讲，杨庄寨有一户一个小孩，几天前到寨外走亲戚去了，这一天突然想回家，便步行而回。等亲戚到家不见这小孩，便骑着驴急忙追赶，结果到杨庄寨东边被追上，此时土匪正在攻寨，枪声响如爆豆。那亲戚一看，抓起来那小孩，放到驴身上，扭头就走，才保住这一家唯一的一条命。

土匪血洗杨庄寨之后，寨海子边上的死尸、寨内2000多个的死尸，都跟谷个子一样躺着，农历四月的天已经热了，死尸快速腐烂发臭。当时，七不挨八不连的外村人没有一个敢来掩埋的。很快，寨内死者的亲戚纷至沓来，他们都是方圆十里之内的亲戚，是他们把寨内的死者埋葬的。为了尽快埋葬，这些素不相识的外村人，组织起来，在杨庄寨的东南边和东北边分别挖了两座大坑，不讲男女老少，分两处埋了。这两处大坑都叫“万人坑”。

惨案过后，杨庄寨除了幸存的杨姓、郑姓，大多是当时寨内住户的寨外亲戚。蒋姓、郭姓、张姓、袁姓、王姓、李姓、田姓等外村人在埋葬了亲戚后，就继承了亲戚的宅子房产和田地，在此落户，成为杨庄寨的新主人。

里湾寨

里湾寨是豫南地区天然形成的典型的河湾水寨。

里湾寨位于平舆县城东北方向，距县城14.5公里，在庙湾集东南角，离庙湾不到1公里。洪河古称瀙水，瀙水走到庙湾集东南角，拐了一个弯，就形成了月牙形的河湾。河湾中的沙洲是一块肥沃的土地，人们世世代代住在这里，日出而作，日落而息，繁衍生息，把一个沙洲生生建设成一个与世隔绝的世外桃源。因为外边是一湾河水，村子在湾子里边，一圈河水像众星捧月一样围绕，所以村子便有了一个与众不同的名字——里湾。

里湾建寨并不久。民国十八年，也就是1929年，里湾有个叫潘老殿的回民，是个精明的生意人，因为见过大场面，好给乡里乡亲管事儿，有能力有威信，是里湾及周围有名的排场人，老百姓叫光棍儿。就是这个潘老殿，自告奋勇，出头露面，动员地主和一般佃户，有钱出钱，有力出力，扒掉岗李、郭湾和叶庄3个小寨的寨墙，修建了里湾寨。里湾寨是个砖寨，所谓砖寨，外墙是用砖垒砌的，里墙是用黄土堆成的，堆成的里墙既宽又厚，叫作寨隍，外墙是垂直的，而寨隍像个梯形，上窄下宽，寨墙底部宽5米、顶部宽2 ~ 3米，高4米，这种设计便于从寨里攀登，也便于寨墙顶行走和守卫。里湾寨墙像长城一样，四个角修了炮楼，炮楼之间都有瞭望点，其余都修有寨垛子，有垛口可以供人瞭望和射击。

里湾寨有东、西两座寨门，寨门都有木桥与外界相连，两个寨门之间是一条东西大街。寨的西北角有一个小角门，仅供单人行走，大旱之年河道水浅，人们便从檩棚的浮桥走过，水大时淹没浮桥，人们就不能通过。小角门其实就是人们外出劳动或赶庙湾集的捷径。小角门的旁边有一座火神庙，善男信女初一、十五就去烧纸上香。因为里湾寨的坚固和自然天险，让里湾寨成为远近闻名的大寨、安全寨。不过，里湾寨修好不久，就遇到冯占奎兄弟俩带领的大杆（土匪）队伍来抢掠，潘老殿组织里湾人奋勇反击，土匪溃败而去。因此，里湾民间至今仍流传着谚语“潘老殿，人真能，修的里湾像皇城，东门高，西门低，抬着大炮佛郎机，一炮摧死一千一”，可见里湾寨当年的寨墙面貌和防护功能。

里湾寨是当时附近富人的集聚区。因为里湾寨是以洪河为寨海子的天然大寨，有着天然的地理优势和独具特色的天险守卫，里湾周围方圆几十里地的地主、富商有人在里湾寨买地盖房，几乎常年住在里湾寨。这就形成了里湾寨南北东西都有地主高大的瓦房或楼房，可谓是楼瓦雪片、鳞次栉比。不仅如此，还有神庙、福音堂、大戏楼、文庙、私塾、小学堂、药铺郎中、油坊、肉铺、饭铺、百货店、裁缝铺、制鞋坊、铁匠铺、银匠铺、家具店、文房店、油条铺、果子铺、白馍铺、烧饼铺、社火铺、棺材铺……凡所应有，无所不有，真真一个独立运转的市井小镇、世外桃源。

里湾寨曾是国民党军骑三师的师部所在地。民国二十九年，即 1940 年开始，国民党的骑三师驻扎在汝南以东、临泉以西的广大地区，正是看中了里湾水寨的天险优势，师部就设在里湾寨内，骑三师的师长在里湾寨住了长达 6 年的时间。骑三师下辖几个团部分别驻扎在周围其他重镇，骑三师的军法处、副官处、军需处、后勤处等八大处都设在里湾寨内，里湾寨的对面（洪河西岸）蒋邵村驻一个特务连，专门负责里湾寨的外围安全。

里湾寨中部路北有一座福音堂，福音堂旁边有一座油坊，油坊的主人姓徐，徐家是里湾寨的大户。骑三师的师部就设在里湾寨南部的徐家大院，徐家大院是由 5 间堂屋、东西厢房和大门楼组成，因为师部驻扎，徐家大院就成了骑三师的司令部指挥部，王师长和其夫人、副官处、参谋处、警卫队也都住在这里。这个王师长喜欢热闹，军事公务之余，他喜欢带领副官等人打篮球、网球，喜欢在戏楼听戏，喜欢看舞龙、大秧歌、小车子旱船、赶犟驴等。大戏楼在里湾寨的东北角，是骑三师师部军官士兵和寨里地主豪绅、商人大户听戏娱乐的地方，当然寨里普通百姓也可参加。所以在骑三师驻扎里湾寨的6年里，里湾寨给人歌舞升平、安居乐业的表象。年年都举行这样的表演，不仅正月十五如此，其他重大节日也如此，民间文化娱乐活动开展得有声有色，这也成就了里湾保留至今的特色文化。

新中国成立后，新置的平舆县要建县城，全县的砖寨都被扒掉，砖头运到县城建办公设施，里湾寨墙也没幸免。没了寨墙，东、西两座寨桥依然存在。东寨桥和西寨桥都是木结构的桥梁，因为桥身高、桥面宽，下面可以行船，上面可以过大车，来去自如。然而正是这木结构的寨桥，才导致了里湾寨的搬迁。

里湾寨搬迁的主要原因，就是西寨桥的坍塌。里湾寨四面临河，交通不便，排水不畅。1964年夏季的一天，阴雨连绵，河水暴涨，天气沤热，晚上纳凉的群众坐在西寨桥上聊天，人越来越多，不知是年久失修还是桥基松动抑或人员众多压力太大，西寨桥在人们不知不觉中轰然倒塌，齐刷刷地从桥身中间断裂，坠入河中，当场摔伤了几个人。这个事情立即引起公社党委的关注，事后调查原因、总结教训，公社党委认为里湾寨低洼封闭，位置比较特殊，不利于群众生产、生活，要求里湾大队把里湾寨上的两个生产队挪出去。1965年平舆县对洪河里湾段截弯取直后，里湾人开始了搬迁工作，从洪河东搬迁到洪河西，村名得以沿用，但里湾寨便在人们的搬迁中销声匿迹了。

李洪曾庄

李洪曾庄，因人而得名。

李洪曾庄，以前叫娄新庄，因为这个村子2/3都是姓娄的村民，姓李的是从外地迁徙落户到此，后来李姓人口繁衍得很快，占据了该村1/3的人口，这一村算是有两大姓。

李姓人家出了一个人物，这个人叫李洪曾。说他是人物，一是这个人能说会道，很会来事儿，官府里能活动，黑白两道都吃得开，经常给人家管闲事，是个面子人、排场人；二是这个人高大魁梧，力量很壮，能吃能喝，一顿斤把儿半公斤酒不在话下，陪个客易如反掌，加上有一张三寸不烂之舌，往哪儿一站，哪儿就是中心。正因如此，本村两姓，三里五村，谁家有事儿都会请他去操持，他也乐得个排场。

李洪曾有个特点，爱自吹自擂，吹起来云天雾地没边没沿。无论在城乡，无论红白事，无论生熟人，无论路远近，只要有机会在一起，他就会掌握话语权，讲起话来滔滔不绝口吐莲花。人家看他不是一般人，都会好奇地问他“哪里人？”他会毫不犹豫地爽快答道：“李洪曾庄人。”时间久了，人们记住了他是李洪曾庄人，倒忘了他本人就叫李洪曾。

外村人来找李洪曾帮忙办事，沿途都会问“李洪曾庄在哪儿？”一路上把沿路的村民问得莫名其妙，大家真说不出李洪曾庄在哪儿，只知道娄新庄有个叫李洪曾的人，便对问路的人说：“你到娄新庄看看吧。”到娄新庄一打听，很顺利地找到李洪曾本人，来人还会对李洪曾埋怨：“恁这李洪曾庄真难找！”李洪曾一听哈哈大笑。

就这样，一传十、十传百，一而再、再而三，久而久之，李洪曾庄的名字越传越远、越传越响亮，娄新庄这个名字反倒销声匿迹、杳无声息了。

前张桥、后张桥

庙湾镇八里夏村有个张桥村，很多人都认为是一个自然村呢，其实它是两个自然村，前张桥和后张桥。

张桥在八里夏村的西南部，位于洪河的支流马港河的东岸。两个自然村之间没有路，有一地抻（平舆方言，约合 200 米左右）的庄稼地，前面的自然叫前张桥，后面的叫后张桥。这种布局，新中国成立前是这样，新中国成立后一直到“75·8”洪水前也是如此。洪水之后，因为规划排房，前张桥向东边乡级土路边迁移，就形成了现在的前张桥，大致在后张桥的东南 2 里地方位。

前张桥有两个队，在八里夏大队的排序分别是一队、二队，后张桥有一个队，在八里夏大队的排序是三队，这种排序持续到今天。20 世纪 80 年代公社改成乡，大队改成村委，生产队改成村民组。进入 21 世纪 10 年代，乡镇没改，村委没改，独独村民组改成了网格，村民组长改成了网格长，这似乎有点不伦不类，但据说改了很有效，社会治安、平安建设效果十分明显，连其他各项工作也都按网格的模式来套，工作开展得都很好，真的为开拓者的独特创意点赞。

前张桥和后张桥这种布局，是不是有什么渊源关系呢？

据前张桥百岁老人张绍礼回忆，他听老一辈讲，张桥姓张的是从现在项城市李寨镇谭庙村迁移来的。清嘉庆年间（1796—1820年），谭庙有一张家，弟兄姊妹多，人多地少，种的粮食收获之后，缴缴皇粮，还不够吃的。想在本地多买点地，好地都被大地主霸占着，赖地没收成。没办法，老大、老二和老三弟兄仨一商量，与其在家受穷受饿，不如出去闯一闯，要是遇到好地，买地种田，最起码不受饿。常说人挪活树挪死，说不定到外边还好过些呢。弟兄仨打定主意，就跟父母商量，讲明想法，最后老大说："俺爹俺娘，您也别太挂念，我们出去也不远，逢年过节就会回来看你们，再一个，把老四老五留在家里，有啥事能随时联系，还能照顾二老。"父母看三个儿决意要走，老大说的也在理儿，就没有阻拦。弟兄仨拜别父母，沿着汝项官道（汝南—项城）往西南走，走到洪河的支流马港河东岸，站在河岸上，看东边这一片土地一马平川、坦荡如砥，而且肥沃膏腴，弟兄仨就不想再远走了，因为这里离老家不远，也便于看望父母。

张家仨兄弟在马港河东岸住下后，并没住在一起，老大、老二住在前头，老三住在后头，相距有里把儿地。老大、老二搁伙买了二十几亩地，搁伙干活、搁伙吃饭；老三买了十几亩地，自己单干。经过勤劳苦干、苦心经营，弟兄仨都积攒了丰厚的家底，于是请人盖房，请人说媒，弟兄仨分别成了家。有了媳妇，便有了子孙，家大业大。老大、老二因为搁伙，人口众多，越来越难管理，后来便分门立户、各干各的，但仍在一块住。

有一年夏季下暴雨，马港河河水泛滥，淹没了很多庄稼，等水下去了，河道因为没桥也不能通行。当地保长号召各家各户捐资修桥，张家弟兄仨因为比较富裕，捐的较多，当石板桥修好之后，起名的时候，保长说张家弟兄仨捐款多，这桥又在人家庄头处，我看这桥就叫张桥吧。众人没有异议。从此，张桥的名字就传开来，而弟兄仨居住的小村庄也因此而得名，只不过分别叫前张桥、后张桥。大概一算，无论前张桥还是后张桥，已经建村200多年了。

王　堂

王堂是庙湾镇冯庄村下属的一个自然村。

王堂的坑较多，一个小庄，竟有五六个坑，分布在村子中间和边缘。坑是平舆人对池塘的叫法，属于方言，在南方叫塘或池塘。王堂究竟是叫王堂还是叫王塘，起源说不清，姑且仍叫王堂吧！

王堂是汝项官道旁的一个小村庄。王堂村东1里地是马港河，东北角是马港河西岸的乔庄，北边1里地是孔庄，南边1里地是三里夏村，西南2里地是潘庄。新中国成立前，汝项官道从王堂庄后边过，走到庄西头折向西南方向，走三里夏村西头，经潘庄、杨庄，到庙湾，这条官道常常走大车，也就是太平车；单个人或独轮车就不大走这条官道，而是走一条小道，过去人为了走捷径，很会利用直角三角形斜边的原理，通过走斜路而达到走近路的目的，王堂庄前头就有一条这样的斜路，过去人们叫小梢路，就是这个小梢路，也算是汝项官道中的一个捷径。

王堂现在有两个村民组，大约600多人。无论东队西队，不外乎两大姓：王姓和姚姓。王堂有多长的历史不得而知，从王堂的村名来看，应该是先有王姓人家，姚姓人家是后来的。新中国成立前，姚姓有个大地主叫姚子安，有3顷地，不仅是种粮大户，而且还开有油坊，那油坊是传统的挤轧方式出油，需要几十斤的大油锤使劲夯，抡大油锤就需要棒劳力。因为需要长工和短工，这王姓人家就近给姚子安打工，因为东家仁义大方，待伙计如同亲人，姚子安的生意越做越好、越做越大，而王姓人家生活也比较有保障。姚子安因为有钱，在王堂村西北角自己的宅子上盖了三进院的瓦房，成为当时有名的富裕地主。新中国成立后，他家的宅院瓦房被政府建成了一座村小学。旧社会，王姓人家和姚姓人家相处比较融洽。土改时，姚姓地主把自己的地全都均给全村人，王姚二姓平等相处，显得更加亲热。

新中国成立后，王堂划归冯庄大队管辖。人民政府为了发展生产繁荣经济，在王堂庄里面开了一条东西大路，向东过马港河上的张桥到李寨至余楼的南北公路，向西到韩庄村，从韩庄村东头拐向南到庙湾。这条路是土路时，王堂人很少行走，无论是上庙湾赶集还是到庙湾缴公粮，王堂人基本还是走古汝项官道，虽然也是土路，但路不窄也很近。改革开放后的20世纪90年代，这条东西路修了柏油路，来往的人和车辆渐渐多起来。21世纪的10年代末，因为脱贫攻坚，这条路被硬化，修成了水泥路，真正成为一条车水马龙的乡级公路。

王堂是远近闻名的榨油和孵鸡娃的专业村。大集体时期，王堂两个队都建起油坊，采用姚子安油坊的榨油方式来生产食用油、芝麻油和菜籽油。每个生产队都抽几个棒劳力和会算账的人，成立油坊组，油坊组的人不仅要拎起几十斤的大油锤夯打出油，还得挑着挑子去卖油。从早晨到晌午，转不了几个庄，油就卖完了。因为榨油，周围几个大队生产的芝麻和油菜籽才能保证王堂的生产，王堂人也因此比其他村的社员生活过得更滋润一些。20世纪七八十年代，整个王堂几乎家家都炕鸡娃（孵小鸡），家家都有孵化房，孵化的小鸡或拿到集上卖或批发给零售小贩。因为孵化小鸡，带动了收鸡蛋、卖鸡、变变蛋、卖毛蛋和煤炭等相关产业的发展。直到20世纪90年代，王堂人大量走出去，到全国各地搞沥青做防水防潮工程，榨油和炕鸡娃的生意才没人做，时间长了，这两样手艺也就失传了。

20世纪70年代前，王堂多以土坯草房为主。90年代王堂以瓦房为主，平房不多，楼房几乎没有。21世纪头20年过去，再看看王堂，瓦房几乎没有了，平房极少，大多变成了二层洋楼和高大门楼。村街和胡同都修成了水泥路，村内一位大老板捐资安装了太阳能电灯，全村人不再摸黑走路，妇女们还能跳广场舞。这在过去连想都不敢想的事情，现在都实现了。

三里夏

三里夏是庙湾镇余楼村的一个自然村。

走庙湾集北头的榆树桥正东或走庙湾外环路，到庙湾东十字路口，向北经杨庄、潘庄走汝项官道老土路即可到达三里夏；向东走，到戴桥村东头，有一条南北水泥路，向北2里直达三里夏。

新中国成立以前，汝项官道呈东北—西南方向，从项城老城（今秣陵镇）向汝南县城走，中间穿过三店、泰阜店、勤俭寨、东八里夏、西八里夏、张桥、乔庄、王堂、三里夏、潘庄、杨庄，然后到庙湾镇。这是一条最短的捷径，虽然道路也曲曲折折、宽宽窄窄，但仍不影响抄近路人的心情。沿着这条斜路，从庙湾镇到三里夏村，大约只有3里地，在此落户居住的夏姓人家，便把此村叫三里夏村。

三里夏村有姓夏的，也有姓严的。他们是什么时候从什么地方搬迁到此的，没有人能够说得清。有人说，三里夏姓夏的是从八里夏迁过来的，这事不知是否属实。如果属实的话，三里夏建村的时间应该在清代中后期，大约已有200～240多年的历史。

从地理位置上来看，三里夏村东半里地即是马港河，三里夏村前有一条东西港即三里夏港向东注入马港河，三里夏的北边和西边都靠近老汝项官道，所以在新中国成立以前，三里夏的地理位置不仅不“背”，而且还很方便。

三里夏人很有经商头脑。旧社会，三里夏人以种地为主，兼作吊醋和编席、编茓子生意。新中国成立后大集体时期，三里夏人发挥自己的特长，吊醋卖醋是远近闻名的。大集体时期，因为贫穷，很多村庄的人们都会偷偷地搞一些副业，增加一点收入，要么为集体要么为个人，只有三里夏人卖醋是公开的，四五十岁的中年劳力，六七十岁的老汉，都会用架子车拉两坛子醋，利用早晨、晌午头儿吃饭时游乡叫卖，有钱的使钱，没钱的用红薯干或苞谷来换。一个人拉两坛子醋，不到一天就卖完，其收入可比一个棒劳力一天的工分要高得多。1978 年农村土地包产到户后，三里夏人更把吊醋卖醋当作一个生意来做，以平舆为中心方圆一二百里的地方，三里夏卖醋人几乎都去过，甚至更远。三里夏成为远近闻名的生产醋和卖醋的村庄，三里夏牌老陈醋成为百姓信得过的优质产品。

三里夏不仅商业气息很浓，读书也有浓厚的氛围。新中国成立前，通过读书，三里夏出了几位文化人，有做官的也有当老师的。新中国成立后，三里夏建有学前班和初小，几位老师有在本村教的，有到大队小学、中学教的，也有到外大队教书的。其中有个夏永贵老师，先后在余楼大队教过戴帽高中，教过余楼初中，后来调到庙湾镇完小，当过教导主任，一辈子兢兢业业、安贫乐道，以教书育人为己任。他曾当过我初二的语文教师，他讲课清晰明白，指导作文很有方法，让很多学生受益。给我印象最深的是，他父亲去世的时候，他为父亲开了追悼会，而且他亲自写了悼词，听他声泪俱下地致辞，让人十分感动，最重要的是他能给自己的农民父亲开个追悼会，是极为少见的，这对自己的父亲是多么大的尊重和安慰啊！由于三里夏人重视教育，改革开放后，从三里夏走出来的大学生层出不穷。

20 世纪八九十年代，大量三里夏人外出打工，从事防水防潮工作，成就了一大批防水老板和防水专家。到了今天，三里夏村家家户户都是二层楼房，村街和胡同都修成了水泥路，一条大路与县级公路连通，为乡村振兴打下了坚实的基础。

孙侯庄

庙湾镇有个孙侯庄。

新中国成立前，孙侯庄村后（北边）有一条四门戴通往庙湾的老官路，一直到庙湾集东南头。这条老官路与东北—西南走向的马港河交叉，孙侯庄就在交叉的东南角。新中国成立后，那条老官路改道北移，马港河也南北取直，孙侯庄没动，但参照物发生了变化，现在是位于马港河的东岸，庙湾至四门戴公路（石马线）的南侧 2 里，属庙湾镇戴关庙村管辖。

孙侯庄不是孙猴庄，不是孙悟空的老家。但孙侯庄是由孙姓和侯姓共同创建的，这一点是确定无疑的。

孙侯庄建村的时间并不长，短的说可能 100 年多一点儿，长的说可能有一百二三十年左右。据现在活着的近百岁老人讲，清代末年（1890 年左右），孙侯庄所在的马港河以东是庄子稀少的地方，南边的岗李、东边的戴关庙都比较远，这一片十分空旷，一望无际的平原荒地。对于这片风水宝地，外村的孙家相中了，便在此买地安家居住，并在岗李村以西、马港河东岸买了大片土地，开垦种植。庙湾镇武术街南头的宋胡同内有一侯家，庙湾集以东到马港河以西、戴桥以南、沿着那条老官路两侧几百亩地都是侯家的。侯家人曾对人炫耀说“过大车扬起的尘土也飞不过侯家的地界”，以此来说明自家地多。就是这样财大气粗的侯家也看中此地，来此买地居住。一开始，两家都给自家的长工在此盖房，住房、牲口屋都齐全，为了让长工居住种地。后来，两家都有几顷地，成为远近闻名的大户，为了加强管理，两家都迁住于此。有了庄子，得给庄子取个名，还得响亮，让人易记难忘。按照先来后到的顺序，两家达成口头协议，给村子起名叫孙侯庄，与《西游记》中的孙猴读音相同，这让一两户的小村庄很快走红，妇孺皆知。

赵家是 1920 年搬到孙侯庄，成为孙侯庄第三户人家。赵家是庙湾集上著名的大户，赵家老太爷娶了两房，生了 5 个儿子，其中老二叫赵元栋，庙湾人常喊他赵干臣。这个赵干臣十分精明能干，读过私塾，上过洋学堂，聪明好学，一肚子文化和能力。他当过医生，也当过教师，在庙湾镇上建有牲口行、粮食坊。由于有钱，人特别精明特别仗义，庙湾街上的大小事处理不了的都去找他，没有管不好的。而且与庙湾乡的乡长吴俊亭私交甚密，公私都能吃得开。由于家大业大，弟兄多，镇上宅子小，赵干臣与弟兄们商量后，也到离庙湾镇不远的马港河以东买地，首选就是孙侯庄。赵家的地大致范围在四门戴到庙湾老官路以南、孙侯庄前门港沟以北、李寨到岗李的南北公路以西、马港河以东的几百亩地。由于地多，长、短工多，需要管理，赵干臣的几个弟弟都迁到孙侯庄落户，只有老大仍住在庙湾镇上。随着钱财增多，赵干臣又在驻马店投资建了一座卷烟厂，卷烟厂的生意如日中天，可谓印钞机，财源滚滚。到了1947年，驻马店解放，赵干臣响应共产党的号召，把卷烟厂交给了国家，这就是现在驻马店卷烟厂的前身。同年，赵干臣因病去世。谁也没有想到，到了21世纪的今天，赵家发展成为孙侯庄的第一大姓，人口最多，全村200来人，赵家占七成还多。

姚姓也是后来的，是孙侯庄的第四姓，止于今天，姚姓人口在孙侯庄也最少。

孙、侯、赵三家因为都是大家，都有田地，不差钱，所以三家在对子孙的教育上比较舍得。读私塾，上新式学堂，有的后来到设在龙王庙的百泉师范学校学习，或者到新中国成立初期的平舆一中（在龙王庙原百泉师范院内），或者到县政府在一中开办的简易师范班里和“短师班”里学习。由于重视教育，小小的孙侯庄竟成为远近闻名的文化村。新中国成立后，因为党和政府需要大量的教师，孙侯庄的文化人几乎都成了教师，孙德茂、孙德成弟兄，赵天民、赵天锦兄弟，成为庙湾镇乃至平舆县著名的教师，赵天民的毛笔字在平舆可谓名列前茅，平舆老戏院墙上的毛主席语录就是赵天民写的。他们的后代教书育人的至今仍大有人在。侯家有个侯万英，考上黄埔军校最后一期，没有毕业就赶上解放，军官没当成，就转行当了教师，后来划“右”派遭受批斗，早早地离开人世，他的后人也在从事教师工作。从这些就可以看出，孙侯庄就是个文化村。

因为庄子小，孙侯庄几姓人家都与周围方圆10里的村庄结亲。孙侯庄在余楼村西南，直线距离大约2里地。侯姓与余楼梁姓结亲，我的一位堂姑寻了一位名叫侯志林的帅哥，两人都参加了工作。20世纪70年代初，我们一路割草的伙伴曾在孙侯庄周围割草，上午渴的时候跑到堂姑家空旷的院子里喝水，站在她家院子里，一眼能看透村庄的四个角落。

到了21世纪的10年代中期，我那位堂姑下世，我去送五期礼的时候，孙侯庄已经是今非昔比了。二层洋楼林立，村中的道路和胡同都是水泥路，出村即与县乡公路相连，街道安装了太阳能路灯，出行和居住都十分方便。

岗 李

岗李不岗，因为村西就是马港河，每逢夏秋两季雨水多的时候，岗李就成了“蛤蟆尿泡尿就能淹”的地方。

岗李是庙湾集东南5里的一个村。这个村实际上是由4个自然村组成，西北岗李、东岗李、前岗李、小郭庄。

走张楼过马港河上的三里桥（半河桥），就到达岗李。

三里桥指的是从庙湾集到此 3 里，过去是低矮的石板桥，现在是略低于河堤的正式桥梁。过三里桥的这条水泥路是一条东西直路，西起庙湾集，东到高杨店的三所楼，中间经过里湾张楼、西北岗李、郑楼的老宋庄小宋庄、高杨店镇的杨土楼小安庄，到三所楼村南，入县级公里石马线。西北岗李就在这条路以南，路北就是大面积的耕地，其中就有平舆县最著名的战国遗址——后岗遗址。

岗李的厚重在于有两个文化遗址，一个是台子寺遗址，一个是后岗遗址。

台子寺遗址位于平舆县庙湾集东南 1.5 公里处，马港东岸、岗李村西头，距今 5000 多年，是典型的新石器龙山文化遗址，属全国重点文物保护单位。该遗址总面积 6.6 万平方米，中间高度应在 10 米以上，中心处文化层厚 6 米，地面散布着大量贝壳、螺壳，具有江南“贝丘”风格，是史前人类“居高处而不危，逐水居而不饥”的真实写照。台子寺遗址有石斧、纺轮、角锥、牙锥、骨锥、石镞、鼎、鬲、甑、蛋壳陶、澄滤器等实物残片，证明了台子寺遗址上的史前先人们，已经开始制作工具和创造生活，而且他们的生活丰富多彩、史前文明迈向成熟。该遗址发现为研究南北文化的交流融合和探索淮河上游（洪汝河流域）文化的发展及形成提供了宝贵的实物资料。

后岗遗址位于平舆县庙湾镇岗李村北，属先秦文化遗址，也叫战国遗址。总面积 2.04 万平方米，大约 30.6 亩地。遗址的文化层厚 1.3 米。采集标本有豆、鬲、罐、绳纹陶片、红陶网坠、蚁鼻钱（楚币）等，保存完好。后岗遗址大致呈四平八稳的长方形高岗，夏季暴雨季节，村民能在雨后捡拾到蚁鼻钱。“文化大革命”期间，生产队铲高平洼，把这里高岗都给铲平，把豆、鬲、罐挖了出来，还发现了大量的绳纹陶片，还有不少红陶网坠，这些东西都与日常生活息息相关，充分证明了秦代以前这里是一处较大的生活集聚区，先秦时代的生活器物得以重见天日，先秦时期的文化面纱才被揭开。

岗李比较重视教育，以文化人，正是因为岗李有着丰富的文化遗址和浓厚的文化氛围。岗李历来都是地杰人灵、人才辈出、物阜民丰的风水宝地。岗李人比较重视教育，大集体时期的戴帽中学被保留下来，岗李中学为本村及附近几个大队培育了大量人才，直到 20 世纪 90 年代末才被取消，变成全日制完全小学。岗李人才层出不穷，创造出不可媲美的教育佳话。岗李人李金城，受岗李厚重文化熏陶，因为勤奋好学，积极上进，成为国家干部，后来担任平舆县副县长、确山县常务副县长、驻马店市畜牧局局长，成为岗李人的骄傲和后代学习的榜样。

随着改革开放，岗李也在发生着变化。1986年，岗李村一分为二，变成岗李村和郑楼村，大岗李变成小岗李，小岗李村人口才2000多点。到了2004年，平舆县并存联组合校，小岗李村被并入了念张村。

不讲是分还是合，老百姓都得过日子。岗李村民从改革开放初期就外出务工，因为从事防水防潮工作，出了很多大老板，他们对带动地方经济和村民致富都起到示范带动的积极作用。如今的岗李，道路硬化，洋楼矗立，村民安居乐业，一派乡村振兴欣欣向荣的景象。

荣花树

荣花树是庙湾镇洪河东岸最南的村子。

这个村子叫什么？当地方言口音，听起来像荣王顺儿，也像龙王穗儿，周围村民都知道村名叫荣花树，但没人这样叫。当地文人墨客包括官方的写法，就是荣花树，这个“荣”含有荣誉的意思。

荣花树是洪河上一个大埠口，是洪河以东高杨店为中心的广大居民前往汝阳县城（民国开始叫汝南县）的一条捷径。东岸是弓背，河堤陡峭，西岸是河湾，坡度很大，所以两岸都设了码头，来回渡人的船只，是靠固定在两岸的缆绳牵引的，而固定缆绳和摆渡的船家先是荣花树人，然后才是对岸王寨人。

以树来给村庄命名的，在庙湾镇可能就一个荣花树村。当然，高杨店镇陶楼村有个桂花树村，正儿八经的该叫桂花村，当地方言喊成了“鬼火”。不过，从桂花树村到荣花树村，相距也就10来里，一个在东，处在高杨店过洪河去汝南的路上；一个在西，恰好在洪河东岸埠口。桂花树村和荣花树村是否有着某种联系呢?

荣花树村的李姓与桂花树村的李姓是否有关系，不得而知。李姓住户在自家院子和河埠口东西土路两边栽上几棵榕花树。不几年，榕花树枝繁叶茂，鲜花盛开，过往埠口的行脚旅人都会在榕花树下歇息乘凉、喝水打尖儿（吃点饭），然后再启程前行。时间久了，人们就记住了这个村的特殊标志——榕花树。于是便把这个村子叫作榕花树，把村子所在的埠口也叫榕花树，榕花树便成了这个村子的名字。

荣花树村所种的树实际该叫榕花树。榕花树的别称就是绒花树，又名合欢树，属于落叶乔木，可长到10米左右，主要分布在西北地区和黄河流域。榕花树耐旱、喜阳，夏季盛开鲜花时，满树扇状红缨花，十分美丽，更衬托出居家合欢的幸福气氛和美好愿望。正是看中了榕花树的美丽和寓意，该村村民才种上了榕花树。

荣花树村以前叫老杨坡，村子里以杨姓居多。因为是洪河的一个大埠口，水客和陆客来往都比较多，有人看中这里水陆交通方便，做生意方便，迁居或流落到此的比较多，杨姓、陈姓、乔姓、刘姓、张姓、李姓、王姓、赵姓、任姓、单姓、郜姓、郭姓等十几个姓氏，七姓八家的，各有来历、各有春秋，现在人数较多的姓氏应该是刘姓、陈姓、张姓、乔姓、杨姓。过去，杨姓因为人口众多，家里有人到高杨店做生意，后来就落户到高杨店，高杨店中的“杨”就是从老杨坡迁去的“杨”，成了组成“高杨店”名字的两姓之一。现在，高杨店的杨姓成了当地的大族。

荣花树村属于庙湾镇念张村管辖，村子呈南北走向，依河而建，村中有一条南北路，直南直北，北去念张、庙湾，南到陈埠口、杨埠。村中也有一条东西路，直通河埠口。洪河水运繁忙的年代，荣花树村是个水陆交叉的十字路口，至今两岸居民也走荣花树埠口过渡，由此可见当年的繁荣。

正是处在水陆十字路口，商旅行人熙熙攘攘，让荣花树人见多识广。荣花树人比较重视教育。新中国成立前龙王庙是文化乡，百泉师范、百泉中学影响很大，新中国成立后，龙王庙一中、平舆简师、平舆短师和后来的龙王庙高中都在龙王庙。而荣花树距离龙王庙很近，过河就到，因此荣花树人前去读书的多，于是出了一批又一批文人，他们走上了教师岗位，为人民教书育人，为家乡培育了大量人才。

余　楼

这个村庄的平面地形像一枝盛开的莲花。村子在运粮河的南岸、大堤以南，东西走向的运粮河像莲花的底座，大堤像村子的靠山。村子的东、南、西三面分布着6座圆形水塘，塘与塘之间有港沟相连，东、西两头分别是两条南北宽沟，分别向北流入运粮河，河堤下面埋有涵管，村庄池塘内的积水可以及时排入运粮河，也可以随时堵住涵管，防止河水倒流。这种天然加人工形成的池塘系统，与村后河流大堤连成一体，像一枝盛开的巨大的莲花。这个村庄就是余楼。

余楼是平舆县庙湾镇余楼村的一个较大的自然村，它处在运粮河与马港河交叉的东南角，庙湾至四门戴的中点，县级公路石马线的北侧，共有 4 个队（村民组），一千二三百人。

隋末农民起义的时候，程咬金在现在的四门戴和张胡营之间建立了豫南平原地区唯一一座瓦岗寨。在瓦岗寨北头的涵河上开通了一条东西走向的运河，专门为程咬金的军队运输物资，程咬金给它起名叫运粮河。为了保证运粮河运输粮草和作战物资的安全，程咬金在运粮河两侧设立了好几座兵营和瞭望哨，派驻部队和士兵进行把守和监控。余楼是首当其冲的一个兵营和瞭望哨。

余楼是运粮河进入马港河的门户。运粮河因为是人工运河，东西方向笔直，它向西注入马港河。1951 年平舆重新置县后，在 20 世纪 50 年代上中期，余楼港即运粮河，被治理疏通，两岸筑堤。60 年代，马港河被取直，下游变成南北方向，从郭湾村东入洪河。马港河在取直前，呈 S 形一路曲折蜿蜒，从里湾张楼和郭湾之间注入洪河，因为河道宽阔，上下船只都很顺利。余楼就在运粮河的南岸、马港河的东岸。这个位置，可以时刻监控河流运输，可以随时封锁和保护，足见它地理位置的重要。应该说，从程咬金在此设立兵营和瞭望哨开始，余楼就成为横跨两河、管控漕运的咽喉要地，由此也可以推算出余楼村至少有 1400 多年的历史，可谓是千年古村。

程咬金后来投靠李世民，成为唐朝的开国大将。随着隋末战争结束，运粮河两岸的兵营和瞭望哨也就失去意义，当兵的或走或留，留下的在这里娶妻生子、开拓荒地，广种薄收，繁衍后代。由于战争频繁发生，受到战争的蹂躏和洗劫，为了躲避战争，地处中原腹地的余楼也和其他村庄一样，村民被迫南迁，四处流浪，遍地生根或者死亡。从隋代末年到新中国成立前夕，1400 多年间，余楼人换了一茬又一茬，改了一姓又一姓，迁出的一去不回，迁入的尽是外来人。大约在清康熙年间，社会比较安定，生产得到发展，人口爆发增长，外地流入余楼的住户慢慢稳定，就基本形成了今天余楼村的几大姓：余姓、梁姓、许姓、郑姓、戴姓、张姓、赵姓。

那么，余楼这个村名是什么时候命名的呢？

据余楼 90 多岁的老人余在水生前回忆，他的远祖，是从今天的玉皇庙乡余坡村迁移而来。20 世纪 50 年代前期，余楼去孙侯庄的马港河东岸大堤以东，还保存有余姓的来祖坟，50 年代末期（1958 年“大跃进”）掀起平坟高潮，余家祖坟就被削去坟头，成为耕地。

为什么叫余楼？有两种可能：一种是程咬金时期余楼是个兵营，兵营设瞭望哨，瞭望哨就是用圆木檩条搭建的木楼，这种木楼常被冠以兵营指挥官的姓，叫作某楼。以此相传，中间经历多少变迁更改，难以说清，时间长了，村庄的名字也名不副实。到了余姓在余楼繁衍生息、事业发达后，余姓成为大户，余姓人便把原来名不副实的村名改了过来，叫作余楼；另一种是余姓人在此经过几代开发奋斗，家大业大，有人便提议建一座砖楼，作为家族祠堂，可以居住，也可以作为家族议事的地方，他们选了余姓最高的宅基地，开挖地基，建成了一座砖木结构的两层楼，二层地板是圆木和厚板铺成的，楼是家族的骄傲，余家人给它起名叫余楼，久而久之，就喊成了整个村庄的名字，直至今天。

戴 楼

戴楼跟余楼一样，也是把守运粮河的一个兵营和瞭望哨。

戴楼位于运粮河的南岸，与余楼是一条东西直线，处于瓦岗寨和余楼的中间点，也在县级公里石马线北侧。庙湾人前往四门戴及临泉等东乡必经此地，反之亦然。

戴楼是个小庄，两个村民组，400 来人，孙姓和孔姓是两户外姓，其余都姓戴。可不要轻视戴楼人，他们可都是一位历史名人的后裔呢！

这位历史名人不是别人，正是东汉大臣、经学家戴凭。戴凭，字次仲，汝南平舆人。习《京氏易》，16 岁时，郡守举为明经，经召为试博士，拜郎中。东汉光武帝刘秀曾在元旦（即现在的春节）朝贺大会上，令群臣中能讲经者，在朝廷上辩论驳难，理屈词穷者将席位让给辩胜者。结果，学《京氏易》的戴凭连连获胜，连夺 50 多个席位，光武帝立即封他为侍中，被天下学士誉为“解经不穷戴侍中”。可见戴凭满腹经纶、学富五车，口才出众。后人常用“夺席之才”称赞那些学识渊博的雄辩之士。

据平舆县知名学者、作家协会主席张振立老师考证，戴凭就是平舆县北部人。随着朝代的更替，战乱纷仍，人口迁徙，作为东汉氏族大家的戴凭子孙，在东汉能享受到贵族大臣世袭的优待，但到了三国两晋南北朝时期，戴氏家族也失去优越，逐渐走向平民化，而且随着南迁的人流四处迁徙。毕竟家族庞大，人口众多，到了明朝建立，戴氏子孙在汝宁府汝东地区大量地繁衍生息。到了清康熙年间，平舆北部戴凭的一枝后代出了个名叫戴尧的子孙，做过清朝安徽某地知府（有说他家是开封杞县的，在汝宁府做知府）。戴尧有5个儿子，戴尧死后，家道中落，弟兄5人，为了生存，只好分家、寻找住地。

这弟兄5个，除老大留守在老家外，其余弟兄4人商量决定，沿着古老的汝项官道，一路向东，由汝宁府向开封府陈州项城挺进。走到庙湾镇东3里处，看到有一条河蜿蜒曲折，河西岸有大片的荒地，老二说我不走了，就住这吧，你们记住这里，以后好联系。其余弟兄仨继续东走，又走三四里远，发现路北不远处有一个村庄，村庄背后有一条东西河，老三说我就住这吧，你们再往前走走看看，合适了就住下，以后互相有个照应。其余弟兄俩继续东行，走了有2里地，看东边有一座高高的岗子，知道是程咬金的瓦岗寨，弟兄俩一商量，咱不如就住在瓦岗寨的西、东两边，好记又好找，又都在一条直线上，于是，老四住在瓦岗寨西、河以南，老五住瓦岗寨东北角、河以北。从此，弟兄5人各住一地、各把一片，开荒拓土，繁衍生息。

老大所住的村庄叫大戴庄（后分出个小戴庄），现属玉皇庙乡管辖。老二住的村庄叫戴桥，村东的河叫马港河，现属庙湾镇管辖。老三住的村叫戴楼，背后的河叫运粮河；老四住的村庄叫四门戴，也在运粮河以南；老五住的村叫五门庄，在运粮河北岸，戴楼、四门戴属四门戴村管辖，五门庄属于张胡营村管辖，他们都属于高杨店镇。有一点可以肯定，一直到1962年高杨店公社成立之前，他们弟兄5个所住的村庄还都属于庙湾公社管辖（大戴庄当时也属庙湾公社唐庄大队管辖），因为成立高杨店公社时，把庙湾公社东部的四门戴、张胡营、洼里、三所楼等大队划给了高杨店公社。

正是因为传承着祖先的优秀基因和良好品德，戴楼人才辈出，虽没有官居高位的大人物，但历来就不缺文人学士。清代末年，戴楼西头一家3个儿子出两个秀才，而且是亲弟兄俩双秀才，一个叫戴朝海，另一个叫戴朝某，成为该村戴家耕读传家的典范。戴朝海是长子，他生育5个儿子：戴立仁、戴立某、戴立言、戴立端、戴立功都读过私塾，戴立功是其第五子，继承了戴朝海好学上进的品德，为养家糊口，旧社会当了一辈子私塾先生，先是在自家开馆授徒，尔后受邀到邻村陈庄教私塾。戴立功授课认真，培养了一大批学生，有的后来参加了工作当了人民教师。戴立功的4个子女，两个文盲，两个新中国成立后才上了学。现在，戴立功的后代子孙考上大学参加工作的不乏其人，整个戴楼的戴姓子孙考上大学的也层出不穷。

进入20世纪80年代以后，解决了温饱的戴楼人乘着改革的东风，外出务工，从事防水防潮工作，用辛勤的汗水换来了丰厚的收入。如今的戴楼，村中一条东西大街，南北胡同井井有条，大部分家庭都是二层洋楼，一条主干道通向村前的东西县道，交通十分便利。

裴堂集

裴堂集是个小集，位置大致在今天的李寨村和大王村之间。李寨村属平舆县庙湾镇管辖，此李寨叫南李寨，大王村属项城市李寨镇管辖。具体说就在李寨村的北边、大王村的西头，整个裴堂集纵跨南北，两县各占一半。不过小集早已不存在了，现在烧香敬佛的人在原集市李寨一方的原址上新建了3间红砖瓦房，人们一眼就能确定裴堂集的具体方位。

裴堂不是个村，也不是个镇，它只是一个小集。传说，这个小集曾经是方圆百十里最小的集市，小集虽小，却十分繁荣，早上五六点就有人摆摊儿，八九点人蜂拥而至、熙熙攘攘，交易十分活跃，但一到上午10点，这小集就集罢了。因为名气大，享誉项城、汝南、临泉、上蔡和西平等广大地区。

区区一个小集，是如何形成的呢？为什么叫裴堂集呢？

据百岁老人张绍礼介绍，清代时期，裴堂那地方有一座庙，庙名叫明德寺，寺内坐北朝南有3间大殿，东、西两侧都是3间小配殿。山门朝南，门口有把门的石狮子，山门前十几米处有一棵大槐树，槐树以南属南李寨（当时属汝南县），槐树以北属大王庄。槐树底下有一个油果子摊儿，逢集老早就出摊儿，既是赶集人唯一吃喝的地方，也是裴堂集的中心。

在这个中心的南北各有一个牲口行、一个粮食行，这才是买卖最兴隆的地方。裴堂集的东边8里是泰阜店集，泰阜店是汝项官道上的大店，集市繁华，但距离裴堂集较远；裴堂集的南边2里是李寨，李寨是一个跑反躲避土匪的砖寨，但寨内没有集市；裴堂的北边是稠密的村庄，也缺少集市；西面2里是马港河，人们西去很不方便。就是这个位置，让裴堂成为集市的风水宝地。两个牲口行，两个粮食行，还有皮货行，有这样的大生意大行市，裴堂集交易十分火爆。

真正以裴堂出名，还是因为一个人。这个人是庙湾镇南边5里裴庄的，姓裴名三。裴三是个单身汉，因为无牵无挂，通过亲戚连亲戚，寺庙主持把他请来为寺庙看家护院。裴三很忠于职责，老主持外出化缘或游玩时，他就是寺院的大总管。白天除了给香客焚香卖符，没事了就到外面的集市上转悠。当地的人见了他，总会跟他打个招呼，喊他裴师傅，他很是享受，眼睛眯着，脸上笑着，嘴里招呼着。外地来的客商不认识他，看他一身主人的神气，也会主动跟他套近乎，喊他“师傅贵姓，这地方叫什么呀？”裴三就会神气而自豪地说：“俺姓裴，这地方叫裴堂。”本来这地方不叫裴堂，但因为裴三无中生有的介绍，从此，裴堂这个名字便随着商贾小贩地四处行走四处传播，而赫赫有名，隔着门缝吹喇叭——名声在外。

寺庙主持圆寂之后，来了一位新和尚，这和尚姓叫运德，个头不高，但肥头大耳长得很富态。他的拿手本领是耍铡，每天早晨念经之后，他都会在院里耍一阵铡刀。那铡刀上下翻滚、左右跳跃，耍到最后，猛然间把铡刀撂到空中，只见他双足站稳，不怯不惧，等那铡刀口朝下飞速落下来的时候，他用两只手“啪”地抓住铡刀刀刃，然后稳稳地放在地上，而手安然无恙。那惊险程度往往让观者大惊失色，但他却从容镇定的完美落幕。所以，这也为裴堂集增加了说不出的魅力和吸引力。

裴三后来回他老家了。寺庙里只剩下运德一个人，他除了念经卖符，就是耍铡。运德是大王庄人。原来裴三在时，无论在项城还是汝南两边做生意的本地商贩，都会把出货的门板、秫秆箔等放进庙内，下次出摊儿时再用，大家和睦相处，不分彼此。但不知因何，有一天夜里，寺庙燃起熊熊大火，一下把大殿及两厢配殿全部烧毁。从此运德和尚便落俗回家。

庙虽然烧掉了，但直到20世纪六七十年代裴堂集仍依然存在，只不过它变成了露水集，就早晨那一会儿。那棵老槐树成了集的标志，以南属平舆，以北属项城。两边工商税务人员，遇到商贩们就头疼，逢着执法，小贩们就往对过跑。也可能正是这个原因，这个小集才得以存活。

20世纪80年代，人们外出打工做生意，裴堂集因为没有人气，很快就消失了。

春访挂塔庙村

夏春生

某日上午，接平舆县作家协会主席张振立先生的电话，说他对挂塔庙这个村名很感兴趣，觉得应该有什么典故，问我是庙湾镇人，知不知道这个村名的由来。

说起挂塔庙，我耳闻目睹，但要我说出该村名的由来，还真不知其庐山真面目。回答不知道之后，怕他失望，又急忙告诉他我有个同学在那个村子，答应他有空我会去问问，并记下来转交给他。

挂塔庙是庙湾镇龙王庙村辖区内的自然村。龙王庙村与挂塔庙村，举目相望，近在咫尺。早年，我在龙王庙学校就读高中，对周边村庄了如指掌，对当地晚清时的举人陶春台写的《洪河早春》绝句记忆犹新：寒气天天少，和阳步步高。鱼潜桥下水，春上远林梢。

受人之托忠人之事。2021年阳春三月，我有幸故地重游，倍感亲切。从庙湾镇南头，踏上洪河大堤，顺路南下，春雨刚过，天地焕然一新，河内细流翻清波，岸上绿树列成行。花含雨露鲜别样，鸟饮琼浆唱婉声。

按事前约定，挂塔庙村71岁老人崔德志，已在家门前等候，他热情好客，带我在村里自由散步，说古道今。

挂塔庙村，全是崔氏一姓。大集体时，分4个生产队。改革开放后，组成两个自然村，就是挂塔庙东、挂塔庙西，现有人口约2000人，2000多亩耕地。

走到两村分界路口，碰上67岁的崔金友先生。我说明来意后，他从屋内捧出珍藏的一卷《崔氏族谱》，这是2006年，本村族人在旧谱的基础上，承上启下修订而成的。打开族谱，在第八页第六款中写道：很久以前，本地发大水，洪流滔滔，穿庄而过，田园庐舍，一片泽国。本族先人在惊恐中发现，有一人像被挂在大水围困的树上。划木筏过去相救，近前一看，不是人体，而是一尊木制关帝神像，划筏人说：“吾非不敬，奈此地水患深重，无以供奉，望天神早入仙境！”便随手推开，让其顺流而下。

让人想不到的是，第二天，本尊神像又挂在原树原处。先人们很是惊奇，把它捞起并祷告，只要天神保佑，待大水退去，一定为其建庙，世代供奉。

大水果然很快退去，先人们也不食言，就在大树东侧，建起庙堂，并于庙后修塔，庙前植柏，园林森森，盛极一时，名传远方，挂塔庙村便由此得名。

《崔氏族谱》在第四页第三款中写道：崔氏一枝前后三十辈用字排序：玉世来天自，廷阵保占文；金甲福远广，宏睿显荣宗；英杰远兴邦，仁德承延锦。

往来的村民在此相聚，诉说着村里村外的前前后后，历史长河记忆中的点点滴滴。比如 1949 年，霜打麦，旱死豆子，有人把神像背出庙外求雨，当夜天降甘霖（背神求雨人叫崔文新，早已去世）；比如邻里纠纷，人愿向往，有求必应；比如“文化大革命”时期，把神像当四旧批斗，用刀砍斧剁，木胎不开，然后，浇上柴油，用火焚烧。如此等等。

从族谱中可知，神像伴随族人，是在前后辈序的中间，她因能漂浮水上，既不是楠木、沉香，而又刀斧难破，也绝非本地杨柳杂木，能在“文化大革命”期间有幸目睹神采，应是一个上百年来开化人心、启智育民的神话故事。

在 81 岁的崔连生夫妇指引下，在村东野外，找到了传说中的挂神大树原址，地是物非，岁月沧桑，塔庙、神树，无影无踪，一望麦海正随风起伏。

天神早已归仙位，留存人间美好声。日暮慢慢降临，在距原庙右后方约 50 米处，又看见一座小庙，我既来之，必观之。走近庙前，门头大书，挂塔庙，庙内设置关公神像，红面绿袍，大小神态，高仿昔时旧样，但已不是木刻。

月色蒙蒙，我恋恋不舍，拜辞挂塔庙，谢过崔家父老，踏上归途。归来顾不得疲劳，就趁热打铁写下了这篇寻访记，微信上发了过去，这才放下心思，酣然大睡。

作者简介：夏春生，平舆县庙湾镇八里夏村人，当过民师，干过村医，主业务农。热爱文学，酷爱诗文，诗词文章，散见于报刊网络。

庙 皮

张治河

我国的皮革产业自清初以来，素有“北张南庙”之说。“北张”，指的是张家口所出的牛、马等大牲畜皮革。由于张家口地处京晋蒙交界处，东临首都北京、北靠内蒙古草原、南接华北腹地，是沟通中原与北疆的重要纽带，西北一带的皮革产品大都依靠张家口这个中转站，成就了张家口皮革市场的繁荣。“南庙”则指的是平舆县庙湾镇。作为一个不起眼的中原小镇，能与北方的张家口齐名，其原因在于各方面天然的优势。

庙湾镇养羊大户、有着20多年养羊经验的陈忠义老人介绍，庙湾镇能够出产天下闻名的“庙皮”绝非偶然。以庙湾为中心，方圆200公里之内是我国传统优良山羊品种槐山羊的主要养殖区。槐山羊繁殖率高，生长发育快，生长周期短，是个投入少产品多的皮、肉、毛兼用良种，特别是板皮在国内外市场上享有盛誉。由槐山羊制成的板皮一是表皮薄；二是板皮厚薄均匀；三是真皮层较厚，占皮层总厚度的2/3；四是被毛细，毛孔小，板皮纤维粒面致密，韧性大，弹力高，拉力强而柔软，鞣制后的革面平坦光滑色泽极佳，是制作高级皮面革和软皮物件的理想原料。

与北方草原出产的皮革不同，中原地区在剥制板皮过程中手法更为细腻，处理更加精细。与西部山区出产的皮革相比，平原地区喂养的动物毛皮不与山石摩擦，不受树枝勾挂，动物受伤概率小，出产的动物皮革相对较为完整，所以深受皮革商的青睐。黄淮平原南部每年出产优质槐山羊板皮百万张以上，是江淮流域著名的皮革产区。早在清代，从平舆庙湾运到汉口的槐山羊板皮，由“庙皮”升格为“汉口路”板皮，在国内外享有很高声誉，曾一度成为国际市场上的热门货，远销英、美、法、德等20多个国家和地区，是中原地区主要的对外出口产品。

庙湾特殊的地理位置成就了“庙皮”。京广铁路没修通之前，贯通南北的主要交通道路都从京广线以东的平原地带经过，而庙湾古镇是连接南北的陆路交通枢纽，南来北往的商人旅客川流不息。水路上，小洪河在庙湾水势减缓，形成天然的渡口，从小洪河东去，商船可沿淮河进入大运河，从而融入水上交通运输网。

平舆出产的太平车更是推助了“庙皮”的繁荣。在运输能力低下的过去，仅靠人力肩挑背扛和牲畜驮运，无法解决大量运输问题，随着太平车的出现，运输能力大大提高。据史料记载，明清两个朝代，平舆县拥有大大小小的车坊 100 多家，每年生产各类运输车辆 2000 多辆，成为全国太平车的制作和销售中心，为我国农业生产和交通事业的发展进步做出了突出贡献。平舆出产的太平车最大运力可达 4 ~ 5 吨，这些满载货物的运输车辆一辆接一辆，形成滚滚的长龙流向全国各地。

丰富的畜牧资源，天然的地理位置，便利的交通条件，再加上清末山西、陕西商人投资并定居庙湾，共同造就了“庙皮”这一品牌，而庙湾这个小镇也最终达到了与北方张家口齐名的高度。

新中国成立后，因存在环境污染等问题，中小皮革企业逐渐被关停整顿，庙湾乃至整个平舆县的皮革产业日趋萎缩。近年来，随着 2 个大型污水处理厂的建成，平舆皮革产业迎来了发展的春天，目前全县较大的皮革、皮件生产企业已达 60 多家，成为平舆的主要支柱产业，“庙皮”这一传统地方产品也在发展中重新进入全国皮革市场，其地位也越来越重要。目前，“庙皮”已被列为地方特产出口皮张销往世界各国。

作者简介：张治河，平舆县射桥镇东关村人，1971 年出生，中共党员，毕业于驻马店师专历史系，任过教师，曾工作于平舆县委宣传部新闻科，现供职于平舆县督查局。

庙湾仁义光棍杨三喜

张贤锋

清代末年，庙湾镇街上出了个仁义光棍，名叫杨三喜。

话说那时候的庙湾镇，东南角有一个武术街，街上开了 4 个武场。武场里，有使刀的、弄棍的、踢脚的、打拳的……大清末年，庙湾镇成了这一带有名的武术之乡。

单说在武术街北头，住着一个叫杨三喜的大汉，这人学得一身武艺，在当时也算是一条好汉子，经常出没于汝南、项城、新蔡、阜阳、临泉一带，有名的馆子他吃过，有名的赌场他进过，有名的窑子他玩过。提起仁义光棍杨三喜，闯江湖，跑“码头”的，谁个不知，哪个不晓！

距庙湾东北 30 多里的项城县（今项城市），有个袁家寨，出了一个大名鼎鼎的袁世凯。这袁世凯十六七岁时，却不正混，经常带着几个哥儿们，吃馆子，进赌场，坑蒙拐骗，胡混狗党。

有一次，袁世凯来到庙湾镇，进了一家新赌场。涉世不深的袁世凯，哪能抵过赌场的老手。输了贷、贷了输，几回下去，吃净了本。最后一局，袁世凯输红了眼，下了更大的赌注，可是牌不走运，一下又输了。当时，袁世凯输得站都站不起来了。俗话说：“走马翻蹄壳，没钱不赌博”。袁世凯实在拿不出钱来，被扒了衣服作抵押，还不够。他想要赖不给，几下子就被打得鼻青脸肿，跪地磕头求饶。就在这时，从外面过来一条彪形大汉，腰间斜插铜鞭，厉声道：“别打了，码子结了吧，算我的！”众人一看，是号称仁义光棍的杨三喜。有杨三喜说话，谁敢不放袁世凯。此时的袁世凯，泪流不尽，趴在地上不起来，磕头感谢杨三喜的相救之恩。

杨三喜把袁世凯扶了起来，问清他家乡在哪里，姓啥名谁。三炷高香，袁世凯与杨三喜结拜为兄弟，从此，袁世凯就称杨三喜为“三哥”。杨三喜每次外出，就安排众人说：“小凯年纪小，别饿着了……”特别关照袁世凯。

这样袁世凯在江湖上，就好混多了。

时光一晃就是多年。杨三喜这一竿子人，闹腾得越来越大，越来越厉害，惊动了地方官府。项城、汝南等几个县的民团联合起来，趁夜晚不备，在庙湾街上的一家酒馆里抓住了喝醉的杨三喜。

杨三喜被押到项城，官府严刑拷打，要他说出他那一竿子人的下落，他就是不吐一个字。衙役们用点着的香火烧他的背，他忍着痛不叫一声，又用鏊子烧红，放在他的后背上，“滋滋”地冒烟，他昏死过去，再用凉水灌醒。大腿上挨了很多刀，身上的伤疤数不清，杨三喜呢，就是个硬骨头，死不招供，弄得官府也没有办法，只好把他长期关在牢里。

这一年，已经混到北洋大臣、直隶总督的袁世凯，他的母亲死了。没法子，只好千里迢迢，从北平回家葬母。所到之处，前呼后拥，鸣锣开道，好不热闹。轿到汝南，众人围着轿子，喊着说：“老袁回来了！”袁世凯手下的人听有人喊老袁，觉着不顺耳，呵斥道：“这是袁大帅，岂敢放肆！”袁世凯止住了手下人说：“到家了，不碍事，不碍事。”并叫手下人打开轿门，向众人招手。

袁世凯回家葬母这事太大了，惊动了方圆百里的地方官员，谁不巴结当朝权贵！项城县县长亲自给袁家充当“柜先”，开列前来吊丧人员的名单。一时间，大小官员、地方豪绅身着素服，纷纷前来。马匹轿子络绎不绝，塞满袁家大寨。

日近正午，正要上香祭奠，忽然一个手下人慌慌张张地跑过来，跪奏袁世凯：“启禀大帅，有一个穷家妇女，手里提个破篮子，身穿一身白孝衣，腰里束个白带子，上来就痛哭叫娘，前来吊唁。我已问过所有本族人，没有人认识她，特来奏明大帅得知。”袁世凯问：“你可问她家住哪里，姓啥名谁？”一会儿工夫，手下人回奏：“大帅，这个妇女家住庙湾，自称是杨三喜的老婆。”袁世凯听到这里，慢腾腾地说道：“嗯嗯，杨三喜，我知道，让她进来吊孝吧。”这一句话，吓得在一旁记账的项城县县长出了一身冷汗。他急忙借故外出，亲自来到牢房，请出了杨三喜，并再三赔礼道歉。杨三喜从监狱出来后，也换上一身重孝，直奔袁府，和袁世凯一起，殡埋了袁母。事情过后，袁世凯要杨三喜随他进京，享受荣华富贵，杨三喜没有去，只拱手说了句：“您那福我也享不了，只要忘不了我这个三哥就中了。”

袁世凯死后，杨三喜也从庙湾消失了，谁也不知道他去了哪里。

民国乡贤夏魁明

夏春生

夏魁明（1884—1954年）字万臣，祖籍平舆庙湾八里夏。他有4个儿子，即夏振海、夏振江、夏小柱、夏小朝，大儿子住庙湾镇已发展三代，二儿子振海留学国外，三儿子、四儿子移民新疆。

1884年，夏魁明出生在一个穷苦的农民家庭，为生计，20岁时随人去汝南城打工，卖水为业，即用大木桶去汝河挑水，卖于商铺或居民。据知情人讲，一担水104斤，平均距离1.5公里，每天担20趟，得钱可买2升小麦，1升等于5斤，那年月工钱是以粮食价格为参考。当年俗语云“农闲打工，一天一升”，5斤细粮能养活一个五口之家一到两天。城市卖水，虽然辛苦但已是农民收入的两倍，夏魁明先是自找主户，后因诚实能干有了固定买主。

民国九年即1920年，36岁的他有了转机，英国商人和官府在汝南城开办烟厂，在此之前，当地人抽旱烟用烟袋，行走别在腰里。外国人用机器，把烟纸将烟叶丝一卷，截整齐，装箱封合，随抽随掏，既方便又雅观，人称洋烟。烟厂建厂招工，他有幸被选中，主要负责烟叶的选品收购。

为了烟厂有不断的烟叶供应，厂主英商染指中原农业，通过官府与主烟区叶县、禹州、太康等县烟农，签订收购合同，先付押金，说是解人后顾之忧，实为套牢独家收购的枷锁。明文规定，一方违约，要罚5倍以上的押金数额，可到收烟时节，厂家不但压级压价，还时时不让开称，到了冬雪降临，几县烟农大小车辆，挤挤扛扛，摆满街面，收进故意缓慢。人畜在青霜白露下，露宿街头，饥寒多日，这时只想卖出，没机会讲价，否则，货卖无期，此时英商、官府用低于市场几倍的价格，收到货源，奸计榨取烟农们的血汗财富，中饱私囊。

这样历经了3年，汝南烟厂为这家英商净赚千万两白银。到民国十二年即1923年，夏魁明已是烟厂收购股的负责人。当年烟区几县烟农不堪重剥，由经济人联合要求厂家提高烟价，厂方不许，说订有合同，照章办事，夏魁明因站在烟农一方，被厂家定罪为对主不忠、办事不力，解职开除，烟价照旧。

帝国主义的政治压迫和经济剥削，军阀政府的腐败和平庸，激起中原人的强烈反抗，在此期间烟厂总技师、云南籍罗主任和信阳的纪世才高级技师等人聚在一起，决定不为帝国主义卖命，要自己人办厂，西北几县烟区经济人也大力支持，四门戴烟厂于民国十三年即 1924 年 10 月正式开业，这时夏魁明已步入人生的不惑之年。

夏魁明在四门戴开办烟厂，因善经营勤努力，短短几年卷烟机由两台发展为 4 台，在厂职工 150 余人，日夜不停三班轮换，流水线生产半机械化。厂区治安队员 20 余人，负责该厂及周边村庄治安，另外又招收 50 余名女工，负责封合装箱，按件记工，不包吃住。

他致富不忘乡邻，把经营工厂的理念和方法用到服务周边村庄的民事上。每村一位管事人，定期向他汇报所在村的生产、生活及治安情况。比如民国三十一年即 1942 年春，谷雨时节，小麦刚打泡，下了一场苦霜，太阳一晒，遍野一派枯萎，几乎绝收，人称霜打麦。到了夏季又遇干旱，秋苗大都旱死，为了补救歉收，农家又多毁秋苗，种上荞麦，此作物生长周期短，百日归仓。据人估算只要霜降节过后 5 ~ 10 天不下苦霜，荞麦就收获有望，常言说祸不单行，春季是谷雨节断霜，秋后是霜降节下霜，但这样赶巧的事几十年难碰一次。可在民国三十一年，两季一点不误，霜打麦，旱死豆子，霜打荞麦三季大多绝收，一到冬天，浮荒遍地，哭饥号寒者村村皆是。

有地者，虽然歉收，多少有收，没地者更忧。庙湾集上，大多是生意人，平常年景全凭手艺或小买小卖糊口度日，一遇大灾，生路断绝，虽有开明人士搭粥棚，一天一顿甩饭，但缺衣少被难过严冬。

为此，烟厂特为庙湾穷人筹来皮棉 150 斤用于解困。为用到实处，以工代振，救穷不救懒，为烟厂纺棉，谁纺 1 斤得钱若干，事后安排领棉户，烟厂不收 1 两，全归自己，夏魁明用这种方法，救济近 30 户，约 100 人得以保暖。

每每谈到纺棉救灾一事，现住庙湾街南头的张小中（现年 72 岁）对他娘过去的讲说还记忆犹新，当年春节有人把夏万臣的名字，写在牌位上，当神当祖供奉着。

在八里夏村，为夏魁明做经营人的叫夏东风。

民国三十二年，就是霜打麦过后的第二年即1943年，村中的土地买卖价格大跌，后秋时，1亩地4石（各地算法或有不同，民国时期八里夏村用的是1斤=16两，1升=5斤，10升=1斗，10斗=1石）小麦按价折算，那时每亩年产小麦，按俗语说，好的是7斗8斗，少一点是3斗5斗，按现在说每亩300多斤，4石约2000多斤。如按全年计算，买一亩地的投资，要5年耕种收回成本，而到春节前后，每亩地掉到3石小麦。到三月二十八庙湾古会时间，每亩地价只要2石。不到半年，降价一半。此时可想而知，物资短缺、生活必需品昂贵，特别是粮棉油。民间出现高利贷，人称驴打滚，按月计算，这月借1升粮，下月还2升；借10元钱，下月还20元，隔月还40元，再隔月还80元等，这种现象一出现，就会导致妻离子散、家破人亡、贫富差距拉大。

当夏东风把这一情况报知夏魁明后，他不但没有乘机来发民难财，还以烟厂名号买地，价格4石照旧。烟厂买来土地，还根据情况，分别处理。在这次地价恐慌中，烟厂在八里夏村只买了不足8亩，却达到稳定人心、稳定时局的目的。

烟厂在八里夏村的近8亩地，由夏东风代管，先让卖地人家租种，若无力者，就让无地或少地的人家租种。当时种地分二八开、三七开、四六开，烟厂租地是五五开，明言旱涝还可减免。从民国三十四年到民国三十六年（1945—1947年），两年收租，烟厂没要1两，全经夏东风手救济11户穷人。后来，谁种就归谁了，他连买地钱也没要分文。

新中国成立后，他先由汝南县人民政府拘押，本地人自发组织去汝南为其说情，量刑为开明绅士狱外执法，后到平舆恢复县制，在八角楼院内种菜，直到终老。有诗赞之曰：不乘国危发难财，开办烟厂救鸿哀。乡贤一颗慈善心，后人世世敬仁德。

百泉乡师在平舆龙王庙旧事

张留坡

我是教师出身，在基层中学教学18年，在平舆县教体局、县教研室工作25年，对平舆地方教育史实情有独钟。平舆龙王庙在抗日战争时期办过百泉乡师、百泉中学、百泉附小，为当时教育界之盛事，龙王庙被命名为“文化乡”。这事虽然已过去80年有余，但有必要旧事重提。于是我多方查阅资料，成文如下。

百泉乡师简称泉师。要说百泉乡师在平舆龙王庙的旧事，需要先介绍平舆东皇街道李庄的3个名人：李汝泉、李汝培两兄弟和他们的侄子李振云。

李汝泉（1877—1947年）字澄清，中州大学毕业，追随孙中山，成为河南国民党员中的元老级人物，后参加中统。1911年（清宣统三年）在三沟店蔡寺（今平舆县蔡营集西头）创办第一所初等小学堂，定名为“汝阳公学”，次年（民国元年）7月迁移到平舆龙王庙，筹集庙产10余顷，学校亦改称“汝南公学”。李汝泉时任国民党汝南县党部书记长。回乡叫人拆除朱阁庙神位，由费永安创办私立学校多年。李汝泉因敢于砸毁神位创办学校，人送绰号李疯子，1938年纂修《重修汝南县志》。

李汝培（1889—1987年），字敬斋，清末秀才，1913年（民国二年）公费留学美国，米艮大学土木工程系毕业，曾任美国何氏建筑公司助理工程师。1917年（民国六年）回国，次年任河南省留学欧美预备学校（河南大学的前身）校长，亲自设计并监修本校大礼堂、图书馆、门楼及建设厅办公大楼，采用中西结合的建筑法，建筑物蔚为壮观，至今犹存。在他任河南留学欧美预备学校校长期间，首倡教育款产独立。发起省立学校联合会，策动教育界的知名人士共同努力，使各县都设立了教育款产经理处，避免地方官绅挪用、侵吞教育经费。此间他还创立了留学生贷款制度和中学优秀学生奖学金制度。解除了成绩优异而家境贫困学生的后顾之忧。这些办法都被民国中央教育部采用，推行至全国。1949年去台湾，曾任台湾“总统府”国策顾问。至于他的为人、品行，其同村后裔、现已退休多年的原平舆一高副校长李耀南曾撰文《我的一生》谈到李汝培，他这样写道：学习像一架机器，机器运转必须有动力。我一生的学习动力是什么？族上一位老爷子李汝培，字敬斋，清末秀才，赴美留学。回国后创办河南大学。历任河南省教育厅长，民政厅厅长。国民党党中央监察委员。1946年出任国民政府行政院政务委员兼行政部长。他人品高尚，深受乡里老少尊重。生活朴素，衣着平常。不吃酒，不赌博，一生不纳妾。居草房，少宾客，无车马，无扈从。亲近群众，当官不像官。抗日战争初期，常在家住，常与乡老田间地头谈天。一次在晒粮场上，指着一堆圆锥形麦子说，估计多少斤，装袋后误差很小。这给我幼小的心灵留下了极深刻的印象。认为敬斋老爷子是了不起的大学问家。我暗下决心，立志向敬斋老爷子学习。做一个有学问，道德高尚，平易近人的人。

李振云，字崇武，在网上找到这样的信息“1980《河南省立百泉乡村师范建校50周年纪念暨李校长崇武先生八秩华诞荣庆专辑》”，据此推测，李振云应是1900年生人。1919年2月，考入河南留学欧美预备学校，学制为5年，1924年1月毕业。在校期间，与尚振声（国民党军统少将，抗日志士，1942年1月8日被日寇杀害于上海，年仅39岁）、刘艺舟（抗战胜利后任国大代表兼河南省保安副司令）同住一间寝室，3人相处融洽，亲密无间，且都爱好踢足球，同学笑称为“三杰”。20世纪30年代任河南省立百泉乡村师范学校校长。新中国成立前夕去台，20世纪60年代任过台湾龙华工业专科学校校长。

百泉乡师全称为河南省立百泉乡村师范学校，其前身为河南省民众师范学院，1929年（民国十八年）7月创建于开封，1931年（民国二十年）2月，学校迁至河南辉县城北5里的百泉村，遂易名为百泉乡师。至于为什么会于1939年迁到平舆龙王庙呢？这里面有其时局的原因和人为的因素。

20世纪20年代末至30年代初，世界经济危机开始波及中国，加速了我国农村经济的破败。加上当时军阀混战、灾疫蔓延，农民生活陷入水深火热之中，在此情况下，国民党统治区兴起所谓乡村教育运动，企图以“教育救国”为口号，用教育手段来改造中国的农村社会，以期实现“人无不学，事无不举，村无游民，野无旷土”的四大目标。而作为河南省教育厅厅长的李汝培，深受西方教育思想的影响，看出了中国积贫积弱的现象，自然想振兴河南教育，在河南搞一个样板出来。于是推荐他的侄子李振云出任百泉乡师校长，代其实现这种教育理想。百泉乡师虽没有宣布明确的建校宗旨，但从该校校歌中的“村无游民野弗荒，事无不举人智扬”和校徽上的“锄头、毛笔和赤心”图案看，该校的办学目的可归结为：企图通过乡村教育培养中小学教师，普及农村教育，振兴农业生产，改造农村社会。有人诠释校徽说：“赤心代表我们的真诚，绿边代表我们的环境，毛笔代表我们的智（知）识，锄头代表我们的身手”，颇为贴切，很有寓意。很明显，这是“教育救国主义”在农村教育上的反映。可惜历史已经证明，这种企图借助教育医治旧中国广大农村“贫、弱、愚、私”的顽症，说到底只不过是一种幻想而已。

1937 年（民国二十六年）7 月，日本帝国主义发动侵华的“七七事变”，华北沦陷，百泉一带就成了抗敌前线。学校只能南迁。可迁到哪里为好呢？众说不一。时任校长的李振云，便想到了他的家乡。此时两位叔伯在官场上正红，李汝培是河南省教育厅厅长，省里说得上话，可拍板定论。李汝泉是汝南县党部书记长，经营汝南多年，已达到可以呼风唤雨的地步，学校迁到汝南后，能得到汝南县地方政府的大力支持，办学一定更方便，而且也可以为家乡培养更多的人才。

事实也和李振云所想的差不多，有两位叔叔帮忙，迁校汝南就确定下来了。1937 年 10 月，百泉乡师迁至汝南城的王府。然而让李振云没有想到的是，次年夏，国民党军队在徐州战场失利，沿陇海线西退，汝南又成了抗敌前线，学校只好再迁，于是便继迁南阳淅川县西 30 里滔河镇的金家营。等到了 1939 年（民国二十八年），因黄河改道，豫东南一带驻扎有汤恩伯部和程道荣的豫南民众抗日救国军，抗战形势比较稳定，是年 7 月又从淅川迁回汝南城南关小南海。尚未安顿下来，前线就有消息传来，说日寇有攻打汝南的迹象（事后证实，日军要攻打汝南这个消息是真的，只是形势所迫，往后推迟了两年多。1941 年农历腊月二十九、三十两日，日军的飞机，不断对汝南县城狂轰滥炸，城内一片火海，到处烟雾弥漫，市民在哭喊中纷纷出城逃难）。在这种情况之下，李振云就同其两个叔叔商议，在征得他们的同意之后，匆匆把百泉乡师转迁至汝南城东平舆龙王庙。

当时平舆龙王庙的百泉乡师，规模不小，仅房屋就有 200 余间，学校有校警队 30 多人，校园周围有 3 个炮楼。百泉乡师的生源虽然说是在全省招生，但平舆有地理优势，再加上李振云校长就是平舆人，故让不少平舆青年学子看到了希望，发奋学习，考入了该校。

百泉乡师在平舆龙王庙先后开设过专修班（专科）、普通班和社会教育班，所设课程除公修科目国文、数学、史地、教育概论、教育心理学、教材及教法、生理卫生、体育、音乐、美术外，又开设了各种专业科目：乡村教育、农村社会学、农村调查和统计、农村经济及合作、农业概论、教育史等。

百泉乡师在平舆龙王庙办学虽然只是短短的4年多，但已经办出了自己的特色。

一是注重对教师的延聘。该校聘请教员，大都是大学或专科毕业生，还有去过日、美、法等国的留学生。当时为了延聘学识高的教师，不惜酬以重金，不少教员知识渊博，具有一定的教学水平。由于教员的文化程度高，形成了“勤奋学习，生活简朴，踏实肯干，师生和睦，重视文体活动”的校风。特别是担任过17年之久的生活指导部主任李瑞安，在建校、发展和爱护进步学生等方面起到一定作用。李振云建议对思想进步的学生开除，李瑞安说：“学生有言论自由的权利，可以教育，不能开除。”结果仍保留了他们的学籍。李瑞安指导工作认真，招生工作一揭晓，他对被录取学生的照片看了又看。开学后，他天天与新生接触，所以不到一个星期，新生他就都认识了。他坚持一日工作常规，起床号响后，他深入学生寝室检查内务，同学生一起出操。早、晚自习，他逐班了解学习情况。他教教育概论和教育心理学，教学质量显著，博得众生钦佩。

二是废除暑假，缩短寒假，延长每周上课时数（废除星期天）。其做法是：第一学年和第二学年的第一学期，每周上课时数改为6天半；第一、二学年废除暑假；第一学年将一个月的寒假缩短为两周，总计可多上一个学期课，即在三学期内学完四学期的课程，这样就好让二年级的学生在第四学期去乡村学校实习半年，使他们有理论联系实际的机会。实习后再回学校学习一年，为毕业会考做准备。因而，该校曾多次在全省师范生的会考中获得第一名。

三是考试制度严格。在校园内单人单座进行考试；公布月考成绩，不仅排名次，而且公布分数，以便学生策励自己；“辨为复试”，为防止考生作弊，新生报到后进行一次复试（写篇作文），以便核对笔迹，发现冒名顶替者，立即除名（第一次复试中，发现程 ×× 的笔迹对不上号，立即让程 ×× 离开学校。又有一次，发现 ××× 数学试卷上的成绩是100分，而分数登记册上误写成 10 分，××× 未被录取。该校随即通知数学考 100 分学生的入班学习）。

四是读书之风形成传统。由于百泉乡师是在全省招生，学生素质很高，读书风气很浓并为传统，校内图书室有艾思奇的《大众哲学》、薛暮桥的《经济学常识》《二万五千里长征》等社会科学书籍。在平舆龙王庙办学期间，师生思想更加活跃，组织了“砺新”“砺志”读书会，成立了“北斗”“腊风”文艺社，“北斗星”“腊风”壁报更是定期更新。同时，还在《漯河日报》上开创《教育与文艺》《窗前草》等副刊。凡参加读书会的学生可阅读指定的社会科学读物和文艺书籍，定期报告读书心得并交流读书经验。

五是重视文体活动。除开设体育、武术、军训等科目外，班班还排练文娱节目。每年举行春、秋季运动会，选择各项成绩优秀者，为参加省运会作准备。因而在每届省运会中的田径、球类比赛成绩都名列前茅。该校注重体育，与刘立停、杨秀英、张醒民等教师长期任体育科是有关的。

六是开展如火如荼的抗日宣传活动。百泉乡师在平舆龙王庙以后，师生把大部分精力投入到抗日宣传活动中，到集镇街头开展演活报剧、作讲演、张贴宣传画等进步活动，还到杨埠帮助地方政府搞国民军训，宣讲《游击战术》，教学《抗日三字经》，张贴《大众墙报》。在这个活动过程中，直接或间接地促使了百泉乡师广大师生在中国共产党教育下，对国民党反动派幻想的破灭，逐渐走上民主、团结、爱国和觉醒的道路。特别是在抗日战争这些日子里，不少师生奔赴解放区，直接投身抗战第一线，贡献自己的青春与才华，或在党的领导下进行革命活动。到 1948 年底鸡公山解放的前夕，百泉乡师宣布解散。除个别师生流亡江南外，绝大多数师生都回原籍迎接新中国成立。因而，新中国成立后党、政、军、教等各条战线工作的百泉乡师师生，多数是在 1948 年底和 1949 年初这段时间参加革命的。

七是师范、中学、小学一条龙模式。1939 年百泉乡师迁至平舆龙王庙后，李汝泉的侄子李振云任校长。1940 年，李振云运用朱阁庙的庙田，在朱阁庙增建房舍，创办百泉中学和百泉附小（朱阁庙距龙王庙百泉乡师直线距离约 1 公里）。百泉中学首任校长刘茂正（字得辰），于 1940 年 1 月招生，初招 3 班，学生 120 人，后来发展到 12 班，学生 452 人，1943 年春迁到汝南。百泉附小 2 所，一所即龙王庙小学，另一所为朱阁庙小学。朱阁庙的百泉附小校长是费永安。在那里上过学的李耀南这样记载当时的百泉附小：1940 年，百泉乡师范学校在朱阁庙创办附属小学，是我一生中学习的黄金时期。坯墙草顶，教室却整理得干干净净。室内布置有学习园地，山墙黑板上方贴有国父孙中山遗像，两侧对联是“革命尚未成功，同志仍需努力”；教室墙壁上还贴着“培养良好学习习惯，讲究文明卫生”的标语等。讲台前、门外的盆景花卉井井有条，学习环境十分优美。那年升入4年级，班主任魏逸梅很看重我，欲培养我当班长，但因个性内向，表现过于腼腆而罢。一次学校要排练文艺节目，魏老师选我扮演人们深恶痛绝的日本兵。怎么让我当劣人呢?魏老师劝说道：“演好了，让观众更痛恨日本人，是好的表现，都不愿饰日本兵咋搞好宣传呢！”剧目在师范学校晚会上公演，观众反映很好，并受到学校表扬。

总之，百泉乡师在平舆龙王庙近4年的办学工作中，不管办校负责人的主观愿望如何，但在培养学生具有广博的专业知识、适应农村工作，特别是农村教育工作的能力，注重德、智、体全面发展，重视理论联系实际等方面有诸多可取之处。至于它的功过是非，还有待后人及史学研究者加以评说。

作者注：主要参考资料为1987年版《平舆县教育志》。

十字路篇

“秦参谋”其人其事

张留坡

秦参谋叫秦鼎新。

秦鼎新（1887—1983 年），字协一，平舆县十字路乡人，毕业于保定军校，曾任黄埔军校第四期教官，国民革命军 38 军参谋长，少将军衔，参加过台儿庄战役和枣宜会战，与日寇多次作战。新中国成立前夕在湖北金口率部队起义，促进了祖国和平解放进程。新中国成立后曾任郑州市民政局副局长。

在秦鼎新老家，乡亲们更习惯称呼他秦参谋、参谋长、秦协一，秦参谋这个名字在秦鼎新的家乡十字路乡一带，如雷贯耳。反倒是他的大名秦鼎新，知道者不多，可见家乡人对他的仰慕。

1887 年 10 月 11 日，秦鼎新出生在十字路乡秦家店（今秦店），这是一个小村庄。秦家店村南建有祖师庙一座，村北头西南至东北走向的大港上建有 5 座桥。村北这条大港，当地人称老港深。秦家店古称秦家营，离项城老县城（秣陵镇）30 华里，距离汝南城 90 华里。当地人讲，秦家店在民国时候也起过集，并且是因为参谋长才起的集，因为他在军队任职，一般土匪不敢骚扰秦家店。

秦鼎新出生后，他的父亲秦文著给他取了个小名叫粪成。秦文著在庙湾东北的戴桥给地主戴思远当佃户种地。戴思远家开办有私塾，塾师的名字叫刘仲莪，品行高尚，其父去世，刘仲莪为父守孝，茹素三年。

幼年的秦鼎新跟随父亲在戴桥长大。秦鼎新 6 岁失母，其父未续娶，拉扯 3 个子女长大。秦鼎新 7 岁就开始帮助家里干活，拔草喂驴，啥活都干。到 1898 年秦鼎新 11 岁时，开始读私塾，启蒙恩师正是刘仲莪。秦鼎新把刘仲莪作为自己人生的榜样，为人甚孝。

1905 年秦鼎新 18 岁，与原配李氏结婚，而后跟随邑庠生冯廉泉读书，冯廉泉学识广博，教育有方，秦鼎新进步很快。

1906年，秦鼎新又跟随邑庠生郑元度读书，正逢清朝废除科举兴办学校，“以家贫无力供给，赴汴应第二师范学校试，中途复还。至此，意能益消极。遂遁入佛门，迷误益深。次年，遂应淮阴新集杨屯村私塾之聘，从事教读。翌年春，张镇芳在百庄铺招考蚕桑中学，代同学应试，名落孙山，自愧无面再当‘人之患’。遂博览经史，准备再战，斯年暑假，汝南办私塾改良，以第一考录教育讲习科，年终结业。”（《秦鼎新自传》）

这段文字的意思是说，他当年去开封报考第二师范学校，因为家贫没有学费，走到半路又回来了。当时他的思想很消极，曾想去当和尚。第二年（1907年）应聘到外地一家私塾任教，第三年（1908年）春曾代人替考，还没有考上，这件事对他刺激很大，开始苦学。同年暑期期间，汝南县改私塾为教育讲习所，他以第一名的身份考入，并于同年底结业。

1909年（清宣统元年）在庙湾南边的朱阁庄小学教书。这时清政府腐败无能，瓜分之议甚嚣尘上。秦鼎新怀着一腔爱国热情，弃文从武，报考军校，考入设在开封的河南省陆军高等小学堂第五期。其间，秦鼎新受到同盟会宣传孙中山民主革命思想的影响，加入了该组织。与秦鼎新一起参加同盟会的有单懋统（号锡嘏，新蔡人）、阎旭生（字曜初，革命党人阎梦松的长子）和张轸（字翼三，罗山县人）等人。

1911年，辛亥革命爆发，豫当局害怕陆军小学第四、第五两期同学暴动，便勒令他们各回原籍。秦鼎新回到家乡以后，便与本县人戴兆春（字岁初，清秀才）和韩丹书（字铭轩，师范毕业，当时任教员）联络地方武装，共谋起事。戴兆春刻有“鄂督黎示”方印，凡愿参加起义者均发给盖有该印的字据。然后与项城人朱苏亚、新蔡单懋统、阎曜初等，组织汝、项、新三县地方武力，准备响应北伐军。单懋统到新蔡时，阎梦松（字子固）与任芝铭（字子勉）等人正在组织淮上军。该军先攻新蔡未克，后光复商城、固始。单懋统和阎旭生等人及项城朱苏亚、朱扶亚兄弟（二次革命烈士朱丹陛之子），负责掌握项城、新蔡两县地方武装。秦鼎新曾派韩丹书、单懋刚（字宣三）、陈伯英（新蔡人，刘积学的学生）诸同志驰赴淮上，与淮上军司令张汇滔（字孟介）、副司令阎梦松接洽。韩丹书还带回了准备起事的指令。想不到淮上军还没有到，清帝宣统就宣布退位，南北议和，军事行动被迫停止。

1912年春，河南省当局召开第四、第五两期同学结业典礼，秦鼎新、单懋统等人一起去开封参加了这次结业典礼。领到结业文凭后，因第一（清河）、第二（武昌）、第三（南京）、第四（山西姚村）四个陆军预备学校的校舍均未腾出，校方令结业同学各回原籍，等待升学的命令。秦鼎新随即回到故乡，到宗庙（今属项城）小学当教员。他利用空闲时间，向当地农民宣传孙中山先生的三民主义，宣传男子要剪辫子、妇女要放足、人人平等、男女平等、破除迷信、改庙办学、植桑养蚕。在他的宣传鼓动下，当时乡里的革命气氛甚为浓厚。

1913 年 7 月，秦鼎新和单懋统等人一同升入南京第三陆军预备学校。途经武汉时，闻知九江、芜湖风声正紧，江苏欲独立和黄兴在南京通电讨袁（二次革命）的消息，遂前往南京参加黄兴的讨袁军。经老同盟会员夏述唐（河南息县人）介绍，黄兴派路孝忱把秦鼎新、单懋统等人编入讨袁军教导营，住南京第三预备学校。并派于化卿、杨子英、阎润苍、彭少楼、夏光明、周郁齐 6 名同学回河南，运动镇嵩军及其他潜伏势力，准备大举响应。终以袁世凯早有部署，革命军敌众我寡，难以起事。未几，黄兴即取消独立，自动离开南京，二次革命失败，秦鼎新等人被取消入学资格并被通缉。

无奈之下，秦鼎新于 1914 年春返回家乡，在离老家不远的年庄教书，一教就是 3 年。

1916 年袁世凯死后，陕西督军陈树藩欲留秦鼎新、单懋统和张轸等人在陕军任职，被他们谢绝。不久，秦鼎新、单懋统、阎旭生、张轸等陆军小学第四、第五两期同学齐集开封。大家推选秦鼎新和单懋统为代表，赴北京交涉要求恢复升学资格事宜，请愿书是任芝铭先生起草的。他们在北京曾拜访过国会众议院山东议员刘冠三先生。这时，夏述唐到北京。他向陆军训练总监张绍曾面陈秦鼎新、单懋统二同学到南京升学和参加二次革命的经过，提出：现已恢复共和，理应恢复同学们的升学资格。张绍曾表示同意。

1917 年 6 月，秦鼎新和单懋统、阎旭生、张轸等奉召参加升入清河陆军第一预备学校的考试。尚未发榜，就发生了张勋复辟事件。张勋被赶走后，陆军部却玩弄手法，说“民二失学学生少，不敷清河预备学校招收名额”，企图招收一批跟陆军部有关系的毕业生，以挤掉一些参加二次革命的陆军小学毕业生。按照惯例，陆军小学毕业生升入陆军预备学校无须经过考试，陆军部这样做显然是故意刁难。

当时赴京参战讨伐张勋的军队中，担任晋军第一混成旅旅长的老同盟会员商震，向秦鼎新等人透露了这个情况。他们闻讯后便采取对策，另报一个名字参加第二次考试。秦鼎新报其一个同族人的名字秦世轩，单懋统报自己入陆军小学之前用的名字单昌，张轸报其侄儿的名字张日煌。由于商震和阎旭生之父阎梦松是同盟会的老同志，震曾到过阎家，所以新报的名字就由阎旭生交给商震，请商震向陆军部代报。

不久，两次考试同时发榜。结果，第一次报的秦鼎新、单懋统两个名字都落榜了（因为他们二人是陆小学生代表，名字常在报上出现，故受到当局的排斥），而后报的秦世轩、单昌两个名字都被录取了。张轸不是代表，不被当局注意，他报的两个名字（张轸、张日煌）均被录取。张日煌这个名字，后来由被排斥的同学郝漪（字滋生）顶替了。

这期间，秦鼎新有些彷徨了，他怀疑自家的祖坟风水有问题，于是请了阴阳先生来看坟地。笔者访问秦鼎新的老家秦店时，秦店的乡亲们说，秦参谋上学之路一直不顺畅。笔者查阅资料后发现，果然如此：陆军高小勒令停学返家，清河陆军学校取消入学资格，保定军校延迟开学。当时有阴阳先生看过风水后，对秦参谋说，把你父亲改葬在老港深旁，诸事就顺了。秦参谋依言行事，果然他的学业和事业从此顺利起来。本着纪实原则，把秦参谋为其父亲改葬一事记录下来，请读者自辨。

1919 年 7 月，秦鼎新从清河陆军预备学校第四期毕业，与单懋统、阎旭生一起被分到河南第一混成旅当军官候补生。1921 年 10 月，他们又一同升入保定军校第九期步科，于 1923 年 4 月毕业，分派到河南汜水陆军第二混成旅三团一营一连充见习官，当令代理一连排长。1924 年 3 月，河南督军张福来，直系军阀，办有军士教导团，调三团选军士 40 名，并选排长一名率领到开封集训，秦鼎新调任该教导团队副团长，很快就辞职了。

1925 年，经刘积学、李敬斋推荐，中国国民党陆军军官学校（今人称的“黄埔军校”，1926 年 1 月改为中央军事政治学校）派赴开封的黄埔招生委员会牛棠、周竞，写信介绍秦鼎新和单懋统到黄埔军校工作。同年 12 月，他们到达广州。据《秦鼎新自传》：他任“该校四期教练官，第五期学生队副。”

秦鼎新到黄埔军校当教官后，秦家的家庭条件有所好转，再加上秦家店没有寨，无险可守，土匪总是骚扰，颇不太平，于是秦鼎新举家搬到大秦寨，并在大秦寨盖房居住。

那时候的蒋介石、汪精卫，都把狐狸尾巴夹得很紧，伪装进步。邓演达刚由苏联归来，即以他代替了王柏龄的教育长，苏联顾问鲍罗廷每星期做政治讲演，革命热情极为高涨。

当时军校内，以共产党员、社会主义青年团员为核心的青年军人联合会与国民党右派组织孙文主义学会之间的斗争十分激烈。秦鼎新作为国民党左派的一员，衷心拥护孙中山先生制定的“联俄、联共、扶助农工”三大政策，经常与校内共产党员接触，因而不断遭到国民党右派的压制和打击。

1926 年 3 月 20 日，蒋介石一手策划了中山舰事件。此后，已暴露身份的共产党员撤出军校，国民党右派的气焰更加嚣张。1926 年 6 月广东国民政府发出北伐动员令后，秦鼎新多次请求参加北伐，但未获批准。此事单懋统在同年 10 月 22 日写给他赴法国留学侄儿单粹民的信中有所提及。“国内北方军阀渐次崩溃，革命军已占有武胜关，东南浙江夏超亦宣布独立，吴、孙两贼于最短期间必可打倒。余与协一（秦鼎新）因上峰不准离校，故未随同北伐。”

同年 11 月，秦鼎新由总司令部二兵团长侯连瀛商请校长李济深，调秦鼎新任该团中校团副。所在部队由广州出发，到达武昌后，改编为国民政府警卫团，侯连瀛任团长，秦鼎新任团副。因士兵缺额，秦鼎新受上级指派回家招募新兵。此时汝南地界还不是国民革命军活动地盘，是直系军阀的领地，颇不太平。秦鼎新安排和他同来的李宗绪在汝南保管经费，自己和阎普润、卢子英回家乡秦家店一带招募新兵。

秦鼎新来到秦家店附近不远处的裴堂集和大魏寨做工作，由于熟悉情况，人缘不错，家乡人民信任他，初期进展顺利，并招募了不少兵员。

正当秦鼎新在家招兵期间，突然有豫西巨匪戴明权、张连三、老王太杆合股数千人，从汝南、上蔡边界南下，在秦家店一带祸害群众，并围困秦鼎新家乡的大秦寨。秦鼎新当时在南李寨住。南李寨驻有阎日仁部杨发秋营长的一个营。当大秦寨的寨子未破时，秦鼎新和老族长秦锡彤找到杨发秋营长，恳请他发兵相助。秦鼎新向其晓以大义，然而该营长就是借故不出兵，最后虽然出兵了，军队刚一出寨门，大秦寨已经被这股土匪攻破，一村老少 2000 余口被杀害，死绝者甚多。秦鼎新的叔叔秦文祥，叔伯弟弟鼎立、鼎鼐，及侄子铁旦、麦混 5 口均被杀害。秦鼎新的妻子被土匪用刺刀刺破了头，他的三儿子秦骏才 3 岁，竟被土匪投到水里，幸好抢救过来了。事后才知道阎日仁部早就与这股土匪暗中勾通，抢民分赃。秦鼎新将叔父与弟侄棺殓葬埋后，返回武昌。侯连瀛团长拿出一部分招兵费作抚恤金，秦鼎新没有要。

1927年3月，秦鼎新奉调第六军18师任上校参谋长。鄂西讨伐杨森战役刚结束，这时候的蒋介石已投入美帝国主义的怀抱，“四一二”反革命政变后，秦鼎新所在的第六军18师奉武汉政府之命，东征讨蒋，兵发皖南。“七一五”宁汉由对峙而合作，蒋介石痛恨第六军与共产党人合作，为削除异己，于1928年6月，假李宗仁、白崇禧之手把程潜扣留武汉，指使朱培德、王均于同年7月在江西消灭第六军，张轸去了杭州，秦鼎新与任芝铭回了老家。

这之前，1928年4月，秦鼎新的原配李氏病死，年仅43岁。李氏父死母嫁，11岁以童养媳的身份来到秦家，那时秦家还在戴桥给地主种地。与秦鼎新结婚后，生了7个孩子：长子秦麒、次子秦诚、三子秦骏、长女秦勤都是她所生，还有两个女孩秦民、秦廉、一个男孩秦金陵，很小就死了。李氏病死武昌，停柩未运。

秦鼎新回到家乡后，因为秦骏还小，续娶上蔡民女张朴卿。结婚后，因秦家店的房屋被土匪烧毁，就在大秦寨内购买一处荒宅，盖了3间草房，留地5亩自耕，剩余的31亩田地就由秦鼎新的弟弟、侄子分种。他的腿上旧疮复发，治了两年都未能痊愈，直到1930年11月，张轸邀请秦鼎新到11路军任64师中校参谋，帮训干部，购服虎骨参茸药酒，他的腿病才慢慢好了。

1932年10月，秦鼎新调65师195旅任中校主任参谋，1933年10月追击红四方面军至淅川，虽没接触，已成行动。1934年春在光山王家湾与红二十五军一度对抗，195旅马旅长受伤。秦鼎新在其自传中说：“似此反身事仇，为反动军阀作鹰犬，实为一生最大污点。”

1934年4月，秦鼎新与张轸同时辞职。同年5月，秦鼎新任朱仙镇残废军人教养院总务股主任。

1935年11月，秦鼎新的夫人张朴卿病死开封，时年36岁，运柩回籍。张氏所生的四子秦和甫才4岁。于是续娶本乡民女杨宝箴，五子秦骥、小女秦俭，皆杨氏所生。

忙完夫人的丧事，接受了张轸的邀请，任76师参谋长，帮训干部，仅仅几个月，又与张轸同时辞职。同年五月，任朱仙镇残废军人教养院训育股主任。

1937年卢沟桥事变后，秦鼎新于同年11月任豫北师管区干训班副主任。

张轸商请程潜转约中共长征老同志朱瑞、刘子超及民主党派杨超人任军事政治教员。同时任芝铭、王毅斋皆参加讲授，对于统战问题，敌友问题，谁真抗日，谁假抗日，谁借抗日消灭异己，均有详明分析。因此，负责干部及学员均有不菲的收获。

1938 年 1 月，豫北师管区干训班改编为补二师，很快又改编为 110 师。张轸任师长，秦鼎新任上校参谋长。孝义整训，110 师的进步作风，被汤恩伯所派政治部主任陈尧密报汤恩伯，汤恩伯电令，把干训班重要干部及全体学生调鲁山集训。秦鼎新预料绝无好结果，就商请王晓民副师长及任芝铭先生（这时候的张轸已事先去了山东），将中共同志渡河南来的人，暗中遣去后，就由王毅斋率全体学生前赴鲁山，因王毅斋系民主党派，被扣留可设法挽救，共产党员及其他积极分子如前往，恐怕就不能幸免了。

1938 年 3 月 5 日，秦鼎新所在部队奉命参加了鲁南台儿庄的两次大会战，还袭占了卧虎寨，俯瞰峄枣，切断日寇的后方联络线。最后以两个师的剩余兵力和不良武器，担任卧虎寨、角山、金陵寺、白山西两师以上的防御阵地，依然能当数倍于我之敌，英勇奋战，整营整连与阵地共存亡，最后集结全师，仅有 4 个营。

此战之后，张轸升任 13 军军长，秦鼎新升任 13 军参谋长，副师长吴绍周升为 110 师师长。运河南岸编制后，开赴唐河整训。

1938 年 10 月，秦鼎新调任 13 军总参议。1939 年 5 月随部队参加枣庄战役，汤恩伯以张轸指挥 31 集团军牺牲过重为理由，报请调张轸任重庆第二补训处总处长，秦鼎新又退休回了老家。

1940 年 4 月，秦鼎新任豫南挺进军参谋长。1941 年 1 月，日寇由信阳大举北犯，挺进军一部在平汉线正面延滞敌人前进，以主力位于平汉道以东，侧击、尾击。指挥潘庄战役，虽然损失惨重，却让汝南、正阳、确山、驻马店失而复得。

1941 年，秦鼎新任豫南挺进军总指挥部特别党部执行委员。

1942 年 12 月，秦鼎新因病辞职，奉调该部高参，住在驻马店养病。田镇南以淮防设卡税收，补助干部，送给秦鼎新 2000 元法币，秦鼎新没有接受。程道荣也送他 2000 元法币，秦鼎新也没有接受。1945 年回到老家养病，程道荣又送 3000 元法币，秦鼎新怕再不受恐有不妥，就接受了，然后仍然以程道荣的名义全数捐入地方中心小学，校长田松如开收据，寄给了程道荣。

1944年3月，张轸调豫南挺进军任总指挥，秦鼎新以高参代理该部参谋长。这一年秋，日寇由汝南、正阳东犯，豫南挺进军沿汝河西岸与敌人周旋，收复了汝南埠，还俘虏了2名日寇。

1945年1月，秦鼎新调豫东南新蔡行署任警保处长。1946年3月，因抗日胜利，行署被撤销，退役回到家里务农。这时候，加上大儿媳私房地11亩，合老业共47亩，耕畜两头，农具、车、锄、犁、耙都有，草房12间，五男、三女、二媳、三孙、秦鼎新与爱人及岳叔，共16口人（抗战时长女已死）。种地所得，仅能维持与当地农民同样的生活。

1948年3月，汝南已解放，伪团管区迁信阳，秦鼎新到信阳领退役俸，张轸给以参议名义，不支薪，只每月送300元法币。同年7月，秦鼎新患眼斜病，到汉口陆总医院电疗两个多月，尚未痊愈。同年12月国民党河南省府南迁，秦鼎新任参议。1949年1月调任五绥靖区任高参。1949年5月15日，张轸率部在贺胜桥、金口起义，该部高级幕僚及蒋匪嫡系皆南逃。金口登记，秦鼎新代理19兵团参谋长。汉川整编，秦鼎新调任中国人民解放军51军参谋长。同年8月，以年老多病，让贤给王元，自请到四野政治部军管训练团学习。1949年11月，军大南迁武汉，改为华中军政大学三总一队，华南解放，又改称中南军政大学三总一队。

1950年6月，军大结业，适值海南解放，准备进军西藏、台湾，全国完全解放指日可待。组织上应目前国际形势需要，以国防建设、经济建设两大任务相号召，秦鼎新服从组织分配，响应组织号召，结业后即奉令回到汝南原籍，转入农业生产。

1951年7月，经张轸介绍，秦鼎新任河南省人民政府参事室参事，同时经任芝铭、侯连瀛介绍，登记加入民革（中国国民党革命委员会）。

秦鼎新解放战争胜利前军务在身，解放战争胜利后任郑州市民政局副局长，政务繁忙，也曾回家几次。据秦店村民说，秦鼎新回家时，待家乡村民很热情，没架子，穿着很朴素。

1983年，秦鼎新去世，享年97岁。这位历经辛亥、北伐、北洋政府、民国、新中国的世纪老人，最终魂归故里。秦店村民说，1983年秋季的一个深夜，秦参谋骨灰回乡，秦店村民们亲手帮着挖的墓坑，葬于秦店村北老港深旁，和他父亲秦文著的坟挨着。

王关庙村的烟花晚会

盛德劭

平舆县十字路乡王关庙村的烟花爆竹生产与每隔十几年举办一次的大型烟花晚会，从第一代传人王子周，到第十八代传承人 83 岁的王绍臣，已有 400 多年的历史了。村里的这一传统产业，经一代又一代人的用心钻研和制作实践，在不断改进、提高中得到规模发展。这个村制作的各种烟花爆竹远销周边数百里，举办的烟花晚会，誉满汝南、上蔡、项城、临泉等地。

在这个村方圆百里流传着一条歇后语：王关庙的炮——独捻。是夸赞王关庙的爆竹质量好。据台胞（1981 年回乡）、平舆县政协原常委郭明章讲，这一歇后语在台湾亦有流传。又据姚雪垠所著《李自成》一书记载，闯王部驻扎射桥一带，准备攻打 30 多里外项城的明朝驻军时，广筹火药以备攻城拔寨。王关庙村配制生产的大量火药，是闯王军筹集的重点。在助力闯王军推翻明王朝的战斗中，王关庙村制作的大量威猛火药，发挥过积极的作用。这个村在生产、销售烟花爆竹的旺势之年，家家户户都制作生产，老人、小孩都能操作简单工序。遇到天下太平或丰收之年，村里就要举办烟花晚会，以示庆祝，万民同乐。

最后一次在村里举办大型烟花晚会，是 1978 年农历二月二龙抬头的日子。

烟花晚会上，先推出来的是“斗子城”。这斗子烟花，是一个略同于三斗桌大小，用绳子捆紧的纸箱子，里面装满、装实了火药，比现在市场上的烟花箱子稍大，每户出斗子烟花两三个，上千个斗子烟花在空旷的田野里按方形摆开，就叫作“斗子城”。每户都拿出自家的绝活本事，配装成不同烟花的火药斗子，按顺序将斗子一个个燃放后，在夜空里呈现出五光十色、火树银花的美景。这品种繁多、色彩各异的烟花，有“金龙戏水”“嫦娥奔月”“天女散花”“炮打绣球”“转珠联”“地花子”“两响炮”“八节大起火”

等几十个式样。

村里流传下来一句名言："千锤的起火万锤的花"。意思是说，烟花爆竹的火药装填要瓷实严密，砸得越瓷实，火药存放越多，劲就越大，烟花起的就越高越好看，燃放的时间就越长。有名的铁花桶，直径20多厘米，里面装满砸实了火药，燃放后喷出的烟花，绽放有三四层楼高。

将烟花晚会推向高潮的是"点老杆"的重头戏。"老杆"是在地面上埋一根一丈多高的木柱子，再往上接两根长桅杆，约有5层楼高，周围用3根粗绳子斜拉固定紧。"老杆"的最上面是自明灯，在桅杆两边高挑的横木上，两边挂起4个大灯笼，每个灯笼里放有两个2斤多重的大蜡烛，蜡头上先放有轰药（火药），长长的油捻子从地面接到轰药上，当"斗子城"烟花燃放接近尾声的时刻，从地面点燃捻子，捻子燃到轰药上，轰药喷火将蜡烛点燃，自明灯亮了，照射着最高层的"天下太平"四个大字。那个年代，没有电灯，更没有遥控装置，这种全凭手工制作设置的自明灯，让方圆百里来看烟花晚会的人们十分惊奇欢喜。

"老杆"分上下5层，每层都在桅杆上固定好纸扎的仙人，两边横杆上固定好纸扎、竹制的人物、鸟兽和斗子火药。人物有关公、张飞、秦琼、程咬金、小孩推磨等，动物有狮、虎、牛、马、羊、猴子、大象，飞禽有鹦鹉、八哥，龙凤呈祥、孔雀开屏、喜鹊登梅、鸳鸯戏水……

当燃放手从底层将"老杆"上的总捻子点着，全村挑选出来的20个斗子烟花，在横杆上一层层一个个徐徐燃放，各种烟花在高处腾入夜空，奇光异彩，瑰丽多姿，人们在十几里外都能看到。在斗子烟花燃放时，烟花和每层蜡烛的火光交相辉映，照亮了"老杆"上和每层横杆上走马灯转圈的人物、走兽、飞禽，神态各异，惟妙惟肖，巧夺天工。从方圆百里来看烟花的人们，无不夸赞王关庙的烟花奇巧绝妙，让人大饱眼福。

村里的老年人说，1978年春举办的那场烟花晚会，是在麦苗还没起身的村南生产队大田地里布置的，还有两台大戏助兴，烟花燃放了两个多小时。当时，村里还没有压水井，更没有自来水，来看烟花的人们有万人之多，喝干了村里的两口水井，还挤塌了几个卖丸子汤的锅灶和卖油条、烧饼的案子。

20世纪80年代后期，上级号召大办社队企业、发展集体经济，王关庙村传统的烟花爆竹生产，得到了上级的大力支持。担任大队会计主任的王绍臣，作为村里烟花爆竹制作的传承人，被公社领导派往湖南浏阳学习交流烟花爆竹生产的技术方法和制作管理经验，他带人前后去了 3 次，进了几个大的生产厂家，以自己祖传的烟花火药配方，交换对方的配方，回来后制作试验，有不足的地方，再去学习交流，再回来加工生产。王绍臣拿村里往年生产的烟花爆竹与浏阳的产品做对比，充满了自豪与自信。他说:“浏阳的两响炮、大起火、铁花桶，现在生产的还不如俺村的好，没有俺村制作的打得高、打得响、火花持续时间长。”

王关庙村的烟花晚会享誉百里，传承人王绍臣也成了名人，他的最得意之作，是他挂帅带人去外地，组织制作了一场军民联欢晚会的烟花爆竹。1984 年秋，信阳县明港镇与当地驻军联合，派了两部军用吉普、两台军用卡车，请王绍臣带着村里的 16 名烟花爆竹生产技术骨干和制作工具，乘车到明港镇，吃住在军队招待所，在一个有军人站岗的大院子里的场棚里制作烟花爆竹。半个月后，经王绍臣统筹组织生产，来自本村的 16 名能工巧匠，制作出一台大型晚会的烟花爆竹和“点老杆”产品。军民联欢的那场烟花晚会，是在秋收后的稻田地里布置的，16 人分工站在不同的位置燃放“斗子城”，王绍臣负责点燃“老杆”的总捻子。几千名军人坐在小凳子上排成方阵观看，周围观看的地方群众人山人海。在现场，部队派了军人维持秩序、警戒安全和指挥交通，还动用了部队炮团打了上百发炮弹和一阵子红绿白不同色彩的曳光弹，气势壮观，场面热烈。

2002 年，已年近七旬的王绍臣，受太康县逊母口镇的约请，再次组织村里的技术力量，为该镇生产制作了“斗子城”和“点老杆”，带人为他们布置了一台烟花晚会并组织了燃放。

作者简介：盛德劭，1955 年人，中共党员，驻马店市作家协会会员，曾供职于十字路乡党政办公室。

射桥篇

射桥古镇说黉学

张治河

祖国的每一个地方，无论大小，总会有一些特殊的角落，在无意间保留下历史的沉淀。

闲来无事，随手翻看《平舆县志》，在文物章建筑节黉学大殿条中，有这样的记载：黉学大殿位于射桥集完全小学院内，20世纪50年代作教室。大殿高7阶，前楹后屏，檐椽起翘，面阔3间，进深3间，重梁起架，内顶花纹仿砖，外顶高脊，走兽装饰。

不足百字的介绍，并未说明这座大殿建于何时，但从平舆历史来看，汉时的汝南郡治所在射桥，按照黉学都设在治所的惯例，屈指算来，这座大殿的历史渊源应在汉时，至今当有2000年左右的历史。由于兵燹战乱及社会动荡的影响，射桥黉学时废时建，我们目前所见到的射桥黉学仅存一幢大殿，从风格看，应属典型的明清建筑。

据史料记载，从汉代开始，我国每个州、府、县都设有文庙，它是孔庙和官学的合二为一。它们建在当地官府的生旺方（东方、东南方）闹市中，没有其他庙宇整日缭绕的香火和祈祷膜拜的萦萦人声，却弥漫着一种高贵的文化气息。文庙有一个古雅的叫法——黉学，在古代是官学的意思，在今天则称为官办学校。这里是封建社会读书人借以腾达的通道，记录着封建社会秀才们寒窗苦读的悲欢故事；这里是封建社会祭祀孔子的圣地，记录着生员们“金榜题名”时的喜悦心情。即使在今日，黉门、黉学等古雅的说法也没有失去生命力。2006年4月，在厦门大学授予国民党荣誉主席连战名誉法学博士学位的仪式上，连战先生当场挥毫，写下“泱泱大学止至善，巍巍黉宫立东南”的题词，一时传为美谈。

黉学是对入学后的秀才进行培养的地方。学生未入学前叫童生，考入黉学后称为生员，俗称秀才。童生入黉学乃是进身之始，须经考试入学。考取人数一般是一县20名，3年取一次。考中的秀才可享受廪米银并免除丁粮，见了官员也不用下跪。秀才其实并不好考，鲁迅小说《孔乙己》《白光》中的主人公孔乙己、陈士成在前清多次童子试均考不上，人已老了，还是童生，或称老童生。洪秀全16岁开始到广州应试，结果连考3次，连秀才这个最低级别的功名也没考上，他一气之下便改拜了上帝教。

为了保护文物，射桥黉学大殿的门终年紧锁。记得小时候就在大殿旁的校舍内求学，上学第一天，懵懵懂懂地跟着许多孩子挤在一起，当时的书桌是用泥巴和着秸秆垒成，凳子要求学生自己带。在不平的泥巴桌上写字，铅笔时常会扎破纸张，所以我从小便养成了写字用力很轻的习惯。虽然在射桥完小求学的时间很短，但黉学大殿却给我留下了深刻印象，每次从殿前过，几个小朋友都是加快步伐跑过去，只有在胆大的孩子带领下，才敢扒着窗棂往里面看几眼。据老人们讲，殿中原来有泥塑的孔子神位，微胖的孔子头戴高冕，身着华服，手执镇圭，站于雕龙贴金的神龛内，孔子像后因天灾人祸被毁。因大殿地势较高，现在成了学校的储藏室。

射桥完小操场南面还有个小池塘，古代在这里读书的秀才常在那里面洗毛笔石砚，日久天长，整个池水都变黑了，所以这方不大的池塘有个非常美丽的名字——洗砚池。我家就在洗砚池的不远处。这让我很小时就记住了王冕的一首诗：我家洗砚池边树，朵朵花开淡墨痕。不要人夸好颜色，只留清气满乾坤。

射桥黉学大殿是平舆县的文化地标，自古就是平舆县及其周边地区读书人云集的地方，历朝历代从射桥黉学这所学校走出了很多饱学之士，他们中有举孝廉的，有中举人的，有中进士的，还有更多的我们不熟悉的学子，正是这些仁人学者把黉学的光辉传承到了今日，使平舆的士林显得如此璀璨。

沧海桑田，星移斗转。随着时间的流逝，世事的更迭，我们已经无法复原黉学初建时的辉煌场面，也无法知晓2000多年来的众多学子是如何从大殿中走出，走向他们的人生彼岸的。到了今天，历史的车轮已经重重地在黉学的身上碾过，与它一起走过岁月沐过风雨的门前古柏，却是愈见苍劲，昭示着黉学是一个应该被今日平舆人尊重的地方。时间似一把犀利的剪刀，轻而易举地剪断昨天和今天。也就是短短两三百年时间，盛极一时的黉学已渐渐淡出大家的记忆，我们只能在县志里找到它的身影。今天，古镇射桥街上人往车来，川流不息，但又会有多少人会记起街角旁的黉学大殿呢？

射桥的硬底闸和硬底桥

王全录

我老家是射桥镇永乐村的，处茅河（《水经注》称为澱水）东岸约 1 公里，离射桥西关大石桥约 3 公里。高大的茅河堤上修有闸门，离永乐村最近的一个闸门叫郅王闸（因靠近郅王庄而得名）。永乐村及以北十几个自然村的雨水都是通过这个闸门排入茅河的。10岁前我经常到闸上玩，故印象极深。河堤内侧闸门涵洞上有一横石，上刻“郅王闸”三个正楷大字，具体落款和修建时间已记不清了。

郅王闸的闸门是单片木质的，从我记事时就没有见过。据老人讲早已腐朽烂掉，只剩下涵洞。涵洞是全青砖砌筑的，宽 2.5 米，最高处 2.6 米，深 12 米，拱顶。内侧有两堵呈“八”字形的涵洞爪子固守着堤土，两个爪子中间是呈扇形的带有坡度的散水。涵洞和涵洞爪子之间是一道约 10 厘米宽的闸门沟槽。外侧也有两堵呈“八”字形的爪子，爪子中间是砖石砌起的和洞底持平的进水扇。涵洞进水扇及洞底皆是夯实的土壤上铺砖石，上面用水泥抹平。洞底与堤外淮草洼地持平，比周围庄稼地低 1 米左右，高出洞底的水通过闸门涵洞自然流入茅河。洞外是一滢近 2000 平方米的呈长方形的小湖，湖深 2 米，上游多条沟港常年不断地往小湖里注水，所以小湖水也常年不断地往茅河里流。小湖里野鱼和虾蟹极多，我们一群孩子经常在小湖里捉鱼虾。

现在想想，为什么闸底和洼地持平比庄稼地低 1 米，闸门的上游（入闸口）有个小方湖？原来是一个蓄排兼顾的工程，能使地下水位保持在一定水平上。这是古人治水的智慧结晶。

射桥有一句地方老话：“累死老龙王淹不了射桥”。为什么射桥人口气那么大？淹不了是真还是假，有没有科学依据？

射桥西关的茅河上有一座石桥，老百姓叫西关大桥。桥是何朝何年何人修建已无法考证了，但至少有 500 年桥龄。桥呈东西走向，桥面呈拱形，最高处高出街面 80 厘米。桥面是青石板铺就的。桥上有栏杆，栏杆有 8 根望柱，望柱高 1 米多（比不足 10 岁且不肯长的我还高点），望柱上端是个动物造型，应该是石狮子。石狮子用在望柱上叫“望君归”（希望过桥人平安归来）。望柱中间是带有花纹的石栏板，板高约 80 厘米，栏板上我依稀记得有荷花，有小桥，有小人，因为小而不知其意。两个望柱相距 1.6 米至 1.8 米不等，中间一个栏板最宽。依此计算该桥正桥应有 12 米至 14 米长，连同两端引桥应有 23 米至 25 米，桥面宽应有 5 米，引桥最宽处有 12 米。桥的下面是 3 个拱形的桥洞，所以也叫三孔石桥。中间一孔高大宽些，两边两孔低矮窄些，桥底是青石板扣成的具有拦水功能的硬桥底。桥两端紧贴水面的是石磙样的石柱子，那应该是桥基。从南边看潺潺流水从桥下的石板上滚下，形成不大的瀑布，甚有诗情画意。

现在分析，这座桥有3个功能：一是行人过车功能；二是拦水蓄水功能；三是泄洪功能。这个桥没扒之前，射桥以南一直到洪河 7 公里多，基本没淹过。雨下大了，当地坐坡水（当地当时下的雨水）先经茅河流入洪河，经射桥大石桥的水不影响下游向洪河排水。这又是一个蓄排兼顾的工程。1969 年治理茅河时扒了。扒桥时受到当地群众的强烈反对，平舆人在上蔡县当主要领导的陈德生来监督扒桥，结果陈德生的小轿车被愤怒的群众推到河里。西关大石桥扒了以后，雨大一点，射桥沿茅河地带必淹。

作者简介：王全录，男，1958 年 8 月出生，中共党员，平舆县射桥镇永乐村人，驻马店市作家协会会员。

消失的老王坡和甘坑

王全录

射桥镇永乐村西1公里处是茅河。沿着永乐村西永乐港往西走900米，便是郅王闸前面的小湖，面积约2000平方米，湖东是一片洼地，这片洼地约有8000平方米。永乐村人称这片洼地为老王坡。

很久以前，这里并不是洼地，只是一片淮草窝。后来王楼王氏迁入毕火神庙，开始了并村修寨，同时也营造寨主庄园。寨主庄园建成后，被永乐寨人称为瓦房院。建寨主庄园需要很多利渣，只是成本高点。王氏用石磙反复碾压淮草地，然后用竖刀按尺寸利开，再依照需要的厚度，用横刀起渣。同一块地起利渣一次，下次再起要等5～7年。因为淮草根要长满全地和20厘米地表，至少需要5年。经几十年的反复起渣，这片地比其他地洼了近1米，下点雨就积水，有点像现在的湿地，由于该洼地是王氏建寨主庄园起渣形成的，所以庄上的人便称这片洼地为老王坡。后来老王坡一词成了临河那一带几百亩地的通称。

老王坡绝对称得上是当地野生草本植物的自然乐园，除人工栽培的淮草外，各种野生的杂草都能在老王坡找到。这也成了老头、老太太及小孩放羊的好去处。把羊群赶进洼地，头羊用带转窝子的长绳縻着，大人们有割草的，也有挖野菜的，老头们则几人一堆，聊天、下地棋，小孩则去捉蚂蚱（蝗虫）、绿老扁、蟋蟀等，用莎草秆串着，回家后或烧或炒，很解小孩的馋。

改革开放后，老王坡及其周边的地被划为三等地，1亩半当作1亩计算，老王坡内的10多亩地2亩半当作1亩计算。勤劳的农民经过两三年的努力，淮草给弄断种了，杂草也少了很多，粮食产量虽低，但已能长庄稼了。以后水位下降，郅王闸前的小湖也干涸了，湖内也能种庄稼了。现在的湖坡都连成了一片，已分辨不清哪是湖地，哪是坡地。随即老王坡的名字也被人忘记了，其名字只淡淡地留存在60岁以上老年人的记忆中。

永乐寨的甘坑其实就是一片洼地。位于永乐村西 100 米，永乐港南 50 米处，追其根源是永乐寨建寨初期合并了只有 4 家的小庄，庄名叫甘辛庄。其庄名消失后，庄中有一小坑，遂对这片坑洼地叫甘坑（不是没水的干坑，而是甘氏居住的坑）。后人不知来源，只知地洼似坑，从不积水叫“干坑”。现在的甘坑早已成良田，分不清高洼，年轻人大多不知甘坑所在地。

佃户李庄的大坑里蛙不鸣

王全录

王莽赶刘秀的传说在射桥一带有很多。射桥镇后刘村委佃户李庄，村中有一口占地20多亩的大坑塘，每年的初春时节，坑塘内的青蛙和其他坑塘内的青蛙不一样，一律不鸣叫。

这个村在西汉末年，是处于汝南郡驻地（古城）东部偏北一点，是进出汝南郡的东大门，前面是个大店射桥，常有官兵骚扰和避官兵的地痞土匪滞留，从庄名看，住的都是帮人种地的佃户，百姓有怨自然不敢多言，怕一言不善而招来杀身之祸。

王莽篡位夺权当上皇帝后，刘秀起兵征讨，王莽则率兵围剿。半夜子时，刘秀逃至佃户李庄，庄中四处蛙鸣，搅得百姓没法入睡，刘秀也怕暴露自己，被王莽发现行踪，随口说道："蛙若不鸣则民安矣！"全庄坑中的所有青蛙听到真龙天子的口谕，便齐刷刷地不再鸣叫。王莽则认为没有蛙鸣的地方肯定没人，于是朝有蛙鸣方向追去，刘秀不但躲过一场劫难，全村人也躲过一场战争的厮杀。至今佃户李庄人团结友善，不喜闹事，不欺外来小户，全庄人皆能和睦相处，俱是这种大环境造就的祖传民风。

从此以后，佃户李庄大坑内的青蛙遵守真龙天子的口谕，不再鸣叫。至今这个大坑内的青蛙都不鸣叫。

关于佃户李庄庄名用字，据河南省作家协会会员藏献庭（射桥镇永乐村小藏庄人）说："佃户李庄的名字，不是佃户二字，而是店后二字。当时射桥是汝南郡驻地古城的东大门，而李庄在射桥北边（后边）偏东，射桥是个大店，故叫店后李庄。现在用佃户二字不知从何时开始的？希望你们仔细考证一下！"。

阳城篇

听两位母亲说“跑老日”

张留坡

从中华民国年间活过来的人，对“跑反”或者说“跑老日”之事大都印象深刻。

20世纪三四十年代国民党统治时期，官吏腐败，民生凋敝。土匪猖獗，横行乡里，明目张胆地打劫，再加上日寇入侵，每逢庄稼收割时期就会下乡“扫荡”，说是肃清新四军游击队，实际上是抢劫百姓，吓得人们见到土匪和日本兵来了，就跑到修有城堡的村寨里躲起来，等到土匪和日本兵走了，再返回家中。对于这样来去奔走疲于应付的过程和经历，有人说“跑反”，有人说“跑老日”。我母亲说：“只要别让人‘跑反’，宁愿天天喝稀饭。”我岳母说：“最后一次‘跑老日’，吓得我把二儿子都忘家里了。”

我母亲范美云，属兔，生于1927年2月，8岁作为童养媳来到我家。她对于1944年秋后的那次“跑反”经历记忆犹新。她对我说：“那天上午，我正和你爸、你爷爷一起在村西地里干活，突然听到有人大喊‘日本鬼子来了，大家快跑啊！’我们就家也没回，直接跑进黑家大寨（今称黑寨的村子）里去了。我们躲进去不大一会儿，就听到西南方向响了几枪，薛桥村里就冒烟了。事后听说，下乡扫荡的日本兵是从西平来的，途经留盆店，再向东，一个小队的日本兵经过薛桥，把没有来得及逃走、藏在柴火堆里的一家人搜出来了，那是一个大肚子孕妇和他的男人。日本兵要强奸那个妇女，她的男人与日本兵拼命，结果被乱枪打死了，那个孕妇被轮奸后也打死了，还放火烧了周围几家房子，那叫一个惨啊！”

我母亲说的薛桥，而今的村名叫薛庄，因村中人大部分姓薛，村东南角有一座古老的小石桥，故名薛桥。薛桥在我们村子的西边，相距3里左右，在黑家大寨西南边，相距4里左右。

听母亲说，黑家大寨是个砖寨，一圈都有寨海子，只有一个东门出入。

那里本是国民党的一个团部所在地，那个姓李的团长还把我们村的一个叫桂花的漂亮闺女娶走了，后来生死不明。黑家大寨平时有一个连的兵力驻守。听说日本兵来了，当官的就带着国民党兵向东撤退走了，寨子里只剩下一些民团保丁。好在日本兵没带重武器，才没有攻打寨子，让寨子里的上千人躲过一劫。

我岳母叫樊大茆，属虎，生于1926年，阳城镇樊寨村人，嫁给东面邻村张庄我的岳父张文志为妻。她对我说，她对1945年夏天的最后一次“跑老日”印象最深——因为紧张害怕，她把二儿子忘家里了。

我岳母说，那天临近中午时分，她和我岳父还在西地里干活没有收工，就看见北边葛庄的人群像发疯了一样向南跑，说是“老日”来了。他俩也急忙随着人流，从村西的仁德桥上跑向张万寨。刚进寨不大一会儿，就听见砰、砰、砰的枪声响了，守寨子的保丁急忙把吊桥拽起来。没有来得及跑进寨子里的人只好扭头跑开。一队日本兵见人就开枪，在寨海子外边打死了很多人。我岳母的二弟樊开运当时才15岁，跑得慢了些，被打死在那里了。

我岳母说，等到进了寨，她才想起把出生才几个月的二儿子忘家里了。好不容易等到日本兵从后刘村过张老人桥向东走了之后，她和我岳父心急火燎地赶回家中，发现二儿子还在床上，已经饿得哭不出声了。

为这事我还向妻子张桂英专门询问了这位二舅哥的生日。妻子说她二哥张化广大她9岁，是1944年农历十二月初七出生的。我岳母说的她最后一次“跑老日”时，他的确才几个月大。张化广长大后参军，参加了抗美援越战争，还立了功，转业到河北张家口市公安局工作，后任张家口市邮电局公安科科长，1992年4月28日因公牺牲，被追认为烈士，骨灰至今安放在张家口市察哈尔烈士陵园纪念堂内。

如今，我的母亲和岳母都已去世多年（1991年农历八月二十六日我岳母去世，2010年农历二月十四日我母亲去世），我和妻子也都是六十好几的人了。为了不让我们的后人忘记那段曾经被日本人侵略的屈辱历史，我把亲耳聆听的我两位母亲“跑老日”的经历记述于此。

“大红袍”换姜

张留坡

“大红袍”是中华民国时期的流通纸币。“大红袍”换姜这件事，是我爷爷亲身经历并讲给我听的。

我爷爷张燕青，大名张文治，生于1906年6月，属马。我太爷张才有3个儿子，老大叫赖皮，老二名忠，我爷爷燕青排行老三。

听我爷爷说，他小时候只上过一年的私塾。年轻时他除了给地主种地，农闲无事时就做点小生意，来补贴家用。他一辈子做过很多生意，卖蔬菜、卖胡辣汤、卖菜籽、卖卷烟、卖面粉、卖铁器、贩牲口等，一般人能做的小本生意，他几乎倒腾了一遍，都没有赚着钱，仅能维持生计而已。让他没有想到的是，仅做过一次最赚钱的生意，就是碰上了“大红袍”换姜这件事。

那一次，他前一天去汝南邵店买来一大挑子生姜，第二天起个大早，赶洪山庙集去贩卖，正赶上国民党政府发行多年的关金票“大红袍”倒票子了。

我不明白什么是“大红袍”，什么是倒票子，爷爷告诉我说，“大红袍”就是国民党政府发行的一种货币，老百姓称它关金票，又说作票子。因为这种钱的正反面都是红色，老百姓俗称“大红袍”。倒票子就是票子要作废了，须马上兑换新币，不兑换的话，过后就是一张废纸。

那时候战乱不止，国民党和共产党的军队你打我、我打你，形成拉锯战。土匪也多，老百姓无事不敢出门。打“老日”时挖的交通沟把大路都挖断了，抗战胜利后也没有人管，交通十分不便，消息也不畅通，倒票子不倒票子很少有人知道。爷爷头天去邵店买姜，用的还是关金票，想不到第二天就成废纸了。

爷爷说，他一开始不知道这件事，后来看着集市上的情况不对，就先没有卖姜。为什么呢？我爷爷四处溜达一圈，发现来赶集的人，大家都拿着“大红袍”买东西，可就是没有一个店家要。用“大红袍”买啥东西，店家都不卖。其他票子可以，唯独“大红袍”不行，说是政府宣布，它已经过期不用了，就是废纸一张。我爷爷就在心里寻思，这“大红袍”即便作废，也不会这么快吧。他昨天还拿着“大红袍”在郜店买姜，能用哩，今天在洪山庙集上就不行了。这票子要在其他地方还照样能用的话，那不就发财了？

爷爷年轻时喜欢赌个小博，赌瘾不大，带着就拿这一挑子生姜赌一把、赌对了就发财的想法，我爷爷开始卖姜了。不，不是卖姜，是换姜。一个集市，就他要“大红袍”票子，可以用它来换姜，一张票子换一小块姜，几张票子换一大块姜。想不到拿“大红袍”票子的人一下子都挤过来换姜，把他的摊子包围了。人们只想着把手中的“大红袍”花出去。结果是不到半个时辰，我爷爷那次挑的一大挑子100多斤生姜，就换成了两半布袋的“大红袍”。

我爷爷赶集回来，叫家人帮助整理清点，自己匆匆吃了碗豆面条，怀揣了几个秫面饼子，就背起布袋走了。等他第二天赶到驻马店（那时的驻马店还是个小集镇），他发现自己赌对了，“大红袍”还在使用，我爷爷就在那里把这些“大红袍”都兑换成了其他还在流通使用的货币。

可以想象，这次“豪赌”捡到的“便宜”，让我爷爷一下子发家致富了，他拿这些钱一下子买走了临村大地主黑忠义的6亩好地。

爷爷买地这件事被当时在汝南做学徒学打铁的我父亲知道了，就专门从汝南赶回家来劝告我爷爷，劝他不要买地，因为他在做学徒期间，也是个进步青年，和汝南地下党人有过不少接触，还私下帮他们打造过枪支，知道不少共产党的情况。可我爷爷说什么也不听他的。

人说福祸相依，这一点也不假。结果很快就出来了。我爷爷买的地还没有种上，国民党就倒台了，共产党的土改就开始了。我家因为新添了6亩地，被划定为下中农。在当时，虽然“贫下中农”都属于好成分，但在社会地位上，贫农是第一位，下中农显然低于贫农，属于被团结的对象。

听爷爷说这件旧事时，我只是当有趣的故事来听的，并没有询问年月，所以无法确定具体的时间。想起要写这篇旧事时，我才在互联网上查对了一下相关的历史记载。

关金票又叫关金券，是海关金单位兑换券的简称，最初仅为国民党统治时期中国海关收税的计算单位。关金券发行之初，正面为孙中山先生半身像，印有地名和“凭票即付”等字样，背面图样为上海海关大楼。1942年4月，国民政府财政部规定：以关金一元折合法币二十元的比价，与法币并行流通。这在一定程度上使国民党政府变相增发法币大钞，关金券公开地行使流通功能，变成真正的纸币。1948 年 8 月 19 日，国民党政府颁布“财政经济紧急处分令”，实行所谓“币制改革”，宣布废除法币和关金券，发行金圆券，并以 1 金圆券兑换 15 万关金券的比率收兑关金券。同年 11 月 21 日停止收兑，关金券正式作废。

另据本地农田作物收成季节，新姜多在农历八月之后才能刨出售卖，我爷爷的那次“大红袍”换姜奇遇，具体时间应该是在发生在那一年的农历九月至十月。

祖师庙学校的记忆

韩连启

祖师庙学校，是我在此读书9年的母校。原本它是一所村级小学，恰在1966年我将小学毕业时，赶上“文化大革命”开始，县级中学停招，我有幸又在此逗留3年，1969年毕业离校。在那9年里给我留下太多的记忆，至今难忘。

祖师庙原本是一座古庙。据老辈人传说，不知是什么年代，为所谓的压风水，自洪山庙开始往西南方向的玉皇庙，12里之间共修了4座庙宇，祖师庙是其中的一座，中间还有一座龙王庙，在祖师庙东北大约1里处，现已绝迹，只留下一片高高的平台。原来的祖师庙里，雕塑神像、和尚主持俱全，只是在新中国成立前夕改建学校时，和尚被赶走，神像被毁掉，只留下现存的前、后两座大殿。还说，当时的所谓压风水不知是成功还是失败，只知道在玉皇庙附近村庄出了个傻将军，其人力大无穷，但有智力缺陷，终究一事无成。

1960年，我作为适龄儿童入校时，现存的两座大座殿之间有一堵砖墙连接，作为学校西边的屏障。其余的东北南三方，各有后建的草房相连，构成一个完整的校园。两座大殿都是青砖青瓦，上面皆叠脊走兽，屋内是雕梁画栋，顶梁柱和横梁上，皆绘有巨龙盘绕，彩云飘飞，活灵活现，给人一种神秘和敬畏之感。大殿外围四周1米高的基砖，经过长年累月风雨的侵蚀，中间形成一个深深的凹坑，好像被人狠狠地挖去一把似的。大殿门前各有两棵古柏分立左右。前殿作为当时学校的办公室，一口巨大的古钟悬挂在门右边的古柏上。可能是因为这棵古柏长年负此巨钟受重力的影响，稍微向西南倾斜。

那时的学校没有操场，没有体育设施，偶尔上一次体育课，还要借助邻村的打麦场。同学们的课间活动只是抓子、跳绳、踢毽子。生活虽然单调，但心情是愉快的，感觉是幸福的。

1969 年，随着“文化大革命”的开展，我们大队两派的斗争也变得异常激烈。祖师庙这块自古以来清静祥和的净土，也一度成了武斗的现场和进行人身攻击的场所。那时我是全校最高年级的学生，按大队的要求，参加了所有在校召开的批判大会和各种类型的学习班，目睹了每次由大会演变而成激烈的武斗，以及在学习班上进行的人身攻击。特别是有一次，十几个学生围着自己的班主任吴老师，和两个同学周某、卢某，丧失理智打人的情形，直至现在仍然让我心有余悸，常在梦中惊醒。

时过境迁，而今学校已是白色的围墙，白色的教学楼。校园里鲜花盛开，树木成荫，操场广阔，各项教育设施齐全且更具规模。而那雄伟的大殿已荡然无存，那见证古庙历史变迁的古柏已不知在谁人的灶内灰飞烟灭，那古老的巨钟也已经销声匿迹。但是，我每经此地，脑海里依然浮现出那古朴典雅的大殿雄姿，那苍翠挺拔的古柏傲然，耳边依旧回旋的总是那古老神奇的传说，还有那巨钟悠远而低沉的嗡鸣。眼前呈现的总是那儿时愉快玩耍的情景，还有一次次激烈武斗和人身修理的惨状……特别是看到那块醒目的由“祖师庙小学”改成“西贾小学”的校牌时，更让我产生一种不可言表的惆怅和忧虑：祖师庙学校，我那可爱的母校，您那历尽沧桑的身影，是否会在后人的记忆里消失得无影无踪？

作者简介：韩连启，1953 年出生，当过乡村教师、乡村医生。现住平舆县阳城镇张营村小韩庄。退休后赋闲在家，随意写点零星文字以为乐。

“霜打麦”与“库里有”

张桂英

“霜打麦”是一个历史事件，“库里有”是一种鸟叫声。

我出生于1953年。就在那一年春天，发生了一件“霜打麦”的事，人们还听到了一种“库里有”的鸟叫声。这件事情在民间传了很多年，60岁以上的老年人都知道。

母亲说，我出生的那一年春天，还没有到“谷雨”，小麦已经出齐了穗子。一天夜里天气突变，寒潮袭来，气温下降到零下好几摄氏度，出穗的小麦全被霜打死了。太阳一晒，满地枯黄。庄稼人哭声遍野。你想想，庄稼人刚刚熬过漫长的冬季，全指望麦季收成可以温饱了。如今麦子绝收，将是半年无粮，谁不哭啊！人民政府及时组织群众生产抗灾，家中有劳力和农畜的，赶紧把麦棵子割了，把麦田都犁了，改种其他庄稼。可更多的庄户人家没有动作。为啥呢？因为他们听到了一种与众不同的鸟叫声：“库里有，库里有”。这种鸟叫声，平时没有人听到过，可就在那一年春天“霜打麦”之后，这种鸟叫声就响起来了，每个庄稼人都听见了。于是大家争相传播，就真的相信“库里有”——小麦还会有收成。果然，等到了麦收时节，还真是“库里有”，家家的麦子都能或多或少的打一些。我家的麦子每亩还获得了近百斤的收成。要知道，那个年代的小麦产量，丰收年景每亩也就100多斤，高不过200斤。能收到几十斤近百斤的亩产，总比颗粒无收要强得多。

平舆及周边一带年年下霜，分春霜、秋霜和冬霜三种。关于下霜的平舆地方农谚，我知道的就有两句。

“霜打麦子不用愁，一颗麦子九颗头。”这句话的字面意思是：小麦遭霜打不用担心，明年一定有个好收成（一颗麦子会长出好多麦穗来）。但这句话中的“霜”指的是秋霜和冬霜。深秋天小麦初出土，大冬天小麦还在“打扑棱”，霜冻虽然厉害，对它们不但无伤害，不会冻坏小麦，反而会增加收成，这是数千年来，人民群众在劳动实践中积累下来的宝贵经验。

“小麦不怕秋冬霜，一场春霜颗粒光。”这句农谚就说明了春季下霜的可怕性，那可是要颗粒无收的呀！所以小麦春季防霜就成了当地的重头戏。

自从1953年春季“霜打麦”事件发生以后，引起了上级领导和地方政府的高度重视，春季防霜被提到议事日程上来。怎样才能有效地预防霜冻呢？农业专家提出了人工造烟升温防霜法，并在其后的好多年中坚持推广使用。我孩提和青少年时代的那些年，感觉冬季特别冷，春季下霜很常见。老百姓俗语说：“雹打一条线，霜打一大片。”因此他们不怕下冷子（冰雹），就怕下霜。每年春季，为了防止“霜打麦”，常见生产队里组织社员把麦糠运到麦地边，等到气温下降特别寒冷的夜里点燃，只冒烟不起火，据说可以有效地阻止“霜”降。到了天亮时，那些尚未燃完的麦糠堆还在冒着一道道袅袅的白烟，别有一番风景。人工造烟防霜的作用原理，主要是在近地层造成像浅雾的烟幕，使地面有效辐射大大降低，达到增温减免霜冻的目的。

这种人工造烟升温防霜法，一直在家乡农业生产中运用了好多年，直到20世纪八九十年代以后，平舆县春季气温明显升高，不再有霜冻现象，才停止。

作者简介：张桂英，女，1953年出生，平舆阳城张庄人，平舆县教师进修学校毕业，喜欢诗词，出版过家庭合集《四张居诗词三百首》。

校园里的煤油灯

张留坡

20世纪70年代，我在离家二三里的大黑大队队办学校里当民师。那时候还很落后贫穷，运输虽然有了大马车和架子车，但那是生产队里的，赶集上店还是靠肩担背驮。夜里照明，清一色的煤油灯。人还没有到校，先看到黑夜中“辉煌”的灯火。走近了，总可以看到一盏盏煤油灯和一个个被灯光照着读书写字的可爱的学生。

教师使用的煤油灯由学校统一配发，灯底座和灯罩都是用透明玻璃做的，像个细腰大肚的葫芦，感觉很是气派。灯头像一个微张的蛤蟆嘴，灯芯如蛤蟆嘴里伸出的小舌头，“蛤蟆嘴”一侧有个旋钮，可把“舌头”上下伸缩，伸长则亮，缩小则暗，很是方便。这种煤油灯被人们统称为罩子灯。这种煤油灯好是好，但罩子总是被油烟熏黑，擦拭时容易破损，使用起来比较费油，一般农户人家不舍得花钱买来使用。

为了省钱省油，大家就自己动手做煤油灯。一般是用小墨水瓶当盛油的容器，找块薄铁皮，先用剪子剪个或方或圆的铁盖，在铁盖中间钻个小圆孔，再嵌进一个用同样铁皮卷成的小铁筒，把棉线多合几股，搓成灯捻子穿进去，顶端露出少许，下端留出较长，插入装了煤油的墨水瓶里，一个小煤油灯就做成了。待煤油顺着棉线捻子慢慢沁上来，用火柴点着，灯芯就跳出忽闪忽闪的小火苗，散发出淡淡的煤油味儿。

乡村的各家各户，要等天黑透了，才肯点起煤油灯，还把灯芯拨得小小的。家庭主妇就在小小的煤油灯下纺棉花，有时也织布、补衣服，或者趁着窗棂缝透出的几丝光亮，在自家小院内整理杂物，农忙时的夜晚还要端着灯，到村头水塘边、溪水旁浣洗好全家老少换下的脏衣服；男人们则要整理好明天劳动的农具，会些小手艺的还会在暗淡的灯火下，刨几块木板做箱具，编一把荆条成筐篮，拧几条苇缨为草鞋，好在逢集日换几个现钱，补贴家用。虽然存在“割资本主义尾巴”的危险，但只要不碰上街痞子，一般没事。如果家有读书郎，书桌前必有一盏小煤油灯，那肯定是家中最明亮的一盏灯，因为那是一家人充满希望的灯火。

我自小生活在乡下，最熟悉这样的生活场景了。1973 年高中毕业回乡后不久，就在大队学校当民师。那时候我执教一个初中班，学校里安排有早晚自习。学生照明用的煤油灯，几乎都是用墨水瓶做成的，仅有个别大队干部的子女，才使用罩子灯。还记得每天的黎明或傍晚，我最喜欢看的风景，就是走在乡间的小路上，远望学校里的煤油灯光。夜幕笼罩下，校园里的灯火先后亮起来，那是高矮不等的学生们在一盏盏大小不一的煤油灯下“挑灯夜读”，几十盏几百盏大小不一的煤油灯汇集在一起，宛如一片闪耀的星斗！

这事儿说来挺有诗意，但实际使用起来的场景就不那么好看了。那时的冬天比现在要冷得多，校舍都很低矮，窗户留得很小，还要用塑料布密封起来，整个教室仅有前后两扇门可以通气，但为了防风御寒，通常都是关得紧紧的。一个自习课下来，整个屋子都是煤油烟。从教室里出来，脸上满是烟色，鼻孔里更是黑乎乎的。但从没有听见有谁埋怨什么，大家都习以为常了。

后来条件好些，学校买来了汽灯。可以说，汽灯是我使用过的最高级别的煤油灯，它的外形和马灯有些相似，灯头是套在灯嘴上的一个石棉做的纱罩，上部还有一个像草帽檐一样的遮光罩，底座是个油壶，油壶里还装有一个固定的打气筒。倒入煤油后，用打气筒向底座的油壶里打气，以便产生压力，使煤油能从油壶上方的灯嘴处喷出来，喷射到纱罩上，用火柴点燃，纱罩很快就像白炽灯一样，3 间教室就变得通体明亮了。夜晚去学校辅导晚自习，人还没有进校，总先看到黑夜中的校园一片明亮灯火。走近了，每座教室里都坐满了在嗤嗤发响的汽灯下聚精会神学习的学生们。因为点灯是个技术活，在汽灯没有点亮之前或熄灭之后，大家仍然用煤油灯照亮，老师的寝室里则一直用煤油灯。这种情况一直持续到 20 世纪 90 年代以后，农村有了电，煤油灯才算开始退出统治农村近百年的历史舞台。

40 多年过去了，现在我最想念的，依然是乡村校园的灯火。那灯火虽然昏黄，但都是用心点燃的，还照亮了学子们心无旁骛的上进路。多少个梦中回到那个场景，让我的心再次发热发烫，感觉到处都亮堂堂的，充满了温馨和青春的活力。

我家磨房

张留坡

石磨，现在的儿童多不相识。可在我小时候，谁家都离不开它。记忆中，儿时老宅有3间堂屋,2间东厢房，当然全是土坯草屋。厢房南间是灶屋，北间是磨房，各自留门，中间山墙留有角门，更方便两屋内来往。

磨房当然以石磨为中心。石磨安放在屋中偏东一些的地方。石磨下面是一块组合而成的大圆木板，比石磨宽出一尺多，用来接面。石磨周边是磨道，仅容一头毛驴拉磨或一人推拉磨行走。南山墙上楔有三四根木头橛子，用它挂大小粗细不等的圆箩。东西对称的两个窗口，主要用来透光换气。西窗靠北墙垒着一个外形是长方形，内里是椭圆形的空箱，是用来箩面装面的地方，里面放置一个用两根圆木做成的木撑子。粮食经石磨粉碎后，妇女要根据需要，选择用一面或粗或细的圆箩，放在木撑子上，然后从磨盘上收回磨碎的颗粒，放到箩里，用双手推动，来回晃荡，这叫箩面。

母亲是20世纪20年代人。她说自己8岁来我家做童养媳，我家那盘老磨已使用多年了。那时的爷爷奶奶，养三男一女4个孩子，加上母亲，一家7口人的生计，全靠那盘石磨磨面换钱来维持。对这一家来讲，那盘石磨是让他们活下来的最大功臣。母亲每天要干的活，除了帮助家人烧火做饭，其余时间都是箩面，小胳膊都累肿了，从来没人替换她，叫她歇歇。

我是20世纪50年代人。我记事时，那盘老磨已经磨得很薄了。每扇石面只有四指薄厚，估计重量也就100多斤。但别看它薄，磨面还是很快很细的。爷爷说，他请当地一位名石匠，用做石磨最好的天然青石岩，千锤万凿才制作而成。

在我少年的印象中，正因为它薄，推起来并不多么吃力。但时间长了，就显得特别沉、特别累，为了激励我勇敢地坚持下去，妈妈教我唱《推磨歌》，说是多年前的一个傍晚，一群“土八路”来村里借宿，帮助她推磨时教的，歌词如下：

推磨磨，箩面面，蒸馍馍，做饭饭。
能出力，敢流汗，才会有，好吃饭。
推完磨，吃罢饭，打鬼子，上前线。
八路军，英雄汉，为穷人，啥都干。

这首歌谣我记得滚瓜烂熟。青年时学毛主席语录，里面有这样一段话：“我们的共产党和共产党所领导的八路军、新四军，是革命的队伍。我们这个队伍完全是为着解放人民的，是彻底地为人民的利益工作的。”这段话让我对这首歌谣的内涵，有了更进一步的理解，从此不忘时刻鼓励自己，要像八路军那样，做一个对国家、对民族有用的人。

再说推磨。用石磨研磨粮食时，须逆时针推动磨杆，上扇磨盘旋转后，白色的面粉就会从磨嘴边纷纷扬扬地洒落下来。此情此景，被很多有心人有感而发，自创生动鲜活的谜语叫人猜，这种开发智力的游戏，为平淡的童年生活增添不少情趣，让人至今记忆犹新。以下几首关于石磨的谜语，都是我在我家磨房里学来的。

其一：两块饼子一般大，嘴里吃喝腰里撒。其二：一块田地圆溜溜，里头种来外边收。其三：石头山来石头地，转了几圈才出去。其四：石山对石山，铁柱埋中间；山里千条路，游览打圈转。其五：石家有个姑娘，一副奇怪模样；牙齿都在肚里，嘴巴长在背上。其六：一层顶山压下山，半山腰里竖旗杆；雷公轰轰不下雨，雪花纷纷不觉寒。其七：两层石头一架山，上活下死两个盘；如果有人来推它，它就乐得团团转。其八：石山上面压石山，石山顶上有深渊；五谷杂粮只管倒，这回不满下回填。

这些谜语，想想都觉得好玩而有趣。当然，在当年的我看来，比猜这些谜语更好玩有趣的，是看毛驴拉磨。

说是推磨，其实轮到我们小孩子推磨的机会并不多，因为生产队里喂有两头毛驴，可以每天一次，分上午下午来干活，驴闲磨不闲。我家磨房里，总有一头健壮的灰色或黑色毛驴，被蒙着眼睛，围着磨道，一圈又一圈地转。

那个年代消息闭塞，大人都没有多少可以娱乐的事做，更何况我们这些小孩子。于是，我家的那间土坯磨房成了村里孩子们心中的景观。他们对它总是带着几分猎奇的目光。每回轮到家人来磨面，是小孩子最快乐的时候。他们跟着自家的母亲来到磨房，手拿着用村头野麻棵子编成的小鞭子，跟在毛驴后面，不时地吆喝几声，就很有成就感。偶尔碰到毛驴偷吃嘴，跟在后面的小孩子就立刻朝着驴屁股敲上一棍子，心里也会得到极大的满足。更多的时候只能是几个小家伙邀聚一起，偷偷地溜过去，趴在东窗户外，看着那头毛驴，低着头不停地在磨道间转圈。

每逢生产队里的饲养员来给牲口磨豆料，则是孩子们跑来最多的时候。圆圆的石磨转动声刚一响起，窗户边或灶屋里就立马挤满蜂拥而至的顽皮孩童。他们趁着磨料人不注意，弓着腰溜过去，你抓一把，我抓一把，然后迅速跑开去。躲在不远处的旮旯里，半天往嘴里撂一个，像数金豆子品仙丹一般地吃完后，再偷偷溜过来，你抓一把，我抓一把……其实并非饲养员老爷爷只顾磨料看不到，只是他非常慈祥，故意给孩子们留下一次又一次“得手”的机会，变相满足一下他们平时吃不到炒焦豆子的食欲而已。

那时候，全村就我家有磨房，村里人来我家磨面，不收一分钱的加工费，只留下磨底麸子即可。一个磨底麸子，实性人留一满瓢，至少也会留半瓢。正因为如此，我家早饭才不时会有馍吃。

石磨使用久了，里面的牙沟就会逐渐磨平，磨粮食的效果就差一些，需要找个锻磨的老石匠来锻锻磨，在石磨的沟槽里重新开凿。我印象里，我家每年冬天都要锻磨一次。锻磨人来了，每次都要在我家住上月儿四十天的。干天露晌的时候，他总是忙着去十里八乡外找活，给乡邻们锻磨，等到大雪封门实在出不了门，这才想起给我家锻磨。父亲是个铁匠，每次都把他锻磨的錾子锻打一新，或帮助打几根新的。彼此亲如兄弟，从来没有听说过讲钱的事。

人有生老病死，我家的磨房也一样。它和老屋一起，倒塌于“75·8”那场大洪水。之后老宅上很快盖起了4间红砖瓦房，西边那间还起了两层楼。2间东厢也同样是砖瓦房，但属于磨房的那间，却没有再支石磨，而是做了杂物间。原因是当时生产队里已经有了柴油机小钢磨，粉碎粮食比石磨省事多了。

我家磨房，和我母亲一样，记不清多少次出现在我的睡梦里。那一身古朴的背影，与而今的我颇多相似，步入资深老年，喜欢默然于心，回忆一些无足轻重的陈年旧事。

剃头匠老严

秋恩民

有的事情犹如陈年的醋，愈久愈酸，耗得人酸溜溜的；有的人伴你走过一段日子，虽是不经意的蹉跎岁月却时常撞进梦中来，就像光着脚丫子走路，硌得你生疼生疼的。老严就是这样的人，一把年纪，跛脚，只能坐在凳子上给大人、小孩剃光头，刀功蛮好。爷爷说：“老严是我们这里十里八村剃头匠的祖师爷。”

小严是老严抱养的儿子，人高马大，黑不溜秋，经常用车子拉着老严走村串户。这个小严修平头的手艺非常好，推子、剪子、刀子在他手里就像是变戏法儿，运用自如，把人整的懒懒的，年轻人都让他剃头，的确有点现代意识。

老严爷儿俩干几个生产队的活儿，每十天半月来一次，每当他的理发担子一放下，立即就有几个驼背老头走过来，帮他们铺摊子。其实东西很少，一个木盆架，一个分不清颜色的洋瓷盆，一把葫芦瓢，一个黑油油的小铁锅，一个工具箱，这些东西都是有年头的。几块土坯把锅支起来，塞上几把麦秸，烟拖着长长的尾巴在乡场上飘荡开来，锅里的水也“吱吱”地打着旋儿。

收工回来的人们，放学归来的孩子都聚到这里。小孩子是凑热闹的，听大人侃水浒一百单八将、樊梨花征西的故事，大人们则三五成堆地蹲在地上摆棋子——下大方，劳动的辛苦与贫穷的困惑被淹没在欢声笑语里。几个老头儿则懒洋洋地蹲在牲口屋的房檐下晒太阳，秋日的阳光和煦地洒在乡场上，亮亮的光头上充满着玫瑰般的色彩。

老严这个瘦老头儿，这辈子恐怕没指望讨上媳妇了，抱养的儿子很争气，一把好手艺，五里三村都很出名儿。老严却有他的心病，那就是这个快20岁的儿子至今还没有人提亲，这在农村也就算老大不小了，惹的老少爷们也心里酸酸的。

爷俩吃派饭，他们吃到哪家，哪家的大人小孩都格外的精神，头刮得光光的，泛着青光。乡场上最亢奋、最激动人心的事，就是小伙子要相对象，这是考验小严的关键时刻，那蓬乱的头发经过小严一番洗、剪、修的整理，真不含糊，把小伙子美得一愣一愣的，这意味着又一名小子将走出光棍的行列，我想那时老严是多么渴望能给儿子也痛痛快快的理一次啊！

老严爷儿俩丰厚的回报，就是给满月的小孩剃头，大人要封三角五角的红包。老严一手卡着小孩子的头，一手拿着刀子，神情是专注而庄重的，刀随着哭声时缓时弛，须臾而就，小孩竟躺在母亲怀里睡着了。这门技艺小严没有学成，大概已经失传了。

日子如树叶一样稠密，几个驼背的老头还没有在自己的责任田里刨出金娃娃就撒手而去了，留着平头的小伙子也推了光头，儿时的伙伴也抱上了娃子，老严早已去世了，小严也到城里开了理发店，听说还讨了一个城里的媳妇，老严要是九泉有灵，那几根山羊胡子不知要翘多高呢。

作者简介：秋恩民，现任平舆县科协主席。

双枪王黑三爷

张贤锋

20世纪三四十年代，汝南城东北40里许的寺耳埠口联保处大黑村，是中原黑氏的集中居住之地，紧挨着4个庄子：黑寨、后黑庄、大黑庄、小黑庄，呈拐7形，村民都姓黑。前3个庄子都是几百人的大庄子，特别是居于拐7角上的黑寨，庄大人多，寨墙高大，东西两个寨门，周围一圈寨海子，人称黑家大寨。只有小黑庄最小，是仅有十几户人家百把人的小村子。大黑庄和小黑庄之间，又加了个崔庄，崔庄西头紧挨着小黑庄，因为和崔庄丝连着，故小黑庄又有“半截头黑庄”的俗称。小黑庄庄子虽小，却比那3个大庄子都有名，因为出过一个名震汝南方圆数百里的人物，他就是双枪王黑三爷。

黑三爷本名叫黑锄头，兄弟三人，老大黑砖头，老二黑石头，黑锄头是老三。黑氏兄弟三人虽然是穷苦人家出生，却也都长得人高马大，魁伟有力。起初，老大黑砖头经人推荐，进了汝南城，跟着一家铁匠师傅学打铁。几年以后，把老二老三也都带了过去，跟着做些小工。三兄弟先后都成了家。

老大黑砖头最先在汝南城里安了家，教他打铁的师傅看他诚实又能干且脑子活络，是把治家的好手，就把自己的亲闺女嫁给了他。老二黑石头认识了个从东北“跑反”过来的女学生，也在城里租房过起了小日子。老三黑锄头经人说合，娶了本乡火烧韩庄的一农家闺女，还给他生了女儿。

日子要是就这么过下去就好了。正应了天有不测风云、人有旦夕祸福那句老话，也不知道真的假的，黑锄头的二哥突然犯事了，和那个东北女学生一起被国民党政府抓了起来，说是“红匪”，为共产党做事，不由分说被砍了头，夫妻双双的人头都挂在了城门楼上示众。这可把黑三爷惹火了。

黑锄头自幼性格倔强，为人义气，好打抱不平，因此朋友很多。他私下聚集了几个铁哥们，趁月黑风高之夜，把二哥夫妻的人头取下来埋葬后，发誓要为他们报仇。于是铁匠的活就不干了，在汝南西部拉起“杆子”当起了土匪。

土匪的江湖生涯，使黑锄头练就了一身好功夫和百发百中的枪法。双枪王成了他的匪号，加上他干的又是杀富济贫、行侠仗义的营生，使他的威望越来越高，汝宁府一带，人们多称他为黑三爷。

之后不久，日本兵就攻占了汝南城。那年头真是内忧外患，外有日寇侵略，内有土匪猖獗，社会陷入一片混乱之中。日寇来扫荡，土匪来抢劫，逼得人们整天“跑反”。

日寇一来，国民党的县长带着一帮子人全跑了，他们虽然有几百杆枪，可是害怕日本兵，只好退守到汝南东南的平舆项城一带，打起了游击。

那时，社会管理成了真空，有枪便是草头王，到处都是司令，就像我们今天到处都是老板一样。

这些个司令里面，最有名的要数黑三爷。他身体健壮，善骑射，两把大肚匣子时刻不离身，行时别在身上，睡时压在床边。他可以左右手同时打双枪，在百米之内百发百中，骑一匹枣红马，来去如风，故人称双枪王黑三爷。

黑三爷的队伍这时有五六十个人，全是精壮小伙子，全是当时一流的装备，非常神气。他的队伍经常出没于确山、西平一带，劫的都是富家大户。他经常把抢来的东西分给穷人，很有劫富济贫的侠义心肠，被汝南一带的百姓传为“义师”。

黑三爷虽然是个土匪，可用今天的话来说，却是个民粹主义者。他严于律己，对自己的属下管教也很严。他有一大套规矩，这些规矩类似于“三大纪律，八项注意”。他要求他的队伍一不要钱，二不要女人，只打日本人。

说到他不要钱，有个故事。有一次他们把日本人押运钱款的马车给劫了，活捉了两个日本兵，缴获了两麻袋现大洋。手下兄弟请示这个现大洋怎么处理，他说:“我们不要钱。”然后就叫人把这两麻袋现大洋扔到汝河里去了。过了好多年，他手下活着的兄弟还在惋惜这件事。后来也有人去捞过，因为河里全是淤泥，而且当时扔钱的时候也没做标记，所以找不到了。当然也可能是已经被人捞走了。那两个被活捉的日本兵，可是吃了大亏。黑三爷在城东十八里庙街上用水银剥了他们的皮，把他们吊在大槐树上，惹得全村男女都去看。有人说吊了 3 天都没死，不知是真是假。3 天以后黑三爷派人把他俩埋掉了。

黑三爷的表现很像今天的愤青，对日本人他是不讲人道的。因为日本人太坏了，只要他们一进村子，就抢牲口，强奸妇女。那时候女人都是小脚，跑不快。有时候他们就连孕妇也不放过。小薛庄有个孕妇没有跑及，硬是被一小队扫荡的日本兵轮奸至死。还有一次，有个人家娶媳妇，日本鬼子下乡扫荡看见了。也不知是出于什么心理，莫名其妙就打了一排子机关枪过来，一下扫射死了十几个，喜事办成了丧事，你说老百姓恨不恨！

黑三爷也不要女人，他晚上去杀汉奸，有些汉奸的小老婆会求饶，主动脱了衣裳献身，遇到这种情况，他都是一枪打死。

当时新四军五师也在这一带活动。听说了黑三爷的大名，就派人来联系，希望改编黑三爷这个土匪。黑三爷乡下人一个，不懂政治，只知道看对方实力。到新四军的游击队去了一次，一看，对方没几杆枪，穿得破破烂烂，许多人拿着大刀片子。黑三爷不干了，说："让我来领导你们还差不多！"

黑三爷带领他的一伙人偷袭过两次汝南县城，动静越闹越大。日本人就注意上了。有一天，黑三爷到一个朋友家里去办点事，被伪政府里面一个公安局局长打听到了。这个局长立功心切，也没告诉日本人，带着百十号人就突然包围了村子。黑三爷坐在厅堂上，一看跑不掉了，也就不跑了，他对那个公安局局长笑着说："欢迎欢迎！"然后把自己的两把手枪往桌子上一扔。那个公安局局长，也假意笑脸相迎，让手下把桌上的两把枪收拾起来了。没想到就在对方放松警惕的时候，黑三爷一个箭步冲上去，掏出了公安局局长的手枪，一下把手枪顶在了对方的脑袋上。结果形势一下子逆转了。这个局长当然是保命要紧，只好马上叫手下人撤走，自己陪着黑三爷走出汝南南门，最后眼看着黑三爷骑着枣红马扬长而去。这是黑三爷土匪生涯中最惊险最有传奇色彩的一件事。

黑三爷手下清一色的棒小伙子，他的兵都是精心挑选过的，他也不讲究发动群众，他的人马只固定那么几十个，身体条件不好的，不要。他有个兄弟，是个大个子，一米八五，姓孙，被日本兵捉住了，叫他交代，他说："你过来，我告诉你。"那个小个子日本兵走了过来，这个孙大个子，穿的是日本大皮靴，猛然一脚，当场把那个日本兵踢死了。这个孙大个子后来受尽酷刑而死。他一脚踢死一个日本兵的事，在民间广为流传。

有一次黑三爷差一点被日本人抓住了，那是 1942 年。黑三爷当时带着两个副手去汝南城里办事，被人暗中告密，20 多个日本兵追他，两个副手为了掩护他都被打死了，他硬是顶着枪林弹雨冲了出来，只是一条腿受了重伤，被打断了筋骨，再加上治疗不及时，后来成了瘸子。

1945 年日本投降后，国民党和共产党搞拉锯战。成了瘸子的黑三爷这时已经讨厌了打打杀杀的土匪生涯，就解散了队伍，自己隐名埋姓，回到小黑庄当起了农民。

从此小黑庄多了个会种瓜的农夫，携妻带子，其乐融融。附近村子 20 世纪五六十年代出生的孩子都记得，他种的瓜又大又甜，村民、儿童，或过路的人口渴了，只管过去吃就是了，不用掏钱的，反正掏钱他也不要。

直到 20 世纪 80 年代黑三爷在家中安然去世，享年 81 岁。他的儿子乐意、孙子小林都是老实本分的农民，石磙放上去也轧不出一个屁来，一点也看不出哪里有他那种打打杀杀的血性在。

黑妮儿出嫁

张贤锋

这个故事是听父亲讲的，我听得心里不是滋味，认为有必要记下来，讲给更多的人听，让人不要忘记那段悲惨的历史。

20世纪70年代初的黑庄，要说起漂亮的姑娘，那可太多了。但倘若说到心灵手巧、知书达理者，几乎所有人都会提起黑老六家的黑妮儿。一村人赞叹她懂事，知道孝敬父母，又能干，谁以后娶了黑妮儿，真是享福了。

黑妮儿是黑庄一队黑老六的头生女儿。因为黑老六想要个儿子，不喜欢闺女，也就懒得起名，女孩嘛，随口就叫妮儿，又因为姓黑，大家就连在一起叫黑妮儿了。

黑老六小时念过几天私塾，在黑庄属于文化人一类。黑妮儿生下后，黑老六又生了好几个孩子，却都没能养下，老婆反而落下一身病。最后一个是小子，病歪歪活下来。黑老六给儿子起名叫继业。

黑妮儿从小便懂事，知道娘生个弟弟不容易，是一家的命根子。所以，待继业满周岁后，黑妮儿就把他带在身边，尽心照料、调教。黑妮儿比继业大七八岁。继业将满18，黑妮儿已经二十五六了。

继业是个半吊子，就是心眼不够，多少有些傻的意思。初看他与常人无异，衣服也穿得齐整，若仔细看，会发现他看人眼光散漫，脸上虽笑，眼神却呆滞，明眼人一看就知道他有病。

继业在村里有时被人笑话，瞅空子还有人捉弄他。在外面受人欺负，继业回家就哭闹。每逢这时，黑妮儿便径直找到欺负她兄弟那人家门上，她口齿好，一通说道，恩威并施，往往反客为主，那家人坐也不是，站也不是，说给她一马车赔礼道歉的话。所以，黑庄人都知道黑妮儿的本事，闺女、媳妇有事爱找她求教。

那年代流行换亲，像黑妮儿这么精明能干的姑娘，也难逃过这一劫。

所谓换亲，就是这家有一个闺女一个小子，经媒人撮合，闺女嫁到外村一家，换取那家的闺女嫁过来，双方互不收取彩礼，互不讲条件，成分高低、残疾呆傻、年龄相貌，一概不论。

虽说几个字就能说清楚什么是换亲，但在这换亲的名义下，有多少痴男怨女、生离死别之事，不是言语所能描述的。

在当时的农村，家庭成分高的人家差不多都是换亲，像黑妮儿家，虽然成分好，但是穷，继业又有些傻，也只有换了。别说继业家有问题，没有问题的也换。啥叫愿意不愿意？扭不过家人就得愿意，有啥办法？出不起那几百元钱的聘礼，当老的只有拿亲闺女当钱使。

黑妮儿有个心上人，是邻村的，两人相恋多年，无奈各自有命，黑妮儿家里看得很紧，她与心上人只能红线传书，隔山传情。

前几年，家里给她弟弟继业说了门换亲，黑妮儿换的那一家，也是姐弟二人，听说兄弟不大精明，姐姐也有点疯癫，四邻都知道。黑妮儿为换亲，已经等了好长时间了，她爹也不想再挑了，也没有啥可挑的，急着想把儿媳妇娶过来。

过了这年，黑妮儿要出嫁了。

那一天是个大晴天，不少人围着黑老六家看热闹。大伙儿都想看看黑妮儿换过来的那个媳妇是什么模样。

黑妮儿家是一座很平常的农家小院子。3间旧草房坐北朝南，都是土坯垒的，麦秸苫顶，屋檐耷拉着枯草，东边是一间更为低矮的小灶屋，里面烟气腾腾。院墙是用麦草泥巴垛起来的，上头插着几根树枝，高低还不到大腿根儿，抬脚就过。院子里放了两张白木桌子，几张条凳。桌上有几只盘子，一个竹壳暖水瓶，一摞碗，盘子里盛着糖果、香烟之类。

那年月难得谁家有事，一村人都过来，或帮忙或看热闹。黑妮儿家的四周，半截墙外边、路旁，站满了前来看热闹的人，老人、妇女和孩子居多。

突然有人喊，来了来了！路旁的院墙头上，急急忙忙伸出一些男人和女人的脑袋，四下张望。他们身后，还可以听到一些女人和男人大声问，来了吗？啥样？快下来，让我看看！

只见队长黑天堂从前面走过来，一路走一路吆喝，看啥看啥！有啥好看？都下地干活去！

人们嘻嘻哈哈笑着说，就走就走，脚下却依然一动不动。

孩子们欢呼着跑过来，一片乱喊，来喽！来喽！新娘子来喽！

坐着的人全都站起来，墙头上转眼又伸出不少男男女女的脑袋。大家都伸长了脖子，朝着孩子们跑来的方向张望。

很快，顺着坑坑洼洼的大路走过来一小群人。前面走的明显是两个新娘子，一高一矮。在她们身后，紧赶慢赶地跟着一个妇女，那就是媒婆。再往后，跟着三四个壮实的汉子。

高个儿新娘就是黑妮儿。按当时办喜事的规矩，她先出村去迎兄弟媳妇，陪着弟媳进家门，再举行婚礼。黑妮儿把两条长辫子盘在脑后，穿一件红蓝相间的方格子外褂，黑布裤子，带袢鞋。她低着头，走得很快。

另一个新娘子是个矮胖子，穿一件大红上衣，胸前像塞进一堆肥肉，鼓囊囊的，走一步上下左右地晃荡。胖乎乎的脸，红眼皮，一边走一边东张西望，憨态可掬。

一阵鞭炮声稀稀拉拉地响起来。那一小群人走进黑妮儿家的院子，几个壮汉被留在院子里坐下，黑老六出来让烟。紧跟着，酒瓶子打开，大碗的萝卜粉条炖猪肉，大盘子红点白蒸馍端了出来。几个壮汉把手头烟头一扔，也不搭句话，接过来便埋头大吃，吸溜粉条的声音响到墙头外。

黑妮儿的母亲抓了把糖果，走出来扬扬手对看热闹的人说，都进来吧，吃块喜糖。

没人过去。一个光屁股孩子离她近点，她伸手拉他，递过去一块糖，那孩子一扭身闪开，倒让她一个趔趄差点跌倒。周围的人一阵哄笑。

接着，听见屋里有人可着嗓子喊，婚礼开始——

首先祝愿——

声音突然卡住了，屋里一阵骚乱，只见从里面急急忙忙走出个人来，是继业的新媳妇。只见她一手提着裤腰，一手忙乱地撕上衣的扣子，好像要找什么东西。

院子里的人看见了，都不知道发生了什么事，一时没有反应过来，坐着的站着的，都一动不动。跟到屋门口的黑妮儿和继业，还有黑老六，都想看她想干什么。

只见新媳妇扯掉红上衣，一把甩在地上，里面就只剩一件大红肚兜。她跑到灶屋旁的粪坑边，揪着裤腰的手一松，裤子掉下来。只见她顺势蹲下，解起手来，一副旁若无人的样子。

“哈哈哈”，周围看热闹的人全都哄笑起来。小孩子拾起土坷垃，朝新媳妇的屁股砸去，嗷嗷叫地起哄。

黑妮儿“哇”地叫了一声，捂着脸回屋去了。继业这会儿可不傻了，他又臊又气的，三脚两步扑过去，掐起来把媳妇拖回屋里。

哈——，人们的哄笑声更大了。

婚礼断断续续，总算完成了。周围的人也静下来，看着继业家的小院子。

黑妮儿终于出来了。她还是那身打扮，只在胳膊上挎个小包袱。人们都不再说话，所有人的目光都集中在她身上。

她一出屋门，媒婆就贴身跟上她。院子里，几个还在吃喝的壮汉也都站了起来，赶紧将手里的馒头塞进嘴里，再扒几口菜，猛咽下去，跟了过去。

黑妮儿慢慢走出院子，眼泪止不住地流了出来，顺脸淌下，滴在脚下的土地上。她抬头看看，除了迎亲的人外，只有母亲跟在她身后。

继业站在屋门口，鼻子一抽一抽，姐——，他心酸地叫了一声。今天非得走吗？缓几天不行吗？

不行，两边都一样，那边来，这边就得去，你睡了人家妹子，你姐就得过去，不能隔夜。媒婆一边走，一边回头告诉他。

黑妮儿抹了把泪，被那个接亲的老太太挟着朝村口走去。几个汉子紧紧跟着。走了十几步，黑妮儿挣开那老太太，转身给一直跟在后面抹眼泪的母亲跪下。她深深地伏在地上，两肩抽动，已经哭出声来。

两个壮汉看到了，互相交换了一下眼色，一人一把手，把她从地上拉起来，拖着向村外走。黑妮没有挣扎，任由他们拖着，踉跄前行。

想不到刚到村口，黑妮儿猛地转身，尖叫一声就往回跑。跟在后头的几个壮汉早有准备，一下子把她围堵住，抓住了她。

黑妮儿挣扎着滚倒在地上，尖声哭叫，娘啊！救救我啊！我不去！我死也不去呀！声音凄惨。

在继业家院子四周围观的人，都黯然失色，平日与黑妮儿要好的几个闺女在小声抽泣。

你在哪里啊？你在哪里啊！快救救我，救救我吧……

很明显，她在呼唤她的那个他，可是那个他始终没有站出来。或许躲在另一处哭泣的他知道，即便自己站出来也于事无补。

看热闹的人群开始骚动，更多的女性抽抽搭搭哭出声来。

那几个外村来的壮汉更慌了，手忙脚乱地把黑妮儿架起来，不顾她拼命踢打折腾，半拖半拉地赶快走。

大太阳照着，村外是一片绿色的麦海。可以清楚地看到几个扭在一起的人影在麦海里出没，还可以隐约听到黑妮儿撕心裂肺的哭叫声。

人影渐行渐远，上了一道坡，停下来，一转眼，又不见了。

黑妮儿出嫁后，黑庄很快归于平静。

这个黑妮儿曾经的家，蓝天白云下的乡村一隅，一个静悄悄的小院，一缕炊烟袅袅，几只鸡在粪坑边刨食，一只半大的架子猪睡在墙根哼哼着。经常看见继业的媳妇坐在屋前簸豆子，左一下右一下，往上撂还吹一吹，屋里谁和她说话，她回几句，有板有眼，也看不出傻了。再细看她人模样，好像也不那么丑了。和房前屋后所有的人家一样，他们在正常地生活、过日子，日复一日，年复一年。

生小孩报喜遭哄抢

张留坡

前几天与一文友聊天时，他兜里的手机响了，文友接起电话一听，是文友的女婿打来的，他是向岳父报喜的，说他妻子也就是文友的女儿在妇幼保健院顺利产下一个健康男婴，母子平安，让岳父放心，并分享他与家人的快乐。接完电话的文友喜上眉梢，赶紧和我分享他那刚出世不久萌得可爱的小外孙的镜头。文友女婿生小孩用微信报喜，让我想起了平舆乡村生孩子报喜遭哄抢这件事。

在平舆乡村，有家庭妇女生孩子要向娘家报喜的习俗。当女人生完孩子之后，一般都在第二天上午，由女婿到妻子娘家报喜，向岳父、岳母通报妻子生产过程中是否顺畅、母子是否平安、是男孩还是女孩等情况。得知女儿生产顺畅、母子平安的喜讯之后，妻子的娘家人（一般都是婴儿的姥姥，姥姥故去的例外）会赶紧准备好熟鸡蛋、烙面饼（一般情况是，熟鸡蛋不讲多少，烙好的单张薄面饼亦无定数，但也有人说男孩要单数，女孩要双数才好），装在一个小竹篮里让报喜的女婿带回去。这些喜蛋和喜饼一般都会在报喜女婿回村的路上被人哄抢而光。因为平舆人认为，如果一路没被人抢走，则预示母子会触上霉头，被人哄抢了，母子才有好兆头。为了能让熟悉的人抢走妻子娘家人的喜蛋和喜饼，报喜的男人会专门挑选人多的道路走，并主动与人说话。报喜的人一旦被人抢了之后，内心窃喜的同时，还要装出一副迫不得已、无可奈何的样子来。

这事我曾参与过一次，那是20世纪60年代的中后期。有一个星期天的上午，我替生病的母亲出工，同生产队里的一帮妇女到麦地里除草。大家一边除草，还没耽误东家长西家短的唠嗑。当妇女队长的二嫂说，小生的媳妇昨天生了胖小子，今天上午要到丈人家报喜，肯定要走地头上那条路，大家盯好了。果然，11点左右，有人看到远方有个疑似小生的人，正骑着辆破自行车朝着麦地这边过来，大家顿时兴奋起来，放下手中的锄头朝着地头奔去，我也跟着往前跑。果然是小生报喜归来，他看见大家来了，知趣地下车，一脸无奈地让大家哄抢。别小看了农村那帮妇女，一旦遇到这类事情，个个如狼似虎当仁不让，别想让谁讲半点斯文。只是苦了我这个已经十几岁却依然体弱的少年，虽然拼尽了浑身的力气，可结果什么也没有抢到，还是我二嫂分给了我半块面饼，才让我多多少少解了馋。

其实，这种事也只有那个年代存在，现在早已销声匿迹了。那时，农村物资匮乏，鸡蛋、面饼对于农民来讲都是稀罕物，哄抢报喜人喜蛋、喜饼的这种行为，既是一种让人分享幸福的习俗，又可以让人过过吃鸡蛋或吃面饼的嘴瘾。

平舆乡村生孩子报喜这事，一般都是生第一个孩子的时候才到女人的娘家报喜，生第二、第三个，就不再报喜了。

当年乡农之所以把女人生孩子报喜作为一种习俗传承，我认为还有一个更重要的原因存在。那时乡村的医疗条件极其落后，女人生孩子往往是由村里的产婆接生，这些产婆们都没有经过医疗培训，使用的都是土办法，有的还请神婆。因此，那个时候女人生第一胎孩子，就像过鬼门关一样，产妇和婴儿死亡率非常高，也经常听到产妇或婴儿因难产而死的消息。娘家人一旦到了女儿生孩子的时候，就会非常担心。那时乡村的人们思想观念封建落后，普遍认为嫁出的姑娘泼出的水，生孩子是婆家的事情，与娘家人关系不大，因此在女儿生孩子时虽然担忧，但也不愿到女儿婆家去探望。

现在，生孩子报喜的事情在平舆城乡依然存在，但报喜的方式却更加快捷方便了。女人生完孩子，女婿一个电话、一条微信，就会在第一时间打到或发到娘家人的手机上，既有图片又有视频，娘家人还可以和产妇通过微信视频直接对话。

人们的思想观念也发生了巨变，有些女孩子生孩子时，娘家人就在产房的内内外外忙活，并且承担了当年婆家人应承担的责任和义务，有的女孩子生完孩子之后，担心婆家照顾不周，直接到娘家坐月子去了，这种情况如果放在当年，那是不敢想象的。

忆苦思甜诚难忘

张留坡

1965 年，我在大黑大队大黑学校上小学四年级。

秋末农忙过后，天还不是很冷，生产队里按照上级要求，召开全体社员会，开展忆苦思甜活动。这种忆苦思甜会不是开一次，而是连续开好多次。忆苦思甜的发言人，有本村的，也有外村的。外村来的人也都是一个大队的，同一代人彼此遭遇的情况都很熟悉。开会时间一般都是在晚上晚饭以后。

开会之前要先唱忆苦歌。记不清是谁教唱的，歌词内容很煽情，也很容易记，一般农村人识字不识字的，只要随着大伙唱个十遍八遍，也就会了。我那时年纪小，记性好，跟着学唱两三遍，就记下来了，至今没有忘记。忆苦歌大概是这样唱的——

天上布满了星，月牙儿亮晶晶。
生产队里开大会，诉苦把冤伸（唱“生”音）。
万恶的旧社会，穷人的血泪恨，
千头万绪，千头万绪涌上了我的心。
止不住的辛酸泪，挂在胸。
不忘那一年，北风刺骨凉，
地主闯进我的家，狗腿子一大帮。
催租又逼债，凶狠似虎狼。
地主狠心，地主狠心，打死了我爹娘。
可怜我这个孤儿，漂流四方。
茫茫漆黑夜，苦难没有头，
走投无路入虎口，给地主去放牛。
受尽了人间苦，怒火燃心头。
盼望救星盼望救星，指给我革命路，

满怀仇和恨，我一定要报怨仇！

唱完忆苦歌，接下来开忆苦思甜会，也就是请几个苦大仇深的老农民先后走到人群前，述说他们在旧社会所受的苦难，他们的诉说很真实，让我至今记忆犹新。

我爷爷说，他年轻时曾被多次抓壮丁，每次被绳捆索绑地抓走，都吓得两腿发抖，感觉生不如死，过了几个月后，好不容易历尽千难万险逃了回来，没过几天，就再次被绳捆索绑地抓走。最后一次逃回来，我爷爷也是没了办法，就狠了狠心，找了块石头，对着自己的门牙砸了过去，直到砸断了四颗门牙，满嘴流血才罢手。再次被抓壮丁时，队伍里来验收的人看连门牙都没有，就不要了，这才逃过了抓壮丁这一关，活到了今天。新社会好，不抓壮丁不“跑反”，别说吃啥有啥，就是每天喝三顿稀饭，都要感谢共产党！

我二奶奶说，我二爷在董营给地主种地，一家人生活还能过得去。一天夜里来了一群土匪，要牵走他家的耕牛。我二爷抓着牛绳，死活不让。一个土匪恼了，直接开枪，把我二爷打死了。死了丈夫的二奶奶没有改嫁，硬是拼死拼活，逃荒要饭，把两个儿子拉扯长大。如今一大家人老少十几口，吃穿不愁，不感谢共产党，还感谢谁呀！

我黑牛叔说，民国三十一年（1942 年）年成假，一家人要饭度日，差点活活饿死，他的大哥黑小才 15 岁，要饭到小胡庄，走不动了，就躺在一家柴草堆旁睡着了。想不到当天夜里来了土匪，把小胡庄抢劫一空。村里人谁也不敢反抗，第二天天一亮，发现了黑小，正无处泄愤，就把他当成土匪捆绑着送到当地的联保公所，联保公所的人正想坑害当地的富户没有机会，这下好了，把他苦打成招，说某富户之子是土匪，抢了小胡庄，该富户花了很多冤枉钱才赎回了人。富户不愿意，逼得黑小父亲，亲手把自己儿子黑小给活埋了……

还有很多很多，这些都是真人真事，真实发生在我们这个村子。真实最能感动人，会场里有不少女人都哭了，我也听得泪流满面，恨死了那个万恶的旧社会。

当时的农村生活条件还不是太好，也就没有组织吃忆苦饭之说。发言人诉了旧社会的苦说了新社会的好，感谢共产党，感谢社会主义新中国之后，忆苦思甜会就宣布结束了。

1971 年我在后刘高中读书时，学校组织吃过一顿忆苦饭。制作忆苦饭的主要材料是红薯叶子。一天上午，学校组织各排（当时的班级也模仿军队形式，称排）学生代表，去校外的红薯地里掐一些红薯叶子回来（当时是秋天，已下霜，红薯叶子都是黑的），交到学校大伙里。炊事员把它们淘洗后放到大铁锅里，加满清水，烧开后放入食盐，再倒入一些红薯干面糊，做熟后就可以吃了。炊事员给每个学生只发一个馍，这馍是红薯干面窝窝头，倒是和我们早晚饭常吃的没有什么区别，盛一碗饭，不够吃的话，可以自己再盛，吃饱为止。我们都是农村来的孩子，很少有谁嫌弃说不好吃。我当时吃了两大碗，因为不要饭票，吃后心里还想着，学校经常搞这样的活动就好了。

过后才知道，所谓吃忆苦饭，也是社会主义政治教育的一种活动形式，就是为了让青年学生（当然也包括工人、战士、机关职员等）不忘本，记住父辈在 1949 年以前遭受的苦难，满足于社会主义的幸福生活，增加对党的感恩思想。

吃饭的感觉

张留坡

现在社会上有很多人，物质丰富了，生活条件越来越好了，偏偏把胃口弄坏了，感觉吃什么都不香了。可我不，我的胃口一直很好。记得一次聚餐，有朋友问我，看你吃饭怎么感觉那么香啊？我说本来就香嘛，吃剩下的饭菜我还会打包带走，下一顿再吃还是那么香。为什么呢？因为挨饿的记忆一直在告诉我，要珍惜来之不易的食物。

我出生于20世纪50年代中期，懵懂记事时正赶上三年自然灾害。那时候提倡三面红旗“大跃进”，一步跨进共产主义，村里开大食堂，一开始伙食还不错，人人都能吃饱，可没过几个月就不行了。早饭是一个菜团子一碗稀饭，中午是一碗菜面汤，很难从中捞到三两根面条。晚饭，没有晚饭。天不黑就睡觉，大家都说，肚子是盘磨，躺下就不饿。

记得一天中午喝剔剔牙菜汤，老剔剔牙的叶子边上有很硬的小刺，虽然经热水煮过了，吃到嘴里还是又苦又扎喉咙，我实在无法下咽，一咽一伸脖子，要吐。这情况被在一旁的父亲看到了，他瞪着眼说，吃下去，不吃饿死你！一个大耳光扇过来，我心里一害怕，就一口吞了下去。从此吃什么野菜都感觉好吃。

再后来就完全断粮了，早饭吃什么我记不得了，中午饭是每人一碗4小段红萝卜的稀汤，其他什么都没有。很多人开始面黄肌瘦，然后浮肿，最后死亡。身体好点的男女老幼开始外逃，可大家都饿，又能逃到哪里去呢？

我的太爷张才是个身材高大的人，我妈说大个子的人更不耐饿，食堂里发的馍他一点都舍不得吃，缩在袖筒里偷偷留给了我。就在三年自然灾害的第一个冬天，86岁的他饿死了。

我的祖父张燕青，也是个大个子。他那时骨瘦如柴，也开始浮肿，已走不了路，只能躺在床上等死。幸好我的父亲张山猫是个铁匠，手艺很好，远近闻名，被我舅舅所在的生产大队桃花店请过去，帮忙打造车铁器和其他生产用具，我二叔张铁猫就用个小木毂轮车把祖父带上，我们全家随后也跟着去了那里。他们的生活条件比我老家这边好多了，我们一家人才逃过了那生死一劫。

度过了三年自然灾害，红薯开始大面积推广种植，人们才算勉强能吃饱。“红薯汤，红薯馍，离了红薯不能活”的歌谣，至今深深印在我的脑海里。记忆中，家家屋角都有一个用茓子围起来的粮仓，专门盛放红薯干。另用两三个瓦缸装小麦大豆。那时候的小麦大豆算是细粮，可金贵着呢。比如小麦，人们把它磨成面粉，称好面或细面。用它做成馍，称好面馍，用它擀成面条，称细面条，专门招待亲戚客人或妇女坐月子吃。再比如大豆，人们用它掺着捣碎了的红薯干磨成面，用它擀成面条称豆面条，能一年四季有这些食物吃，就是很不错的殷实人家了。

20世纪七八十年代，我家8口人，有爷爷、父母和我们兄弟5个，全靠我母亲一人做饭给我们吃。母亲那时候还要和男劳力一样下地干活，早出晚归，哪有闲时间来给我们做好吃的。再说了，即便想做，也没有条件。早饭吃馍吃红薯喝馏馍水，稀饭都顾不上做。午饭豆面条，把一大锅水烧开了，在里面放些豆面条，再混合进去尽可能多的芝麻叶、红薯叶之类的菜叶子。晚饭时间充裕了，才有稀饭可喝。

在这样的家境条件下生活过来的我，日子一天比一天好，饭菜也是一天比一天香，哪还有什么不满足的。如果有人问我，什么样的饭菜不好吃，我就用我母亲说过的话来回答他：除了牛角板凳腿啃不动，其他的都能吃，都好吃！

割草旧事

张留坡

每当放学的钟声刚刚响过，我们就像出笼的小鸟一样飞出校门，飞回家中。到家放下书包，就挓起个大竹篮子，抓起半个窝头啃着，又飞向那绿色的原野，忙着去割草。我说的这放学钟声，确定响在60年之前。

在20世纪五六十年代的乡村，小孩子放学、放假或星期天，家长就安排让带着镰刀、挓着篮子或带上绳子，到河沟或坡地里割草。

要说割草，其中的名堂还真多。小一点的孩子大都割嫩一点的草，喂猪喂羊喂兔子，动物们喜欢吃。大一点的孩子则给生产队里割草，为的是挣工分，大都割些老一点的草，这样的草牛马驴骡都爱吃；还要割青草沤绿肥，割枯草当柴火烧……割草，是农家孩子人生路上一段难忘的经历。

记得我刚学割草的时候，都不会选择镰刀的好坏。有次我放学回家，准备去割草，急匆匆地走到屋里，随便找了把镰刀就随同学走了。大我两岁的邻居小伙伴看我拿了把生锈的镰刀走过来，就笑话我："你怎么拿着生锈的镰刀来割草？"我说："哪有什么讲究，只要是镰刀就能割草。"邻居小伙伴胸有成竹，说："那你割一割试试吧！"结果，邻居小伙伴背着结实的满满一大篮子草回来，我却割了一平篮子不满，还把手磨了两个鼓鼓的血泡。

在农村经常割草的人，都知道镰刀的好坏在割草过程中的重要性，都会在出发前精心选择一把好镰刀。这镰刀要刀口锋利，镰把弯曲有度，看着顺心，割着顺手，还是向伙伴炫耀的资本。一把镰刀保养好了，可以使用许多年。

自那次割草以后，我明白了镰刀好坏在割草中的差距，再也没有拿着锈镰刀去割草了。及至长大以后，我开始明白"工欲善其事，必先利其器"这句话里面蕴含着的深刻哲理。

割草也是讲究姿势的。割草时需先蹲下，左手反握着一把草，右手把镰刀紧贴地面往前推至草的位置，然后用力往回拉镰刀，随着耳边传来的“沙沙”声，野草就会瞬间扑倒。假若几人同时割草，就会听到一阵阵有节奏的“沙沙”声。现在回想起来，一如朴素远古的音乐在耳边轻轻响起。割草越急，这音乐听起来越顺耳。局外人欣赏不到如此美妙的声音。

割了草之后，随手整理成一铺一铺的，然后把一铺一铺地摞起来，再拧起一根俗称“草腰子”的草绳，把它们捆成一小捆一小捆的，像一个个待售的葱、韭菜把子。最后把这一捆一捆的摞起来，用从家里带来的麻绳子捆成大捆。若是一大捆，就背着；若是带有扁担，就捆成两捆挑着。当然，割了草也有装到篮子里的，大多都是割草少的时候。到了20世纪60年代中期，农村开始流行架子车，若是割草时带着它，是件很拉风的事。小伙伴会一股脑地把草篮子、草捆子都放上去，唱着歌推着回村是最省力气的。

割草的时候，为图热闹，也为安全，小伙伴们常常到这家、那家招呼着，一路叽叽喳喳结伴而去，不知不觉就到了坡地里、河沟里。一到目的地，就把篮子、绳子、镰刀一扔，各自去探寻自己热衷的发现了。有跑到沟沿地堰上掏老鼠窝的，看看能否挖到老鼠的粮仓；有沿着水边专找小窟窿、小水洞的，看是否能掏出黄鳝或抓到螃蟹；有钻到树棵子捉迷藏或下到芦苇荡里找鸟蛋的……等玩累了，就一个接一个像下饺子似的赤身跳进河沟的水里，游上一阵子，然后打水仗。这也玩够了，就跑到岸边捡瓦片打水漂，欣赏那层层的涟漪，或者躲到桥洞下、树荫处，下大方、打纸牌，吵吵嚷嚷，即使争得面红耳赤也不善甘罢休……乐此不疲，无休无止，玩兴浓时，早已把割草之事忘到爪哇国里去了。常常到了天快黑了的时候，才想起割草来，害怕回家不好交差，没办法，只好急急忙忙地不论什么草都胡乱割一点，砍些树枝在篮子底下支空，支起个“小帐篷”似的，上面就松散地放上些草，外表一看割的草很多，实则外强中干，以图蒙混过关。

一年四季，只要不是阴雨连绵或大雪封地，不上学的时候，我们几乎天天如此。没有机会割草的时候，吃饭不香，睡觉不甜，精神不振，浑身不得劲，连第二天上学都没精打采的。之所以会这样，不只是因为割草时能玩得痛快，还因为会时不时有点意外的收获。

记得有一次到大南坡黄豆地里割草，黄豆已经成熟，豆叶子枯黄，已经落满地了。割草间，我忽然闻到一阵清香。循着香味儿找过去，原来一个坟地边草棵下边长着一棵甜瓜秧。也可能是大人们在给豆子除草时给瓜秧压了头，粗壮的瓜蔓上竟然并排着4个黄皮大甜瓜，瓜已熟透，瓜蒂与瓜秧的连接处都有了明显的裂纹，马上就要脱落了。我兴奋极了，挥手大喊：“伙计们，快过来，有好吃的了。”小伙伴们闻声赶了过来，全都咧开嘴笑了。大家每人分一块，甜甜美美地吃了个痛快。临走时，我也没有忘记向那个老坟头深深鞠了一躬，以表对它的谢意。

还有一回，我在村西南的小河沟边割草，竟然发现了一窝小野兔儿。3只小兔子正在一丛荒草棵子掩盖下的土窝里睡觉。我愣了一下神，虽然很想把它们捉回去养起来，但还是不忍心让它们与父母骨肉分离，于是就在河沟的一旁用树枝插了个标记，然后悄悄地离开了。几天后，我实在忍不住好奇心，又去了那个地方看望它们，可惜野兔们早已搬了家，不知去向了。

割草的话题，每个乡村出来的人都有亲身经历，都能聊出自己的趣事，都会留下属于自己的情感印记。如今虽已渐行渐远，但在我的脑海里还是挥之不去，我只好慢慢地咀嚼和回味，让它变成这篇自得其乐的文章。

土楼村简史

张留坡

我老家所在的土楼村，位于今平舆县阳城镇张营村东北角。在以张营村为中心的地图上，其地理位置颇有点像中国地图上的黑龙江。1955年出生的我，2020年冬回村时，对91岁的堂叔张化彬、87岁的堂叔张化松等多人进行采访，加上早年听我爷爷张燕青（1906—1992年）和父亲张山猫（1930—2010年）、母亲范美云（1927—2012年）等人的讲述，对土楼近现代简史做一个大概的梳理，叙述如下。

土楼村人无外姓，皆姓张。族谱记载，尊黄帝部下张挥为始祖，明初年间由汝阳（今汝南县）人张温带领族人，从汝阳县北壶仙观迁于此，筑土楼以为居，繁衍至今。张温的后裔张四知，字子畏，明嘉靖庚戌（1550年）进士，除刑部主事，转兵部郎中，出为四川按察佥事。他还是个诗人，有《韶亭集》传世。老村内地脉高凸，东西南北四边皆有坑塘，东西北三塘较大，南塘较小，留有出村之路，周围有圈沟，与族谱记载相符。我小时候的20世纪五六十年代，村中仅有一条可过大车（太平车）的南北村道。

听我母亲说，她8岁作为童养媳来到土楼，村前是一片20余亩的祖坟地，爷爷他们兄弟分家时，年龄最小排行老末的爷爷还分了四座祖坟和一片柿树园子。

中华民国时期，土楼隶属于汝南县万家乡寺耳埠口联保处黑庄第六保。保公所在黑家大寨（今黑寨）。20世纪40年代的保长，我知道的有两个。我村的张令志在民国三十一年（1942年）仅当了18天的保长就下了台。接任他的是小黑庄的地主黑建禄。

村中发生最为骇人听闻的大事是活埋黑小，这件事发生在民国三十一年（1942年）。

堂爷张狗娃有三子二女。黑小是长子，已15岁。因这一年大旱，庄稼歉收或基本绝收，引起“年成假”，加上战乱，土匪四起，日寇入侵，内忧外患，使得老百姓无法生存，各村都有人饿死。张狗娃一家人全靠拉棍要饭度日。

初秋的一天，黑小出去要饭，入夜就睡在小胡庄（又名火烧韩庄）一家的柴草垛旁。是夜来了土匪，将该村洗劫一空。天明后村民发现了黑小，就把他逮起来，扭送到寺耳埠口联保处，说他是土匪的探子。联保处的人就把他吊起来毒打，让他说是邻村崔庄富户崔家三兄弟带土匪所为。黑小怕挨打，就按他们的话说了。结果崔家三兄弟被抓走，崔家倾家荡产后才赎回三个儿子。

周围村子的人不晓得内幕，只说是黑小胡乱攀咬，怨恨不已，齐声指责张狗娃教子无方，祸害乡邻，必须除去。黑小的父亲听了这些话，就对刚放回来的黑小说，看我非把你活埋了不中。意思是让黑小听后害怕躲起来，可黑小已经被绳捆索绑着饿了两天，哪里还有力气，就躺在灶屋柴草堆里一动不动。张狗娃无法，只好拿了把铁锨，在村东南的大坑前面他家地里挖了土坑，把黑小放在里面，就往里面封土。眼看着土就要埋着儿子的胸口，作为父亲的张狗娃，实在不忍心，就把铁锨一扔，哭着回家了。

邻居张宝星的母亲是个乌鸦嘴且坏心肠的坏女人，她对张狗娃的弟弟张成说，我听卦先说过，你家那个黑小就是个祸害精，灾星转世，他不死，你们一家都别想有好日子过，还连带全村都受罪。你哥哥因为他是自己的儿子，才不忍心弄死他，你还不赶快去帮个忙，把他埋了，你家就好过了，全村也都太平了。张成也是才十几岁的大小伙子，听信了她的话，脑门子一热，就冲了过去，拿起哥哥扔在一旁的铁锨，三下五除二地把黑小埋了，还在封土上踩了踩，才离去。

这事很快就传扬出去。过了不久，国民党汝南县政府得知后，就派了两位法院的官员前来调查。黑小的二弟黑牛当时 12 岁，和另一个小孩张常发一起，把黑小从土坑里扒出来，算是“开棺验尸”。调查官员问黑小的母亲董白妮有什么要求，董哭着说，人都死了，还能怎么样？俺孩子遇到这事，那是他的命，俺谁都不怨，对谁也不追究。

尽管当事人这样说了，但调查之人并不撒手，把本村刚上任 18 天的保长张令志、甲长张燕青和当事人张成一起带走了，扔进汝南的局子里。张令志家变卖了好几十亩田地，才将张令志捞了出来，保长的帽子也丢了，家道从此败落。但也因祸得福，土改划分成分时被定为上中农，其本人和家人在以后的政治运动中没有受到一点牵连。我家把仅有的几亩地也卖了捞人，我爷爷的甲长也免了。张成那时尚未成家，和他哥嫂一起过日子，他嫂子也说过不追究责任，调查的官员想追究捞油水他也没有，关在监狱里还得让他吃饭，只好把他放了回来。他后来娶妻，生一女，名快，大我十几岁，嫁到十八里庙村，育二子一女，夫妻尚在。张成爷活到80多岁去世。

张狗娃的二儿子张黑牛，大名张化松，新中国成立初当过志愿军，没有参加过战斗，但站夜岗时亲手抓住一个准备偷袭的美国兵，还从河里救出过一个溺水的朝鲜妇女，为此立三等功2次，升班长。回国转业后，带着媳妇去海南支边一年多，大儿子张广元就是在那里出生的。二儿子张广春，女儿小歌。

黑牛还有个弟弟黑马，因家穷养活不了，送给寺耳埠口寨，新中国成立后要回了家，改名建国，参过军，复员后在家当过民兵排长。他82岁，身体很好。有一子一女，子名小留，已成家立业。

村中人虽然都姓张，族中字辈为“福修雁令德，文化振清堂”，但也分为几枝。

富户张根、张令志兄弟两家为一枝。其余各户皆贫。张根（令字辈）为族长，住路西村子正中，其人又死得早，我记忆中对他这一家人没有任何印象。因无后，其宅地新中国成立时被我们这一枝我堂伯张化荣分得。

张令志家住张根家前，4间大瓦房在全村独树一帜。他少小聪颖，读过私塾，他的父亲去世得早，被迫14岁结婚，15岁边做掌柜，边在汝南求学。当时黄埔军校在汝南招生，他也考上了，校址在西安。他随队步行，从汝南出发，走到漯河的黄牛街住了一晚，第二天还没有亮，就随队徒步前往洛阳。到了洛阳，碰见他五表哥是国民党的指挥官，给他说军阀混战，有死无生，让他返回，他就故意掉队，回来了。新中国成立前后当过教师，后来清理阶级队伍，说他当过伪保长，被清退，之后在家务农。他多才多艺，家有长箫一管，是他的挚爱之物。我小时候去他家玩见过，可惜没有听他吹过，可能是被清退后心情不好的缘故。他育有四子四女，长子德生，二子一女；次子德存，一子二女；三子德俊，一子；四子德勋，一子一女；长女秀，次女秀芝，三女秀灵，四女秀梅。德生中学毕业后为大队赤脚医生，一生为村医，其余三子均务农，德生、德存、德俊已病故，德勋与我同岁。张令志的后代，有四五十人之多。其弟弟张令彬，新中国成立后当过生产队副队长，育有二子二女。

与张根、张令志稍近的旁枝张德荣（小名宝童），老宅在村西北角北大坑南。其姑小嫣，貌美，20 世纪 40 年代年初嫁于当地国民党驻军骑兵团姚团长为妻，全村人得以沾光，免除了不少粮草赋税征收。张德荣 14 岁入该骑兵团，跟随在姚团长身边当通讯员，后来解放战争中随军起义，抗美援朝时第一批入朝作战，参加过多次战斗，九死一生。复员后在本村当生产队会计多年，有二子二女，长子尾巴，次子国顺；长女小朵最大，次女小花最小。小朵大我两岁，尾巴小我几岁。

张包为一枝，与张狗娃是同枝堂兄弟关系，其子张常发（1929—2020 年），和我母亲同母异父，本该叫舅，因为是同村，小时候我叫叔习惯了，就只叫叔。

张常发为人好说笑话，跟谁的关系都不错，“大跃进”年代当过生产队长，也没有什么坏名声。他娶妻卢德美，生育四子一女。长子放心，小我 5 岁，有二子，各自成家，在大连做生意；次子心宽，有一子一女；三子心亭，有一子一女；四子东洋，最早去大连，做水产生意，买有楼房，只有户口在老家，育有一子一女；长女小静，喜戏剧，唱黑脸，声音洪亮，铿锵有力，嫁玉皇庙，有一子一女亦有孙。

我太爷爷张才，生三子：赖皮、中、燕青。他身材高大，为人忠义，不贪心，死于 1959 年，86 岁。村东祖坟尚有空地，却另起新营，葬在村西南 2 里外的石桥之西草河之南。据说是他早已请阴阳先生看好的，说那是一处风水之地，有利于后辈发展。听我母亲说，在他的十几个重孙中，他对我最好。大食堂分的馍，他不舍得吃，偷偷放在袖筒里拿回来给我吃。那年我 5 岁，对他只有朦胧的印象。

长门张赖皮，娶妻赵营赵氏，生四子：毛、心正、小宝、小超。

张毛生三子：得志、海龙、天固。得志有一子二女，子心安，随他儿子迁居安阳。海龙二子二女：长子三军，次子军旗；长女喜梅，次女小梅。天固哥比我大 3 岁，结婚较晚，无亲生子女，但有养子女。

张心正一子一女。子小恩，早逝。女小雨，嫁到了阳城黎庄。

张小宝新中国成立前就到十八里庙种地，新中国成立后落户在那里。他有二子，长子小梨，二子东风。各自成家立业，生子育孙，门庭兴旺。

张小超又名张化彬，新中国成立初当民兵队长，1951年入党，是我们村第一个党员。生产队长当了20多年，脾气火爆，但口碑很好。直到1973年我和堂兄小松高中毕业回乡，他才让贤。小松接替他当生产队长，我任会计。海龙的妻子董爱荣任妇女队长。他跟着我父亲学过打铁，“文化大革命”期间在大队林场打铁，火星子飞入眼中，打瞎了一只眼睛，算是工伤。分产到户后村委给他每月补助30元，今年93岁了，夫妻身体都很好。他娶妻赵庄赵氏，有三子：小合、小福、小印；二女：大灵、二灵。各自成家，开枝散叶。

二门张中，娶妻董营董氏，生二子：荣、头。

张荣大名张化荣，新中国成立初参加志愿军到过朝鲜打过仗，复员后回村劳动，“文化大革命”期间当过队长兼饲养员，生养二子二女。长女小分最大，嫁大黑庄，在驻马店针织厂当工人；长子小松，字振坤，大我一岁，我们一起后刘高中毕业后，他当过生产队长，一年后当兵，入党，复员，娶妻后黑庄黑小稳，夫妻去汝南做生意，在那里安了家。有一子一女。儿子大学毕业后在上海工作，女儿在西安落户；次子小元，当过村会计，生二子，皆大学毕业，老大在郑州工作，老二在上海某研究院工作。

张头字化轩，其侄子张小松当兵后，他接任生产队长，娶妻大黑庄黑氏，生四子一女。长子张小明，字振乾，大我2岁，师范毕业，中共党员，任过万冢中学副校长等职，娶妻寺耳埠口姚小辫，生二子：军伟、军奇。军伟汝南园林学校毕业，现在平舆县公路管理局工作，有二子；军奇中学毕业后当兵，复员后在平舆县检察院工作，有二子。次子张小官，三子张国富，四子张国强，皆务农，各自成家立业。女儿张金凤，嫁上蔡县城某局干部，生活幸福。

三门张燕青，字文治，我爷爷，娶妻樊寨樊氏，生一女三子。长子山猫，次子铁猫，三子小黑。

长女张用妮嫁黎庄黎庆龙为妻，生三子二女，子孙兴旺。长子张山猫，字化学，即我父亲，娶妻上蔡珠湖桃花店范庄范美云，即我母亲。生七男两女。前两男两女皆早夭，其余五子：留坡（笔者）、望山、双喜、进喜、运喜；次子铁猫娶妻韩古城韩氏，生三子二女。长子连印，次子进全，三子深义，长女富兰，次女月仙，皆务农，各自成家生子，开枝散叶；三子小黑娶妻黄营黄小精，生三子二女。长子来喜，次子富喜，三子富军，皆务农，各自娶妻生子。来喜仍住土楼，富喜住平舆，富军住驻马店。长女喜花，嫁黑庄，一子一女；次女富叶，嫁到北京并落户，有一子一女。

我是张山猫的长子，娶妻阳城北张庄张桂英，生一子一女。子张贤锋，大学毕业，现在平舆县委宣传部融媒体中心工作，娶妻王静，生一子张晨之。女张莹莹，硕士研究生毕业后在上海文广集团下属百事通公司工作，已成家并落户上海。

二弟望山，娶妻洪山庙北张庄张大花，生二子。长子惠风，娶妻后黑庄黑小娜，生一子一女：长女张粲。次子张毅，娶妻陕西土族女子，生子。

三弟双喜，娶妻张万寨赵富玲，生一子三女。子金闯，当兵，复员后在郑州工作。三女各自成家。

四弟进喜，娶妻万家曹庄曹金梅，在洛阳做生意，现居驻马店。生一子一女。女洛洛，大学毕业后在驻马店工作，已成家立业；子阳阳，大学毕业后在郑州工作。

五弟运喜，娶妻崔庄崔连雪，生五女。大女儿冉冉，师范毕业已出嫁，其他四女尚在求学中。

土楼村原属大黑村，21 世纪初改属张营村后，三弟张双喜负责村民事务至今。

老家水坑入梦来

张留坡

人老了，多做怀乡之梦。这不，昨晚，老家水坑入梦来。

依稀回到了我小时候的村子边。那时候“池塘”一词还没有人知道，村边的池塘不叫池塘，都说是水坑。水域小而浅的叫小坑，水域大而深的叫大坑。我跟着说习惯了，感觉称呼水坑比说池塘亲切许多。

那时村子东西南北各有一个水坑，且有圈沟相连。水也比现在丰富，连不深的圈沟里，一年四季都有水。水坑的周边长着不同的树和各色的杂花野草，树木以桑、榆、椿、枣最多，杨柳之类，树都不大，好像是村人前几年插植的。

我家住村子东南角，故老屋的前面、东面都有水坑。南坑小而深，里面的坑泥很厚，鲫鱼和麻虾很多，莲藕很粗很大，要扎好几个猛子才能拔出一根来。

南坑之南，有3棵桑树和2棵枣树，采桑叶养蚕是我们小孩子常做的事。枣树上的枣子就从来没有红过，只要一泛白就是甜了，就被我们用砖头瓦块或竹竿打，直到落完为止。我家院子中的那棵大枣树运气就好多了，因为爷爷老是在院子里忙活，我们无法偷，只好眼巴巴地看着它们长白长红。只要爷爷一进屋，我们就扔土坷垃打枣，爷爷一问谁呀，我们就跑了。等到再回屋去，我们就过去捡，运气好的能吃到三五个。

南坑北面到我家院子前是一片树园子，我小时候常和小伙伴在里面寻觅，希望发现一些意想不到的事物出来。有一年春天，我在里面发现了几棵新出的桃树苗。爷爷为了让它长大，把周围的椿、榆等小树都移走了。二三年后长大了5棵，爷爷又教我嫁接和剪枝，每年都结出五月鲜桃和毛桃两种果子，因为成熟时间不同，感觉都很好吃。到了20世纪70年代中期桃树老朽被砍伐了，我还伤心了好一阵子，写了篇祭文念给它们。

东面临宅的是个一二亩大小的小水坑，往东又有一个几十亩大的水坑。小水坑西边是柳树，我父亲插的，坑沿南有一棵老构树，很大很大的，夏天我们都喜欢坐在它的树荫下乘凉，听爷爷讲些稀奇古怪的故事。老构树东边和东大坑相连接的岸边，长着两排刺棵子，春季开的小碎白花很好看，夏季结出一个个青青的构棘蛋子，秋季变得黄黄的很好看，但好看不好吃。记得我第一次以为很好吃，就想方设法摘了一个，咬开后涩酸涩酸的，好大一会儿合不上嘴。但你以为它没用，那可是很好的开胃药。母亲年轻时每次胸口发闷发疼，都是用它在火上烤一下吃下去治好的。两坑中间一条小路，仅容一人通过。我一直认为这个设想很周到，小孩子从中间走过，因为怕被刺棵子扎着，都会小心翼翼地通过，不至于掉到坑里淹着了。

东坑和北坑之间有一道圈沟相连，沟两沿种着桃、李、杏、梨等果树。一开春，惹得人眼花缭乱的，莫过于这些果树了。它们总是以最浪漫的姿态，尽情地开放。那满头的花朵真像个要出嫁的大姑娘，脸上抹着胭脂儿，或粉粉的，或浓浓的，或淡淡的，反正“淡妆浓抹总相宜”。那些含苞未放的，更像羞涩的女孩子，在母亲的怀里依偎着，脸上还挂着串串儿水晶，水汪汪的，好像是惜别姐姐出嫁前的泪滴。东风硬朗的时候，桃花、李花、杏花、梨花便纷纷扬扬落满沟沿和水坑。盈盈春水，荡起千朵万朵数也数不清的花瓣，让人叹为观止。

村西南角的桑园还在，春采桑叶，夏吃桑果，满手满嘴的紫色，是不褪色的甜蜜记忆。

每到谷雨前后，水坑的青蛙们就开始热闹起来，大大小小的青蛙在塘里游荡着，欢乐着。它们是春天的使者，播放着大自然的合唱交响曲。它们没有佯装和矫饰，也没有奢望和企图。它们“哇哇”地放声歌唱，犹如学堂里孩子们琅琅的书声一样，淳朴而自然，让村民听上了瘾。

夏天到了，最吸引人的就是塘中的荷。不光南坑、东坑，西坑、北坑连带圈沟，都种有莲藕，夏天莲花盛开的时候，整个村子都被香气包裹着。蜻蜓早在“小荷才露尖尖角”的时候就来了，每当骤雨初歇的时候，三三两两蜻蜓率先飞来，然后引来很多蜻蜓，像是比美的小仙女，轻翅翩翩，在水坑荷叶之间来回巡游，很是洒脱浪漫。

这时候，我喜欢散步到水坑边，让一些古诗中的情景在眼前次第呈现。

比如：“彼泽之陂，有蒲与荷。”

又如：“鱼戏莲叶间。鱼戏莲叶东，鱼戏莲叶西，鱼戏莲叶南，鱼戏莲叶北。”蒲草和莲叶竞秀，鱼儿在其间漫游。感觉真的很惬意，很好玩。

再如：“乱入池中看不见，闻歌始觉有人来。”在乡下，虽然不能听到那古代美女撷英采莲的歌喉，但我可以想象，家乡的水坑就是他们的传说和故事的摇篮。

水坑中的秋天，荷叶已老，渐渐失去它动人的风韵，可依偎在水坑旁的一丛丛野菊花开始绽放。这种清瘦耐寒单瓣型的小黄花，可是花中的隐逸之君啊。只要嗅嗅它，就会感到精神饱满；一旦碰碰它，马上就会柔情顿生。那一丛丛一片片蓬蓬勃勃、密密匝匝的野菊花在坑沿边开着，它们的香好像比荷香还有耐性，化作一层薄薄的雾缦，或者一缕缕梦幻的轻纱，笼罩着水坑轻愁的容颜。

这季节，村民们都开始秋收大忙了。水坑边的来访者中，蜜蜂和蝴蝶是最常见的客人，它们三三两两，或成群结队飞来，像赶集似的，来回翻飞，嬉逐于菊丛。

到了夜晚，那些蜗居在草丛或土穴的蟋蟀们，似乎耐不住秋夜渐凉的寂寞，代替青蛙出场，开始属于它们的秋夜大合唱。起先是一两只，那是领唱或对唱，或许是先出来踩台，接着跟上来的便是三五只，很快地，凡草丛土穴或地缝间所有相知相怜的蟋蟀们，全都不约而同地合着拍节鸣唱起来，“唧唧复唧唧”，这是什么歌什么调，我不懂虫语，无法知道，但我相信，它们吟唱的一定是自由和平、幸福安详的歌！

水坑的冬天稍显破败，但也是令人迷醉的。瞧，那一坑的枯枝败叶仍在，但谁都知道，荷在水坑下的肥泥里正做着好梦呢。雪飘下来的日子，水坑也会结上厚厚的冰。这是不是水坑的福气，我不知道，但我知道，这是我们少年儿童的福气。全村的小伙伴们都出来了，我们扛着从房檐下折来三五尺长的冰柱，像扛着张飞的丈八长矛一样勇敢，沿着圈沟滑冰，把村边的4个大坑滑了一遍又一遍，从来不知疲倦，直到母亲一遍又一遍的喊吃饭，才恋恋不舍地各自回家去。

万家篇

郭寺的由来：孝义好人成村名

张贤锋

2002 年我大学刚毕业，暑假期间无事，就骑着自行车下乡采风，在万家镇北的郭寺村，听村中一个老爷爷讲孝义好人郭实成为郭寺村名的故事。

说是很久以前，大约在南北朝时期，这里有一户郭姓人家，夫妇二人，40 多岁才得一子，取名郭实。中年得子，夫妻二人很是高兴，将全部希望都寄托在儿子身上，有饭先让儿子吃，有衣先让儿子穿，一家三口过着平淡而知足的日子。

谁知天有不测风云，郭实 12 岁时，他父亲突发疾病死了。在众乡邻的帮助下，才将死者入葬。从此母子二人相依为命。12 岁的郭实很懂事。每天总手脚不停地帮娘做些力所能及的事。他烧火做饭，洗衣喂鸡，挑水劈柴，什么家务活都做。娘从地里回来，吃着儿子做的饭，连连夸奖：儿子长大了，懂事了。然而，让人想不到的是，郭实他娘也得了病，啥病呢？吼喽病，现在说就是哮喘。刚开始还能忍受，后来越来越严重。每当看到娘发病时，张大了嘴也出不来气，痛苦得要死的情景，小郭实心中就如同刀绞。他暗暗发誓：我一定要想法治好娘的病。为了替娘治病，小郭实四处求医问药。只要有能治吼喽病的偏方，都不辞辛苦地去找、去求。众乡亲邻里见郭实小小年纪，就这样体贴大人，是个孝子，都纷纷帮助他，可是，他娘的病虽经多方诊治，却总是难以治好，郭实心上就像压了一块大石头。

一天，郭实清早起来去村外寻找草药，遇着了一位老郎中。老郎中见郭实在路边寻觅，就问他："小家伙，你在找什么呢？"

郭实很有礼貌地回答："老爷爷，我在找一种为娘治病的药。"

老郎中问："你认识药？知道你娘害的啥病吗？"

郭实说："吼喽病。"

老郎中说："吼喽病啊，这病不太好治。你能带我去看看吗？"

郭实求之不得，忙千恩万谢，带老郎中回家，给娘看病。

老郎中看完后说："你娘得的这个病不好治，也不容易根治。要是能弄到一种省钱、省事的常备药物，在发病时用，减轻痛苦就好了。"

郭实急忙问："老爷爷，到哪里去找这种药物呢？"

老郎中说："这种药物太少了，凭你小子之力，怕是永远无法找到。"

郭实说："老爷爷！您就说它在哪里吧，为了治好母亲的病，就是再难找，我也一定要把它找到。"

老郎中说："离此西南百里有座山，山上生长着一种白果树苗，很稀有，如果你能把它找到，移栽到门前，3个月之内它便能结出白果，用白果熬汤，喝后就能止咳平喘，减轻病人的痛苦。但这种白果树苗，只在每月的头一个三、六、九日（初三、初六、初九）半夜子时才出现。这三晚上，只要见到有圆形白花的树苗，便是它了。去早了不行，去迟了也不行。山中还有很多野兽出没，所以很难找也很危险啊！"

老郎中说完便告辞而去。郭实母子听了老郎中的这一番话后，各有各的打算。郭实是下定决心要到西南山找白果树苗。他娘则怕儿子发生意外，坚决阻止。郭实拗不过娘，只好答应不去了。

到了这个月的初一，郭实告诉母亲，他要去平舆城里给人帮佣，挣钱养家，过些天才能回来，就走了。其实几日前，他就向人家打听了去西南山的路程，走了两天，才来到西南山脚下。就在山下休息，等到了傍晚，他就上山。山并不十分高，他壮着胆子走啊走，好像没有个尽头，他迷路了，东一转，西一转，走了很多的路，最后虽然到了山顶，却始终没有看见圆形白色的花。这时郭实听到山下鸡叫，知道子时已过，今晚是找不到了。他当即决定，就在山中找个方便的地方住下来，白天也在山中，就是把整个西南山走遍，也要找到白果树苗。就这样，郭实住在西南山里，渴了喝山泉水，饿了吃野果子，整天在山中转悠。到了初六晚上，一夜寻觅，还是未发现圆形白花的树苗。他不灰心，不下山，渴了喝山泉水，饿了吃野果子，继续在山中转悠。想不到到了初九这天晚上，老天刮起了大风，还下起了大雨。郭实被风吹得几乎站立不住，大雨把他淋得像一只落汤鸡。漆黑的夜里伸手不见五指，不远处还有野狼的叫声。为了找到白果树苗，小郭实没有畏惧，坚强地站在风雨中，一双小眼，在黑暗中四下探视。借着一道闪电之光，郭实突然发现右边的山坡上出现了一团白光，他立即奔了过去，确实有一棵开着圆形白花的树苗。这就是白果树苗！郭实欣喜若狂，小心翼翼地用双手将树苗挖出来，揣在怀里，不等天亮，就在黑暗中摸索下山。没想到一脚踩空，便摔了下去，滑下了山坡。

第二天天晴了。直到中午，郭实从山脚下的草丛中醒来，只觉左腿很疼，一看划破了很大一块皮，还在渗血。这时，他顾不了伤口，伸手摸向怀中，小树苗还在，这才放下心来，爬起来一步一拐地回去了。两天后，郭实几乎是爬着回到了家里。他娘一见满身是泥的儿子倒在门前，泪眼模糊，泣不成声，急忙把他抱进屋，喂他喝了一碗热姜汤。郭实醒过来了，他用手指着怀里说：“娘啊，白果树苗找到了。”他娘从他的怀中取出小树苗，百感交集，说：“儿呀！一定是你一片孝心感动了神仙，神仙保佑你成功了。”

第二天，母子二人把白果树苗端端正正地栽在自家的大门前。从此，郭实精心培育小树苗，盼望结果。

转眼到了腊月，小树苗真的长高了，按老郎中说的，3 个月结果。果然灵验了，树枝上挂着算盘珠子大小的白果子三四枚。这时正是娘的发病期，郭实按老郎中的交代，用白果熬汤给娘喝，还真的止咳平喘，大大地减轻了娘的病痛。郭实看到娘平静的容颜，心中热乎乎的。白果，真是灵丹妙药。

翻过年来，到了阳春三月，白果树已长高 6 尺余。绿叶成荫，果满枝头。这时，远近乡邻都已知道郭实门前的白果可治吼喽病，不少吼喽病患者前来向他求药。郭实母子对来求药的人总是有求必应，不取分文。

乡亲们都说，郭实不但是个大孝子，还德行乡邻，孝义可嘉。老郎中其实就是平舆葛陂仙翁费长房，专门出来显灵，成全郭实做个孝义好人的。

数十年后，郭实娘 80 岁寿终。郭实终身未娶，守着白果树，为远近吼喽病患者提供白果平喘，做了很多好事。后来郭实死了，人们为缅怀这位孝义好人，将他的 3 间住房改建成一座寺庙，寺庙中供奉药王菩萨、仙翁费长房等，上面还有郭实的一个牌位。这座寺庙，后人就叫郭寺。

据说到了明代末年，李自成造反，手下兵将路过郭寺，嫌村中百姓招待不好，就放了一把火，将郭寺庙连白果树一同烧了。寺庙和白果树虽然不在了，但孝义好人郭实的故事还是流传了下来，和不老的郭寺村一样，被人传说着。

寻踪大柳树店

韩文艺

大柳树店和悟空庙在清代很有名，康熙元年（1662年）《汝宁府志》舆地图曾特意标记，图上显示这两个地方是汝南到项城必经地，也就是汝项官路途经地。

时过境迁，大柳树店和悟空庙这两个地名现在已经不使用了。尤其是大柳树店曾是一个著名的地名，是明清到民国时期汝项官路途经地，在府志、县志等多部方志中出现过，直到近代民国《汝南县志》仍在使用着柳树店这个地名。正是因为不知道大柳树店在哪里，所以笔者在《平舆记忆·地名卷》中描述汝项官路具体路线时没有详述汝项官路十八里庙至庙湾段。因此，笔者认为考证大柳树店和悟空庙现在何处，是个很有必要，也是很有意义的一件事。

除了清代《汝宁府志》的记载，有必要说一下民国《汝南县志》的相关记载：在"本县区署及各镇联保办公处"记载第一区辖4镇15乡，柳树店联保为第一区19镇（乡）之一，记载"第一区署设城内县政府……柳树店（联保）即悟空庙设立联保办公处"。在"区署与保甲"记载"柳树店辖一四五保至一五零保"，共6个保。记载柳树店乡有田地23146亩。

因柳树店靠近汝南城，治安有保障，曾设汝南县立第一小学分校。民国《汝南县志》记载"汝南县公立第一小学校（在龙王庙）时受匪扰，不安其居。（民国）十三年，王化南任校长乃谋移于柳树店……乱后定议复原校，而该店绅首因上学便利计，请留一班，于是有柳树店分校之设……十七年开会议决分为东西两校，定名第一公学西校，至今仍之……西校现改为县立柳树店小学校，该校于民国十四年成立……学生先后毕业共百余人，职教员九人，现校长为尚凤朝，校舍四十八间，面积三百七十二方……学生共一百一十八名。"

2018 年夏季，笔者实地考证后终于找到这两个汝项官路上的重要地标，现分述如下：大柳树店就是现在的万冢镇前店村，前店村内有一庙，面阔 3 间，乃 20 世纪 90 年代新建，屋内墙上有壁画文字，写道：“柳树店古庙，已有数百年的历史，建于清朝年间，遗留下的名胜古物被人流传，可以说家喻户晓，人人皆知，盛行不衰，源远流长……”悟空庙在万冢镇小王寨，此庙供奉孙悟空，为方圆数十里所罕见。至于汝项官路沿途的其他古镇、集市等遗存，本文不再述及。

现在可以总结性地说，汝项官路起点为汝南东关石桥，经过的本县地名依次为：十八里庙（李屯镇）、大柳树店、悟空庙、万冢镇街、三桥集老街（以上属万冢镇）、韩寨村后园、草寺庙、大宋庄南、东田万庄南（以上属玉皇庙乡）、河西村、庙湾老石桥（弘济桥）、小潘庄、王堂、桥庄（于此处过马港河）、八里夏（以上属庙湾镇），经李洪曾庄与勤俭庄之间入项城境，再经太阜店、小张寨、泥河桥、三店镇街、年湾到达明清时项城县治西关。

柳树店和汝项官路一样，现已成为一段历史，罕有人知，许多地方的老官路已经成了水沟、坑塘，难寻路影，只有在一些上年纪人的谈古场合才能听人提起柳树店、悟空庙了。

养子宗族

——发生在万家镇汤岭汤氏某枝人家的故事

汤言德

这是一个真实的故事，虽没有文字记载，经过代代人口头相传，直到现在人所共知，查看老祖坟位置的排列也可以得到验证。

远在200年前，汝宁府东30里有个万冢集，集东3里有个名叫汤岭的村庄。在汤岭西头住着一户名唤汤永华的人家，他全家7口人，有父母和一男二女3个孩子。家住明三暗五的堂屋，东西两边各有两间厢房，前面是一座落堂大门，形成一个四合大院。周围树木郁郁葱葱，从外一看就知道是个富贵人家。家有耕地90来亩，雇佣一个八口之家的佃户与自家联合耕种。主仆两家人相处得十分融洽，由于都能干，年年均是好收成。

汤永华家虽然过得很殷实，但是美中不足之处就是人丁不旺，辈辈单传，主人很是忧心。他想再娶个二房夫人，但又不好启齿。后来终于忍不住了，就与妻子商量此事。好说歹说妻子死活不答应，想来思去也无计可施。实在没有办法，事情就这样搁置下来。

有一年中秋节的前夕，汤永华与佃户老李头商议，两家合伙赶着铁轮马车去周口卖粮食。这天主仆二人起了个大早，先把马车装好，匆匆吃过早饭，牵出灰骡子套在车辕内驾辕，小红马套在前面跑梢，一切准备妥当，主人上车坐在粮食布袋上，伙计坐在马车前边，扬起长鞭喊声“驾”，马车就出了村。万冢集距周口大约有140里路，快马加鞭只一天的路程。一路平安无事，傍晚马车就顺利地到达周口客栈。二人安顿下来，店小二把牲口牵到后边喂上。吃罢晚饭，二人便到上房休息去了。

第二天早起用过早饭，二人就到粮食坊子（粮行）里去打听行情。卖方和买方通过行户（交易员）进行讨价还价，当价格双方都同意后，由行户用斗量出斗数，再高声向柜台上的账房先生报出买方和卖方的姓名，以及单价和斗数。粮食过完以后，由账房先生结账，双方扣去佣钱（交易费），买方把粮钱交到柜上，柜上再把粮款交给卖主。二人点清钱数，收拾好布袋，高高兴兴地离开粮食坊子，才算松了一口气。

事情办完了，主仆二人坐在官道边的树下休息一会，各自抽几袋烟，闲聊一下卖粮的经过，便收拾马车和随行的用具，奔上了回归的道路。当马车行走到商水城南约 6 里处，发现一块棉花地头撑着一把大布伞，布伞下放着一个熟睡的小男孩，约有两岁光景。汤永华在车上看得真切，四面近处无人，远处地西头有位摘棉花的中年妇女，只管忙着拽棉花而没注意地这头的小孩。心里说，自己正需要个小男孩，这真是天赐良机。于是便叫伙计将马车停下来，用手示意把伞下的婴儿给自己抱过来。幸亏小孩睡得正香，没有什么反应，汤永华把小孩接到手中，忙搂进怀里，伙计跳上马车，挥舞起长鞭，马车向南扬长而去。

马车大约跑了 20 里路，小孩睡醒了，看看是个生人，便哭闹起来。汤永华赶紧拿出好吃的糖果来哄小孩。马车不停地往前跑，直到日落西山时分才平安地回到家里。听说在路上抱回来一个小男孩，全家人都喜出望外的聚拢上来。夫人接过孩子，在脸上亲了又亲，高兴得流出了眼泪。

这个小孩到了汤家起名叫汤宝童。宝童在汤家就像掉进了福窝里，受到百般宠爱。两口子视为己出，真心实意地抚养这个宝贝疙瘩。

俗话说没有不透风的墙。时过 12 年之后，宝童的生身父母找上门来，汤永华夫妇感到惊慌失措，然而还是热情地招待这两位不速之客。中午备了一桌丰盛的酒菜，又请来几位当地社会名流作陪。酒宴间夫妻俩说了许多好话，希望客人体谅宽恕。前来陪客的人也随声附和，表示赔礼道歉，恳求客人宽宏大量，息事宁人。饭后，客人要求把孩子带回去住几天，宝童的养父母自知理亏，万般无奈地答应了。宝童现年 14 岁了，已经知道一些人情世事，因为养父母对他有深厚的感情，也不忍心远离他们而去。养父母劝他要听大人的，回去住几天，想我们了再回来。宝童才勉强同意回北乡去了。

常言说猫狗识恩情。宝童在老家（当然他也不觉得这是自己的老家）只住了两天，由于人生地不熟，生活不习惯，想念他的养父母，就哭着闹着要回南方的家。他父母看实在留不住，只好把宝童送了回来。这一次汤永华夫妇对来客更是热情备至，吃喝招待自不必说。劝客人住了两天，临行时赠送很多礼品，并手携手送得很远才依依话别。一年之后，宝童的生身父母又来看望小孩一次。他夫妻看宝童的养父母不错，小孩在这里生活不会受委屈，自己孩子又多，也不差这一个，只好忍痛割爱卖个顺水人情，就来个善罢甘休。宝童的养父母更是喜出望外，感激涕零。自此两家人就当作亲戚来往走动。

光阴似箭，日月如梭，转眼间宝童已到加冠之年，该是谈婚论嫁的时候。宝童的父母就张罗着给他找对象，经人介绍，看中了北庄杨老汉的女儿杨月娥。互相交换生辰八字，在酒席宴上通过媒人传柬过帖（柬帖相当于现在的结婚证），便结成了夫妻。结婚那天，男方家请一台花轿和两辆马车到女方家去迎娶，鼓乐队吹吹打打非常热闹。当然少不了设宴招待亲朋好友，邻里嘉宾，婚礼办得非常隆重。

媳妇到家之后不久，汤永华夫妇就商量为宝童安排住处。经商量决定给宝童外宅一处，地点就在离本村不远的西边小营子。盖三间堂屋，一间厨房和一间牲口屋，又划分出 30 来亩农田供宝童夫妇耕种，安了个新家。家具和农具样样齐全，小两口恩恩爱爱，生活过得十分快活。

汤宝童就是现在小营子东头三家汤姓人家的始祖，圈坑外南面是三家共同的老祖坟茔。一世祖生两个儿子，二世祖老大生两个儿子，老二只生一子。

三世祖生二子，长子只生一子，就是我的先人。次子生三子其中二人死于战乱，老三无男孩，撇下一个闺女。我家几代单传，到父亲方有一女和我兄弟二人。父亲名叫汤义昌，哥哥名叫汤言民，哥哥退休于万冢农技站站长的任上；我叫汤言德，退休于教育事业。次门的先人生二子，其中长子只生二女，收养个义子叫汤洪昌，汤洪昌娶妻没有生育，过继一子叫汤皮脸，现在新疆建设兵团某连工作。次子只生一男，名叫汤景昌，其父和伯父均在战乱中死去。汤景昌有二子三女。长子叫汤言林，务农为生；次子叫汤言庆，退休于鹤壁煤矿。第三门的先人有三个男孩，老大和老二膝下无子，各撇二女，均死于匪患之手。老三不太争气，家境贫寒，每到青黄不接总要到邻居汤义昌那去借粮，但只借不还。老三生一男二女，男的叫汤连昌，退休于信阳运输公司。汤连昌有一子叫汤言涛，现在信阳成家居住，以开出租车为业。

万事万物都会有例外，“要的孩子当的地，早晚都是一场气”的说法在这里被否定了。汤宝童不但没有认祖归宗，反而心安理得地居住下来，与姓汤的融为一体，成为汤姓的真正一员。从始祖到我这一辈已经是第七代人，再加上本人后面的两代，一共发展到九代人。就人数而言，由原来的一人，现在增长到 40 多人，成为一个具有相当规模的宗族。若不是在兵匪战乱中死去那么多人，我们的家族就更加可观了。小营子这三家人与汤岭有着千丝万缕的联系，在“文化大革命”前还属汤岭五队管，为了干活方便，在 1964 年成立一个生产队。就是现在，每逢过大年都要到汤岭去拜年。若办理婚丧大事，都会主动互相配合，人情份子礼是少不了的。

汤姓人在国内居住的比较分散，唯有平舆县万冢镇的汤岭和汤庙两个大自然村姓汤的最多。据说汤庙的人是从汤岭迁移过去的，两个庄共同的老祖坟就在今天汤岭学校的后面。汤氏中堂楹联曰：“亳都定鼎绳祖武，洪洞分派祀先王。”派谱是：“其昌言发玉，显达爱忠玲。月暗开云路，金台步典行。”以前的人大多生了小孩都会自觉的按照他本人所属辈数（派别）去起名。这样从一个人的名字就可以知道他是什么字辈的，确定与自己该怎样称呼，显得亲近自然。现在人的思想自由开放了，按辈取名的老习惯渐渐地淡漠起来。玉字辈以前的人取名还比较正规，显字辈以后的人取名就随便了。这成了一桩憾事。

作者简介：汤言德，自号耆梦斋。男，1941 年出生，平舆县万冢镇汤岭村人，退休教师。平舆县诗词学会会员，月旦评诗会会员，老记者协会会员。著有《桑梓地》《耆梦斋诗稿》《耆梦斋诗稿续集》《桑榆情》等 4 本诗词集，有 200 余首（篇）作品在县级以上报刊上发表。

日本兵在阎楼阎新庄犯下的罪行

阎振洲

我出生在万家镇阎楼村。1945 年农历正月二十七日至二月初二，日本兵下乡扫荡，住在阎楼、阎新庄，历时 5 天。那一年我刚 15 岁，亲身经历，记忆犹新。

日本兵为啥去阎楼一带扫荡呢？后来听说，是汝南城维持会的汉奸说，汝东万寨财主多，最小的财主也有 100 多亩地，大财主万鸿庆有 800 多亩，四五百亩的有六七家，钱多，有元宝，于是日本兵就来了。到了万寨，听人说搬到阎楼四五家，这话也是真的。万绍中，字纪南，租我家两间半房子，万绍宪租阎振松家的房子，万绍恒租阎振民家的房子，还有万拔贡等两三家，所以日本兵去阎楼，要找万寨的财主弄钱弄元宝。

正月二十七日上午天气暖和，比我大两岁的邻居阎道立，叫我和他一起下地拾粪。我把棉裤一脱，穿了条单裤，用铁锨撅个粪篮子就上北地去了。刚走了一里多，回头一看，庄子里很多人往外跑。我情知有事，急忙飞奔回去，路上碰到人说，是日本兵来扫荡了。我回到家里来不及穿棉裤，就和我母亲牵着牛，驮着被子跑到 3 里以外的港沟里躲了起来。到了下午三四点，就看见村子里起火了，连房子上的椽竹被烧得“咔嚓咔嚓”的爆炸声都听得清清楚楚。大家知道，那是油锤家的 3 间房子被日本兵点了，他家房子的椽子全是竹竿。

那天晚上一直等到天黑，看看日本兵还没走，就各自投亲靠友，跑到附近的年庄住了下来。我们几家邻居都住在了我大娘的娘家二姥娘家里。更不巧是的，当天夜里下起了雨夹雪，第二天早晨特别冷，我只穿了一条单裤，冻得浑身打战。这时，年内结婚的晚辈侄媳妇唐小朵看我冻得实在难受，她对我母亲说：“奶奶，你看俺叔冻得那个样，把我的红棉裤叫他翻着穿吧！”就这样，我翻穿了侄媳妇的红棉裤，一辈子也忘不了。

我们在年庄住了两天，看到日本兵由阎楼外出扫荡，我们只好从年庄向东北小刘庄跑去，住到了我大娘的姐家，才住了两天，日本兵又到小刘庄扫荡，我们只好再往外跑。当时天下着雨，上边淋着雨，下面踩着泥泞，孩大娃小齐哭乱叫，父子妻女难相顾，一片混乱凄惨景象，使人心疼万分。阎楼附近的四陈庄、阎新庄、汤庙、高王庄的人都到处乱跑，有的跑到玉皇庙、庙湾一带，我们跑到韩寨住了一夜。

二月初二上午，听说日本兵撤了，我们才敢回来。回到村里一看，很多家的麦秸垛都推倒了，据说日本兵在上边铺上被子，让他们的战马卧在上面。也不知道杀了多少猪羊鸡鸭，反正到处都是猪毛鸡毛，他们还在屋子里拉屎撒尿，厨房里、水缸里、面盆里，到处都是屎尿。阎振山和李金榜两家养了四五十群蜜蜂，日本兵想吃蜜又怕蜜蜂蛰，就把几十箱蜜蜂全部推到村内小鱼塘子淹死完了。

我们回家前就听说日本兵在阎楼杀死个人，回家后很多人都跑到西海子里看看是真是假。我亲眼看见死者脸朝上头朝南脚朝北漂浮在杂草里。后来知道他叫汤关廷，外号叫小麻子，是汤庙村汤保昌的长子，才 20 出头。日本兵为什么要杀他呢？因为他从汤庙跑老日跑到阎楼李金榜家，藏在弹花屋里，被日本兵搜了出来。叫他穿上阎振藩的学生制服，看他像不像共产党、国民党的游击队，叫他帮助撵猪逮住杀了吃。他哪干过这事，再加上害怕，浑身乱哆嗦，怎么也撵不上逮不着，日本兵恼了，就把他拉到西边海子里，用刺刀捅，捅了几刀，看没有死，就一脚把他踹到海子里去了。这是当时陪着他跪在北边的郑守义说的，郑守义当时 16 岁，穿着他哥郑守仁缝纫的学生服，没有跑及，叫日本兵逮住了。一个日本兵看他长得太小，不像游击队员，在把汤关廷踹到海子里后，就朝他嘟囔了一句，也不知道说的是什么，又踢了他一脚。郑守义挨了打以后，爬起来跑回家了，日本兵也没有理他。他后来给我说，当时可把他吓死了。他母亲看见他回来，母子二人抱头大哭一场。

日本兵住在阎新庄时，小周庄在东边，两个村子一沟之隔。有一天一群日本兵去小周庄，轮奸了一个中年妇女，发泄完兽欲后，临走时还把一根镰把捅到女子的阴道里，把好端端的一个人活活捅死了，一家人哭得死去活来。两个村子的人亲眼看到日本兵的暴行，真是禽兽不如，都悲愤不已，谩骂之声不绝于耳。

在阎楼前门，日本兵还奸污了一个中年妇女，先轮奸，后用个葫芦头把子捅进了阴道，此女卧病在床一年多，几乎伤命。有一家姓齐的种地佃户，兄弟三人，只有齐老二娶了一个女人，没有跑及，叫日本兵堵家里了，也遭到轮奸。

日本兵在阎楼前后有5天时间，时间虽然很短，却烧杀奸淫、无恶不作，惨无人道、伤天害理，灭绝人性、罪恶滔天，给阎楼、阎新庄、小周庄等周围一带村庄的人民群众，带来了深重的灾难和难以抹平的心理创伤。写下这篇回忆文章，就是要提醒人们，忘记过去就意味着背叛。日本侵略者当年带给我们的耻辱，我们一定要牢记在心上。

作者简介：阎振洲，1931年9月出生，平舆县万家镇阎楼人。原平舆县志办副主任，已退休，现为平舆县炎黄文化研究会副会长。

发生在万家阎楼村的一场拉锯战

阎振洲

1947 年 11 月 23 日，汝南县城解放，但政局还不稳定。当时地方上主要有两种武装，共产党的县大队区中队和国民党的基干队。国民党的基干队活像一群土匪，一到哪里，就把哪里的鸡鸭猪羊吃干吃净，所以人民群众叫他们吃干队。看见基干队的过来了，县大队区中队的人少时就撤走，人多时就把他们打回去，这样你来我往，互有胜负，所以人称 1948 年为拉锯时期，发生在那个时期的战斗就叫拉锯战。

因为怕遭到国民党地方武装的袭击，县政府不敢安置在县城，县长赵凤藻（乳名，大名赵文衡）带领县政府人员整天东躲西藏。1947 年 12 月中旬还来到了阎楼，住在村民阎学坦家门面房的客厅里三四天，之后又转移走了。

1948 年，万家是国民党的乡公所所在地，敌占区。阎楼一带是游击区。那时在阎楼附近的几个村流传着这样两句话：“能要八路军的一把渣，不要国民党的呼啦啦（平舆方言，崭新之意）。”八路军花的是毛票，票子虽然纸软又破烂，但一块顶一块；国民党的票子虽然纸好硬实，却严重贬值，不值钱，所以没人要。

1948 年 10 月初的一天下午，区中队队长马玉魁带领区中队几十号人，其中有阎楼的阎克勤、阎道遵、阎瞎毛 3 人，来到阎楼，又叫阎克仁等人找来几棵两丈长的树，用阎学俊家的木板在东海子中搭一个东西吊桥。村民们都非常稀奇，不知道为什么要搭这个吊桥。后来才知道，那是怕国民党的基干队来了，堵着村子的南北门跑不出去，好翻吊桥去后店找县大队求救。

果然不出所料，第二天一大早，马玉魁正带领区中队在东海子北阎振亭、阎克何和我家的场面子里下操。大约半小时左右，村民阎道富在村北大路头拾粪，他往西一看，发现去汝南的大路上，黑压压的一大群人，往阎楼来了。他扔了粪篮子，一口气跑到操练的地方喊着，老马老马！你看西边来了好多人，快跑吧！于是区中队迅速退回村内，向吊桥跑去，直向县大队驻地后店报告敌情去了。

国民党基干大队的大队长是平舆县城西南角 3 里地张庄村人张本初。不大一会儿，只见他骑着高头大马，站在阎楼庄内的十字街上，吩咐手下人叫群众都去开会，我是端着一碗粉浆稀饭去的。人到齐了，张本初就讲话说："老乡们，我们来看你们了。听说东乡的红薯丰收了，来吃大红薯了，今天是我们的天下了。"这里近 300 亩地的财主阎学坦接话说："我还以为你们过不来了呢，谁知道你们又过来了。"他是怕共产党均他的土地。张本初讲了没几句，就吩咐基干队的人，分散到各家搜查，名义上是查看有没有藏区中队的人，实际上是搜村民的东西。刚搜查不大一会儿，驻扎在后店的县大队已经打过来了。他们拉开 3 里多地长的距离，齐头并进，向阎楼进攻。迫击炮、长枪、手枪，一起响起来。我和阎克轮、阎道恒 3 个人就藏到我家锅台门跟前，只听枪声砰、砰、砰，响个不停。那时我 18 岁，他们俩都是 17 岁，3 个年轻孩子吓得直打战，谁也不敢吭声。最后听说，乡长孙广动、村长阎振刚就藏在东头刘子恒家，基干队打跑了，还不敢出来。

枪打过去后，我们 3 个就从屋里向十字街跑去，还看见张本初打着马往北跑了。听说他的一个号兵在南寨门被打伤了，又叫阎道存和另外一个人，把他抬到万家去了。基干队听到县大队的枪声，把枪撂到东海子里六七杆，吓得屁滚尿流的，狼狈不堪地逃跑了。

在那场小小的战斗中，共打死国民党基干队队员两人，伤一人。一个被打死在四陈庄西头，一个被打死在阎楼东舍地坟里。阎楼有人说，打死东舍地坟那个，从他腰里还搜出来一张二亩地的文书，他想来东乡一趟就能买二亩地。他哪里是打仗，是来弄东西发财的。县大队的指导员在北门外边，看着基干队向西北斜梢路上跑，他就开枪，想不到连扣扳机，几次都没有扣响，基干队的人已经跑远了，没有一个敢扭头往后看，都说如果指导员的手枪不卡壳，还能打死两三个。

1948年拉锯时期的张刘村

阎振洲

平舆县城西北30里万冢镇，西6里靠公路沿一个村庄就是张刘村。该村当时只有27户73口人，紧靠汝南至庙湾公路北边，村前公路口的东侧，有棵两搂多粗的大荆条树，虽然树龄很长，老态龙钟，树心也空了，但它还是枝叶繁茂，华盖当空。来往人路过此处就想坐下歇歇脚，村里人在夏天常端着饭碗在树底下吃饭。外地赶骆驼的、抽签算卦的、摸骨看相的来到这里也总是在大树底下摆摊，使这里成了一个招惹人的热闹地方。

1947年11月，刘邓大军第一次解放汝南城，打富济贫，开仓放粮，大幅标语写着“解放了、天亮了”，锣鼓喧天，热烈庆贺。但过了不长时间，解放军奉命南下走了。国民党马上乘虚而入、死灰复燃。大恶霸地主李耀远被封为伪县长，组建了保安团，下设保安队、基干队。村里恢复了保、甲长制度与共产党对抗。而汝东一带共产党组织在县长赵凤藻领导下严阵以待，在杨埠安了区部，安玉堂任区长，下设地方武装区中队，专门对付国民党。那时西边保安队往东一冲，未到张刘村荆条树底下，就下路到村上派粮派款拉夫派车，而一听见东边枪响拔腿就跑，群众叫他们跑子队。东边区中队往西一冲，来到荆条树底下，下路到村里宣传共产党政策，组织群众斗老财，打国民党，群众叫这一部分人土八路。就这样东一冲西一冲，仅1948年上半年国共两党就来回冲了7次，群众把这一年说成是拉锯时期。那时的劣绅土豪保、甲长经常造谣说：“共产党是朱毛的队伍，共产共妻”，更严重的是土匪借机对群众抢劫，那年7月一个月的时间，张刘村就被土匪抢了6次，牵走牲口20多头，抢走的东西不计其数，几家的闺女、媳妇遭到强奸轮奸，挤着更房门打死了佃农曹马良，黑枪打死了王子君。前门有一户喂个凹腰老瞎驴也牵走了，连搬鱼用的渔网都抢走了。

眼看张刘村的老百姓没法过了。年轻人曹学、曹小才、李小远气不忿地说:“咱张刘庄就真鳖吗?来三五个土匪就把咱们收拾啦,咱庄还有两杆枪,咱起来给他干吧!反正咋死不是死?”刘观义、刘观林等几个老年人说:“不行呀,现在官匪不分,有时候也认不清他们多大的势力,咱庄那两杆枪是劣绅张绍颜的,他只叫他两个伙计背着看家护院的,咱不能用,咱用棍子、刀、斧跟他们拼,能抵过他们的枪炮吗?这不是拿鸡蛋往石头上碰吗?”咋办呢?几个年轻人一合计说:“再来土匪了,咱吓唬吓唬他咋样?”恰好那天夜里打更的发现有5个人从秫棵里出来到荆条树底下,村里曹学、曹小才二人用哨一吹,说张队长、王队长赶快有情况,劣绅张绍颜的伙计高良义“嗵嗵”打两枪,土匪一听这庄住的有基干队,拔腿从秫棵里跑了。从此,庄上人把这当成经验,土匪一来他们就这样咋呼,几次都把土匪吓跑啦。不想又过了几天,半夜里打更的发现有3个人在公路上从东过来,刚走到荆条树底下,他以为是土匪,村上人还按上次经验,把哨子一吹,张队长、王队长地叫着,高良义、胡保来又“嗵嗵”放两枪。谁知路上3个人竟是八路军大部队的前哨兵。只见这3个人往沟里一躲,“噹噹噹”三枪,后边大部队哗地一下把张刘村包围了。就听见机关枪哒、哒、哒——群众说不好啦,这回吓不住土匪啦,快跑吧。往哪跑哩,只有往北过河,于是村上的男女老少,背包袱的、牵牲口的、抱小孩的一齐过河往北逃。

待天明时,八路军看着村里没还枪,河里跑的都是老百姓,就停下不打了。到村上一问,你们的张队长、王队长在哪?怎么没有出来打呀?群众说:哪有张队长、王队长,俺这种方法是吓唬土匪的,不知道遇上了大部队。八路军首长哈哈大笑说:“这真是大水冲了龙王庙,一家人不认得一家人啊。”于是马上清理战场,安抚群众,把群众集合起来开个会。经过清点,打死了一个人,是佃户赵老二的儿子叫赵开元,驴两头,牛一头。部队首长出来讲话说:这次闹了一个大误会,打死的人我们拿钱买棺材葬了,打死的牲口,群众议个价我们赔偿。另外,到这个时候了,我们在你们村吃顿饭,用各户的面和烧的柴都过秤,按价打钱,买两头猪,每头猪按三块银圆。八路军不拿群众一针一线,村上人个个看傻了眼。在村上军民一起愉快地吃了一顿饭,部队开走了。

发生在大赵庄的土匪暴动及其落网记

魏玉云

我是平舆县万冢镇大赵庄村人。1950 年震惊豫南、惊动中央的“5·14”土匪暴动杀害女乡长魏金芝等四烈士的案件就发生在我村。按辈分我喊魏金芝为姑姑。奶奶、父母亲健在时，经常讲述那个悲惨的事件，教育我要“吃水不忘挖井人，幸福不忘共产党”。

魏金芝出生于一个富裕中农家庭。父亲魏久富是本地一名小学教师。1949 年，年仅 16 岁的魏金芝参加了革命，她工作积极，当上了村里姐妹团团长，带领姐妹团的姐妹站岗、放哨，纠察入村的国民党特务和邻庄本村的土匪。由于她长相清秀，工作积极，1950 年初，破格升任姚桥乡乡长。她唯恐自己经验不足耽误工作，特别依靠我的远房爷爷魏久元与我父亲魏天让。在魏金芝的眼中，这二人不仅是她的叔父和兄长，在工作上也是他依靠的师长。因此她每天早晨五六点钟即起床，一起来便站我家房后的大路上，喊上魏久元和我父亲魏天让，一起去村前的乡政府办公室开会，商量事情。她虽然年轻，但工作热情很高，在她的积极努力下，姚桥乡清匪反霸和土地改革运动开展得轰轰烈烈、扎扎实实。

1950 年夏，在青纱帐的掩护下，土匪以在庄稼地里生产劳动为名进行了频繁的串联活动。国民党匪特赵长治对村中一些土匪煽动说：“唐旺芝回来了，中央军到大别山了，你们都要出来干，将来有多大能力，就放多大的官，国民党再控制了天下，老百姓交粮也轻了，每亩地只要一斤多。”以后刘长斌、赵长路常派刘小珠在青纱帐的掩护下，到郑庄的匪特郑好成家、姚刘庄的匪特姚华邦家，与当地匪特首领唐旺芝、韩振文、王振清联络会面，面授机宜。在唐旺芝、韩振文、王振清的秘密策划下，这帮穷凶极恶的匪特，成立了国民党万冢游击大队，唐旺芝自封为国民党返乡救国军旅长，封韩振文、王振清为团长，赵长治、刘长斌为大队长，刘小珠任分队长。此后刘长斌经常威胁恐吓大赵庄的群众说："国民党的军队马上就过来了，非血染汝东，把共产党的民兵、乡干部杀完不行。"刘长斌还把魔爪伸到青年农民中，发展大赵庄青年刘国君为特务。刘国君相貌堂堂又能说会道，他利用与村长刘心芳的宗亲关系，乘机打入大赵庄的民兵队伍中。

6 月 14 日夜晚，匪首唐旺芝等带领 30 余名土匪在青纱帐的掩护下集合到大赵庄村。韩振文向众匪布置任务，让刘长斌带领赵长法、赵长明等 8 个土匪去抓捕村长刘心芳、农协主席魏天让，结果刘长斌在刘心芳的大门楼里，轻而易举地抓到刘心芳。刘长斌抓我父亲魏天让时，我父亲已逃走隐藏起来，气得唐旺芝、韩振文直骂娘。

当时以魏金芝为领导的姚桥乡公所的干部，根据匪患猖獗的严峻情况，为了防备土匪偷袭，乡干部每人都随身携带枪支，魏金芝身上佩戴两支手枪，每天夜晚都更改住宿地点。这天夜晚，他们转移到魏久元家。这些住宿处的选择都是乡长魏金芝、公安特派员阎满良临时商议选择的。想不到，当夜，刘国君以保护乡干部的安全为名，与魏久元睡在一起。睡了不久，他借吸烟为名外出报信，带领唐旺芝、韩振文等 20 多个土匪，直扑魏久元家。众匪特一脚踢开屋门，蜂拥至屋内，魏金芝等人连掏枪反抗的机会都没有，就被十几个彪悍的匪特逮捕，同时被匪特逮捕的还有姚桥乡团支部书记刘喜（女）和乡妇联主任刘怀敏（女），二人都是刚满 16 岁的同村姑娘，然后由刘国君一一辨认。几位土匪把刘喜和刘怀敏拉出门外，唐旺芝问刘国君说："这两个小妮是不是乡干部？"刘国君辨认说："不是。"唐旺芝怕放走了乡干部，示意众匪特把她二人拉到旁边看管，接着拉出魏金芝，刘国君辨认说："她是乡长。"穷凶极恶的匪特们便七手八脚把魏金芝捆了起来。后来匪特们又拉出了魏久元、赵金山和阎满良，刘国君皆告知他们的职务，匪特们把他们也捆绑起来。

最后，唐旺芝又示意喽啰们拉出刘喜、刘怀敏二人，让魏金芝招供他们是不是乡干部，这个刚满 17 岁，意志坚强的姑娘，义正词严地斥责唐旺芝等人："全国解放了，蒋介石都逃到台湾了，你们还在兴风作浪，也只能死路一条。请你们不要与人民为敌，应立即悬崖勒马，向人民投降，争取政府宽大处理。"唐旺芝再次问她："这两个小妮是不是乡干部？"魏金芝回道："她们都是上学的小姑娘，不是乡干部。"唐旺芝一挥手，动刑。众匪用皮鞭把魏金芝打得皮开肉绽，殷红的鲜血染红了洁白的上衣，魏金芝仍然意志坚定，绝不求饶。韩振文怕耽误时间，结合刘国君的指认，才示意放走刘喜、刘怀敏。看到刘喜、刘怀敏死里逃生，魏金芝脸上露出了欣慰的笑容，她对匪特们说：“别看我身子骨小，体重不足百斤，可就是不怕死，要杀要剐随便。”匪特在十字路口会合，匪首韩振文得意忘形地对众匪特说：“我韩振文和诸位，过去也是地方名流，每天吃香的喝辣的，是共产党断了我们的财路，今年大家翻身了，大粮不交了，这些泥腿子选出的官，革我们的命，不让我们好过，我们今天就杀掉他们。”

我母亲还给我讲述了那天的经过：我父亲魏天让也是匪特捕杀的对象。他之所以死里逃生，主要原因是这天晚上他参加了村里的值班打更。当时共产党政权虽然已经建立，但是土匪还很多，每天夜里枪声不断，村里仍然组织民兵携带枪支打更。我父亲打更巡查，到了半夜，村里仍然很平静，没有一点异常现象，于是他就交了班，回到家中。我娘因到驴屋喂驴还没睡，父亲刚脱去上衣准备睡觉时，乡公所驻地大赵庄沟南突然响起了枪声。我母亲警惕性很高，赶紧对我父亲说：“玉民他爹，你先出去躲一下。”我父亲立即穿上衣服，顺手掂了一个驴槽拌草的半截棍防身，藏到了屋北边的小厕所里。我娘也急忙给哥哥穿上衣服，领他藏到驴屋里。不到一支烟工夫，刘长斌就带着几个土匪来了。他一脚踢开屋门，恶声恶气地说：“魏天让呢？让他出来。”我奶奶说：“喝了汤出去打更，还没有回来。”刘长斌又问：“他媳妇呢？”我奶奶回答说：“喂驴去了。”刘长斌又一脚踢开附近的驴屋门，当时屋里点着盏小煤油灯，刘长斌凶恶地说：“出来，魏天让呢？”我娘回答说：“他打更还没有回来。”为了保护藏在驴屋里驴肚子底下的我哥魏玉民（当时仅 7 岁），我娘遂走出屋子。刘长斌见没抓到我爹，恼羞成怒，照我娘脸上扇了几个耳光，把我娘打得口鼻流血，倒在了地上。等土匪扬长而去后，我娘往路上一看，一群土匪正押着浑身是血，五花大绑的魏金芝等人，从我家屋后的那条东西大路上从东往西走。

我父亲说：当时他已转移到沟边的蒿草丛中，也看到了大路上令人胆战心寒的一幕。为了把大赵庄土匪暴动的消息传到区里、县里，让上级赶快派部队歼灭这股凶恶的匪特，他悄悄地潜入我家屋南那条宽 3 丈东西 6 里长的水沟里，在水里潜游，仅换了 5 口气，便潜游到大赵庄东港的小韩庄村，把大赵庄土匪暴动的事情告诉小韩庄的民兵，让他们火速赶往区里，派区中队过来营救。

我奶奶还告诉我：唐旺芝等土匪为了让魏金芝等人受罪，一路上还在他们几个人身上用刺刀乱扎，用钢鞭打，他们皆浑身是血。押到大赵庄村西南北港东侧的一块芝麻地里，当时芝麻已齐腰高，4 人虽然因失血过多，相继昏死，土匪们仍大施淫威，轮流鞭打，然后侮辱性地脱去他们渗透鲜血布满刀孔的血衣，将阎满良、魏金芝捆绑一起，赵金山、魏久元捆绑在一起，为了防备他们在水中苏醒逃生，身体上皆缀捆村民打场用的磙石，然后将他们投入港沟中。

唐旺芝、韩振文、赵长路、赵长治等 30 多名匪特杀害魏金芝等 4 位乡干部后，又将匪特分为数股，分头行动，为开展反革命的所谓游击战争抢劫、收缴大赵庄周边村庄民兵的枪支。

其一，指命刘小珠在村中配合匪特刘长斌，由刘长斌带领匪特赵长法、赵长明、赵长仪、赵国治、赵协活、刘国君等 7 人，前往姚桥村，利用刘长斌与该村代表姚怀金的表兄弟关系，将姚桥民兵的 8 支枪抢走。同时匪特还将该农会卖马钱 13 万元抢掠席卷而去，并将抢劫的枪支存放在大赵庄的匪特赵长路家中。

其二，匪首韩振文带领赵长治、刘小珠、赵长路等 20 余名匪特窜入小辛庄，抢走该村民兵的枪支两支，再前往罗桥，又将此村民兵的枪抢走 1 支，然后转移住宿在小刘庄。

第二天上午，即 6 月 15 日上午，三区区中队政委刘智才带领民兵追剿匪特行至小刘庄，与匪特相遇，匪特还击，彼此发生枪战。民兵将匪特赵长治击成重伤，三区公安干事张秀贵在枪战中壮烈牺牲。匪首唐旺芝、韩振文见大势已去，遂遣散匪特，丢下负重伤的赵长治，分路逃窜。

小刘庄的群众知道赵长治是个惯匪，如今又参加土匪暴动，杀死乡长魏金芝，大家义愤填膺，纷纷拿钉耙、铁锹、锄头，奔赴村头，各操农具，将赵长治活活打死。大家还不解恨，又将赵长治的尸体用农具分解，所谓“刀解八块”。等下午赵家人去收尸时，赵长治已无头颅，四肢也被群众剁成肉块喂了狗，仅捡十来块残骨放在棺材里，草埋了事。

土匪暴动的次日凌晨，我父亲魏天让冒着被土匪杀害的危险，回到村中，组织村中的青年民兵等 30 多人拿着钉耙、扬杈、落耙等农具到西港里捞人，一直捞到上午 9 点多，才把绳捆索绑身缀磙石的 4 位烈士的遗体打捞出水。魏金芝烈士仍然瞪着眼睛，像是告诉大家：不消灭土匪，她死不瞑目。

再说这天早晨我母亲正在家里做饭，照顾我的奶奶、哥哥，这时土匪刘长斌又装着若无其事的样子来到我家，对我娘说：“媳妇（大赵庄虽然杂姓，但自古论辈分，我娘喊刘长斌为叔），昨天夜里我喝酒喝多了，醉了，打了你几个耳光，对不起你。以后政府来人调查，你就这样说吧。”然后回家，头戴礼帽，化装成商人，准备潜逃。结果他刚走出村庄，正在村地里解手，被四区万冢乡乡长吴国栋带领的民兵抓获。

6 月 16 日，在县公安局负责人张金忠主持下，大赵庄全体村民为魏金芝、阎满良、魏久元、赵金山 4 烈士开了追悼会，张金忠代表县委、县政府致悼词，高度评价姚桥乡政府建立后魏金芝等 4 人在剿匪反霸、土改运动中做出的成绩，赞扬他们对革命事业极端负责的精神。烈士的鲜血绝不会白流，血债要用血来还。他动员大赵庄的村干部、贫下中农要化悲痛为力量，立即行动起来，配合县大队、县公安机关掀起一场追捕逃亡匪特的群众运动，要让这些凶残疯狂的匪特尽快绳之以法，严厉惩处，以告慰烈士的忠灵。我父亲魏天让、赵怀玉等人分别发言，声讨刘长斌等国民党匪特杀害 4 位乡干部所犯下的滔天罪行。追悼会后，掩埋了 4 位烈士的遗体。

由于村长刘心芳被匪特扎伤，不能工作，上级安排我父亲和刘怀坤、刘仁朗等人主持村中搜捕匪特的工作。他们对村中匪特家宅进行认真搜查，在赵长路家搜出长枪 5 支，刘国君家搜出长枪 1 支，赵长法家搜出长枪 1 支，赵长仪家搜出长枪 1 支。他们又组织全村的民兵，在邻村民兵的配合下，拉网式地搜查大赵庄村周围的田野沟壑，对村中匪特的住宅进行 24 小时全方位监视，将黑夜潜回家中的匪特赵国治、赵协活、赵长明、赵官治、刘盘根抓捕归案。

为了逮捕混入民兵队伍中的匪特刘国君，我父亲魏天让和他的好友赵怀玉、刘仁朗、刘怀坤、赵兴远等进行了认真的讨论，他们首先调查了刘国君家所有亲戚及他们的住处，然后召集刘德安、赵俊杰、赵仁贵、赵长海、刘怀正、刘钢、赵久进、魏春法、魏三十、魏久顺、刘长法、刘长富、赵长殿、赵世斌等村中积极分子开会，找出这些群众的亲戚，谁家与刘国君的亲戚同村为邻居者，即派该群众以走访亲友为名对其亲属的宅院进行调查监视。

功夫不负有心人。8 月 6 日夜汝南县北关有灯戏，终于发现了刘国君的身影。原来这家伙潜藏在汝南县城亲戚家中的地窖里，这天他乘群众看戏之机爬出地窖，在戏台附近的背街暗巷中现身。大赵庄擒匪小组暗中把刘国君亲戚的住宅包围，然后由我父亲与刘仁朗到公安机关报案，次日早晨在公安机关配合下，一举把刘国君抓捕归案。同月，平舆县人民政府在大赵庄村南的郭寺村召开大会，由公安局局长谷逢汉宣布批捕在押的匪特刘长斌、刘国君、赵国治、赵协活、赵长明、赵官治、刘盘根等 7 人罪行，随后执行枪决。

8 月中旬，我父亲与刘怀坤、刘仁朗又从匪特亲属口中打听到匪特赵长路、刘小珠暴动后，潜逃到罗山县扎寨，村干部在一起开擒匪会议，大家义愤填膺，纷纷要求参加生擒匪特的行动，最终商定这个擒匪特的行动小组为大赵庄“飞行小组”，参加人员有我父亲村农协主席魏天让、村行政委员赵怀玉、民兵刘仁朗、团员刘怀坤、团员赵兴远，还有思想进步的青年农民赵俊杰等6人。为了安全，便于与罗山县公安机关联系，他们向区里汇报之后，区委书记刘智才派区里公安局特派员协助抓捕。当时区里穷没有活动经费，他们 6 个各背 1 支步枪，合伙兑了两元钱做盘缠。8 月 14 日夜幕降临之后，他们携带区里证明信悄悄从大赵庄出发，途中累了就在路边休息，饿了大家皆掏出随身携带的干馍吃，渴了喝沿途的沟水。8 月 15 日下午他们赶到罗山县城，8 月 16 日下午，在罗山县公安机关的配合支持下，他们把化装成逃荒农民，在此以割草营生的匪特赵长路、刘小珠逮捕。当时没有交通工具，大家只好押着绳捆索绑的两名惯匪，走了两天两夜才押送到汝南县监狱。之后，他们根据刘小珠提供的匪特匿藏线索，发扬连续作战精神，又把潜逃到正阳陡沟鸭子棚的匪特韩天相抓捕归案，受到县、区领导的表扬。

1951 年 1 月 2 日，赵长路、刘小珠与匪首王振清等一批参与大赵庄“5·14”土匪暴动案的匪特被处决。土匪赵迎春判处死缓，被押送至东北的黑龙江某劳改农场服刑。未参加暴动、被党和人民政府宽大处理的土匪还有赵拖车、李洪文、刘怀里等。从此大赵庄从民国初年到 1951 年，数十年间的匪患才最后解决，我们村才脱离匪窝的恶名，变成一个闻名全县的先进村庄。

作者简介：魏玉云，女，1952 年出生，曾任平舆县人民政府副县长、县人大副主任。兄长魏玉民，参加中国人民解放军，大校军衔（正师级）。

姑父李超跑壮丁

路艳芳

从我记事起，常听父母讲万家李庄一个叫李超的姑父跑壮丁的故事。

李超家中贫穷，没有田地，靠给地主扛活为生，他练过武功，见到有穷人受坏人欺负，爱打抱不平。一次赶万家集，看到几个无赖在欺负一个生意人，把摊子掀了还打人，生意人鼻子都被打出了血。李超忍不住上前，两拳打倒两个无赖，竟把另外两个吓跑了。

1945 年 11 月间，李超被乡丁抓去当壮丁，去到湖北一个县城的大院子里住下，白天训练整顿。这些新抓来的孩子年龄都不大，都是 16 ~ 18 岁的穷人家孩子，体弱瘦小，那些当兵的对他们非打即骂，有好多年龄小的孩子吃不消，3 个月不到就被折磨死了 3 个。李超看在眼里，再也不愿意待在这里。他瞅准机会，在一个漆黑的夜晚，翻过 7 尺高的院墙，逃出了那个吃人的地方。李超一路流浪，当乞丐为生，2 年之后才摸回了家。

没有过上 3 个月的安稳生活，又被当地乡丁抓起来，用绳拴着胳膊，押进乡公所。他想，如果这一次再逃不出去，恐怕难活成。夜里，他不知用啥法术，竟把麻绳脱掉，扒掉木窗户，又一次逃了出去。这一次他要浪迹天涯，再不敢回老家李庄。逃出去几天之后，他来到信阳不远的一个集镇上要饭，遇到一对好心的夫妻，收留他在饭店里干杂活，刷碗、打水、烧火，李超样样干得都很卖劲。因为他没有安身之处，老板夫妇也看他干得不错，就把他留下来帮忙。

一转眼到了 1948 年的年底，李超听老板讲，地方来了八路军共产党的工作队，替穷人打天下，专整土豪恶霸，给穷人受苦人撑腰做主。李超怎么也睡不着，这一回他告别了老板夫妇，回到了离开 5 年的穷家，参加了打土豪清算坏蛋的斗争中。他参加了农会，打土豪分田地，和广大劳苦乡亲一样，分得了房子和田地，也找回了我那个被迫四处流浪乞讨的大姑妈，一家人过上了平安幸福的田园生活。

万拔贡旧事

张贤锋

平舆县万家镇万寨村的万道同，在平舆乡里是个传奇人物。民间流传着他的许多故事，与戏剧有关的故事更多。

万拔贡其人

万拔贡原名万道同（1870—1958 年），字慧青，号懒园，平舆县万家镇万寨人，其祖上为明朝汝宁知府万孟雅。万道同自幼聪慧好学，熟读经诗，16 岁中秀才，18 岁为拔贡，以其学识渊博、才华横溢而享有“汝宁才子”美誉。邻里呼为万拔贡。

万道同 12 岁时丧父，母亲苏化主持家务，曾独家出资开办梆子戏班，使得少小的他受到了戏曲文化的熏陶。20 岁时，清廷任命万道同为光山县令，他看到当局气数已尽，拒不赴任，不愿为垂死的清王朝送终。而他既不想做官，又不愿过无聊的生活，于是便隐居乡里，在家开馆教书。他还自费开办了讨学（学术研究会），仿月旦评故事，邀本地文化名人每月初一、十五前来聚会。文人墨客聚集一堂，吟诗赋词，品书论画，谈古奏曲，欣然乐之。

民国初年，万道同受邀出任汝南县劝学所所长，因不满官声习气，仅干两年又返乡坐馆教书。同时，酷爱戏曲的他与擅长丝弦、古筝的胞弟万道荣一起开始了戏曲研究活动。当时，戏曲界社会地位低下，演员被称为戏子，属“下九流”之一。他却不顾世俗偏见，慨然结交梨园名角、曲苑高人、词坛大家，凡行中人士皆以宾客相待，备以乐器、食宿诚邀府上，好生地请教研讨。每到汝南城里，总是流连于戏楼曲场书院，有戏必看，有曲必听。那年开封的大调曲子戏班在汝南演出，他专门把戏班请到家中，奉为上宾，连唱 10 余天，恍惚于戏里戏外，听得是如醉如痴。他将词、曲录下，并吸取大调曲子和民间小调的精华，创造出新的曲种——丝弦道。一时文人雅士，皆以能引弦应歌为殊荣，立起丝弦道会，万道同被推为会首，尊为“豫剧管主”。

丝弦道自成流派，别具风格，常用曲牌有哭皇天、双叠翠等20多个。伴奏乐器有三弦、大弦、筝、八角鼓、檀板等。他致力于戏曲人才的培养教育，民国十八年（1929年），万道同受玉皇庙学佃庄高梆剧团之托领团，不久在原班基础上办起万冢火龙阁高梆剧团，聘请名演员毕留柱等充实阵容，增置戏箱，注重选拔曲艺苗子并对学员因材施教，使之一专多能。其弟子姜高、张在子、毛得文等后来分赴各地，均成为比较活跃的曲艺社团组织者和丝弦道鼓子曲的传播者。

万道同通悉各行当戏路及唱腔，对演出质量要求很严，不容半点疏忽。女主角王琳饰演樊梨花时放开了发辫，他立即训斥：“出家妇女怎能走闺阁之路？”认为“做戏，必须以假当真”。剧团演出水平很快提高，载誉豫南，人称拔贡戏。其间他为剧团编写《李豁子离婚》《看洋焰火》及整理改编传统戏《王大娘钉缸》《王大娘探病》《小寡妇上坟》《拴娃娃》《什么芳》《看洋烟火》等剧作30余本，并亲自指导排演，演出后大受欢迎。

万道同置身曲艺作品的创作中，可谓乐此不疲、激情无限，总是走在新文化、新文学、新时代戏曲创作大众化、推行白话文等不同时期文化运动的前列，一生共创作短篇曲艺作品150余件，风靡豫南，影响数省。其作品富有鲜明的时代特点，生活气息浓厚，寓教于乐，通俗易懂，旋律优美，便于传唱。在内容和体裁上或评是论非，或褒善贬恶，或推陈出新，深受观众喜爱，也曾多次石印出书。

万道同精通古文，善赋诗撰文，有诗集《懒园诗抄》、文集《懒园笔语》，在民间广为流传。新中国成立后，万道同年事已高，力不从心，方才搁笔停书。1958年4月在许昌病故，享年79岁。1975年他的《懒园诗抄》在美国洛杉矶用汉字出版。

拔贡小时候

传说，慧青6岁上学，学习十分用功，往往吃饭也不忘看书。有次吃饭，竟把饭筷插进墨汁中，连饭也染黑了，家人看了，个个捂着肚子笑个不停，慧青问他们笑什么，母亲就把他拉到镜前一照，嘴上沾着墨汁，看后，他自己也笑了。

10岁那年，慧青随父亲去汝南城，他最爱逛书店，以买书之名，看完了店里的1000多部书，他问掌柜的，店里还有新书吗？掌柜的连忙说："有，有！"从书架上取一本厚厚的书，递给了慧青，慧青翻阅一阵说："啥新书？我早已会背了。"

掌柜的不信，刚进来的新书，别家店里还没有哩，他怎么就会背了呢？便说："那好，我找几段你背背。"

掌柜的前后抽了30多段，慧青都一字不差地背了下来。掌柜的这才知道这孩子看书有过目不忘的本领。从此以后，进了新书再也不让他看了。

慧青12岁，皇上开科，他要进京赶考，爹娘为他备了马匹盘缠，让书童与他一块去，由于还是孩子，一路上两人贪玩，等到了京城，科试已毕。

慧青忙找到主考官缠了起来，主考官见他是个孩子，便给了他一张试卷，以此来哄哄他。慧青接过卷纸挥笔写了起来，不多时便做完了，交给主考官。主考官一看，不禁张口叫绝："哎呀！这小孩可真出手不凡！可惜来晚了，世上哪有考场外的举人呢？"他劝慧青下次再来，保准中个头名状元。

慧青哪里肯愿，拉着主考官闹到金殿上。万岁看罢慧青的文章，连声赞叹，心想这小孩还真行呢！封他为八贡，任汝宁知府，专管八大县。

慧青做了官，但他还是把大部分时间花费在学业上。

夏天的一个晚上，慧青在屋内读了一天书，热得够呛，他带书童到河里洗澡，忽见身旁有朵荷花，越看越喜爱，伸手揪住向上一提，"ji"的一声，提了上来，这声音引起了他的思索。

洗罢澡，回家翻字典、翻辞典，都找不到形容这种声音的字，于是，他根据当时发生的情景发明了"浗"这个字。

以前，慧青的爷爷万禁，夜做一梦，火龙缠身，即在庄西头修一火龙庙，香火不断，可火灾还是不断发生。慧青得知后，对家人说："世人哪有神鬼之事。"当即命家人将庙拆去，并积极防火，以后没发生过火灾。

为人写挽联

一天，汝宁才子万拔贡正闲坐家中，邻村的老秀才刘春来了。刘春和万拔贡小时候曾在一个学堂读私塾，见面很是亲热。

刘春说他的一个堂侄死了，死前指名求万拔贡给他写个挽联。万拔贡问："你的堂侄是怎么死的？"刘春说："被砍头的，惨啊！"接着讲了一段关于他堂侄的事。

刘春的堂侄叫刘得全，有祖传的3间堂屋、4亩土地，有一个和他患难与共的妻子，还有一个活泼可爱的儿子，家境虽不宽裕，生活也算安康。谁知天有不测风云，一天晚上，不知道从哪里引来的一把火，把刘得全的房子烧了个一干二净，粮食家产全烧光了，儿子被塌下来的房檩砸死了，妻子烧成重伤，刘得全在救火时也差一点儿丧命。

几个月过去了，有人给刘得全出主意说："你家老房地基下得深，用的砖多，你把砖头刨出来卖了，还可以在旧房基上盖两间草房，也好有个安身立命的地方啊。"

刘得全开始刨地基卖砖头。刨着刨着，忽然发现地基下面有一块大石条，掀开石条，刘得全惊呆了，满满一大缸黄灿灿的金元宝露了出来。

刘得全得了这一大缸金元宝，一下子成了村里的大富户。他盖了5间大瓦房，置了好几十顷地，买了好几头大牲口，又雇了一大群伙计干活。吃得好了，穿得好了，人走在街上，引来不少羡慕的目光。

刘得全的日子红火了，在周围数十里，什么都比别人强，这让他很得意。可就是有一件事，使他越来越得意不起来，那就是他的妻子。妻子那张满是伤疤的脸，让刘得全看着特别不顺眼，简直就觉得恶心。

这一天赶集，刘得全和万家镇上的一个小寡妇遇上了。那小寡妇长得好看，刘得全腰里有钱，二人眉目传情，一拍即合，很快打得火热。他开始成天泡在小寡妇那里不回家，还经常把家里的东西往小寡妇那儿搬。妻子发现后和他吵闹，开始他自觉理亏，还强忍着，后来忍不住就动手打他的妻子，有一次失了手，一顿拳脚竟然把妻子打死了。杀人偿命，刘得全被官府抓去，不日被砍了头。刘得全临死前交代说，死后把他和他妻子埋在一起，并要请万拔贡给他写个挽联，留个说道。

万拔贡听完这事沉思了一阵子，叹道："得全不得全的原因很多，但福祸无门，悲欢有由，他这都是欲念惹的祸啊！把欲写进挽联中显然不妥，就换成情吧，他这种情是最不得提倡的一种，也算是情由心生，唯人自找的特殊因果吧。"说着提笔在刘春带来的白纸上写下了这样一副挽联：福祸由来因念起，悲欢自古为情牵。

伟岸的白杨

周玉梅

杨树旺生于平舆万家蔡庄大队杨庄村。他的名字如果不载入平舆史册，那绝对是历史的缺憾。他老人家在河南省教育厅退休，如今80多岁，精神矍铄，思维敏捷，身板硬朗，脚步稳健。

一

杨树旺是万家高中的创始人。1956年商丘师专毕业后，他带队20个毕业生到信阳报道。他是党员、团支书，市领导让他在市区最好的院校任教，可他放弃了优越条件，回到平舆老家。先后到射桥四中、李屯五中、龙王庙一中担任领导职务。1969年教师归队回到万家，任万家高中校长。这是个有名无实的学校。当时正是“文化大革命”时期，第一届高中三排学生150人进校，一穷二白，借万家完小几间教室，就开学了。他一边当高中校长，一边当建筑工程队队长，既是新学校设计者，又是建设者。

新学校的每一寸土地都留下他深深的足迹。校址选用万家林场和王庄村民的自留地共100多亩。当时万家公社领导贺改名是个有远见的人，用林场他大力支持，可王庄自留地牵涉几十户村民，都是社员精心整理的好土地，大家不情不愿，公社领导做了不少耐心细致的思想工作，好不容易才定下来。在这片来之不易的土地上，杨树旺决心用自己的智慧在这里画“最新最美的图画”，书写“最新最美文字”。

当时建校的材料一无所有，整个社会物资非常匮乏，可在那激情燃烧的岁月，人人肩上好像背着加油站，口号是：自力更生、艰苦奋斗，自己动手、丰衣足食。没有砖头自己烧，没有砖窑，杨校长带领学校师生，在老乡帮助下把一座废弃多年的砖窑修补好。他既是指挥员又是战斗员，和泥、做砖坯、装窑、出窑，一身泥一身汗，处处带头走在前。他以极大的热情，没日没夜地忙碌在师生中间，永远都给人胸有成竹的坚定和自信，每天都带着热情的微笑出现在师生面前。

第一次共盖 18 间房子，瓦不会烧，经过几级审批，几经周折到几百公里外的荥阳去拉，杨校长和李景明老师奔波月余，才用火车拉到驻马店。

那是 1969 年 12 月的一天，杨校长找大车运瓦，碰巧那天司机带着老婆，驾驶室只有两座。大冬天早上 4 点就上路了，他一个人只能趴在后边冰凉的瓦堆上，没有一点挡寒的东西。手还要紧紧抓住绳子，那时都是石子路，坑坑洼洼颠簸得厉害，寒风刺骨冻僵了身体，他硬是以坚强的毅力咬牙挺到学校，下了车根本走不成路，用火烤了好久，手脚才能活动。几十年过去了，今天讲来他还十分激动。连连说太冷了！太冷了！真受不了！

门窗、桌子、板凳所需木料更是困难的事。县、公社领导下红头文件，协调筹集还是他的事情。千辛万苦弄来木料后，又亲自请来龙王庙的木匠老孟师傅。杨校长有时才下课堂又到工场，帮忙拉大锯、打眼子，样样都亲自做。在采访过程中，他说的最多一句话就是：我从没把自己当校长。老师和同学干得太苦了，太累了。

经过师生一年多辛勤劳动，到 1970 年春节前，18 间房子终于盖好，虽然简陋，但是同学们走进洒满自己汗水的教室，那兴奋和惊喜不亚于刘姥姥走进大观园。搬进新教室，可没有路，学生穿着胶鞋，陷到泥巴里拔不出脚，教室里成了泥巴场。听说后刘马肠河里有砂礓，二月天，校长又带领师生到几十里外河里摸砂礓。河水冰凉冰凉的，师生们个个弄得像泥人，可笑声和欢呼声一串又一串。至今听校长说我才知道，我们曾走过 2 年的平坦大道，竟然是他们从河里挖出的砂礓修成的。要知道当时没有交通工具，几百吨石头一样的砂礓，从河里摸出来，用架子车运回来有多难。近 200 人整整干了两个多月。这里的艰辛只能想象，不能用语言表达。

第一届学生几乎没有享受新教室、新道路的喜悦，就毕业了。前人栽树后人乘凉，1971 年春天，万家高中迎来第二届 200 名天之骄子。那 18 间平房，那红墙青瓦，那几百米平坦的砂礓路，永远定格在我们的心里，给我们留下了刻骨铭心的美好回忆。

在那不重视知识的时代，我们的杨校长以超凡的胆略和智慧，带领他的教师团队，为我们传道、授业、解惑。如爱生如子的姜树生、李萍、徐明章老师，语言幽默风趣的肖景和老师，只看房梁不看学生、背手能画几何图形的孙修文老师，总是和蔼可亲教我们英语的赵泽刚老师，知识渊博的阎道仁、陈云彩老师，还有操场上激情四射的王言志老师，最难忘的还有管我们生活的王荣立老师等，他们敬业爱生的一言一行，为我们竖起了一杆杆精神标尺。

教室里有琅琅的读书声，课堂上有老师精彩讲解，课下同学们认真做作业，还有段考期考，成绩还列榜公布。在今天这是天经地义的事情，那时简直是冒天下之大不韪。我们幸运赶上一个好校长和一群好老师，我们才没被那个时代“荒废”。

最值得回忆的是空前绝后的体育运动。大型运动会每年五一、十一两次，那影响远不止在学校，那是万家人节日的盛会，十里八乡群众会带着干粮来观看。人山人海，彩旗飘扬，欢歌笑语，激情四溢。杨校长是总指挥，老师们都是裁判。田径，投掷，篮、排球，样样都达到很高水准，平舆县参加省、市运动会，根本不需要全县选拔，直接万家高中运动员全出动。篮球运动员王建业、王卫国多次参加省级集训。短跑健将姚锡玲、刘大龙，撑竿跳高刘继开等，这些体坛英雄运动场上风光无限，在万家人心中不亚于今日的奥运大明星。

那时我们生活很苦，可我们的青春还是像火一样飞扬。

我们在紧张学习的同时，还做了很多事情。挖沟打围墙、建厕所、建伙房、建师生住宿的附属房。杨校长带领我们师生一起干。苦着累着快乐着。每每建好一座房子，师生都是欢呼一片。

我印象最深的是进校第一个攻坚战：打围墙。100多亩的面积，围墙拉起来不容易，只打了东、南两面，北面借助房墙，西面是干渠，就这样一个半包围围墙，没有大门的校园形成了。看起来也很协调美观。第一届已招3个班，我们是第二届，招4个班，共200人，当时按军制分4个排（四、五、六、七排），一个排分一段，挖土和泥，泥中间需要加麦秸麦糠，杨校长一趟一趟跑几个村里协商，一趟一趟带学生手抱肩扛运到现场。开工时杨校长亲自做示范，光脚下到泥里踩，待到泥和麦草混合一起，再用手一块一块垒起来，没有技术好不容易垒起来了，第二天倒了，我们看到直流泪。杨校长一班一班做示范，一身泥水一身汗。我们做的时候都觉得脚手扎得特别疼，看到校长和老师根本不穿鞋子，在同学们之间忙碌。我们干得热火朝天，手上磨出了血，也没谁叫苦叫累，欢呼声、号子声把满脑子灌的都是快乐。土泥围墙也就那 1 米多高，外加小沟，建成后它成了我们心中的万里长城。

学校西北角的砖窑场，曾留下我们多少美好的回忆。烧砖的工序很多，我在牛庄上初中时就烧过砖，十几个牛庄人都是技术员。从做砖坯、晾晒、装窑、出砖，都有校长的身影。做砖坯和泥很关键，最累人，又没啥工具，就是靠双脚踩。各班抽身体最棒的男生，五排有个朱汉收最厉害，在大泥堆里一般人蹦起来 5 次就算了不起了，他竟然蹦过 23 次，累的躺地上半天起不来。杨校长想办法和我们一起手拉手在大大的泥堆里转圈踩泥，不摔倒又不太累。夜里风来了雨来了，他带领师生把砖坯运到屋里。太阳出来了，再搬出来晾晒。烧砖技术性强，关键时校长几天几夜在窑场把握火候；用水浸砖时，担着水挑子一次次爬到窑顶；出砖时弄得像黑老包。不管何时何地，多苦多累，我们只要能看到校长那自信和热情的微笑，大家浑身都是力量。就这样这些连黑窝头都吃不饱的十几岁孩子，硬是自己动手，厕所建好了，伙房建好了，女生寝室建好了，看到自己用心血和汗水建起的房子，那种兴奋和喜悦一辈子都是铭刻于心的感动。

我们应该感谢那个时代，感谢杨校长，他教我们自立、自强、宽容、友爱。尤其是我们在学习劳动中建立的同学情，似亲人，像哥们。男生女生几乎没有界限和隔阂，真挚、纯洁、信任和理解，并成为一辈子可信赖、可依托的亲人。我们师生之间，平等且相互尊重，只有在那特殊环境里，才造就出来那种朴实而终生难忘的师生情。

万家高中是杨树旺校长的杰作，那里的一草一木、一砖一瓦都记得他的故事，每个万家人都记着他的好。

杨校长卓越领导能力，被上级领导看中。1971 年 10 月他调到县重点中学二中当校长。

说到这段时间，他只是轻描淡写说:“这些年我就做了两件事。”一是整顿了二中校风校纪，狠抓教学质量，不让孩子荒废在我手里。最难的还是那个特殊时期为老师“遮风挡雨”，不让老师受委屈，当时是一个特别考验领导智慧的时期，杨校长做到了极致。这里的艰辛一言难尽。二是带领师生自力更生烧砖，垒起几公里的学校围墙。这里的苦乐那一砖一瓦都记得。这一丰碑一直到 2003 年扩建学校时才完成它的历史使命。

1977 年暑假他调到河南省教育厅，曾任人事处、督导处领导，直到退休。

二

杨树旺校长把自己活成一束光。

他离开了家乡，心里装的还是家乡人，平舆人认识的不认识的到省里都去找他，他家简直成了平舆驻郑州办事处。学生高考录取的、教师晋级的、孩子安排工作的，甚至是看病的、到郑州打工的、上学的等都来找他。只要是能帮忙的他都尽力去做，他花费了大量的精力和时间，急人所急，解人所困。多少人？数不清！多少事？说不完！

我听说过几个同学去郑州看病都是吃住在他家，杨校长还陪着一起去医院跑前跑后。他为好多个同学上大学多方努力。帮一个同学在大学里度过危机。帮不认识的平舆老师大学录取……太多了，太多了！名单太长说不完。

更不可思议的是，就连伤害过他的人，他也不计前嫌，以德报怨。这是人格的最高境界，他一再表示不让写，我实在为这事的每个细节深深感动，也只能一笔带过。

他说：多少年来，只要是有人求我，只要能帮忙的，我几乎没有一件没办成的。一生最大遗憾是平舆师范没在平舆扎根，这事也不让写的，我觉得老校长的遗憾，也是一个值得名垂的故事。不记下来是我的遗憾。他说：如果那个师范学院能办到今天，该给平舆培养多少人才呀！好可惜！

我也曾几次求他，件件都是我一生的感动。1986 年我 8 岁的儿子眼睛受伤，让我几近疯狂，到省城给孩子看病，忘记是谁给我提起他，也不知道是信任，还是无奈，大多是实在没人可找。我当时带毕业班实在走不开，就让丈夫带着儿子去找杨校长，现在想来那时的人多么幼稚而简单，好像觉得谁在那个城市，就和一个小村庄一样，只要在郑州啥事都能办，他们父子和校长根本不认识，就知道省教委和杨树旺的名字。找到他，他二话没说就安排父子俩吃住自己家，大暑天他骑上自行车前带一个后坐一个，奔跑在医院和他家之间，医院还有很多检查，他一个门一个门求医问药，汗流如雨，衣服干了湿、湿了干，亲人般关爱。检查结果病不好治，从此我开始了为儿子求医的“马拉松”。多少年我麻木着身体、痛苦着灵魂，像个木偶，拖着一个没有生命的躯壳，每到假期带上孩子，跑上海，去北京，到内蒙古。还有工作、生存的压力，让人喘不过气来。只是常常讲起他，也没给他写过一封信，打过一个电话，不是我忘恩，而是生活中有太多的麻烦，让我总是腾不出心思考虑不在眼前的恩人。

人说来也是，没难事总是得过且过，一直又到有难事求他的时候，才又一次去找他。2007 年我评中学高级教师职称，即使我具备破格条件，在县里每跨一个门槛，都是难似上青天，好不容易材料报到省里。精通时事的好心人告诉我，还要找关系。我哪有啥关系，又想起杨校长，我最怕求人，每次找人总在人家门前转很久，提着东西做贼一般，心里经过多次演习，到时间还是一塌糊涂。那天我又来到杨校长的家，竟然没有紧张，好像他原本就是我的亲人。我进了他家门，婶子是天下最贤惠的女人，那亲切、热情的笑脸，我觉得像回到自己家。当时杨校长正在输液，身体很是虚弱，看见我，知道一定是有什么难事，我不忍心在他有病时再添麻烦。他努力坐起来“有事说吧，我有病可以打电话呀。”他满口应承要帮我。我悬着的心立刻有了着落，有了依靠。那天我走出他家门时，是流着眼泪离去的。不用说，我的中学高级教师职称顺利通过了。

三

杨树旺校长是一棵顶天立地的大树，根在他心里，也在万家人心里，平舆人的心里。

我和杨校长第一次见面，是我们高中开学第一天下午，我坐在教室里，门开处进来了一个和蔼可亲的老师，尤其他那清澈的充满智慧的眼睛，和蔼的微笑，如一道神奇的星光，让人感到温暖、亲切。他坐在第一排第一个座位上，50 个学生他挨个叫到跟前，每个人也就不经意地问那三言两语，可让我吃惊的是，从此无论在校园里还是走到大街上，都是他先叫出我们的名字。令人叫绝的是在刚刚开学不久的全校师生大会上，人头攒动中哪个学生做什么小动作，他就能准确无误地叫出张三李四来，亲切的目光和优雅得体的语言，又稳又准，一语击中要害，任何掩饰都抵挡不住他和蔼的目光，于是会场上只听到自己的呼吸声。所有人都在细细享受他生动而深入浅出的演讲。在他超人的记忆里不知道记了多少人名字，一周之内几百人名字特征都能储存在大脑之中，只要经他问过话的，见到了都能听到他亲切地呼喊你的名字。仅此一绝，就让不少同学油然而生敬意。

和杨校长相处不到一年，他就调二中了，一个校长又不是班主任，几个月会有多少故事，他记着我们了，并且几十年都记得。

一晃 8 年过去了，恢复高考后我考上师范，仅仅我一班就有万家高中同届 8 名学生。一天，他走进我们学校，不管多少年学生认老师不算稀奇，那一双清澈的眼睛，和蔼可亲的笑容，我记得最清，认的最切。当我还在瞪着惊讶的眼睛，一声“杨校长”没叫出口，他已经疾步向前握着我的手，分明是叫着我的名字。我当时张大的嘴巴半天没合上，好久才说出：“好多年了，杨校长你还记得我？”一种深深的敬佩和感激在我的心底涌起。没想到的是，接下来我召集他见到我们 8 个学生，他都叫出名字，并且把我们上学时的趣事说给大家听，让同学们笑个不停。

2004 年我到郑州工作，几年没难事也没给校长联系，竟然在大街上碰见恩人，说来他的住处离我的学校很近。他常到学校来，我也常去看望他，异乡遇亲人感觉很美好。那些年他已经退休，可还在“关工委”忙关心下一代工作。我们在郑州工作的同学聚会有时会叫上他，春节会相约看望他，老人家总是很开心，感觉他比我们都年轻。

更让我不可思议的是，我们为他过 80 岁生日时，当时去了 20 多人，40 多年了，有十几个高中毕业后我都没见过的，都 60 开外的人了，有不少没了原来的一点痕迹，同学之间不曾相认，我们故意让校长相认，不让自报家门，虽然用了一些时间他竟然大都认出来了，让我们个个目瞪口呆。我们在正堂上挂上为老人家送上的一个大大的福字，上面有参加同学的签名。我的词，王春宏书“铸师魂品德争馨，敬师恩桃李贡福”，还为他买了一件羊绒大衣，还表演了几个文艺节目。宴会中，杨校长很兴奋，讲了近 2 个小时，把当时建校的艰难、谁谁为建校做出啥贡献、谁谁说过什么话、张三怎么怎么、李四这么这么……如数家珍般讲给我们听，赢得同学们阵阵掌声和欢呼声。

我总说他记忆力超人，是不是有特异功能。他只是说，我认真对待每个人，认真做好每件事。是的，他是把每个学生都当成最在乎的人，爱的切才能记得清。

他记着我们，我们也该记着他。

作者简介：周玉梅，女，1953 年出生，在牛庄生活、学习、工作 30 年，1983 年调万家联中，1989 年调平舆二中，2004 年去郑州工作，中学市级教师，省优秀教师，省级骨干教师，已退休。

老李大爷你好

周玉梅

说起李俊德（1914—1987年），我的每一个文字都蕴含深深的敬意。

我不知道他从哪里来，可我知道他住在无数人的心里。他把生命最后23年的心血和智慧都无私献给了牛庄这片贫瘠的土地。1987年11月14日，他永远离开了这个世界，他的葬礼场面宏大。凛冽寒风中自发参加吊唁的人从四面八方涌来，成百上千，送殡的队伍把挨边几个村子的道路全部堵塞。他走时一贫如洗，更无有权有钱的儿女，可他的离去让无数人放声哭泣。据我所知，他没有做一件惊天动地的大事。他的伟大完全出于平凡的点点滴滴。

他1964年秋来万家牛庄大队探亲，碰巧大队支部书记王法生侄子的大腿骨折，他及时相救。这是他献给牛庄的第一大杰作，如同现在从外地请个专家一样，接着当时县委办公室主任张朋先儿子右腿骨折，大队妇联主任李秀英妹妹的右小腿骨折，他都妙手回春。老书记像是伯乐发现千里马一样欣喜，亲自安排小刘庄生产队队长刘守法："留下这个医人，为他一家安排一个落脚之地。"当时刚渡过三年自然灾害，饥饿贫穷是生活的主旋律。他似乎与我们这片热情的土地有不解之缘。小谢庄队长谢国安请他为我村管理菜园。菜园小屋虽只有几平方米，他一方名医竟然在这简陋的不能再简陋的地方安了家。

小谢庄当时10来户人家，50多口人，为生产队种菜应该是当时村里最好的工作岗位。其实那时他刚50岁，自称老李。老李把生产队当成自己的家，把社员当成亲人，他把菜园经营得生机盎然。每天上午我们都能到菜园领一份新鲜蔬菜，社员无不心怀感激。最让人不可思议的是这个菜园小屋成了三里五村的免费医院。头疼脑热，磕着碰着，生疮害眼，扭胳膊断腿，反正有灾有难都去菜园找老李，水井边、田埂上，躺着坐着的都是病人。老李简直就是上天为我们派来的保护神，从此方圆百姓不再受疾病的困苦。

他医术高超，把脉很准，三根手指赛过精密仪器，针灸医术手到病除，加上他有无数个偏法，比如感冒发烧反反复复，他到地里挖棵臭木香熬水发汗准能治好，咳嗽挖点赖头蛤蟆草，拉肚子捂碗臭面条，等等。偏法治大病就是他常说的话。这些方法至今我还在为家人用着。

老李不知治愈多少病人。一传十、十传百，方圆十里八乡的村民都慕名前来，小小的菜园实在太狭窄。我的姐夫是个火车司机，经常在外，照顾不了家，孩子老人病了，都是老李救治。姐夫感激他，就认老李为大伯，称他儿子奇今为三弟，把自己家的宅基地一分三送给他一处，在小荆河北岸 3 间草房盖好，老李一家算真正成为小谢庄人。村里人也把老李当成神医一样敬着、爱着。

老李医术精湛，尤其是对骨伤最为擅长。大耿庄解洪春，开拖拉机犁地时后犁坏了，维修时压到三脚架下，抬到汝南县人民医院拍片确诊，第三、第四腰椎粉碎性骨折，医生叫转洛阳救治，当时疼痛剧烈，不能坐车，抬着去路程太远，治疗无望，于是家属决定死马当成活马医，和老李签订协议：治死治残与老李无关。老李成竹在胸，安排两个人，一个拉双臂，一个人拉双腿，他用双手推按，使关节复位、骨折对正，外贴接骨愈伤膏药，并自制木片固定，同时运用少林寺秘传内外损伤主方“一盘珠汤”内服，一个星期后，病情稳定，3 个月后洪春奇迹般地下地走步了，又能开拖拉机上班了。解洪春死里逃生的故事，又一次让老李的名声远播。

张刘大队党支部书记张贵银，右小腿损伤，丈夫刘德生是郭楼乡党委秘书，把张贵银带到平舆县人民医院，拍片确诊，右小腿骨折错位，说要立即手术，张贵银不愿意，回家找老李，经过老李治疗加外敷接骨膏，夹板外固，内服中药，不到 2 个月她就重返工作岗位了。

王晓松是有名的篮球运动员，多次参加省、地级大赛，有一次胳膊骨折，在外地做过治疗，可一直不见好，回来遇到老李，他用手摸摸托托，就告诉问题所在。经过老李精心整治，贴上他熬制的膏药，十几天就能大战球场了。他至今提起老李大爷仍是深深的感激。

随着老李名声越来越大，病号络绎不绝，他热心加热情，耐心加爱心，凡是能针灸、推拿治疗的，费点气力的都能手到病除的，随治随走。如果遇到大病，需要药物，伤筋动骨的重病人，他就开好药方，让家人买来草药。他就在屋外边架起个铁锅熬膏药。引来不少孩子看稀奇，我也多次帮他拾柴烧火。他砍些竹子木棍做成条条，制作成夹断裂骨头的夹板。就这样简陋的小屋，自制的简单医疗工具，不知让多少人免受疾苦。最不可思议的是当时人们都很穷，没吃没穿。远道来的病人，有的需要住上一段时间，仅仅带些红薯干作为生活用品。他倾其所有，管看病，还管吃管住。老李大娘和十几岁的儿子李奇今简直就是护士兼义工，忙前忙后做吃的、端喝的从不嫌烦。好像救治病人是他家天经地义的事情，每个人都是亲人。我亲眼看见有个叫发财的外地男人在他家住了一两个月，他来时身上躺出了褥疮，我们都捂着鼻子跑得远远的。老李一家人每天给他用药水擦洗伤口，一直到痊愈。遇到穷病人，买不起药的，就用重病患者余下的膏药。

老李每天都是忙碌的。病是不可能挑时间的，加上当时没有交通工具，有不少病人需要上门治疗。不管是酷暑的午后，还是寒冬的深夜，只要有病人请求，他就用最快的速度赶到病人身边。做了多少好事、救了多少人，数不清。也许只有天知地知。他只知治病救人，完全没有报酬的概念，最多有人端来一馍筐红薯干、干野菜什么的，他也会送给贫困的病人吃。我还记得当时有个外地病人，给他送个腌制的猪腿，他给村里每家分一份。乡村人不会表达自己的感情，不会说谢谢这样的文明用语。他得到最大的报答便是叫声“老李大爷”。“老李大爷真好”是所有认识他的人心中的共鸣与口中的称颂。他儿子至今提到那时还说，老爸一身医术，跟着他不少干活，不少忍饥挨饿。喊三声大爷，他就想把心肝扒出来让人家吃了。

最让我感动的1975年发大水，我们在几棵树上绑上木棍和门板，我和姐姐一家九口坐在上面。看着一家家房屋倒塌，一阵阵撕心裂肺的哭声，更加上我几岁的外甥腿上长个大疮，疼得嗷嗷大哭，一家人绝望至极。孩子生病的事传到老李耳里，他竟然冒着生命危险，蹚着齐胸深的水，拄着拐杖艰难地来到我们住的树上，为外甥治疗、上药。回去路上差点跌倒，还喝了几口水，在那样危险的情况下，他想的从来都不是他自己。

最难忘的是我的父亲被马车压断了胳膊，疼得大哭，老李大爷带着自己简单的医药用品不请自来。在为父亲接骨时，没有麻药，父亲疼得直骂人，在场的人都生气，老李大爷却出奇地平心静气，他笑着说：“老哥，忍着点，咬咬牙就过去了，先别骂我，等你好了用这个胳膊打我两捶吧。”这情景在我泪眼中定格在心里，每每想起都是对老人的无尽的愧疚。

发稿前我才从他儿子李奇今口中得知，老人家原来是淮阳北关有名的

"捏骨匠"。祖父李金生，父亲李亭房都是当地有名中医。老李继承并发扬了先辈的精湛医术和高尚医德，成为淮阳一方的名医。没想到机缘巧合让他离乡背井，把自己最后23年无私奉献给牛庄人。老李大爷已走了33年了，但他的音容笑貌在我眼前仍是那么生动，那么亲切，那么温暖。也许他不知道无私奉献是什么概念，但他默默付出做到极致，他把自己活成一束光，如果按现在金钱价值观评价，他穷得一无所有，就是个傻子，但他是精神财富的比尔·盖茨。

行善自有天知，也许老李大爷积善积德的善举，感动了天地，他的第四代传人李奇今才有今日的辉煌。李奇今自幼在父亲的熏陶下，爱上了医学，大学毕业后，为了博采众家之长，先后拜王庆合、郭维淮等10多位国内知名骨伤专家为师。几十年来的努力，考取了主任医师、高级正骨师、研究员等技术职称。获科研成果29项、3项发明专利，发表学术论文145篇。接骨愈伤膏，获得联合国技术信息促进系统中国国家分部"发明创新科技之星"奖，填补了中医药在联合国的空白，被评为省、市、县专业技术拔尖人才、河南省十大科技新闻人物、获河南省第二届青年科技奖，4次得到党和国家领导人的亲切接见。事迹载入《中国专家人才库》《中国专家大辞典》《世界名人录》等书中。中央电视台、河南日报、驻马店日报等14家新闻单位进行报道。

村干部朱铁蛋

周玉梅

朱铁蛋是万家镇张刘村小姜庄的村干部。

你看过《水浒传》里的鲁智深，那就等于见到朱队长（朱铁蛋），他浓眉朗目，声音似钟，膀阔腰圆，走路大摇大摆抡圆膀子，好像条条大路都是为他所开。他是本村辈分最长的一个，脾气又大，他一跺脚，一乡土地都颤抖。他没多少文化，却当了30多年村干部，成为威震一方的传奇人物。他也是我的舅舅。

这几年，我到省城工作，很少见到他，可每当心闲下来，他的影子就会走进我的脑海里，2021年表弟办喜事，我见到他的几个酒友，历数他这个非名人的轶事，使我感到从没有的震撼。多少年我都被别人的故事感动着，没想到我的亲人也有如此精彩的人生。

舅舅一辈子侠肝义胆，为朋友两肋插刀，爱管闲事加上一副热心肠，谁都说不清，他为别人做了多少好事。老话说叫着“家活懒，外活勤”，他从一九六几年当上村干部，就好像天下事都是自家的。只要有人求他，有十分的力量都想用上三十分。他最要命的就是，不知道钱是好的，不知道东西是自己的。乡里人越穷，难事越稠，他不能听得三句好话，见不得三滴眼泪。只要有人哭诉自己家里穷苦，他第一反应就是先摸自己的衣兜，身上钱本不会多，掏多少就给多少，也不点数儿。有时嫌自己身上钱太少，向舅妈索要，慢一点，他会瞪大眼睛，拳头举起老高。乡下人得到了好处，爱说“哎，这可叫俺咋说你好呢？”他那蒲扇般的大手一挥，一脸严肃地说：“啥都不说！该干啥干啥去！”这算他一贯性的语言动作。

舅舅爱管闲事，十里八村谁家办红白喜事，请来朱队长就是有了主心骨。如果是困难人家，他就会不请自来。只要他往堂屋一坐，点上一支烟，大手一挥：“快！你去干这！”“快！你去干那！”像在指挥千军万马，多大场面，在他面前就是一盘小棋，进退都是恰到好处。

外村的一个计划生育钉子户不交罚款，乡小分队拖拉机开进村里要扒那家房子，不知道谁请了朱队长。他瞪眼往房子门前一站如一座山。大喝一声："是人做了错事，干吗要扒房子！谁给我说说，这房子犯哪家的王法！"房子的主人站在舅舅面前哭，他指着那人的脑袋："保着你的房子，可还要按国家政策办，快交罚款去！"那人像得了圣旨一样跑去交了罚款。他要的就是这样的面子。

村里有家父亲受了儿媳的骂，找到朱队长就算找到了"包青天"。他不仅给断个是非分明，还要约法三章，从此一家和和睦睦。这样他名声一出去，自然求的人会越来越多，不管盛夏的午后还是严冬深夜，他只要听到一声哀求，抬腿就走。哪怕正端碗吃饭，听到一句好话，吃上一半放下碗就走，姥姥心疼他："吃饱再去呗！""回来再吃！"声音还在耳边，人已经没了踪影。有时他自己无能为力，竟闹着请外地当官的外甥帮忙。如果谁有怠慢，他还要耍他老舅的威风。

舅舅爱排场，摆阔气，他办事效率高，其实我知道，不仅是那威武的架势，不仅是智慧和热情的为人，也不仅是侠肝义胆的性格，还有两个关键的关键。

那些年，乡里大小头头总是借检查工作下队搜刮民财，村干部是最小的一级，谁都不敢得罪。他并不喜欢巴结权贵，但谁要像刘皇叔那样的礼贤下士，他除了心肝不能扒出来让人家吃，可以把外甥送给他的好烟好酒，一股脑奉献。可以把家里辛辛苦苦养的鸡、鸭、鹅给宰了，甚至把正下蛋的母鸡给杀了。这吃了人家嘴软，等舅舅有事站在他们面前，一般能办的也就不好推托，自然也多了顺畅。不过他办的事绝不是自己家的事。

更主要他有两个外甥在省里、市里大小有个官职，过年过节，他家门前停几辆小轿车，可给舅舅撑了脸面，20世纪80年代小小的乡村这个场面很是扎眼。这样原本就大大咧咧、大声大气、大摇大摆的他，也就更显"大家风范"。

他把帮助别人当成快乐，一旦圆满做好一件事，他比人家主人都兴奋。他啥都不图，就爱喝酒，半碗萝卜条，两根黄瓜，一壶老白干下肚，只要人家一句夸奖，就会美滋滋地讲自己如何"过五关"，如何"斩六将"，真把自己当成"关云长"。

舅舅爱喝酒是出大名的，他一看见酒，眼睛就发亮。不醉不罢休，越醉越说：“我没醉！我没事！”能回到家，他就睡觉，天塌下来也震不醒他，那呼噜声半个村子都能听到。如果不回家，酒后把拖拉机开到沟里，憋熄了火，趴在方向盘上打起呼噜；该往西回家，竟然往东去了，趁着酒劲走一夜，等天明了不知道自己身在何处；有时孩子上早学看见他在路边呼呼大睡，叫他醒来：“噫！我咋在这里啊！”这些都是舅舅酒史中的小插曲，还有更精彩的呢。

一次他喝完酒回到家，睡着自己的牛屋里，不知道怎么弄出了火，被子烧了，衣服烧了，连刚卖粮食的几千元钱都烧了，屋里的牛挣脱缰绳，踢倒了他的床，惊醒了他，才从火海中爬出来死里逃生，事后看到他一身伤痕，急得我直哭，他却张着大嘴哈哈大笑：“我去阎王老儿家串门，他把我赶出来了。哈哈！”让人哭笑不得。

舅舅的人品也赢得乡人的尊敬，不管啥事，只要舅舅出场，就会出奇的精彩。一次我外地的表弟带运粮汽车路过他们村，汽车颠簸滑落了几包粮食，被人捡了拉进附近的玉米地，表弟找到舅舅，舅舅立马过去，当那些人听说是朱队长的外甥时，都乖乖把粮食拉到路上，还帮忙给装好了车。他哈哈大笑，眉里眼里都是自豪。

一天夜里，两个大姓人家因宅基地闹纠纷，大打出手，还请来外村亲友，一时间人越聚越多，眼看要出大事情，不知道谁把正在睡梦中的朱队长请来，他不声不响走来，黑夜中骂了两声，骚乱的人群就一个个偷偷离去。事后他把两家人大骂一顿，各打五十大板，还要握手言和。他就是这样有威望、有魄力。可惜没生在战争年代，我敢说：如果他能跟着共产党打天下，不能成为元帅，也能成为将军。

别看舅舅镇八方，只是拿我没办法，他喝酒时谁也不能打扰他，可我能端了他的壶，藏起他的酒，说不让他喝，拉着他就走。实在没法，他只好赔上笑脸给酒友说：“我这外甥女厉害，我得听她的，等她走了，我们再接着喝。”

不幸的是，1993 年他到乡里为村里人处理事时，被车碰了，也算他福大命大，我把他送进县医院，正好遇到人家从外地请来的好医生，开颅手术后稍稍稳定，二弟把他接到地区医院，昏迷 26 天，连医生都不相信他还有救，他竟然大难不死活了过来。手术后，他很长时间精神不正常，疯子一般，谁叫他吃药，他打谁。护士给他打针，他打护士。弄得没人敢近身，当时我正带毕业班，可每周调 3 天上课，4 天在医院陪他，因他只听我一人的话，不知道碰到他哪根神经，我只要拉着他的手说:“舅！吃药！”他赶忙把药一把倒进嘴里。“舅！打针！”他老老实实躺在床上，像我小时候听他的话一样。最经典的是我不在医院时，打针吃药还需要我打电话哄他。每次我来医院都迎来医生护士的欢呼。近两个月，他对我的依赖，害得我后来病了一场。

如今舅舅 70 多岁了，身体还很结实，还能骑自行车带人去赶集。他手术后语言功能没完全恢复，可心里啥都明白。村里有几户困难家庭，他把我和弟弟们送他的东西毫不吝惜地送给别人。一次我给他买件新衣服，他要送给一个没儿女的老人，谁能穿得了他那胖大的衣服，但必须听他的，看到人家穿上他的新衣服，他像孩子一样笑歪了嘴巴，看他心满意足的样子，我心里一阵酸，一阵痛。他心里装的永远都不是自己。

我真希望像我舅舅这样的村干部，多点，再多点！

玉皇庙篇

家乡的草寺庙

韩文艺

草寺庙是我的家乡玉皇庙乡韩寨村小韩庄村北边的一座古庙。新中国成立前，在这座庙周围曾有一个集市。

我小时候，断断续续听我的爷爷讲，从前我们村子后面有座庙。在我小时候的记忆里，从村子出去向北走，有条南北路，经过一条小河，小河北面是一块高地，高地前面是一条东西向的土路。在这块高地前面是一个丁字路口，我们管丁字路口那一片地方叫“庙门儿”，那里就是庙的遗址。我也常听小伙伴们讲“庙门儿”抓鱼趣事、历险故事和那里的神奇故事。

其实，在我小时候，“庙门儿”那里根本没有建筑物，就是一片庄稼地。直到工作后的一段漫长时期里，我只是把它看成一座普通的庙，甚至不知道它的正式名字，也没听村民说过这座庙的名字。

近几年我研究地方文史，才知道村后那块高地就是历史上著名的草寺庙遗址，村子北面那条东西向的小河就是汝项官路挖掉后造成的。说白了，那条小河就是明清到民国时期著名的汝项官路遗址。此外，从草寺庙这里岔开了两条路，一条经庙儿湾到老项城，一条到洪河岸边的陶台埠口。现在小韩庄村东边还保存有官路的痕迹，当地人叫官路北边的土地“关楼北”，叫官路南边的土地“关楼南”，我家两块土地，一块在“关楼南”，一块在“关楼北”。

民国二十七年（1938年）《汝南县志》记载“汝项官路”途径地时，在今天平舆县境内只依次记载了“十八里庙、辘轳湾、万家、三桥集、草寺庙、庙儿湾”这几个地名。在三桥集与庙湾镇之间，只记载了草寺庙，这足见草寺庙的重要性。

还有，我们村子里那条南北流向的小河叫“草寺港”，是小洪河的支流。在草寺庙港入洪河处，有一座闸门，叫作“草寺闸”。通过河港和闸门的命名，也可见草寺庙很有名气。

从前，在绵延120华里之汝项官路上提起草寺庙，肯定是无人不知的。明清至民国时期，人们赶集上店，出门在外，无非是走路、坐马车、推独轮车，有钱人骑自行车，携带东西也是手提肩挑，是很原始的。在今天我们看来短短120华里的汝项官路，过去的人要走上一天，所以人们对于这条大官路上的著名地标是心中有数的，因为从这个店到那个店得一段时间走。举个例子说，早上吃罢早饭从汝南出发，中午一般在庙儿湾吃顿午饭，有时到饭点了就在草寺庙吃午饭，紧赶慢赶，才可以在天黑前到项城。

关于草寺庙的集市，家人告诉我说："听恁爷讲，草寺庙的集过去很大，东西着、南北着都有集，摆摊卖东西的人很多，南北着的集从'庙门儿'一直摆到庄中间一户邻居（此处省去邻居名字）门口。"我算了一下，按照这个长度，光这南北着的集市就得有200多米。

关于草寺庙和草寺集被拆毁的情况，小韩庄人韩振尚（新中国成立前参加革命，原驻马店地区制药厂厂长）在回忆录《难忘的历程》中写道："我七岁那年，记得在小韩庄北面不远有座草寺庙，庙内有许多神像，附近村民都来这里烧香拜佛。寺庙门前有条大官路，西到汝南，东到项城、临泉，庙前的草寺集非常热闹，有牲口行、粮食行、饭店、酒馆，每逢唱戏的时候，我都早早起来赶到集上，就是为了能看到戏班子的人练翻跟头、吊嗓子……1935年，孟庄乡绅阎克端为修阎寨，把草寺庙拆了，砖头木料全被拉走，刻有神像的石头也烧成石灰用来修寨了……从此，热闹的草寺庙没有了，年龄尚小的我失去了唯一乐趣……"

新中国成立后，因多种原因，汝项官路走向没落。后来，人们挖断了草寺庙前的汝项官路，随着村民取土建房，大官路成了小河沟。

这几年，和许多地方一样，韩寨村委开始重视人居环境治理，积极开展坑塘整治。韩寨村委考虑到小韩庄村北边的草寺庙是一处人文地标，特地在草寺庙遗址一带进行重点打造。主要做法是：治理草寺庙前的小河，清理杂草和淤泥；在小河边打造亲水步道，并铺上水泥；在河边进行绿化，种植景观树木。此外，还尝试进行了历史景观恢复，收集了一些石狮子、石磨摆放在草寺庙遗址一带。

作为草寺庙所在村庄的村民，我从小耳濡目染这里的人文故事，对这里怀有深厚感情。我认为草寺庙是一处著名的历史人文地标。为此，我在高德地图上草寺庙遗址处新增了地标。现在，打开地图，输入“草寺庙”，可以直接导航到这里。

现在来到草寺庙遗址，你会发现小河更加清澈了，环境更加优美了，道路更加通畅了，让人的心情很舒适。党中央在乡村振兴战略中提出要保护好乡村历史文化遗迹，合理开发利用，让村民望得见山，看得见水，记得住乡愁。党中央制定的乡村振兴战略像一股春风，抚慰着古老的村庄。草寺庙的变化，让我感觉到国家的变化和强大，感觉到国家对历史文化遗迹和乡村人文建设的重视。

赵家三兄弟略述

张留坡

民国年间，平舆玉皇庙曾庄赵家出过赵倜、赵俊、赵杰三兄弟，都是名闻四方的人物。其祖父为人佣耕，从五里赵庄迁至玉皇庙曾庄。

其父赵培义，字子宜，不擅农桑，经营买卖，常贩卖烟土和私盐，所得又挥霍一空，家中仅有坟地半亩、草房两间，一家生活全靠其母胡氏耕种同族人的土地艰难度日。

老大赵倜（1871—1933 年）原名金生，字周人，少小聪慧。

赵倜 8 岁时，经人介绍到上蔡县周家药铺当学徒。主人见其天资聪颖，乖巧好学，遂令之入塾馆为儿子伴读。12 岁时开始协助药铺管账。后又投靠汝南赵状元（赵云鹏，字翔飞，河南省汝南和孝人，1840 年中武状元，时年 24 岁。曾任陕西大营参将，旋升南雄协镇，后擢升总镇）。赵倜相貌俊朗，勤奋上进，深得赵状元喜爱。1890 年，赴北平谋事未遂，流落天津，替人代写书信。后经赵状元之子赵子敬介绍，投济南毅军统帅宫保（清代官衔）马玉昆，在马军营做文案（文书）。因其特别能干，先被委任为骑兵管带，从此发迹。

1894 年中日“甲午战争”爆发，赵倜随毅军赴朝参战，升为骑兵管带。1898 年毅军改称武卫左军，驻防山海关内外。1900 年“八国联军”入侵中国，武卫左军奉命赴京津铁路沿线抵御。同年 6 月，赵倜随部先后与英国皇家步兵、俄国哥萨克骑兵激战。之后，退入北京保护皇宫。8 月 14 日，赵倜随马玉昆护送慈禧、光绪逃离北京。赵倜因奉上谕赴保定冒险提取军饷、护驾有功，被提升为武卫左军左翼统领。不久武卫左军调往热河剿匪，赵因剿抚宝德全等大股土匪有功，1908 年被提升为武卫左军全军翼长，调驻通州卫戍北京。

1911 年 10 月，武昌辛亥首义成功，赵倜奉袁世凯之命率部进驻陕、晋、豫、潼关、灵宝、陕州一带，镇压陕西革命军阎锡山、张凤翙等的反清起义，将陕西革命军赶出潼关。清廷升赵倜为雷州镇台，以奖其功。赵倜未及赴任，陕西革命党人张钫率秦陇复汉军，联合刘粹轩等河南革命党人组成秦陇豫复汉军东征河南，将赵倜部赶回洛阳、渑池一带。清廷闻讯，一面调兵援赵倜，一面除去赵倜之雷州镇台等职，委其为前敌总司令，戴罪立功。赵倜率清兵2万反攻，复占潼关。后赵倜接袁世凯令，与陕西革命军议和，让出潼关，带部驻扎豫西阌乡、灵宝、陕州一带。

1913年9月，袁世凯任命赵倜为护军使，率部镇压河南白朗起义军。赵倜倾力围剿，因白朗突围而去被免职，转任豫南剿匪督办。赵倜凭所部骑兵日夜跟踪尾追，由豫南而鄂北，由鄂北追至豫西南，再由豫西追入陕西、甘肃平凉附近，复又追回豫西。1914年8月，白朗战死，所部溃散。赵倜以剿灭白朗有功，被袁世凯任命为陆军上将、宏威上将军，同年9月改称德武将军，驻节开封，督理河南军务。

1915年袁世凯发起筹安会讨论国体问题，赵秉承袁氏旨意，首先发电拥护帝制，上表劝进，并会同河南省省长田文烈提省库银100万元，送袁世凯作大典筹备之用。12月中旬，袁世凯称帝时封赵倜为一等侯爵。

1916年7月，赵倜任河南督军，12月兼河南省省长，集全省军政大权于一身。编练新军40营，名为宏威军，自兼总司令（后其三弟赵杰接任）。为加强与全国各地军阀联系，先后4次派代表或亲自参加由张勋召集的督军团会议，推张勋为盟主。张勋复辟行将失败时，又发出“讨逆通电”，反对复辟。

1919年冬，省长职由王印川接任，赵倜仍任督军。

1920年7月，直皖战争爆发，赵倜与直系结为反段同盟。后因与吴佩孚争斗，联奉反直。

1922年4月，第一次直奉战争中，奉军失败，赵军全面崩溃，赵倜仅带亲信数人，化装逃往上海。5月10日，总统徐世昌下令免去赵倜河南督军职务。不久，赵倜由上海潜往沈阳，被张作霖聘任为奉系高级顾问。

1927年2月，赵倜被任命为河南宣抚使，随奉军回到开封。6月国民革命军北伐占领河南，赵倜随奉军逃至北京，被张作霖委任为督战专使。

1928年6月，赵倜随奉军退到东北。同年底，张学良宣布东北易帜，赵倜随张学良以高等顾问名义驻北平。

1933年，赵倜患癌症，死于北平，终年63岁。

老二赵俊，字杰臣，生卒年月不详。赵倜在河南的名声不佳，与他的这个二弟有很大关系。

1916年，袁世凯死后，黎元洪继任大总统仍委任赵倜为河南督军。赵倜为了扩充实力、巩固地盘，借口河南多匪患，建议各县成立巡缉营，大县一县一营，小县数县一营，并委任其二弟赵俊为河南省汝南、上蔡、确山、新县、息县、遂平、信阳、罗山、正阳等10个县的地方巡缉队统带，相当于十县联保司令。因为大哥赵倜之故，地方上尊称赵俊为赵二大人。事见1919年立于庙湾乡王堂桥上的《赵杰臣军政碑》，其碑原名为《河南汝、上、确、新、息、遂、信、罗、西、正等县地方巡缉队统带杰臣赵二大人军政碑》，其碑文全文载于1987年《平舆县文化志》，其铭文曰：庙湾，汝东巨镇也。舟车商贾，水陆辐辏，伊古号称繁盛。民国以来，伏莽窃发，往往手执枪弹，白昼纵横掳掠，通都大邑，如入无人之境。庙湾两次被劫，均涵载而去，莫敢谁何。一时豪商巨贾，遂不安阁闾，而邑北大□，举家□□□□□□不前，苟非军队驻扎防卫保护，而商业必不能以发达。汝南向有巡防队，次改为团防营，皆粗具规模，不足以绥靖地方。兹又连合汝、上等十县，总名为巡缉队，而统带实难其人。吾邑赵二大人者，德武将军、河南督军、省长之弟，宏威军司令毅武公之兄也。伯出将门，工于韬钤，腹内饶有甲兵，公侯可作。于成禀请扎派，总□戎行。夫汝南为二大人桑梓之地，而本镇则桑梓之尤近者也。到左之后，无日不讨军实而甲督之，深恐力不胜任，无以对贤父老。是以振发精神，整顿部曲。数年来慎选连长，四出弹压，均极力捕贼，秋毫无犯。有李耀武者，安徽阜阳人也。戊午岁分拨到镇，认真操练，纪律严明，频出梭巡，擒匪甚多。而坚悍滑贼，向之狼奔豕突、肆无忌惮者，今皆闻风而远遁矣。是以里闾安堵，市井无扰。操奇计赢之辈，亦覆服牛轺马以输来其间。而商务之兴起，较昔时而尤盛。一镇如是，一县亦如是，想十县亦莫不如是。此皆二大人威风远布，知人善任之所致遄矣。德武将军既以兵力镇慑，帡幪全豫，□□□之于余，余不揣鄙陋，遂授笔为之序。清甲午科举人陶乐天撰文，邑庠生戴北春沐手书丹。庙湾东西店、秦家店绅商（人名略）陶台铺店、项邑南店。大中华民国岁次己未（1919年）黄钟月下浣彀旦。

赵俊不学无术，养尊处优，依靠大哥的权势捞了个巡缉营统领的官位，在老家置田百顷。他的命运与大哥息息相关。1922年直奉战争中，赵俊带领的巡缉营成了一群乌合之众，在与冯玉祥发生“郑州之战”中，赵军大败。冯玉祥指着赵的俘虏兵耻笑道：“此乃赵倜之巡缉营成绩！”大哥赵倜失势后，赵俊流亡天津，病逝于天津，其所有田产被吴佩孚没收。后经张学良说情，发还30顷，引起子侄辈争抢，到了新中国成立时才告平息。

老三赵杰（1889—1930年），字毅武。在三兄弟排行最小的赵杰，深得母亲和哥哥特别是大哥赵倜的娇惯。少年时受赵倜资助，考入东北讲武堂，毕业后编入北洋陆军，由连长递升到旅长。他为人骄横跋扈，治军无方，大哥赵倜的声誉不佳，很多时候都是这个被惯坏了的小弟给造成的。

袁世凯当上大总统后，为了笼络各省督军，曾调各省督军一名亲属入京任职，此时赵倜主政河南，小弟赵杰到袁世凯的总统府当了一名侍卫武官。

1916年赵倜在河南成立宏威军，自兼总司令。袁世凯死后，赵杰回到河南，接任宏威军总司令。

1921年赵杰率宏威军参加了直系军阀援鄂战争，回到河南被吴佩孚任命为河南陆军暂编第一师师长。

1922年4月第一次直奉大战是赵杰人生的转折点。一直对吴佩孚深为不满的赵杰，在大战爆发后，力劝赵倜投靠张作霖，联奉倒直。正在赵倜犹豫不决时，他收到一份张作霖部发来的情报，说吴佩孚的部队已经战败，吴佩孚也已经被打死。赵倜信以为真，当即命令赵杰率军参战，进攻吴佩孚的部队，结果被冯玉祥率大军一路杀败。

赵杰上了假情报的当，自知大祸铸成，别无他法，只好和兄长赵倜一起，带领家眷化装逃往上海。到上海不久兄弟就分手了。赵倜去了沈阳，赵杰则赴广州投奔孙中山，受到孙中山的赏识，1922年参加平息陈炯明叛乱等战役，被任命为豫鲁招抚使。

1923年孙中山指挥北伐，赵杰被任命为建国军招抚使。

1930年夏，南京政府任命他为河南督军，回河南主持军务。可惜其官运没有他大哥好，当赵杰从南京动身，行至砀山时，遇刺身亡，年仅42岁。

郭楼篇

古老的高平寺

韩文艺

郭楼镇有个村庄叫高平寺，这个村庄很有来头：它历史上曾是一座古县城，清代是一座闻名四方的围寨，民国时曾发生高平寺暴动，是联庄自卫队总部所在地。

一、南北争夺，曾为汝阳城

高平寺，最迟清代已用此名。高平寺，在南北朝时曾为汝阳县城。驻马店学者谢辰旁征博引地考证指出：今汝南县城东南20公里处的平舆县郭楼镇高平寺村南距汉代汝河故道4公里，才是历史上的汝阳故城（汝阳故城考，谢辰，中原文物，2015年第三期），后迁汝南。该城自西汉高帝刘邦置至隋初，使用长达700年。这一考证驳斥了“汝阳故城商水说”。汝阳同“女阳”，《袁安碑》中即有“司徒公汝南女阳袁安召公”之记载。该故城呈正方形，边长1300米。部分遗址高出周围的平均地面2米以上，古时称“高平关”，又称“汝阳台”。现如今故城内有高平寺前寨、后寨、大赵庄、小赵庄、桥口、曹庄等村庄。这里曾大量出土南北朝时期流行的钱币货泉，乱世铸造的特征非常明显。这座汝阳故城在两晋南北朝动荡时期处于淮河流域的争夺地带，曾留下过袁安、司马师、石勒、北魏太武帝拓跋焘、刘坦之等历史上赫赫有名人物的足迹，南北朝时期宋朝的将军刘坦之曾奇袭这座汝阳城。

二、墙高壕深，捻军大堡垒

到了清代咸丰同治时期，因为高平寺修建了寨子，成为豫南捻军的重要据点。高平寺寨，墙高壕深，极其坚固。清代咸丰同治年间，高平寺人王裕国、王殿书兄弟分掌黑旗、蓝旗，领导高平寺一带捻军。捻军领袖陈大喜曾在高平寺大败清军。陈大喜南下时，平舆捻军由王裕国带领。清同治元年

（1862年），张凤林同息县、新蔡、项城等地捻军及皖捻张耀林部联兵，入驻平舆郭楼一带，围攻高平寺护粮道清军尹嘉宾部，毙清军参将巴彦克喜、守备卢东成等众多官兵。1938年《重修汝南县志》就记载了高平寺寨修于咸丰同治时期，并提到这时期捻军与清军在高平寺发生的一些战斗。

三、霹雳一声暴动，名列汝东第一

汝东第一次暴动发生在这里。大革命失败后，驻扎在汝南的国民党新军阀大肆捕杀共产党人，土豪劣绅也乘机猖獗起来，汝南一带笼罩在白色恐怖之中。高平寺是一座四方寨，纯砖寨墙，高达1丈6尺有余，壕沟有5米宽4米深，当时仅北门可供出入。大地主王其藻为镇压农民抗粮抗捐的斗争，在高平寺建立起“寨工局”，自任局长，逼迫当地百姓出钱购买枪支弹药，组成一支反动武装——寨工队，并在寨门建起了望楼，在寨内为寨工队盖了3间队部。他们据寨称霸，横行乡里，百姓怨声载道，恨之入骨。

汝南东部地区敌人统治较为薄弱，共产党已经在数十个村庄建立了支部，群众基础好。1928年春，中共汝南县委提出：迅速在汝南地区寻机发动武装暴动，打通汝南至新蔡的路线，建立工农武装，建立苏维埃政权。经中共河南省委和中共豫南特委同意，决定袭击高平寺寨工队，夺取敌人枪支，为武装起义筹集武器。1928年5月23日，县委召开会议，决定速战速决、奇袭高平寺，确定由长江局军事特派员周邦彩亲自指挥，并做了具体部署。1928年5月24日，县委派与王其藻是亲戚关系的张金西进入寨内，张金西佯装与王吸食大烟聊天，借以监视其行动。夜幕降临，周邦彩、李达、邱耕南、县委书记张玉衡及7位农民积极分子各持手枪与大刀、棍棒，先后赶到高平寺西南角芦苇塘隐蔽集合，以击三掌为号。凌晨1时，周邦彩带领人员从高平寺寨子西南涉水越过壕沟，攀梯翻过寨墙，顺着寨墙根悄悄地急速向寨工队住处摸去。此时恰逢寨工队员巡逻回到住处，只见屋内方桌上亮着马灯，寨工队队长躺在里间床上抽大烟，几个队员东倒西歪，正在吹牛聊天。李达在外站岗，监视岗楼敌人的行动。周邦彩手持短枪，堵住门口，大喝一声：“不准动，谁动就打死谁！”，敌人猝不及防，顿时呆若木鸡。其余同志乘机冲进屋内收缴枪支。邱耕南冲进里间，打灭烟火，砍倒了企图顽抗的寨工队队长。枪支收缴后，周邦彩带领全体人员立即从原路撤出寨子，分散离开高平寺。暴动首战告捷，夺得两支短枪，7支长枪，仅邱耕南一人负轻伤。

高平寺武装暴动的胜利，打击了反动派的嚣张气焰，锻炼了党的干部，也极大地鼓舞了汝东人民武装斗争的勇气和斗志。中共汝南县委为扩大战果，为民除害，随后拔掉了白塔寺国民党店公所。

四、发动抗日保家，唤起联庄自卫

1938 年春季的抗日战争期间，共产党员赵文衡在郭楼一带成立联庄自卫队，总队部设在高平寺，下设 4 个大队，队员近 800 人，有长、短枪 200 多支。联庄自卫队以“联庄自卫，抗日保家”为口号，号召“有钱出钱，有力出力，有枪出枪”，强调枪口一致对外。联庄自卫队巡逻放哨，维持地方治安，宣传抗日救国，广泛地发动了抗日力量。1939 年秋，联庄自卫队被国民党汝南县政府定为“非法团体”勒令解散。

20 世纪 70 年代建设从新蔡至驻马店的地方铁路，俗称“小铁道”，斜穿过汝阳故城，经高平寺前寨、桥口村南而过。铁路现在已经不通行，但在村南边的高凸处仍保存有铁轨。解放战争时期，党组织重又组织起这些联庄自卫队员开展武装斗争，为解放战争的胜利和新生人民政权的巩固做出了贡献。

2019 年春，笔者前往高平寺走访，时值春风送暖，麦苗青青，油菜花点缀在一望无际的麦田里，从寨后的高平寺小学校园传来琅琅读书声，千百年来回荡在这里的枪炮声归于彻底的平静……

站在高平寺寨旧址上，思索高平寺 1000 多年的变迁，回顾历史，沧海桑田，这里处于淮河流域，曾是南北朝时期的争夺地带；以高平寺为重要据点的捻军起义虽然具有进步性，但却没能提出一个可行性纲领，并由于农民阶级的局限性和反动阶级的联合绞杀终究归于失败；大革命失败后，在先进的共产党领导下，有农民群众积极参与的高平寺暴动一举即取得成功；共产党组织的抗日救亡运动和人民解放斗争风生水起。一桩桩历史昭示着一个真理——革命的胜利必须有一个先进的组织去领导。

郭楼革命四英杰

张留坡

从1921年中国共产党诞生到1949年中华人民共和国建立，平舆县郭楼镇先后出现了平舆革命播火第一人的贾子郁，参加白塔寺农民武装暴动的吴子平，多次为新四军输送兵源的贾国宝，首任中共汝南县民主政府县长的赵文衡，被后人誉为郭楼革命四英杰。

贾子郁：平舆革命播火第一人

贾子郁（1901—1932年），又名贾学文，乳名王丑，化名李子久，平舆县郭楼镇聂庄人，家有土地四五十亩，自耕自种，生活富裕。

贾子郁7岁时就读于邻村白塔寺村私塾，1917年秋，进入汝南高等学堂学习，1919年毕业，以优异的成绩考入信阳省立第三师范学校（今信阳师范学院），1924年毕业，留在三师附小任教。

1925年7月，经秦君侠介绍，贾子郁加入中国共产党，并任三师党支部负责人。1926年，中共信阳党的组织遭到破坏，党的负责人因受到反动当局的通缉而先后离开信阳，贾子郁奉党的指示留在信阳坚持斗争。面对逆转的时局，他没有退却，以教书为掩护，积极从事党的活动，发展了一批党员，建立了中共三师附小支部。

1926年冬，贾子郁受中共信阳党组织的指派，回到家乡从事农民运动，秘密发展党员，建立党组织。他首先在汝南与共产党员李渭滨、邓国本、温其旭等人接上关系，组成一个党小组，开始汝南的建党活动。1927年2月，发展了一批党员，建立了赵埠口、老君庙、城内3个党小组。随后，贾子郁回到平舆，深入到贫苦农民、亲戚、朋友家中，用朴实的语言宣传马克思主义，宣传革命道理。

1927年春，贾子郁在张路庄介绍了吴子平、马从龙、张云庆、张栓柱4

人入党，在吴子平家举行了入党宣誓。宣誓后，便在这里建立了张路庄党小组，马从龙担任小组长。后又在李旗屯（今李屯）、李庄发展了巫越、李郁英、李成化 3 人入党。同年 6 月，北伐军在汝南县韩庄举办战区农民运动训练班，贾子郁在杨埠等地选送一批青年积极分子参加学习。7 月初，张鹏举、姚玉衡、王林德在训练班集体加入中国共产党。与此同时，平舆进步青年张国和（张井然）在汝南城内加入中国共产主义青年团，后转入中国共产党。他们入党后，分别回到家乡杨埠、洼张、仙翁庙、三里桥等地发动群众，开展反帝反封建斗争。

1927 年 3 月，为了便于开展工作，贾子郁经人介绍到汝南简易师范学校担任国文教员，他一面教学，一面秘密开展党的活动。4 月，为欢迎北伐军进军河南，在平舆十八里庙成立了全部由共产党员参加的国民党汝南县党部，贾子郁任首席执行委员，并兼任“反奉运动委员会”主席。

“4·12”反革命政变后，党组织转入秘密活动，给敌人造成一种错觉，他们认为共产党已偃旗息鼓。贾子郁抓住这一有利时机，秘密发展党员，扩大党的组织。

1927 年 5 月，盘踞在汝南城内的军阀纪元林，勾结豫西南惯匪老戴正（戴明权），突袭唐营寨，大肆屠杀革命群众，20 多个少年儿童惨遭杀害，2800 多名群众惨死在屠刀下。待北伐军赶来支援时，土匪已向东南方向逃跑，惨案发生后，贾子郁带人亲临视察安抚群众，并在十八里庙召开群众大会，鼓励大家振作精神，继续战斗，直到取得最后胜利。

1927 年 8 月，张路庄党小组吸收赵连启等人入党，建立了平舆第一个党支部，张云庆任支部书记。接着，李旗屯支部、杨埠支部、洼张支部、仙翁庙支部、平舆支部、马桥李庄支部、梅庄支部、裴庄支部相继成立。

1927 年 9 月，党组织利用党员张国和在汝南城内的宅院办大丰粮行，建立秘密联络点，在大丰粮行正式成立中国共产党汝南县委，张玉衡任书记，贾子郁任委员。

党的八七会议后，张玉衡、贾子郁等人秘密到达汝南孔庄召开会议，清除了部分动摇分子，整顿了纪律，纯洁了组织，使许多党员认清了革命方向，明确了奋斗目标，树立了必胜的革命信念，党的组织很快得到恢复，并有了新的发展。

1928 年春，鉴于汝南东部敌人统治力量比较薄弱，我党已在数十个村庄建立了党的组织，贾子郁根据中共河南省委“依靠群众，组织武装暴动”的指示，向县委提出迅速在汝东区寻机武装暴动，打通汝（南）新（蔡）交通线，设法同鄂豫皖苏区连成一片，建立苏维埃政权的设想，并详细地报告了盘踞在汝新交通线上几个敌人据点的武器装备等情况。根据贾子郁的意见，县委决定并组织实施了袭击高平寺寨工局、奇袭白塔寺店公所农民武装暴动。贾子郁经过周密策划，亲自指挥并参加了这两次武装暴动，在不发一枪、不伤一人的情况，夺取了敌人的10多支枪支和一些银圆。夜袭高平寺、智取白塔寺，是继确山刘店起义后，共产党人在平舆领导的两次成功的武装暴动，打击了敌人的嚣张气焰，扩大了共产党在群众中的影响，为党组织开展武装斗争提供了经验，坚定了平舆人民跟着共产党闹革命的决心，促进了汝东地区武装斗争的开展，使高平寺、白塔寺周围数十里武装斗争的星星之火越烧越旺。

其后，贾子郁又先后在天水湖、李旗屯组织了具有一定规模的农民暴动，但终因条件不成熟而没有成功。

1928年7月，张玉衡调离，贾子郁接任中共汝南县委书记。同年10月，由于苗文斋、张鹤亭二人被捕叛变，致使地下党员张国和、董文章等人被捕，贾子郁等同志被通缉，汝南党组织遭到严重破坏。为保存革命的有生力量，贾子郁在汝南城东大唐庄召开脱险人员紧急会议，要求党员暂时离境隐蔽活动；与外县交界的党支部，可与邻近县党组织取得联系，接受他们的领导。

处理完汝南党组织的善后事宜，贾子郁在共产党员贾国宝的掩护下脱险，到达信阳，担任信阳县委委员，协助张贯一（杨靖宇）开展工作，使信阳的党组织很快恢复起来。1929年2月，中共信阳县委在贤山召开全县党内积极分子会议。张贯一主持会议，贾子郁做了关于国际形势的报告。张贯一调离信阳后，贾子郁负责县委工作。

1929年5月9日，中共河南省委决定取消豫东南、豫南两个特委，成立中共信阳中心县委，负责指导豫南各县的工作，贾子郁任中心县委书记。期间，贾子郁等领导了信阳平民工厂的罢工斗争。

1930年2月5日，贾子郁主持召开了信阳中心县委扩大会议，会议分析了豫南的政治形势，研究了商城、信阳有关问题和东南各县联席会议议案。会议继续选举贾子郁任中心县委书记。4月，成立信阳京汉区特委，贾子郁任执行委员。5月1日，省委将信阳中心县委划为信阳、潢川两个中心县委，信阳中心县委由贾子郁任书记，辖信阳、确山、正阳、汝南、遂平、西平、上蔡、郾城等县。11 月，中共河南省委决定将信阳、潢川两个中心县委改建为豫南特委，贾子郁任特委委员。不久，豫南特委被撤销，成立信阳京汉铁路特委，贾子郁任执行委员。

1931 年冬，贾子郁调任中共正阳县委书记。为唤起民众，他提出了“扩大武装力量，建立苏维埃政权，与苏区连成一片”的工作设想。他在县委秘密联络点办起《红旗》报，亲自撰稿，亲自刻蜡版，亲自油印，在城乡张贴、散发，并以“正阳苏维埃政府”的名义出布告，号召人民群众参加红军。经过宣传教育，广大青年纷纷要求参加红军，连一些自发的武装团体也自愿接受改编，游击队迅速壮大。我党力量的发展壮大引起了敌人的恐惧和嫉恨，国民党骑兵第一师和地方民团一起围攻苏区，妄图一举摧垮中共正阳县委机关和游击队。面临强敌，贾子郁和游击大队长秦光武带领县委机关、部分区委干部和游击队撤退到淮南。

1932 年冬，正当张国焘在鄂豫皖苏区搞肃反扩大化之际，贾子郁接到前往鄂豫皖苏区参加会议的通知，路上一位同志对他说：“这次去见张国焘，结果是不会好的。”贾子郁严肃地说：“支铡也得去，这是个组织观念问题。”贾子郁到苏区后，即被张国焘推行的“极左”路线扣上“右倾”保守和“推行富农路线”的帽子，遭到关押，不久被错杀于新县，一代英雄陨落大别山。在以后的革命斗争中，党中央及时总结肃反扩大化的惨痛教训，革命的前进方向得以拨云见日，对包括贾子郁在内的革命同志做出了公正评价，给他们平反昭雪，河南省人民政府于 1962 年追认贾子郁为革命烈士，英雄之灵得以慰藉。

吴子平：白塔寺武装暴动操刀人

吴子平（1901—1935 年），字秉均，乳名吴乐，郭楼镇张路庄人，自耕农家庭。相对宽裕的家庭条件，让青少年时期的吴子平有机会学知识、受教育。在本村读完私塾后，他到汝南县城继续读书，这为他接触进步书刊、接受革命思想提供了条件，让他逐步认清了当时黑暗的社会现实，内心埋下追求真理、向往革命的种子。1927 年春，贾子郁介绍吴子平、马从龙、张云庆、张栓柱等 4 人入党。经吴子平精心安排布置，他们汇聚到郭楼乡张路庄吴子平的家中，在这里举行了庄严的入党宣誓仪式。平舆县第一个党组织——张路庄党小组就此成立，时年26岁的吴子平也就这样在自己家中成了党的人，从此正式踏上了革命道路。

1927年秋冬之际，吴子平和张国和一起，经过组织发动，在郭楼、李屯之间的天水湖一带村庄秘密组织了平舆第一个农民协会——光大会，发展会员近400人。他们多次利用夜间在天水湖举行暴动预演，伺机进行武装暴动。吴子平经常带领大家在天水湖周围秘密开展活动，突袭土豪劣绅，将缴获的粮食救济当地贫雇农，将现金上缴党组织作为活动经费。1928年5月上旬的一个深夜，吴子平参加了白塔寺农民武装暴动，他在贾子郁、周邦彩的指挥下，和李达、张金西、许焕生等人迅速集结，蹚过小河，翻过白塔寺寺院的后墙，冲进店公所，将正、副店长唐有林、王东法抓获，待周邦彩宣读完唐、王二人的罪行后，吴子平手起刀落，将唐、王二人就地斩首，然后与众人一起，将店公所征收银两的册子全部焚烧后，带着缴获的两支长枪和部分现款迅速转移。

1928年10月，汝南的苗文斋、张鹤亭先后叛变，供出了中共汝南县委及所属基层组织的情况，吴子平被通缉。在群众掩护下，吴子平仍在张路庄一带坚持斗争。为保存革命力量，贾子郁召开脱险人员紧急会议，要求凡较出名的党员暂时离开汝南，隐蔽开展活动。吴子平以做卖面生意为掩护，辗转于汝南、驻马店、正阳、确山等地，继续秘密从事革命活动。1935年6月，吴子平被敌人发现，被国民党军警特务逮捕。在狱中，他在被敌人打断的腿上系了一面红旗，表达一位革命者坚强不屈的意志。在汝南的法庭上，他义正词严地痛斥国民党反动统治，慷慨激昂地宣传共产主义，坚信无产阶级的武装革命必胜。同年7月23日，吴子平被押赴刑场。他大义凛然、视死如归，高呼着“共产党万岁！打倒国民党反动派”的口号，英勇就义，时年34岁。

贾国宝：为新四军“输血”的征兵人

贾国宝（1909—1940年），郭楼镇贾寨人，字重生，又名晓光，家有良田200余亩，5岁时其母因病去世，他被寄养在东皇庙乡孟庄村其外祖母家。贾国宝6岁入私塾，后又到汝南、信阳求学。1926年秋，毕业于信阳省立第三师范学校。

贾国宝在青少年时期就胸怀大志，他仰慕岳飞、文天祥、戚继光等民族英雄，并暗下决心向他们学习，长大后也要为国效力尽忠。他还崇拜见多识广的同乡青年教师贾子郁。贾子郁比贾国宝年长 8 岁，也是信阳省立第三师范学校毕业，经贾子郁介绍，贾国宝光荣地加入了中国共产党。从此，他一心协助贾子郁在汝南秘密从事党的地下工作。

1928 年 10 月，苗文斋、张鹤亭叛变投敌，贾国宝闻讯，迅速掩护贾子郁翻越学校围墙，绕行北新街逃出县城，于当夜返回汝东老家贾寨。细心的贾国宝考虑到自从跟随姥姥生活后，很少回老家，让贾子郁在贾寨隐蔽并不安全，况且生活也不方便。为防备泄露消息被敌人抓捕，贾国宝又将贾子郁护送到平舆东皇庙乡孟庄村，把他安顿在姥姥家里。住了十几天，贾子郁心里焦急，认为躲藏在这里不是长久之计。二人商量后，决定由贾国宝陪同返回信阳母校寻找地下党组织。为确保安全，他们装扮成生意人，乘夜间出发，一路绕开村庄，避免因犬吠引起敌人注意，饿了啃点儿干馍，渴了喝点儿凉水。10 月底，他们安全到达目的地，并很快与党组织接上了关系。

1937 年卢沟桥事变爆发，全国掀起了轰轰烈烈的抗日救亡运动。贾国宝奔赴延安，参加了抗日军政大学学习。1938 年 2 月，在延安“抗大”学习结束后，贾国宝随新四军彭雪枫部由山西临汾辗转武汉，最后到达确山竹沟，为全面开展敌后游击战争做准备。根据中共中央长江局和河南省委指示，彭雪枫、张震等在竹沟开办军政教导大队和党训班，培养和训练地方党政军领导骨干，贾国宝被安排在教导大队工作。他们除开设军事课程外，还开设有“抗日民族统一战线”“群众工作”“军队政治工作”等理论课，先后为河南乃至华中各地抗日武装培训高素质党政军干部 3000 余人。正如当时彭雪枫给刘少奇的电报中所说，教导大队“成绩不亚于临汾学兵队。此为开展豫、鲁、鄂、皖边工作的核心力量”。

1938 年 9 月，中共河南省委决定从竹沟抽调几十名红军干部和两个武装中队及部分第二期学员，组成东征游击支队，彭雪枫任司令员，张震任参谋长，贾国宝任司令部副主任。为了尽快在豫皖边区打开局面，站稳脚跟，建立巩固的大后方，游击支队还决定派贾国宝返回家乡，在平舆一带扩军。

1939 年初夏，贾国宝奉命回到家乡。当时，平舆的地下党组织正利用第二次国共合作的有利条件，动员各个阶级、各个阶层的人们奋起抗日救亡，组织起“青年抗日救国团”“读书会”“抗日联庄会”“联庄自卫队”等各种群众团体，并乘机恢复和发展党的组织，扩大党的队伍。贾国宝回乡扩军，首先把重点放在“青年抗日救国团”和“联庄自卫队”，因为他们大多是经共产党教育或训练过的群众骨干，有较好的思想基础。贾国宝自回郭楼后，就受到家乡父老和地方党组织的热烈欢迎和支持。他向赵文衡等领导传达了彭雪枫司令员关于东征游击队扩军的指导意见，赵文衡亲自做应征对象的思想工作。经过宣传发动，很快就有100多名自卫队员报名参军。贾国宝直接将这批新兵带到安徽蒙城驻地，为扩大共产党领导的抗日武装做出了贡献。

1939年秋，贾国宝奉命第二次回家乡征兵。这时，国民党已经公开推行“溶共”“防共”“限共”的反动政策，“青年救国团”被国民党汝南当局宣布为“非法团体”;“联庄会”被视为“通共”“赤化”而被横加限制和破坏;“联庄自卫队”也被宣布为私通共产党和新四军，勒令解散。在这种情况下，公开招兵已不可能。贾国宝就开动脑筋，别出心裁，利用亲戚、朋友关系，在当地党组织的支持下，秘密串联原抗日联庄会会员、自卫队队员，分别做思想工作，成熟一个，接收一个;然后再利用这些被接收的队员，去动员其他进步青年。那些青年大多数抗日救亡心切，有参加新四军打敌人的爱国热情，纷纷自愿报名。很快，在郭楼、高平寺一带又招收80名青年，跟随贾国宝走上抗日第一线。

由于贾国宝在汝东两次扩军成绩显著，受到了彭雪枫司令员的嘉奖，被擢任纵队司令部副官主任。

1940年6月，日寇对彭雪枫将军领导的豫皖苏区抗日根据地疯狂扫荡。贾国宝在安徽涡阳县新兴集召开军民反扫荡动员大会，由于敌特侦悉，会场被日寇突然包围。为了掩护群众转移，贾国宝身先士卒，浴血奋战，不幸壮烈殉国，年仅32岁，实现了他“为国捐躯，舍生取义”的钢铁誓言。

赵文衡：汝东解放区的创建人

赵文衡（1913—2003年），又名凤藻、凤早，字文衡，1913年出生于郭楼镇郭楼村一个地主之家，家有土地200多亩。兄弟6人，赵文衡排行第四，自幼在乡里读私塾，青年时代到汝南、开封等地求学，读了很多进步书刊，向往革命。

1937年卢沟桥事变爆发后，正在河南大学读书的赵文衡，秘密加入了中国共产党。同年9月，在中共党组织的领导下，赵文衡、马鸿谟、游志昆等人紧锣密鼓地开始组建“汝南青年抗日救国团”。赵文衡亲自执笔起草团章，明确提出："本团是爱国青年的群众团体，宗旨为联络各界青年，开展抗日救亡活动。凡是具有正义感、主张抗日的人，都可以联合，对破坏抗战者则进行无情斗争。"汝南青年抗日救国团在国共合作的抗日形势下，获得了当地驻军的支持，并呈请国民党汝南县政府备案批准。同年 11 月，青年抗日救国团在汝南城内后龙庭隆重举行成立大会，各界代表知名人士近 300 人应邀参加。大会通过了团章，民主推选赵文衡为副主任委员，领导开展轰轰烈烈的抗日救亡活动。

同年冬，在上级党的领导下，赵文衡作为副团长主持汝南青年抗日救国团的工作，清除了意志消沉、破坏统一战线的刘镇、陶景凯等人，推荐青年教师谢雁翔（平舆万冢人）等人加入该团领导层，谢雁翔为主任，进一步加强了党的组织领导。同时，经过串联、发动，赵文衡组织了以郭楼为中心的联庄会，根据当时的形势，提出了"联庄自卫""保卫家乡"口号，与章振州等人组织的以龙王庙为中心的联庄会，与以李华轩、李清朗、姚玉衡等人组织的万金店、杨埠等地的联庄会遥相呼应，联庄会以青年救国团中的积极分子为骨干，以各自然村为一分会，健全了组织。

与此同时，赵文衡以联庄会中的青年积极分子为骨干，建立郭楼联庄自卫队，总队部设在高平寺，赵文衡担任联庄自卫队总队长，亲自领导指挥各自卫大队的活动。自卫总队下设 4 个自卫大队。以郭楼为中心的各村队员编为第一大队，以高平寺为中心的各村队员编为第二大队，以安庄以北至丁字庙（又称丁寺庙）的各村队员编为第三大队，以郭楼以东各村队员编为第四大队。模仿军队建制，每个大队下辖 3 个中队，每个中队辖 3 个小队，每个小队辖 3 个班。至 1938 年夏自卫队员发展到 800 多人，有长、短枪 200 多支，成为汝平地区中共领导下的一支重要抗日武装。赵文衡创办郭楼联庄会、联庄自卫队的经验，受到河南省委书记朱理治的表扬，河南各地学习汝平经验，迅速成立了农民抗日武装联庄自卫队，把河南的抗日群众运动推向高潮。

1939 年夏，新四军六支队司令部副官主任贾国宝（郭楼贾寨人）奉命到平舆一带扩军。赵文衡积极做好群众的思想工作，动员青年参加新四军。经过宣传发动，100 多名青年自卫队员携带武器参了军。到了这一年秋，国民党汝南县政府、县党部，把联庄会定为非法团体，把联庄自卫队定为非法武装，明令解散。为了保护党的骨干力量，经上级党组织安排，赵文衡调往新蔡今是中学教书，继续从事党的地下工作。同年 11 月，国民党反动派制造了“竹沟事变”。12月，蒋介石集团发动了抗日战争期间的第一次大规模的反共高潮，汝平一带的革命斗争形势进一步恶化。赵文衡和中共汝南县委组织部部长马鸿谟一起，奉命撤退到新四军四师彭雪枫部，后又调到新四军五师，成为黄霖的部下。1946年，赵文衡在豫皖苏二分区政治部工作，任政治部宣传科长兼民运科长。

1947年6月，刘邓大军开始南下。8月，根据中共豫皖苏区党委的指示，成立中共汝南县委、县政府。马鸿谟任书记，赵文衡任县长。因马鸿谟尚未到任，各项工作由赵文衡主持。赵文衡带领县大队，在杨埠召开群众大会，以中共汝南县委、汝南县人民政府的名义，张贴安民告示，处决土匪，大造声势，发动群众，动员青壮年参加县大队，并以汝南县政府的名义贴出征兵布告，平舆数百名青壮年踊跃报名参军，县大队很快扩充至4个连，并很快站稳脚跟。

赵文衡根据当时的力量，采取了全力开展武装斗争的方针，尽快扩大武装，用革命的武装消灭反动武装，保护新生的革命政权。于是，他把县大队的兵力分散使用向敌人在平舆的各个据点出击，先后歼灭了王美庄、万金店等处的土匪武装和10多个国民党乡公所，镇压了一批顽匪和罪大恶极的土豪劣绅，将汝东国民党区乡政权摧毁，开辟了洪汝河之间方圆数十里的游击区，建立了杨埠、平舆、龙王庙、万寨、西洋店5个区工作委员会。在汝东展开了艰苦卓绝的“拉锯”战争。

区级政权建立后，赵文衡又决定各区要建立自己的武装中队，在最短的时间内武装自己，使县大队统一指挥、以对付大股敌人。各区分头开展工作，动员群众参加区中队。各区队武装迅速发展到近300人。

1947年11月，国民党西洋店乡公所纠集地主、匪首在聂寨召开反共会议，赵文衡、马鸿谟指挥汝南县大队和西洋店、王岗两个区中队，半夜将其包围，强行攻寨，因海子水深丈余，未能攻破。次日拂晓，敌人纠集汝河南岸反动的大刀会600多人，张牙舞爪，从背后袭击汝南县区武装。这时，寨内敌人乘机向外反扑，赵文衡率领的县区武装呈腹背受敌之势，被迫两面迎击，展开了一场恶战。上午10时许，刘邓大军62团一个排闻讯前来增援，杀开一条血路，县、区武装撤出战斗。第三日，赵文衡率领县大队1000多人再次攻寨，敌人望风逃窜。这次战斗先声夺人，挫伤了平舆南部土顽武装的反共气焰。

此时，豫皖苏军区司令员张国华决定解放汝南县城，并派遣情报参谋马闯侦察敌情。为协助马闯完成任务，赵文衡审慎部署，把马闯化装成联高的学生，由政治可靠、思想进步的联高学生王永祥带入城内，住到曹东明家。曹东明与赵文衡是乡邻，家住桥口村，赵文衡还以自己的名义给曹东明写了一封信，以保证马参谋的安全。马闯经过 3 天的侦察，绘制了敌防御工事及兵力配备图，顺利完成了任务。同年 12 月 23 日，晋冀鲁豫野战军在政委苏振华、司令员杨勇的指挥下攻打汝南县城。赵文衡的任务是带领县大队，组织担架队，抢救运送伤员。汝南解放后，赵文衡代表中共汝南县委、县政府入城安民，受到各界人士的热烈欢迎。

1948 年 2 月，为了进行急性土改，本地干部需要调离回避。根据豫皖苏军区司令员张国华的指示，杜润生率领刘邓大军一纵的一个团，在平舆南 6 里处的冯寨，整编汝南县、区武装，因县大队外出作战，只整编区队武装 400 多人，调往安徽省的阜阳。几日后，县大队返回，改编为四分区警卫营，赵文衡与马鸿谟调到四分区工作。赵文衡对中国共产党赤胆忠心，献身革命事业，特别是他出任汝南民主政府首任县长后，为筹集经费，资助党的事业，他家中的 200 多亩土地，除坟田外全部出卖，兄妹 8 人在他的带领下，都先后参加了革命工作。

尾声：郭楼镇为革命牺牲的其他先烈

除了上述四英杰，郭楼镇还有不少为革命赴汤蹈火、英勇牺牲的革命人物，主要集中在三年解放战争和抗美援朝战争两个阶段。三年解放战争在平舆，又集中反映在最艰苦的 1947 ~ 1948 年的拉锯战中。让我们记住他们的名字——

王秋莲、宋道林夫妇。宋道林，郭楼镇宋海村人，1915 年生，1947 年参加革命，汝南县 12 中队分队长；王秋莲，女，李屯镇楼子村人,1915 年生，1947 年参加革命，村妇女主任。1948 年 7 月夫妻二人被敌人杀害于宋海村。同时牺牲的还有同村干部宋乃晋。

王高祥，郭楼镇门庄人，1911 年生，1946 年参加革命，皖北军区警卫团战士；朱玉科，郭楼镇戚坡人，1923 年生，汝南县大队战士；马道宣，郭楼镇安庄人，1919 年生，1947 年参加革命，汝南县区中队战士。3 人于 1947 年同时牺牲于新蔡县李庄桥。

黄付岭，郭楼镇郭楼村人，1907 年生，郭楼村村长，1948 年 2 月牺牲。

宋保才，郭楼镇宋庄人，1918 年生，任宋庄村长，1948 年 3 月牺牲。

桑元宝，郭楼镇桑营人，1907 年生，1948 年参加革命，区中队炊事员，同年 7 月牺牲。

万继堂，郭楼镇郭楼村人，1933 年生，1947 年参加革命，阜阳军分区战士，1948 年 8 月在平舆万寨牺牲。

郭首先，郭楼镇郭庄人，1925 年生，1945 年参加革命，二野警卫营战士，1948 年 10 月牺牲于汝南城东。

赵凤章，郭楼镇郭楼人，1909 年生，1947 年参加革命，任汝南县民主政府修械所所长，1948 年在杨埠牺牲。

桑天成，郭楼镇桑营人，1925 年生，1947 年参加革命，区中队战士，1948 年牺牲于大赵庄。

岳留，郭楼镇郭楼村人，1928 年生，1947 年参加革命，汝南县大队班长，1948 年牺牲。

阎小有，郭楼镇安庄人，民兵，1948 年在万寨牺牲。

吕成仁，郭楼镇聂庄人，1917 年生，1940 年 8 月参加革命，任解放军十五军四十四师三〇团炮兵连连长，师模范连长。1949 年 4 月在渡江战役中牺牲，获“特等功臣”称号。

安保金，郭楼镇安庄人，1926 年生，1947 年 2 月参加革命，汝南县区中队班长，1949 年 8 月牺牲于龙王庙。

王国清，郭楼镇王庄人，1927 年生，1949 年 2 月参加革命，志愿军二三一团班长，1951 年 4 月牺牲在朝鲜战场，1951 年 11 月被追认为中共党员，记二等功。

王新安，郭楼镇王庄人，1926 年生，1949 年 2 月参加革命，中共党员，志愿军四六〇团四连副班长，1952 年 5 月牺牲在朝鲜黄海南道。

陈风立，郭楼镇丁字庙人，1928 年生，1947 年 12 月参加革命，1949 年加入中国共产党，志愿军十六军四十七师连长，立二等功两次，1953 年 12 月牺牲在朝鲜战场。

李屯篇

李旗屯与汝新官道的变迁

韩文艺

李屯，旧名李旗屯，南依汝河故道。明清时期的“李旗屯”大名鼎鼎，为汝新官道上重要集市。今李屯镇政府所在的主街呈西北—东南走向，正是数百年前汝新官路以西北—东南走向经过这里时造就的。老汝新官道曾经在李屯境内有老集申店、李旗屯，老驿站普照铺；在辛店境内有老集西辛店、两路口，老驿站冯庄铺；在万金店境内有老集万金店。

一、明清时期的汝新官路

明清时代在汝新官路沿线上有集、有官方设置的驿站。查清康熙元年（1662 年）、康熙三十四年（1695 年）、嘉庆元年（1796 年）三版《汝宁府志》，“舆地图”上显示汝新官路依次经申店、李旗屯、西辛店、万金店等集市。汝新官道为交通要道，故而明清时代在汝新官路上设有多处驿站，负责来往文书转递、驿马换乘和官员歇息。清康熙二十九年（1690 年）《汝阳县志》关于“驿递总铺”记载道：“普照铺城东三十里，冯庄铺城东五十里，万金铺城东七十里抵新蔡界”，其中普照铺在今普照寺，冯庄铺名称未改今仍存于辛店街东南二里，万金铺应在今万金店。大体来说，明清时代汝新官路在平舆县境内走向和现在的新阳高速略微一致。

二、民国时期的汝新官路

民国时期基本仍沿袭清代路线。1938 年成书的《重修汝南县志》记载“汝新大道，出东关南新街经凤凰嘴八里屯，复东南行十余里至申家店，十二里经李旗屯，十五里至西辛店，十五里至两路口，十五里至万金店，再东南行二十余里至新府店，更东南入新蔡县境”。当时这条路路况很不好，该县志记载说“现在开封建设厅筹办之长途汽车路业已售票运货，因系土路，倘遇暴雨冲坏，势不得不停止行驶。”

旧志中提到的申家店、李旗屯、西辛店（应为今日之辛店街）、两路口、万金店这 5 个地方当年都有集市。2018 年笔者曾在李屯镇申店村访古，村民说申店过去确有集市。李旗屯（李屯）、西辛店、两路口、万金店今天仍然有集。

三、汝新官路的改道

新中国成立后驻新公路改道。驻马店在清末已设火车站，经民国至新中国成立，驻马店区位优势愈发突显，“汝新大道”的称呼逐渐为“驻新公路”代替。1995 年出版的《平舆县志》记载:“1954 年 1 月，驻新公路改线工程（由汝南经李屯、两路口改为经前岗、平舆）动工，全县出动民工 4.5 万人”。此后，驻新公路经前岗、郭楼、平舆县城、万金店入新蔡，不再经申店、李旗屯、两路口。

1958 年，平舆境内 31 公里长的驻新公路铺成砖渣碎石路面。1966 年改建为灰土基层柏油路面，宽 6 米。

1985 年路基拓宽为 12 ～ 15 米，油面拓宽为 9 米，列为国家次高级公路。后来又升级扩建为省道。

四、新时代的国道

2017 年，驻新公路又扩建为双向八车道的 328 国道（G328），现在通车后，交通更加顺畅，出行更为便利。一条汝新官道，它路线、路况和出行方式的变化折射出数百年平舆大地的沧桑巨变。

“中国珙桐之父”张家勋

张留坡

每年 4 月，是世界稀有植物品种珙桐树开花的季节，来自全国各地的观光者络绎不绝，人们走进郑州航空工业管理学院（简称郑州航院）南校区，欣赏这满树的鸽子花开。这里大树参天，是珍稀树种的乐园和全国林业院校教学实习基地。开垦种植这片土地的老人，便是“中国珙桐之父”张家勋。

张家勋，平舆李屯人，1944 年出生在一个普通农家。1962 年，18 岁的张家勋考入河南省汝南园艺学校，在这里，他如饥似渴，系统学习现代园林绿化理念；在这里，他以书为引，开始了自己的“种树人生”。

后来，张家勋有幸参与到林业部（已撤销）组织的欧洲园林绿化考察项目，发现欧洲有许多珍稀树种来自中国，而在中国却鲜有人知。譬如珙桐，是世界著名的珍贵观赏树，常植于池畔、溪旁及疗养所、宾馆、展览馆附近，并有和平的象征意义。

珙桐，是冰川时期的孑遗植物，只在中国部分地区有遗存。20 世纪初被外国植物学家发现并带出国门。珙桐和水杉一样曾经是全世界都有，但后来许多国家只能在化石中一睹芳容，故有“植物活化石”之称，在中国发现后曾经轰动世界生物学界。它是我国 8 种一级重点保护植物中的珍品，因其花形酷似展翅飞翔的白鸽，而被西方植物学家命名为“中国鸽子树”。1954 年，周恩来总理赴瑞士日内瓦参加国际会议，游览苏黎世时，听导游员津津有味地谈起珙桐树的来历，不禁大吃一惊。他询问身边的人，竟然没有一个人知道。周总理回国后，立即指示有关人员进行专门研究、栽植，但其结果却不如人意。

这样的憾事，让张家勋暗自下定决心，一定要把珙桐栽植成功！

园艺学校毕业后，做了 8 年文职工作的张家勋，并没有浇灭他对园林绿化的热爱。妻子毕业后到郑州航院工作，张家勋要求一同前往，他放弃干部的身份，以一名绿化工人的身份到了郑州航院。妻子为他感到委屈，他却指着郑州航院大片大片尚未开垦的荒地爽朗地说："这里有育苗种树的用武之地，一年中寒暑两个假期，更是难得的外出考察学习的好机会。我想干自己想干的事，不考虑其他。"

于是，一到郑州航院放寒暑假，张家勋就背起行囊，沿着威尔逊当年考察的路线寻找珙桐。他拿着从图书馆借的《中国园林之母》，对照书中的图片向相关地区林业局专家询问实物。

寻种之路，山高路远，险象环生。他先后到宜昌、神农架寻找树种的足迹。功夫不负有心人，在四川凉山大风顶自然保护区的山路上足足走了一天半后，他终于发现了珙桐天然林及林下幼苗，他将20麻袋小苗和树种一麻袋一麻袋地扛到汽车站带离深山，几经辗转带到郑州育苗。

张家勋在考察时发现：珙桐虽然只见于南方，但分布的海拔很高，甚至接近雪线。他于是大胆推测珙桐并不怕冻，相反地关键是要耐热。珙桐从育苗到开花需要6～12年不等，在这期间，张家勋像养育孩子一样，细心呵护它们。

1985年，珙桐终于在郑州开花，一对对白色花朵随风摇曳，仿佛是一群白鸽栖息在枝头，清风吹来，振翅欲飞。

在1986年的全国珍稀濒危植物保护会议上，张家勋在他长达100多页的大会论文中，详细介绍自己多年从事珙桐等珍稀植物引种的经验，受到大会的高度重视。

1991年3月，张家勋被中央绿化委员会授予全国绿化劳动模范，并因在珙桐引种方面的成功被称为"中国珙桐之父"。

从事植物引种驯化科研工作50余年，张家勋走了国内36个县10多万公里，引种驯化200余种珍稀濒危植物，培育出20余个专利植物新品种。彩叶北海道黄杨、彩叶丝棉木、彩叶银杏、雪中红、金枝玉叶、黄金甲……在他几十年的潜心研究中，许多园林植物新品种呈现在世人面前，令人叹为观止。

听听曾任郑州航空工业管理学院绿化科科长、著名植物分类学专家、现任河南北方菩提园林专家组成员的张家勋对我们怎么说："树木是地球的年轮，是生命的原始色。作为一个'种树人'，种树是我一生的追求。我相信，只要扎根大地，就能把中国种成枝繁叶茂的多彩世界。"

李屯三月初八会

路艳芳

农历的三月初八是李屯每年一度的物资交流大会。也是骡马交流大会，各地供销社在东西街搭起帐篷摆上货物，卖商品销货，被单被面、布匹百货、衣服鞋帽、锅碗瓢勺，应有尽有，让人眼花缭乱。

南北街是肉市，猪肉、牛肉、羊肉，生的、熟的，样样俱全。北边是牲口行，和猪羊行，木桩上拴满了牛驴马和猪羊，猪嚎羊叫，牛哞马嘶。牛经纪挥着鞭子溜牲口，有的伸手从背后递码子，交易的牲口拴在一条长长的绳上，叫上倾，每年吸引不少外地客商来交易。我知道漯河的姨父每年会领着几个客商来交易，把成群的骡马赶回漯河出售。我村的天干叔每年在会上买回二三头小牛回家喂养，父亲也在会上 800 元买头白骡子种地拉车。南边是包子锅、烧饼炉等，胡辣汤、鸡肉丸子汤、糖糕、油条等各种小吃应有尽有。汝南东关一位卖胡辣汤的师傅也来赶会，他边卖边唱，吸引很多人来摊上喝汤。他一天能卖 5 大锅胡辣汤。这边还有卖艺的，耍猴的，撂圈的，抽签的，算卦的，卖药的，看手相的。最热闹的还数西边那台戏，是我们平舆县剧团演的《辕门斩子》，随着咚咚锵、咚咚锵的节奏，身披金甲的穆桂英和披挂整齐的杨宗保打得热闹，战得正酣。那枪法、那台步、那身段，吸引着人们的眼球，特别是那字正腔圆的唱腔，动人心魄。随着激烈的武打动作，场内掀起了一阵又一阵的掌声和欢呼声。

那年的会上，我为儿子买齐了准备结婚的用品，买回了满意的床单和缎子被面。乡亲们也在会上买吃穿日常用品，农机农具等。随着时代发展，科技的进步，坐在屋里看电视、看戏和听戏，李屯三月初八延续了几十年的大会也和其他全国各地的庙会一样，落下帷幕，永远成为人们的记忆。

土匪歼灭记

路艳芳

岁月流逝，往事铭记心头。我永远难忘，母亲给我讲述的20世纪三四十年代，乡亲们惨遭地方土匪敲诈勒索的悲惨往事。

有一户许姓人家，有几十亩地，一家人勤劳能干，收成好；有几个孩子，日子过得踏实美好，可好景不长，就被一帮土匪盯上了，这其中就有本村一个叫胡来的土匪。他和这些外帮土匪勾结在一起，踩点，把许家7岁的孩子抢走，限几天时间拿钱赎回小孩，如钱拿不够，就会撕票，把孩子害掉。许家卖牲口卖地，才把孩子赎了回来。等3年后，许家又添了一个孩子，这个贪得无厌的坏蛋竟然又把两岁的孩子抢走，限几天拿钱赎回孩子。许家上次赎孩子，已经花光了家产，再也拿不出那么多的钱财，这些黑心的土匪，他们看许家钱凑不够，就挖了坑，把孩子头朝下活埋了。

有一户张姓人家，是外婆的亲戚，在汝南北关开一个小果子铺，省吃俭用，在乡下置几十亩田地。被胡来这伙土匪盯上，大白天5岁的女儿和9岁抱养的哥哥在屋外玩耍，坏蛋用麻袋把女孩装走。他们知道男孩是捡来的苦命孤儿，怕主家不花钱赎他。可懂事的男孩死死拉着麻袋不丢，还说放了妹妹，他跟他们一块走。这伙坏蛋一脚把孩子踢几尺远，用大木棒把他打晕了过去，把女孩弄走了，要多少钱赎回小孩。张家卖了刚置下的70亩地，才把奄奄一息的女孩赎了回来。男孩被打中脑部，落下了严重的脑震荡，时常头疼头晕，不到20岁就死去了。

这帮土匪坏蛋，除了拉人绑票，还干起了盗墓这一行当，由本村的胡来踩点，哪地方埋的是有钱人，夜晚就开始盗挖。他们买有钢锯、铁链子，挖开坟墓，锯开木头，把扣好的铁链一头挎死人脖子上，一头挎自己脖子上，拉起来之后，朝死人脸上连打几个耳光，口里说着，伙计，你上辈子欠我钱，我来找你算账了。接着把里边的金银珠宝收拾干净。

在我们北边一个村庄，死了个绅士，坟里埋了许多金银财宝。这家怕被盗，看守了 3 年，认为化尸无事了才不再看守。在一天夜里，被胡来这些坏蛋挖开坟墓。想不到刚锯开木头钻到里边，忽然从棺材里窜出两个像狸猫一样的火球出来，吓得胡来拔腿就跑。他跑着，火球追赶着他。胡来以为是鬼在追赶他，吓得拉了一裤子屎尿，回家后得了一场大病。其实按现在科学来讲，那是人化尸之后骨头产生的磷火。

1947 年，家乡来了共产党八路军，帮助穷苦人得解放，这些害人的土匪恶霸才得到了整治，这帮为非作歹的土匪和胡来一起，被政府执行了枪决。广大群众拍手称快。许姓和张姓的后人，现在都成了发家致富的人家，你走到汝南以东十几里的一个村庄，有大型的板厂，19 间厂房，5 部大车，4 台机器。那就是许姓后人办的木材加工厂，二三十名工人。张姓人后代，也有几人是共产党干部，还有在城市做生意的生意人，家中幸福美满。他们从心眼里感谢伟大的中国共产党，伟大的时代。

认干亲那些事儿

路艳芳

农村有认干亲的风俗，就是父母为了让那些体弱多病的幼儿，能够健康成长，最直接的做法就是认干亲。我村有户刘姓人家干儿干闺女认了一堆，因为刘姓的谐音是留，意味着孩子能够留得住。还有程姓人家也是认干亲的热家，因为程姓的谐音是成的意思，意味着孩子长大后成为有用之才。

在我们家乡，当时村里只有 20 来户人家，我和一个叫小成的孩子从小体弱多病，他的父母给小成认了 12 家不同姓的干爹干娘。我的父母也给我认了两家，胡姓和罗姓干爹娘。每年的腊月二十三和大年三十，父亲会领我到两个干爹干娘家去磕头。去时带着礼物，有鞭炮、蜡烛、灶糖等，还有一只大公鸡，好引起灶王爷的注意和眷顾。因为二十三小年这天，灶王爷要上天说事，把家中干儿干闺女的事儿也要给老天爷讲到。

在干爹家吃过饭，干娘开始给我穿锁子（用线把几枚铜钱穿起来，叫锁子钱），把锁子挂在我的脖子上，就算是把我锁住，往后自然就平安无事了。在他家过小年，干爹会在吃饭前放一挂炮，故意弄出动静，其实也是为了向别人炫耀有人认他当干爹，自己是个面子人，或是个有头有脸的人。

最后一次穿锁子称完锁儿，还要举行个仪式，记得在我 12 岁那年，父亲领我去干爹家，带了好多礼物，还有 100 个小蒸馍，四样蔬菜，还给干爹干娘每人买了一身衣服，一双运动鞋。干爹干娘最后一次穿锁子，更显得大方些，给我买了 12 套碗筷和一身衣服这叫衣饭碗。回去的时候，还用个小篮子盛上小米，一路漏到家，这叫扎根儿。以后每年中秋节、年关我都会带着礼品去看望干爹干娘。干爹干娘百年之后，我会像他们的亲生儿女一样尽孝。如今我已步入晚年，但我还时常怀念待我如亲生的干爹干娘。

过年俗事

路艳芳

一、三姑六姨走亲戚

在我们的家乡，豫东平原过年吃团圆饺子，初一拜年串门，初二开始串亲戚了。在那清贫的岁月里，大家也都是 2 斤果子，2 斤糖来回走动，上午是猪肉粉条熬上一大锅，也会有肥肉丸子、几碗菜，大家热热闹闹畅谈一年来丰收的喜悦。我家有 3 位姑妈，2 位姨妈，她们来我家我们兄妹几人别提有多高兴了，因为姑妈会给我们捎来好吃的米花糖、芝麻蜂蜜糖，三姑妈家种甘蔗，三姑妈会捎来两捆大甘蔗。姨妈来会捎给我们一大堆衣服和她做的每人一双新鞋，大姨妈手巧，给我和妹妹们都扎花，还有蝴蝶在上边，特别好看。还有姨妈做的布衫：都用水红布和青色布沿边，在盘上花扣鼻，好看又美观，所以我们过年都会盼着姑妈和姨妈来我们家。

二、吃硬币饺子

儿时过年，家家都会包饺子，先敬神敬主，后是自己吃。人们有个习惯，在包饺子时，把硬币分别包在饺子里，初一早饭吃饺子，谁吃着硬币，谁在这一年就会有福气，所以这天人们都争先早起，尤其是小孩子，为了吃着硬币饺子，吃到肚子发胀还在吃，我大弟就是这样，肚子饱的吃不下了，又捞上几个还吃。终于在第三碗吃着硬币，乐得全家哈哈大笑。

三、偷斋灯

所谓斋灯，也就是在除夕之前蒸年馍时，把一个馍的面块捏成小碗的样子，和蒸馍一起蒸熟。等到除夕晚上吃团圆饺子时，在馍碗里倒上少许香油，用一根粗线做捻子，点燃起来放在大门口的神龛里，或是门墩上，或是祖先的牌位前，供奉他们。那时候生活清贫，普遍缺吃，那些调皮胆大的孩子，就会趁着黑夜摸到神龛前，把燃着的斋灯吹灭吃掉。这就是偷斋灯。我村的小发弟兄俩就专偷邻居天明大爷家大门墩上的斋灯吃，因为小发他们早年没了母亲，实在可怜，大家蒸了年馍都会给他家端上一筐，母亲会给小发他们端的馍比别人家还多。有好吃的东西母亲也会让我们给小发他们送去些。

儿时那些有趣的事让我永远难以忘记。如今生活富裕，人们生活幸福了，但过去的老风俗和那些往事却永远印在我的脑海里。

鸡蛋茶

路艳芳

在我们中原地区的农村，流行一种民俗，有客人来，打上一碗荷包蛋招待客人，也算是美味佳肴。

在过去那清贫的岁月里，我老家李屯一带的妇女都会煮荷包蛋，也就是所说的鸡蛋茶，但自己很少品尝自己的手艺。一家人的油盐酱醋还有孩子们上学的学费全靠鸡下蛋卖钱。

男孩到了订婚的年龄，头一趟去女方家相亲，女方家可以不管饭，但要煮上一碗鸡蛋茶招待是必须的。

那年头，农家散养土鸡，在草丛中觅食小虫活食，母鸡下的蛋蛋黄呈橘黄色。未来女婿上门来，未来丈母娘会拿出平时不舍得吃的鸡蛋，烧起地锅，几把柴火把水烧开，小心翼翼地把鸡蛋磕开，依次打入沸水中。煮好的荷包蛋，蛋白中间包裹着橘黄色的蛋黄，晶莹剔透。取一只青花碗，放上砂糖，四个荷包蛋铺上边，热气腾腾的端给未来女婿，在邻家大婶的劝说下，男孩接过碗，夹起荷包蛋咬一口，那香甜的味道，让人开胃流口水。可是乡下有个规矩，任凭你新女婿嘴再馋，也不能把这碗鸡蛋茶吃完，最多吃 2 个，否则就是破了规矩。

邻家三娃长的憨头憨脑，干活踏实、有力，家中兄弟多，列入大龄青年行列，邻居马婶给他介绍了一位漂亮姑娘，三娃交上了桃花运。相亲那天，他瞅着碗里的荷包蛋两眼发直，架不着女方婶子、大娘的三让两劝，呼噜呼噜将不该吃完的鸡蛋茶吃了个底朝天，结果也把一桩婚事给搅黄了。名声传了出去，好长时间才找了远方的外地媳妇。

对未来新人有规矩，对那些说媒的媒人可没有规矩了，媒人凭着三寸不烂之舌，往男方女方家跑，死蛤蟆也能说出尿来。到男女双方家，男女方的母亲会煮上一碗鸡蛋茶，热气腾腾地端上来，媒人不客气地接过碗，筷子夹起一口一个荷包蛋，再伸脖子咕嘟咕嘟几口糖水送下去，一下吃个底朝天。

乡下还有种人能吃这碗鸡蛋茶，那就是开药铺的老中医。吃五谷杂粮哪有不得病的，重者卧床不起，要请老中医把脉问诊。我们村的老中医老陈，中医世家，在远近有名望，把脉问诊，几味中药下去，药到病除。老陈医生已 80 岁，经常会有患者家属拉架子车接他出诊。进门坐下，先拉着病人的手臂，把上一脉再施以诊治的方案。这时候主人会端上一碗鸡蛋茶，老中医也不推辞，端起碗慢慢品尝，时不时会推一下鼻尖上的眼镜，那举止沉稳有度，颇具仙风道骨，令人肃然起敬。

如今社会发展，人们生活富足，招待客人鸡蛋茶已不稀罕。而年轻人自由恋爱，不再靠相亲订终身，招待未来女婿不再局限于鸡蛋茶，但也未就此消失，早晨打一碗鸡蛋茶当早餐，大人小孩也吃的美味香甜，一家人品味那幸福和甜蜜的味道，也非常有意义。

老王岗篇

老王岗红枪会兴衰记

张留坡

红枪会是民国时期的群团组织，也称红学，在宗教上属于道教，但兼容佛教。红枪会的组织形态似教非教、似团非团，内部结构比较简单。最初多以自然村镇为单位，设立基本组织——学堂（又叫香堂），每一学堂设一学长，由本村德高望重者担当，主持会中大小事务。学长负责聘请“老师”，传授吞符咒、练拳棒、焚香请神等技能，训练会员上阵作战等。每个学堂配有几名办事人员，负责掌管会中粮米柴油，购置杂物，布置会坛，对外联系，掌理会中人事等各项事务。红枪会会员之间，一律平等相处，没有明显的地位高低之分，这是它区别于其他会道门的一个显著特征。

红枪会的会员多为本村乡亲，且多数都沾亲带故，故而打仗时，均能彼此照应，同仇敌忾，加上他们自恃有“神符”护身，故作战时都奋不顾身，勇猛向前。

1924 年，中国正处在军阀割据之时。陕军军阀田维勤部进驻汝南后，广备军旅，扩充实力，到处索要粮草，强拉人畜，敲诈勒索，苛捐杂税名目繁多，沉重的负担压得当地农民喘不过气来。加上贪官污吏横征暴敛，杆匪遍地，明抢暗盗，日日兵灾，夜夜匪患，闹得汝东平舆一带人心惶惶，鸡犬不宁。

老王岗红枪会的兴起，最早始于曾林村。当时，人们被军阀加土匪吓坏了，村里有个叫曾广宇的富户，看到民不聊生的状况，很担心自己的身家性命也没有保证。雇工老孙头看在眼里，就对他说：“我老家太康县的红枪会很有名，喝法念佛，刀枪不入，要不，我去请来几位，安红学、教法术，可以保卫老爷及村民的安全。”曾广宇同村中父老一商量，大家都非常赞同，催促老孙赶快去请。

几天以后，老孙果然请来了几个红枪会的人。他们身带红缨枪、镗链等物，挥拳出脚，使刀耍棍，个个精神抖擞，威武雄壮，让人很是敬佩。于是红枪会在曾林村正式成立，全村青壮年都来学。他们不分白天黑夜，跟着老师学习，练习刀枪棍棒和法术，精神面貌大为改观。邻近郭庄、王岗、黄湾、兴旺店、赵埠口等村庄的青年，也都慕名而来，参加学习。

过了一个多月，有一股土匪到前岗附近的白辛庄贴条子喊款（土匪勒索乡民的一种手段），白辛庄人非常害怕，他们听说曾林红枪会武艺高强、刀枪不入，就偷偷派人过去，恳请他们帮忙，解除即将临头的灾难。曾林红枪会慨然应邀，答应准时前往。

当夜，他们悄悄潜伏在白辛庄的隐蔽处，等土匪进村骚扰时，老师发令“动手”，红枪会会员就挺起长矛、高举大刀，和土匪们厮杀起来。结果，活捉土匪李清俊，夺得步枪一支。众匪见势不妙，狼狈逃窜。白辛庄避免了一场大祸。从此，曾林的红枪会出名了。周围很多村庄纷纷效法曾林村，成立自己的红枪会，曾林村的学徒都被请走当教师去了。

1926 年，在开封读书的本乡赵埠口村进步青年刘茂修经学校党组织介绍，加入中国共产党。同年冬天他与同学邓国本、温其旭、温光宇等一块回到家乡汝南。由于家庭困窘，经同学介绍他在省立六中谋了一个教员的职事，一边教学一边从事革命活动，筹备建立中共汝南党组织，此时和他交往甚密的有邓国本、温其旭、温仁斋、温光宇。因赵埠口村由汝河抱绕，邻近汝河西岸的三桥、马乡等地，他遂介绍当地进步青年胡梅村、王冠贤、魏伯衡、霍德轩等加入中国共产党，在汝正边区（汝南正阳交界处）播下革命的火种。

同年 7 月，中国共产党召开了第四届中央执行委员会第三次全体（扩大）会议，专门讨论并通过了《对于红枪会运动决议案》。在这个决议案精神的指导下，不仅在组织上消除了红枪会原先各自为政的局面，组成了武装农民的联合办事处，还通过红枪会发展了农民协会，更重要的是在思想上使红枪会逐步认识到只有“打倒帝国主义，打倒贪官污吏，打倒劣绅土豪”，才是唯一出路。经过共产党教育、整顿后的红枪会，成为一支重要的反帝反封建革命力量，在国民革命军北伐战争中发挥了积极作用。

1927 年元月，刘茂修、邓国本、温其旭积极开展组织活动，长江局派林壮志（福建人）来汝南负责主持党组织的筹建工作，成立中心支部，由邓国本、贾子郁、温其旭、刘茂修负责支部工作，转达落实党中央《对于红枪会运动决议案》的精神，会议认为，周边的红枪会会员大部分是汝南的劳苦群众，他们对陕军、匪、杆匪恨之入骨，应当把他们作为革命队伍争取发展的对象。于是安排刘茂修作为联络人，做好红枪会的工作。刘茂修不计个人得失毅然且决然地辞去六中教员的职事，深入到赵埠口、曾林一带的亲戚、朋友、同学和红枪会会员中进行串联活动，和他们谈心交朋友，讲述中国共产党是无产阶级劳苦大众的政党，是为劳苦大众谋利益的。并根据党的要求在贫苦农民的红枪会会员中，成立了党的外围组织农民协会（俗称光蛋会，又称光大会），并介绍邻村的知识青年刘茂勋、刘茂学加入中国共产党，帮助他开展赵埠口、曾林、黄湾、马湾、大张庄、贾庄、王岗等地红枪会的宣传和组织工作。在城东南的汝河之滨，成立了由 7 人（刘茂修、胡梅村、刘茂学、刘茂勋、王冠贤、魏伯衡、霍德轩）组成的第一个党支部——赵埠口党支部，由刘茂修任支部书记。

不久，曾林一位学员在半夜忽然发现五里外的赵湾火光四起，就立即通知教师和其他学员断定赵湾有匪，遂带着刀枪迅速前往。到赵湾一看，群众已遭抢劫，匪徒们把抢来的财物装满几大车，准备出发。见此情景红枪会员们义愤填膺，教师发令“打”，学员们犹如下山的猛虎向匪徒扑去。匪首单红彩（外号单老腰）率徒还击，双方展开了激烈的斗争。结果单红彩被刺死，十几名匪徒受伤，惨败而逃。赵湾百姓的牲畜财物得以保全。群众交口称赞:“红枪会见义勇为，武艺高强。”

从此，曾林红枪会威震四方。东到平舆，西至赵埠口、三桥，南达余店，北至李屯乡的十八里庙，纷纷设立红学。

不久，汝南中心支部书记邓国本亲自带领贾子郁、温其旭、张肇西来到赵埠口村，协助刘茂修在附近的王岗、曾林、黄湾、马湾、刘寨、沙口、三桥等地开展宣传活动，其指导思想是在党的领导下发动农民武装，联合农民武装，壮大农民武装。宣传的主要内容是：反对陕军征粮派款，祸害乡里；取消苛捐杂税，打倒军阀土豪劣绅，实行耕者有其田，让农民过上太平日子等。这些深入浅出的道理，农民爱听易记，津津乐道。很快他们把刘茂修、贾子郁等看成了自己的亲人和朋友，并积极参加农民协会。

1927 年 2 月，中国共产党汝南党组织成立后，十分重视争取红枪会的工作，发动农民武装，联合农民武装，壮大农民武装。为了打击敌人的嚣张气焰，鼓舞群众斗志，党组织利用农历三月庙会在沙口、黑祖始庙举行“亮兵”示威大会。示威那天，沙口红枪会首领刘茂修、刘茂学联系方圆 50 里以内的红友万余人到会，曾林、赵埠口、兴旺店、大张庄、贾庄、刘庄、马湾、郝岗、黄湾等地数千农民红友个个手持大刀、长矛、棍棒等，从四面八方有组织地到达预定地点，举行了声势浩大的亮兵示威大会。会场上人山人海，万头攒动，刀枪闪亮，红旗猎猎。中共汝南党组织负责人贾子郁、邓立庵在台上分别讲道："今天为啥召开这个大会？为的是咱们粮食茓子里没有粮食、锅里面没柴火烧了，弄哪去了？都叫老陕（因为当地驻军田维勤部都是陕西人，当地人一般称为老陕）给我们弄走了，我们要想不挨饿，非把老陕打走不可，打老陕大家赞不赞成？"他们的话说到了农民的心坎里，台上台下一片欢腾。台下刀枪如林，声如雷动，"打倒军阀！""打倒土豪劣绅！""取消苛捐杂税！""实行耕者有其田！"的口号声此起彼伏，情绪十分激昂。欢呼声、口号声响彻云霄，吓得陕军龟缩在汝南城内不敢出来。

同年3月15～21日在武昌农民运动讲习所召开了河南全省武装农民代表大会，参加大会的有红枪会、黑枪会、天门会等武装农民代表69人，中共汝南党组织派贾子郁（中共党员）、张肇西（中共党员）二人参加了大会，主要会议精神是北伐军将出师到河南，河南各基层党组织争取红枪会加入国民革命运动，壮大革命队伍在乡村的社会力量，迎接北伐军的到来。会后，中共汝南党组织立即行动，由贾子郁、邓国本、张肇西、温其旭等共产党员分赴沙口、李旗屯、申店等村红枪会进行宣传讲话。

此时，以赵埠口、曾林为中心的红枪会组织，已成为共产党领导的同敌人进行斗争的一支重要力量。

1927年4月19日，北伐军在武昌南湖举行二次北伐誓师大会，由唐生智任总指挥，集中6万大军分左、中、右三路挥师北上。在北伐军即将到来时，中共河南省委、国民党河南省党部指命几名中共党员组建国民党汝南县党部。林壮志、刘茂修为省党部监察委员；贾子郁、温其旭、张其周、李景文、张鹤亭、唐仲虞、邓立庵等7人为执行委员。县党部设在汝东邻近县城，位置适中的十八里庙，悬挂"中国国民党河南省汝南县党部"的标牌。下设7个区党部。其中，一区区党部在汝南城内，辖6个区分部；二区区党部在白塔寺（今平舆县郭楼镇宋海村委白塔寺），辖4个区分部；三区区党部在沙河口的赵埠口村，下辖3个区分部。

1928年秋，冯玉祥反共清党运动的恶浪袭击汝南，其驻汝南的程希贤部大肆捕杀共产党员和农运骨干，曾林、沙口红枪会首刘茂学被捕，刘茂修遭到敌人布告通缉，奉上级的命令转移异乡，从事军运地下活动。民众革命团体遍遭摧残，革命进入低潮。曾林、赵埠口的红枪会从此偃旗息鼓。

附：对于红枪会运动决议案【中国共产党中央扩大执行委员会会议文件（一九二六年七月）】

（一）红枪会是军阀政治下的产物，是一般中小农民不堪贪官污吏之搜刮，苛捐苛税之剥削，军阀战争之破坏，土匪溃兵之骚扰，以及受帝国主义经济侵略之破产，土豪劣绅之鱼肉，才发生这种农民原始自卫的组织。虽然这种组织在发展以后，混入了一些游民分子参加在内，或是有些地方他的指导权落在土豪劣绅手上，然而绝不能说他纯是土匪的组织。过去及现在直隶山东河南一带的红枪会运动，他的要求和行动，都是直接间接反抗军阀统治的，他是真正民众的武装，他已成为民族革命中破坏军阀的一个重要力量，我们必须努力引导这个力量，并要努力使这个力量不为军阀土豪利用。

（二）红枪会不仅是民族革命运动中的一个重要力量，并且是发展农民协会必须注意的工作。在红枪会最活跃的河南山东直隶数省，农民运动与红枪会运动，尚不能十分划清楚，惟应注意使农会成为整个的农民组织，红枪会成为农民武装组织。在眼前须利用红枪会去发展农民协会，待农民协会的发展普遍充实后，当使红枪会成为农民协会之武装力量。

（三）红枪会是民众反对军阀统治的一种力量，但这种力量必须与别的革命力量联合，且受别的革命力量之影响，始能减轻其失败成分与反动性质（因其组织散漫与迷信，故不耐战斗，且富破坏性而少建设性）。

（四）我们应该给他们一点组织的方法和行动的政纲，这个组织方法和行动政纲，应该是极简单明了十分易懂的。

关于组织方法，第一步我们先宣传他们联合各地方红枪会，组织一秘密交通机关，为各方面互通声气接洽互助之所。这个通信处由我们红枪会同志负责来做，最初只是一通讯调查机关，渐渐的使他有力的形成一指导机关。

交通机关设立后，第二步便想设法召集各地方红枪会黑枪会等领袖，开一代表会议，形成一简单的组织，议定一共同行动的政纲，这个共同行动的政纲，不外下列几项：

1. 抵抗土匪；
2. 抵抗无纪律军队之骚扰；

3. 抵抗苛捐杂税；
4. 抵抗拉夫拉差；
5. 拒绝行使军用票，或要求以政府所出纸币纳税；
6. 保护地方秩序（即参加地方自治工作）；
7. 监督地方财政公开；
8. 反抗贪官污吏。

这些口号，必须换成当地民众所最易懂得的话句。

红枪会现时的行动，只能在上列口号范围以内，只是自卫的组织，可以要求参加地方自治，万不可纯以这部分势力企图拿住整个地方政权。

（五）不必积极去反对红枪会的迷信教条，因为这正是他们所能团结奋斗的要素。这本是落后农民不可避免的现象，只要求他们行动有利于革命之发展。

（六）在河南山东现时的特殊情形，真正农民的红枪会，与土匪性质的红枪会，土豪利用的红枪会，均是反对张宗昌和吴佩孚的。我们自然要使他结成反对当地军阀政府的联合战线，同时须巩固农民真正的组织。

（七）红枪会的指挥权，是常常容易落在土豪手中，变成土豪利用的工具。土匪性质的红枪会，又常常成为土豪最得力的基本群众，战斗力亦以他们为最强，我们对他们的政策是：如不能把他们结合在反对当地军阀政府的旗帜下时，须先取得其群众，第一步使真正农民的红枪会，不受其虚声恐吓，能够壮胆的独立存在。第二步努力使土匪性质的红枪会不为土豪所利用，反而站在农民方面去攻击土豪。

根据1926年9月出版的《中国共产党第三次中央扩大执行委员会议决案》原铅印件刊印

白龙王庙惨案与当时的对日作战

张留坡

1944年4月初，日军占据汝南县城。汝东人民为了抗击日军侵略，组成了汝南县抗敌自卫基干队，并成立了“汝南县抗敌自卫团前方司令部”，司令部设在老王岗乡白龙王庙南后刘庄，并在县城以东，南起方良河，北至唐营寨，挖了一条长约15公里的抗日封锁沟。

日军为了打通封锁线，于1944年10月31日拂晓，组织日伪军约300余人，袭击白龙王庙。因驻扎在这里的第一大队官兵凌晨赴后刘庄司令部开会，只剩下一些勤杂人员，无力反击。敌人便在这一带大肆烧杀抢掠，附近村庄的财物、牲畜被一掠而光。在肖庄，日军用刺刀戳死一个炮匠；在罗岗村东头，杀死了做生意的张坤锋。凡未及逃走的女性，不分老幼几乎都被日军奸污，日军临走时，还烧毁房屋100多间，掳去大队部勤杂人员和当地群众丁心正、关民信、杨大连、张志凤、张德普、黄子坤、赵毛、宋某等8人。在押往汝南县城的途中，行至邓桥附近坟堂村时，张德普、黄子坤趁敌人不注意时逃跑了。等带队日军发现少了2个人，顿时暴怒，凶性大发，让丁心正等6人跪在一起，用刺刀戳杀，然后将6具尸体扔进一个土井中。事后，只有最上边的赵毛被人救出，他身受7刀，奄奄一息，被村民送回家中后死去。

1944年11月10日，驻汝南日军首领小林又亲率日伪军1000余人（一部分是从遂平县抽调来的），分别从赖集、赵埠口两路向白龙王庙一带扫荡。我方抗日军民利用封锁沟奋勇反击，大队长吴荃壮烈牺牲，中队长孙应科被俘；分队长青振香战死后，又被敌人剖腹挖心。仅方良河东南一条沟内，日军用机枪射死抗日军人和避难群众近200人，我方军民共死亡297人，伤30余人。日军烧毁房屋70余间，抢走财物无数。

发生在白龙王庙一带的抗日战斗，就是当时面对日军铁蹄扫荡，我方军民奋起而战的历史情景再现——

1944年春，郑州、驻马店、确山及平汉铁路以西大片土地相继沦陷，而汝南以东地区仍是中方控制地段。共产党领导的新四军、游击队及国民党的正规军、地方武装时常出没打击日伪军。当时，日寇急于南进打通平汉铁路，于4月初攻陷汝南，组建了维持会和清乡司令部，企图先解决后顾之忧，然后再向南进军。

日伪军随之东犯，组织了第一次扫荡。汝南城东白龙王庙、方良河一带遭到洗劫，粮食、财物、牲畜一扫而光。

此时，国民党八区专员公署及汝南县政府大小机关远迁到汝东杨埠一带。汝南县成立了抗敌自卫团基干队，县政府建设科科长凌超任司令，国民党退伍旅长刘仁斋（平舆老王岗人）任副司令，由各镇、各联保出人出枪组成了3个大队，一大队长曾啸宇，二大队长吴荃（又名吴馨武），三大队长赵冠五。基干队成立后，随即召集民众，挖了一条南北走向、深宽丈余的封锁沟，以防日寇东犯。

当时抗击日寇的主要力量是吴荃所率的二大队。吴荃当年25岁，曾多次率精干小部队，轻装简从奔赴汝南城东关偷袭敌人，向敌人喊话。遇警，往往身先士卒，勇往直前，因而颇受部下爱戴。而日伪畏之如虎，也恨之入骨。日伪多次派遣汉奸张子岳夫妇潜回家乡沟头张庄和林道等地刺探我方军情。根据群众密报，吴荃等人将他们夫妇二人捕获，报请汝南县政府及司令部批准，于白龙王庙逢集日执行枪决，群众莫不拍手称快。

这些活动也激怒了日伪军，他们随后又组织第二次东犯扫荡。这一次比前一次规模大得多，仅鬼子就有近300人，伪军700多人，连同维持会的喽啰等不下2000人，并携带有机枪、迫击炮等轻重武器，火力较强。

刘仁斋、吴荃等人加强戒备，严密防守。农历九月二十四日晚，城内我方人员送来情报：敌人今夜出动，兵分两路，一路向南突袭赵埠口，一路突袭林道，然后向白龙王庙和刘庄迂回包抄合围。

刘仁斋命令曾啸宇、赵冠五加强警戒，注意防守；命令吴荃率部沿封锁沟布防；让非战斗人员携带必要的东西向后方转移。吴荃当即将所辖的12个中队沿封锁沟布防，命陈德魁中队及独立分队随他机动进击，并派专人与曾、赵两大队联系，密切配合，严阵以待。

夜11点，林道方面打响了。敌人发觉我方已有戒备，无法再偷袭，就发起了强攻，枪炮齐鸣。吴荃带着作战副官李秀亭和随从 10 余人，率领陈德魁中队及独立分队奔向林道。指导员唐仲飞奉命坐守大队部，负责传递上下级之间的消息和情报。

战斗越来越激烈。西北方向最为严重，枪炮轰鸣，杀声震天。可是到了天色大明，仍不得前方消息。此时，西北方向的枪声却逐渐东移。远远听到枪声逐渐转移到东北方向，西面封锁沟一带却没有枪声，很可能是敌人突破了林道封锁口，企图从北面包抄白龙王庙。唐仲飞正在惶惑，突然听到南面刘庄方面枪声大作，他意识到赵埠口也失守了。南面的枪声逐渐转移到东南方向，看来敌人即将合围。情况十分危急，电话中断，唐仲飞只好让传令兵背上电话机一齐撤退，谁知一出东门，就被敌人的交叉火力堵了回来。便回过头来折向南门。出了南门，已可看到鬼子兵从东南约 2 里远的地方边打枪边向北推进。幸而南面没有敌人，而且南门外有一条交通沟，他们便下了沟，迤逦到了刘庄，才算冲出了包围圈。刘庄已空无一人，前方指挥所已撤退。当天上午 11 点，刘庄、白龙王庙均沦入敌手，他们两人到了下午 3 点，走到大黄湾，才找到指挥所，当即向刘仁斋做了汇报，并得悉确实战况。

原来扼守赵埠口和林道的曾、赵两个大队，一听到枪声，便溃不成军，如果不是吴荃率二大队顶住，恐怕不到天明，敌人就合围了。吴荃在战斗中壮烈牺牲，二大队群龙无首，只好各自为战冲出包围圈，有的赶到大黄湾，有的下落不明。

战后得悉：我方伤亡 300 余人，敌人伤亡 200 多人，百姓伤亡不计其数。此次战役后，沿线群众与基干队同舟共济，修复加固了封锁沟，明岗暗哨，重新布防，严格盘查，严密防守，直到抗战胜利，日伪军没敢再越过封锁沟一步。

民国总理赵秉钧

张留坡

赵秉钧（1859—1914 年），河南汝阳（今平舆老王岗赵埠口）人，清末民初著名政治人物。在袁世凯担任中华民国大总统期间，被提拔重用为第三任国务总理。曾拟订警务章程，创设警务学堂，是中国近现代警察制度创始人。

赵秉钧又名赵连壁，是个孤儿。早年丧父，不久母亲又病故，家境极其贫穷，生日是他自定的正月初一，其真实性已不可考。赵秉钧膝下无子女，他先是收养了一个义子，后又另择堂兄的次子立嗣续后。

赵秉钧幼年寄居于舅父家，后来给一个仕宦弟子做书童。他生性聪慧，强悍而有胆识，颇得主人欢心，因此获得自修学习机会，掌握了一定文化知识。加上自幼聪明能干，学啥通啥，在家乡店铺当伙计时，帮助路过此地的官员修好了一台座钟。从那时起，赵秉钧得到这个官员的赏识和器重，于是就把赵秉钧也带了出去。从此，赵秉钧离开家乡，开始闯荡人生。

1878 年，赵秉钧考秀才未中，遂投入左宗棠楚军效力，赴新疆平定阿古柏之乱，隶张曜所部随军出嘉峪关，进驻新疆，东征西讨，作战勇敢，以马术见长，屡建奇功。因早年作战在戈壁滩曾被风雪掩埋 3 天，幸得不死，但身体受重伤，落下残疾，据说后果还很严重。收复伊犁时，赵秉钧又参加了中俄边界的勘察谈判。鉴于在新疆平乱的出色表现，赵秉钧被任命为新乐县（今新乐市）典史。此间，他以“长于缉捕”而闻名官场。

赵秉钧介入军政门槛，与袁世凯有一定的渊源。赵秉钧专攻侦探、警察两门，机智殊众。袁世凯小站练兵，慧眼识英雄，将赵秉钧拔于草莽，颇受重用，从此赵秉钧一直是袁世凯身边的智囊式人物，深受袁的信任。

1900 年，义和团兴起，八国联军入侵。赵秉钧因缉捕义和团有功，颇为袁世凯所赏识，奏保以知州留直隶补用。

袁世凯继任李鸿章直隶总督位后，奏保赵秉钧为保定巡警局总督，以知府候补，加盐运使衔。赵秉钧任职期间购阅上海书局翻译的外国警察制度书籍，见识渐增。赵秉钧与袁世凯的日籍警察顾问三浦喜传一起，参照东西方国家现成的法律典范，拟定了警务章程，创设警务学堂，选募巡警500人，分布保定城内外，维持治安，成绩昭著。

八国联军撤退以后，袁世凯任命赵秉钧为天津南段巡警局总办，日本人伊藤次郎为帮办，原田俊三为顾问。赵在天津筹建了中国最早的现代警务系统，创办天津侦探队及天津警察学堂。不久将天津、保定两所巡警学校合并，改称北洋巡警学堂，并在各县设立巡警传习所。

袁世凯调任军机大臣后，赵秉钧在北京创设巡警部，升任右侍郎官职，后清政府改革官制，巡警部改为民政部，将工部、礼部、太常寺、鸿胪寺等归并在内。

袁世凯要逼迫清廷退位，但又不愿承担骂名，就暗使赵秉钧等人出面。赵秉钧知道这是讨袁世凯欢心的天赐良机，于是格外起劲，逼迫隆裕太后和溥仪下诏退位，隆裕太后只有拖延。御前会议上，赵秉钧提出，南北两政府同时退位，另在天津组织临时政府。王公大臣默不作声，少年亲贵反对，赵秉钧厉声喝道:“今天开会，明天也开会，议来议去至今都议不出所以然来，内阁只得引咎辞职！”说罢就走，王公贵戚吓得面如土色。事后，赵秉钧干脆直接摊牌，威胁隆裕太后说，如能主动退位，将保证优待皇室，否则革命党催命，“将有不可测之事”。此时清廷实权和军队都牢牢控制在袁世凯手中，无可奈何的隆裕太后只好从命。

赵秉钧出于对袁世凯的忠心，也是由于职权所任，在劝清廷退位起了很大作用。辛亥革命之后，袁世凯把政府第一任内务总长的职位，交给了赵秉钧。

袁世凯担任中华民国临时大总统之后，论功行赏自然少不了赵秉钧，赵在唐绍仪总理内阁中出任内务部总长。不久，唐绍仪被逼辞职，继任的陆征祥又遭到议院弹劾。赵秉钧于1912年8月当上了袁世凯时期的第三任国务总理。在赵秉钧出任国务总理期间，袁世凯一边组织北洋军阀政府，实行独裁专制，一边指使特务亲信暗杀革命党人。这时的赵秉钧，自然成了袁世凯的御用工具。

办警务办得很像样的赵秉钧，为什么忽然有一天做了中国的内阁总理?

这是因为第一任总理唐绍仪，虽然也是袁世凯的亲信，但不幸的是留学过美国，受美国民主思想的影响，跟总统袁世凯怎么也弄不到一起，只好自己开溜。遗下的位置，袁世凯交给谁都不放心，最后把赵秉钧弄成了总理。

宋教仁是民国初年的政坛要人，同盟会元老，他为了实现政党内阁主张，谋合小党为大党，以同盟会为基础，联合统一共和党，国民共进会、国民公党、共和实进会，改组为国民党。国民党的组成，宋教仁的策划和贡献最大，因而成为实际的领导人。

袁世凯授意赵秉钧加入同盟会，以窥探革命党人内部之虚实，遂与宋教仁交往甚密。宋教仁住在北京城外，经常夜间进城，到赵秉钧密室私谈，至天明始离去。宋教仁以政客手腕推崇赵无所不至，允诺国会成立后拥其为国务总理，甚至选为总统。赵秉钧亦推崇宋为大党领袖，组织政党内阁。宋教仁有时竟将党中秘密尽情吐露，赵秉钧亦告以北洋底细，似亦无所隐讳，于是两人交欢。

宋教仁谋杀案是民国初年轰动全国的大案要案，而种种风言风语使赵秉钧难逃干系。

1913 年 3 月 20 日晚，上海沪宁火车站。宋教仁一行人从候车厅走到检票口，突然，一个身材矮小的汉子从阴影中蹿了出来，对准宋教仁抬手打出一枪，然后飞快地逃出了火车站。消息传开，举国震动，江苏省警察厅责无旁贷，承担起了侦破和缉拿凶手的重任。

宋教仁谋杀案发生在上海，是由租界巡捕房负责侦破的，从破案开始，中国政府就致力将案子引渡到中国警方审理，在北京的内务部、司法部和江苏警方共同努力下，租界巡捕房将宋教仁案所有文件、物证和人犯转交给中方。

宋教仁案在全国引起轰动，警方收到相关证据材料后，很快查清与赵秉钧和袁世凯有关。举国人心震动，舆论为之哗然。1913 年 4 月 30 日，总统府秘书长梁士诒建议袁世凯："此事只有先免赵秉钧的职，改任唐绍仪，另组内阁以平民党之气，至于赵秉钧有无嫌疑，再待国民评判，庶可缓和。"

袁世凯采纳了梁士诒的建议，立即将赵秉钧免职，初拟由唐绍仪继任，后改为陆军总长段祺瑞暂代国务总理之职，赵秉钧所兼任的内务总长职务，则由次长言敦源代理。

赵秉钧为官多年，常年负责警务、民政，中规中矩，没有什么特别的劣迹和恶名，他几乎没有杀宋教仁的动机，如果仅以所谓“宋教仁要来做总理，我往哪搁？”这种荒唐理由，似乎是难以服众的推论。

相关史料详细记录了赵秉钧在宋教仁案发生后的第一反应，1913 年 3 月 21 日上午，国务院正开国务会议，国会选举事务局局长顾鳌突然闯进会议室向赵总理报告：前门车站得上海来电，宋教仁昨晚在沪车站被人枪击，伤重恐难救云云。这是北京方面得到的有关宋教仁遇刺消息的最早电报。赵秉钧总理大惊失色，当即离席，环绕会议长桌数次，自言自语：“人若说我打死宋教仁，岂不是我卖友，哪能算人？”各总长相顾均未发言。这时，忽然接到通知，袁世凯请赵秉钧总理，赵秉钧即仓皇去见袁世凯。

从这些现场记录来看，宋教仁被刺似乎出乎赵秉钧的意外，事先他并不知情。如果他事先与闻刺宋计划，则绝不会有此强烈意外之感，以致严重失态。

第一届国会选举，由于袁世凯和赵秉钧还不知道怎样操控，结果让国民党占了便宜，捞去了近半数的席位，成为国会第一大党。宋教仁踌躇满志，准备进京做总理了。没想到，半路杀出个武士英，对着这位国民党最能干的领袖开了枪，未来的宋总理伤重不治身亡。消息传开，举国震动，中央政府当然要江苏地方严查，务必缉拿凶手，江苏警察厅也就真的严查，结果还就真的查出了凶手，一步步追上去，发现背后指挥者为应桂馨，并查出了应桂馨跟内务部秘书洪述祖和总理赵秉钧的往来函电多件。就这样，赵秉钧有了嫌疑，然后，武士英不明不白地死了，应桂馨不明不白地死了，最后，赵秉钧也不明不白地死了。

宋教仁在上海遇刺身亡后仅 3 天，上海警察便抓住了线人应桂馨与凶手武士英，效率之高，令人叹为观止。凶手武士英、谋杀犯应桂馨被捕后，在应夔丞家中搜出赵秉钧给他的密电码一册及密函一件，还有内务部秘书长洪述祖指示应桂馨行刺的函电多件。因此，赵秉钧引咎辞去总理职务。此后，应桂馨从上海越狱逃往北京，向袁世凯索要暗杀宋教仁的酬金和被许诺的官职，袁世凯亲自派军政执法处侦探长郝占一，在京津铁路沿线的杨村，用电刀将应桂馨杀死。赵秉钧对袁世凯这种言而无信的行径和毒辣的杀手颇为不满，一面私自发电通缉暗杀应桂馨的凶手郝占一，一面当面抱怨袁世凯说：“你这样做，以后谁还敢给你办事？”

袁世凯佯装不知推脱罪责，表面上对赵秉钧仍保持和气，又将赵秉钧改任为直隶总督。但他在心态上已对赵秉钧产生了反感情绪。仅仅过了10余天，1914年2月27日晨，赵秉钧的私宅中传出一阵阵撕心裂肺的哭嚎。“总督病死了！”消息不胫而走，此时的赵秉钧只有55岁。当时，各大报纸的报道是，赵秉钧在天津直隶总督署突然中毒，“腹泻头晕，厥逆扑地”，七窍流血而死亡。更有报纸写的生龙活现，称赵秉钧之死是“1913年受袁世凯指使，布置特务暗杀宋教仁。案情揭露，改任直隶总督。袁世凯为灭口，次年把他毒死。”

赵秉钧死后，袁世凯得知消息，立即下令按照陆军上将例从优议恤，特派朱家宝及其次子袁克文赴天津治丧，并发给治丧银1万元。先后派陆军上将荫昌和秘书长梁士诒前往致祭，并送去一幅祭幛，上题“怆怀良佐”四个大字。袁氏称帝后，追封赵秉钧为一等忠襄公。面对如此礼遇，赵秉钧之死真是袁世凯暗中谋害吗？赵秉钧死于袁世凯之手的说法本来就是一桩历史疑案，并无确凿证据，所谓事出有因，查无实据而已。真正严谨的史书最多只能以“疑似”作结。其实，如果袁世凯真的处置赵秉钧，一则可能是惩处其办事不力，二则担心其手中握有不利于袁世凯的把柄，当然也有“灭口”的考量，出自袁世凯的深思熟虑，是雷厉风行还是仓促行事，似乎与袁世凯的真实意图无关。

赵秉钧死前知袁世凯下的毒手，怕牵连家人，不敢声张，只“以葬身陵麓，近先帝为嘱”。赵秉钧死后，他的家人把他埋葬在梁格庄兴隆山南麓的光绪陵附近，将兴隆寺搬迁，寺庙外作为他的家祠，现仍有遗址。

1914年（民国三年）2月27日，赵秉钧在天津的直隶都督署因中风病逝，享年56岁（满55岁）。赵秉钧孙子赵纯佑1998年5月20日给汝阳族人的信中提到，“先祖卒于1914年2月27日，实为2月26日亥末子初，应为阴历二月初二。”因督署秘书长于27日始电报袁总统，原电谨称腹泻头晕，厥逆扑地，并无七孔流血而死。后人作传，妄加枝叶，引人猜疑袁因涉有加害之嫌，指为北洋集团离心之始。其实他是死于中风，即今所谓脑出血，倒卧于内寝室床头侧旁，这是当时家属亲见，并无吐血情形。

笔者曾睹有人撰文：“北洋军阀总理大臣兼国务总理赵秉钧，祖籍陕西汉中城固。在史料中，记载他是河南汝阳人。其实他是汉中人，在他建立民国后，曾视察河南汝阳，因赵秉钧祖考出自汉中赵氏，与汝阳赵氏同为一家（北宋宗室赵氏，也就是宋太祖赵匡胤一脉），所以，汝阳地方志以民国总督赵秉钧视察汝阳历史事件，亲切尊称他是汝阳人，意思是天下为一家。”这种信口雌黄之说，笔者以为反而更加证明赵秉钧的汝阳籍贯。

附：赵秉钧书信

赵秉钧致衮甫书札

衮甫仁兄大人阁下：敬恳者，友人以弟无所事事，集股设立地产公司，前曾禀求王爷，请将东安市场发归商办，官款照数呈缴，已蒙批准。闻厅议有不嗗然者，仲和兄莅新未久，必无成见。佥事诸君未悉其情，弟又不便出面去托，以至相左，理固应然。不过此事止能言情，不必言理，其理本在可行可不行之间耳。想我兄闻之应笑，弟亦不禁自笑也。再查此市场，原创自商，力竭中止，官为提倡，乃有今日。彼时官办，意在利商，非图利也；规模已具，商力可为，仍还於商，诚为两得。拟恳我兄，转托仲和兄，有以玉成之，至感至感。持爱琐渎，费神容谢，诸维心照，不尽。弟赵秉钧顿首十九日。

辛店篇

关于辛店乡的记忆

刘万银

一、辛店乡地理位置及行政区划沿革

辛店乡位于平舆县城西南，距老县城近8公里，现已与县城连成一体。东南分别与万金店、西洋店接壤，西与老王岗、李屯接壤，北与郭楼、清河相连，紧挨县城，南环路自西向东紧贴其北边，平舆至正阳的公路从东部穿境而过，新阳高速公路自西向东穿过，高速公路由纪庄南韩坡北从李屯入境，由西北向东南，经小黄庄北、叶庄南，在辛店西过后马庄后杨庄北，至辛店南小霍庄南，转向直东，经小傅庄北，冯庄铺南，过前后冯庄，经冯寨进入万金店境，把辛店乡分割成几乎对称的南北两部分。

据传说，明洪武年间大移民时，山西洪洞县辛集的辛氏两兄弟迁移至此，临小河南北建村，相继繁衍生息，小河南为前辛庄，小河北为后辛庄，后来从驻马店到新蔡的老驻新公路从村边经过，辛氏兄弟开一小店经营生活，才开始叫辛店，后因乡人民政府据此，故名辛店乡，有一度曾书写为“新店”，实属误写。

1938年初为汝南县东辛店联保办事处；1950年改属汝南县第二区；1951年设平舆县后，辛店随属平舆县第八区；1952年属李屯区；1956年又成立辛店中心乡；1958年撤销乡置称呼，改称人民公社，即分属李屯、西洋店、平舆3个乡；1962年又设立辛店人民公社；改革开放后的1983年改成辛店乡至今。辖有南刘、冯寨、两路口、郭庄、李庄、辛店、斑竹、纪庄、韩坡、黄寨、常湖、淇沟12个村民委员会，87个自然村，113个村民小组，居民皆为汉族。现今南刘、冯寨两个村已划属清河办事处的两个社区，淇沟与常湖两村委合并成一个村委，斑竹和纪庄村委合并成一个村委，现辖两路口、郭庄、李庄、辛店、纪庄、韩坡、黄寨、淇沟8个村委会。

二、辛店乡自然资源及农业生产

辛店乡地处平原，地貌整体上平整无起伏，地势相对东部略高西部稍低，由东向西呈递降，原来低洼易涝耕地占全乡总耕地面积的30%以上，如西部的淇沟、常湖、韩坡等村，夏季均是十年九涝，现经过多年大规模农田水利建设，已根除掉水灾现象的出现。全乡土质肥沃，以老熟土为主，东北部以老黑土为主，西南部以老黄土为主。

全乡的经济形态以农业生产为主，种植的农作物有小麦、玉米（苞谷）、花生、油菜、大豆、芝麻、高粱、棉花、红薯等，夏粮主要是小麦，兼有豌豆、扁豆、大麦等，秋粮以玉米为主，兼有高粱、红薯、小米（谷子），传统上还有种荞麦的习惯，油料作物及经济作物有夏季的油菜，秋季的花生、芝麻、棉花等，过去也有种植少量大麻子，作为油料的补充。其中，玉米可种春玉米、夏玉米，花生、红薯也可分春夏两种，但熟制均为两年三熟。药草种植以汝半夏为盛。辛店乡是汝半夏的主要产地之一，已有数百年的历史。在过去医药技术尚不发达的情况下，西药更为短缺，人们用汝半夏治疗咳嗽，其化痰的疗效，早已驰名中外，只是近世有些衰败。

畜牧养殖，传统以喂养水牛、黄牛、马匹、骡子、黑驴等大牲畜为主，便于农业生产，用于耕种。家庭养殖以养猪、羊、兔、鸡、鸭、鹅、鸽为主，或自己食用或作为经济收入的补充，宠物的豢养基本以养狗、养猫为主。水产养殖有草鱼、鲢鱼、鲤鱼、虾类、鳖类及黄鳝等，自然野生鱼类以鲫鱼、黑鱼、鲶鱼、鳆鱼为多。

林木的种植，传统上经济林木以杨树、柳树、桐树、楝树、洋槐树等速生林木为主，以种植榆树、桑树、槐树等硬料树种为辅，有时也植些构树、椿树、香椿树等杂树，灌木种植以荆条等可编筐窝篓的韧性好的树种为主。20世纪五六十年代，辛店乡建一林场特有名，场址在现在的南刘社区的小吴庄、小曹庄、大曹庄以北，原来大王庄（现在天水湖）以西，至现在的南环路以北，约千余亩，以果林为主，以材林为辅，同时也兼有农场的性质，记忆中应该是东北是一片大梨园，西南是一大桃树、杏树园，东南是一片高大密集的材林，西北一块一块的农田。林场周边栽有密密的荆棘与外围相隔。在“文化大革命”的后期，20世纪70年代中后期，该林场搬迁到现在黄寨北，即现在黄寨村委会以北以西处，并改为农场，曾办有短期的农业高中，改革开放后取消，土地归还黄寨。

果木栽培以桃树、杏树、梨树、枣树、柿树、葡萄为多，也适当栽些石榴、樱桃、核桃、圆枣、拐枣等稀少果树。蔬菜类的种植多为萝卜、白菜、黑白菜、茄子、韭菜，辅之以葱、蒜、姜及辣椒，少量种些荆芥、芫荽、苋菜及其他一些青菜作为佐料。瓜类种植以南瓜、西瓜、冬瓜、笋瓜、葫芦等大瓜为主，以甜瓜、酥瓜、丝瓜、佛手瓜等小类瓜为次，野生瓜类以酸麻、甜枸杞为常见。野菜之类，以地菜、马齿苋、蒲公英（俗名鹅儿食）最爱。花草种植过去自是少量，也仅是些常见的荷花、月季、芍药、菊花等草本的，木本的以海棠、栀子为多，野花野草可谓遍地都有，墙根屋角，路边沟沿，处处怡眼亮目，水草以菱角、浮萍为最好。

常见的鸟类，候鸟类有燕子、黄莺、子规等，像大雁仅在每年的秋季路过作短暂停息，常栖鸟类繁多，如斑鸠、喜鹊、乌鸦、山雀等，以麻雀为最多，随时随地可见之，如啄木鸟、猫头鹰、鹦鹉也时有所见，田间也可见百灵鸟、鹌鹑，沟塘河边时有白鹭、野鸭、水鹰出没。昆虫类不知其名者甚多，如知了、蝴蝶、蝈蝈人亦常喜欢，如苍蝇、蚊子、老鼠、臭虫人皆恶之，蟾蜍、蟒蛇避之，青蛙益虫皆护之。

主要的传统农业生产工具，大件的有四木轮的牛拉太平车、两胶轮的马拉的马车、人拉的两胶轮的架子车，还有更为原始的如雪橇般的木拖车，以上是运输器具，除此尚有扁担挑、筐扛、绳背之类。常用的耕耘播种用具有铁犁、木耙、木耧、铁锨、钉耙、锄头、铁耙子，主要的收打工具有镰刀、撅头、木杈、木扬杈、木锨、石磙、磙子等。

物候、气候、气象、季节、时令变化，完全循着“春雨惊春清谷天，夏满芒夏暑相连，秋处露秋寒霜降。冬雪雪冬小大寒”二十四节气更替循环。

三、辛店乡河流水系及交通路网

辛店乡河流总共有三条，整体上属淮河水系，流经上分属汝河水系和洪河水系。柳港属南北流向，有辛店乡西部自北而南流经境内，自北源于郭楼和李屯交界处的旧天水湖，从郭楼的郑庄进入辛店境内，经过韩坡村的李庄、张庄的东边、前后亚桥的西边、大韩坡小韩坡的东边，过黄寨村的黄寨的西边，然后过常湖村的常湖，最终至淇沟村的柳庄经柳闸入汝河，进入淮河。境内流经长度 7 公里，系辛店乡西部排涝泄洪的主干水道。

朱港自北向南后又西北—东南流向，其源纪庄村的纪庄南，经自黄寨新村委所在的老黄寨林场东边，小黄庄西边，向南流经黄寨村的王庄西、黄寨西，向东南经过淇沟的北边，然后东南流向，过淇沟村大郝庄小郝庄北及小黄庄南，后经李庄村的薄庄南边拐向东南，经李庄村的李庄、黑李庄、袁庄、隗庄进入西洋店境内，后注入汝河汇淮河，境内流经长度 8 公里，系辛店乡西南部主要排泄水道。

小微河也称冯寨大港，自西向东流向，横穿辛店乡中部，与柳港同一源头，一向东一向南，柳港流到韩坡村的李庄东边，后发一溪汊，经纪庄村的崔庄、纪庄南渐宽，后过斑竹村的霍纪庄北斑竹南边，流经辛店村的田范庄南边，后从辛店村的前、后辛庄中间穿过，经辛店村的冯庄铺南边及前后冯庄的北面，过南刘村（现属清河街道南刘社区）的宋庄南面，到两路口村的赵湾后边改向东北，经冯寨村（现清河街道冯寨社区）的河北冯庄的南面，从冯寨村（现清河街道冯寨社区）的前后位庄穿过，与现在的洪隙新陂（原来的冯寨港）相接，从冯寨北流入古槐街道的七里河南冯楼北后注入小清河入洪河汇淮河，境内流经长度 10 公里，系辛店乡北中部主要排泄水道。

此三条小河均属季节性河流，夏季汛期河水涨漫，冬季枯水期河底干涸。除上三条小河外，还有数条流经若干个村的溪流，如现有遗迹可寻的，有自斑竹村的大吴庄，向东流经辛店村的大傅庄、阎庄南边，又流经南刘的小吴庄、小曹庄、大曹庄南边，刘庄后边，再向东经南刘的小仁庄南，向南拐弯流入冯寨港的河沟。其他诸多溪流，已堙没，现在是沟路同向并行，这些路旁的沟渠，发挥了很好的田间排泄功能。

辛店乡现有的水利大型设施仅有位于淇沟村柳庄西边汝河北岸的柳闸，是该乡西半部地面雨水排泄到汝河的唯一通道。乡间大一点的沟塘，只有修建新阳高速公路时，路两侧新挖的几个大点的水塘。

辛店乡过去横贯乡域的有两条土路，一条东北—西南走向，西南始于辛店最西南边陲的淇沟，经黄寨，过前张庄、后张庄、杨马庄，翻越一道宽宽的大干渠，再经辛店、刘庄、大曹庄、大王庄、小王庄，又过平舆公社的孟庄、三里桥，最终到达县城。另一条路是东南—西北走向，是原来从驻马店到新蔡的旧驻新公路，进入辛店境域，基本是沿着一条草河，西由李屯入辛店的崔庄、纪庄，经斑竹、田范庄，过辛店、冯庄铺，到辛店东南边沿的两路口、郭庄，延伸向新蔡方向的万金店。

以上两条路形成一个 × 形，以辛店为中心交点，又以曲线的形式把辛店境域内的大部分村庄连接起来，各个自然村之间由道路连接。

现在已形成南北八纵东西七横的辛店乡乡村道路网络，东西方向自北向南为一号路（现在已变成宽百米的平舆县城的南环路）、二号路、三号路、四号路、五号路、六号路、七号路。一号路（现在已变成宽百米的平舆县城的南环路）东起平舆至正阳的公路，沿辛店乡与东皇庙乡（现在已是清河街道辖区）接壤的北部边缘经小王庄、大王庄，过大傅庄、大吴庄，再经斑竹范柳庄，最后到与李屯相接壤的辛店西北角的纪庄、崔庄；三号路是贯穿辛店乡的东西与县城和周边乡连接的主干路，现在已建成省级乡村示范路，也是平舆县进入新阳高速路主要通道，东起平正公路，经冯寨、胡堂，过高庄、刘庄，到辛店，再往西经叶庄、小黄庄、伊王庄与李屯到老王岗的公路相交，向南达老王岗，向北到李屯；最南端的七号路，东起平正路经过的两路口南，沿与西洋店乡（西洋店镇）接壤的南部边缘的郭庄村的梁庄、大赵庄、小赵庄、郭庄、韩庄，往西经李庄村的薄庄、李庄，再过淇沟村的小黄庄、郝庄、淇沟，往西直达辛店最西南的常湖，把道路两侧的 10 余个村庄串联在一起。南北向的八纵，东边沿与平舆至正阳的公路重合，最西边的一条与李屯到老王岗的公路重合，中间的六条以等距离间隔分布，其中一条是从北自阳城向南经万冢、郭楼，过辛店乡的斑竹西、叶庄东，越新阳高速公路，穿前、后张庄，经小黄庄东边，到西洋店境内高台，该路是一条省级的县域柏油路。

南北方向的八纵东西方向的七横组成网格，把全乡近百个自然村安置在各交点附近，形成了路路通、点点通、村村通的乡村路网。

县城城域内有 5 路公交车到天水湖湿地公园，距辛店乡政府所在地辛店乡集 2 华里多点，7 路公交车到辛店村的大傅庄北边的蓝翎环科，距辛店集仅里把地，坐 9 路公交车沿清河大道往南距新阳高速公路路口北 200 米处往西拐，坐车约两三分钟的路程即到辛店集。县域内的公交线路，从平舆南站乘坐到老王岗的 2 路车，或乘坐到辛店乡淇沟的公交车，沿三号路，沿途可到辛店乡的所有村，交通十分便利。

辛店乡境内大点的河桥、路桥数量有限，河上的桥有：斑竹村斑竹庄西头、淇沟村小黄庄东头及李庄村小李庄东北头、韩坡村伊王庄东 4 座钢筋混凝土公路桥。大型的过路桥仅在过境的新阳高速公路上面，自西向东依次有：纪庄村小黄庄东边高架桥、黄寨村后张庄北边高架桥、辛店村马庄西头高架桥、辛店村冯庄铺西头高架桥4座。

四、辛店乡小集市发展和工商贸易

辛店乡全乡共有辛店、两路口、淇沟3个小集市，辛店集农历逢双日贸易，两路口、淇沟两集农历逢单日。两路口集位在辛店乡东南部，淇沟集位居辛店乡西南角，辛店集居辛店乡中间偏北，三地呈“品”字形，三集的相互距离相差不大。

说起辛店乡乡政府所在地辛店集的历史，可以说得上源远流长，起始于明洪武年间，至今已有300余年的历史，在缓慢的历史进程中，作为驻马店至新蔡驿路间一个小小的过路店，虽也荡起一些历史的风尘，但就一个小乡间集市而言，其格局和体量，乃至房屋建筑、人口数量，新中国成立前几百年几乎是些许变化，新中国成立后由于驻新公路北移，新的驻新公路建成柏油路，老土路的驻新路再很少有人涉足，辛店集作为民间小集市，也就逐渐式微，其“店”的功能就不复存在了。20世纪60年代初，一条窄窄的、曲曲的、土的掉渣的小街道，长不过100米，紧挨街两旁住着后辛店20多户人家，清一色低矮的小草房，只是到了阴历逢双日的早上，太阳一树梢高之前，大概一两小时左右，百几十人的集市交易也就匆匆完成，我们称之为露水集。仅这些，后来作为资本主义尾巴也被革掉了。

到了20世纪70年代中期，才在集东边盖了公社粮管所、食品公司、兽医院，西边建了供销合作社、卫生院及辛店完小、辛店初中、辛店高中，这时辛店集作为乡一级的行政功能才逐步显现出来，但作为乡村集市城镇的作用，仍是微不足道。80年代改革开放大潮涌起，才是整个辛店集旧貌换新颜的历史转折期，宽阔的辛店乡三号柏油路紧贴辛店集北边自东向西而过，东达县城，西通老王岗李屯，这时辛店这个小集镇来了个乾坤大挪移，除了乡政府南门改北门，其他乡置各单位全是集体搬迁，统一规划，充分发挥各自社会功能，但作为乡村小集市的居民贸易活动、生活服务功能仍是十分弱小。

党的十八大之后，随着城镇化建设的突飞猛进，辛店集小城镇化建设也驶上快车道，新阳高速穿境而过，更是大好机遇，几年不到，已是高楼林立，街道交错，商铺云集，仅大型超市就四五家，一天从早到晚，热闹非凡。近两年因平舆县城急速向外发展，县城的南环路已达辛店集了，如此发展，估计不几年，辛店集将成为平舆县城的一部分，到那时辛店集业已完成历史终结，当然这也是农业文明向工业文明过渡，乡村文明向城市文明发展的必然结果，没有什么可惋惜的，人间正道是沧桑。

整个辛店集随路向呈东西向的街道，乡政府的各职能部门和社会性质的办事机构，以及各类商贸店铺，多分布于街道南北两旁。街道东头往南100米处，有原来的乡粮管（现已改建成一大型国家粮库）、原来的乡食品公司、乡福利院、乡民政所，沿街道南边往西依次是：大型超市张力购物广场、乡绣花厂、乡党委和乡政府办公楼，乡其他有关职能部门均在此办公，再朝西是辛店乡中心小学，再往西200米处路南有一大型超市张杰购物广场及加油站。

自街道东头沿街北往西依次是：乡电管所、乡兽医院、乡卫生院、乡邮政所、联通公司乡办事处、移动公司乡办事处、辛店乡集贸市场、乡农资供应合作社、农发行辛店乡营业厅、乡公安派出所、乡文化站，再往西100米路北是辛店乡初级中学，街西头路北有乡中心幼儿园及辛店乡辛店村委的办公处。

两路口集因处平舆至正阳与老驻马店至新蔡两条公路的交叉路口而得名，农历单日逢集，因平正公路穿过，交通十分便利，又加之地处平舆县城和西洋店镇中间，过往车流物流人流较大，集市贸易繁荣，街路两侧商店广布。

淇沟集农历单日逢集，现已失去了昔日的辉煌，其是一个有着悠久历史的老集镇，清末民国初最兴盛，有古庙会，每年的2月18日，可谓人山人海，汝河两岸，七镇八乡的民众蜂拥而至，目前因地处偏远，较前大为衰微，但仍有牲畜、粮食、家禽等行及数十家商铺，进行正常商贸交易。

其实现在全乡每个自然村都建有农村超市和快递代收点，仅辛店集就有10多家快递业务办理点，如申通、中通、顺丰、韵达、京东等物流快递公司在此都设有业务网点，数字购物已成常态化。

辛店乡的工业情况，有3点值得回忆，一是砖瓦厂，二是面粉加工厂，三是绣花厂。先说砖瓦厂，1975年8月，驻马店地区发生特大洪灾，辛店乡几乎100%的房屋倒塌，灾后房屋建筑需要砖瓦量特别大，为应急需，1975年秋开始，就先在现在的南刘社区的宋庄南小河北，建了一座16门大型轮窑厂，日出砖量25000块以上，砖瓦厂职工最多时达300余人。随后又于1977年春在黄寨村的黄寨北，现在的平舆至老王岗的公路南，即现在的黄寨村委会路南的光伏发电厂处，建一同样大的大型轮窑厂。且有明确的分工，东厂所烧之砖瓦供辛店乡东边几个村委（当时称大队）所辖村民盖房之需，西厂所烧砖瓦供西边的几个大队的村民盖房之需。后数年又在现在的辛店村大傅庄北，现南环路北500米处，及现在两路口村的郭庄东建了两座大窑，4座窑厂在2000年后被拆除。

提到面粉加工，也可谓是辛店乡曾经的一大盛举，20世纪80年代，辛店乡实际上仅有一座面粉加工厂，原址在现在的绣花厂楼西路南，是乡属企业，到了1995年之后，城乡的面粉需要量大增，面粉销售价格特好，辛店乡抓住机会，鼓励乡民办面粉加工厂。当时最鼎盛的时期，东自冯寨，西到韩坡，沿平舆至老王岗公路南北两侧，建有30余家面粉加工厂。

辛店乡绣花厂，开始建于1986年，初名为刺绣厂，在外地请老师到乡培训技术骨干和派出人员外出学习，全乡各个村委都培养了一批技术骨干，安排了大量的剩余劳动力就业，大批农民利用农闲时，劳动致富。最初产品仅有床单、被面、枕头套及各种样式的台布等，后来扩大到领带、书包及各种手工艺产品，就改为绣花厂，产品畅销国内外，是平舆县最早的外贸企业。

五、辛店乡教育卫生

辛店乡中小学办学规模和布局变化大致可分以下6个阶段：新中国成立初期至“文化大革命”之前，“文化大革命”时期至1973年，1973年至1975年，1975年至1982年，1982年至普及义务教育初期，普及义务教育中后期至今。

新中国成立初期，辛店乡的农村中小学教育几乎是一片空白，全乡仅曹堂、黄寨两个办学点，也仅是几班初小，校舍全都是村寨的庙舍祠堂，或没收地主老财的房宅，每个村能够上几天学、识几个字的小孩真是凤毛麟角。继扫盲识字班之后，有些稍大点的村寨开办一些零星小规模的初级小学教学班，都是采用复式教学班模式，一、二、三年级十几个或几十个学生同在一间教室上课。校舍大都是一些简陋的公共房屋，有些是一个村庄或几个村庄的群众集资集物（木材、砖、坯瓦等）修盖的简易房，而课桌凳大都是泥坯垒成的，有些是学生各自从家中带的。当时像这样简易的教学点，在全乡12

个村中，总共也不到30个。

“文化大革命”之前的1965年及“文化大革命”初期的1966年、1967年，农村的小学教育有了较快发展，辛店乡的小学办学规模及布局都有了较大变化，辛店公社（人民公社化已改乡为社）已经发展到曹堂完小、黄寨完小、韩寨完小3个完全小学点，基本上是4个大队合一所小学，班级规模都比较大，每个学校开设1～6个年级，每个年级大多开2～3个班，校舍建设都较为集中，都形成了完整的校园格局，房屋都是统一规划、统一标准建造的。此阶段辛店乡的小学教育已初具规模，布局均衡。初中教学仍属空白，当时全县共有一中、二中等少数初中，初中生每个庄还很稀少。

“文化大革命”中后期，辛店乡有12个生产大队，每个大队都办有小学1～5年级，初中1～2年级（因为当时毛泽东主席提出学制要缩短，故小学由6年变成5年，初中3年变2年，高中也由3年变2年），有比较完整的教学班，校址布局都集中到大队部所在的村庄，校舍虽较为简单，但校园都十分宽敞，小学初中实行一贯制，即取消了升留级及升学考试。“文化大革命”后期，全县每个公社都设置了高中教学点。当时也不太重视教学质量，但当时的适龄儿童也很少不上学或辍学的，当然办学条件是否具备就另当别论了，仅就办学规模和布局来说，可谓变化巨大。

这种状况，到了1973年和1975年有了变化，当时邓小平同志第一次复出，提出了对教育进行整顿、提高的方针，县级开始恢复了各类升学考试，高中办学收回到县，取消了若干乡的高中，初中办学收回乡，且相对集中设置布局。当时辛店乡仅保留了辛店、冯寨、黄寨、韩寨等几个初中办学点，小学仍属村办。可是到了1975年上半年，批教育回潮开始，全县的中小学办学模式又回到原来样式。

1982年之后，上述情况发生了显著变化，全乡的办学规模和布局有了较大调整，又取消了乡级高中，初中办学布局全乡统一设点，相对集中，辛店乡中学又都集中到辛店、黄寨、冯寨3个点。此时已经全部恢复了各类升学考试，教学质量的提高及办学形式已逐渐步入正轨。

1982年之后到普九的初期阶段，全乡的中小学办学规模及布局又有了大的调整。1982年之后，由于师资力量严重短缺，办学条件滞后，教育资源比较分散，为了适应提高教学质量及缓解升学压力的需求，乡里把初中集中到辛店一个点，且与小学彻底分开，办成独立完整的初中教学点，辛店初中即现在的辛店一中，就是在这种背景下形成的。这样一来，虽然办学条件提高了，教学质量提高了，可是由于当时正适人口高峰期，现有初中的办学规模显然容纳不了适龄儿童的入学需求，使得许多少年儿童小学毕业后即却步在初中大门之外。此后，普及九年义务教育的政策提出，辛店乡的初中教育办学规模也相应扩大，由原来的 9 个班扩大到 21 个班，辛店乡一中教学楼，是当时的驻马店地区第一座乡村初中教学楼。

辛店乡的乡医院，20 世纪五六十年代位置在现在的后辛店西南角一个很小的四合院，20 世纪的七八十年代又搬至现在的辛店粮库的后院处，建筑面积仍是十分狭小，直到 1980 年之后，才迁到现在的地方。如今的辛店乡医院，已是科室设置齐全，医疗设备先进，床位适应需要，医护人员水平高的乡村医院。同时每个村还开办 2 ~ 3 个医疗室，且都配备专业的医护人员。

六、辛店各村委概况

（一）村委名称特点

村委名称一是以村委会所在的自然村的名字命名，如辛店村委、黄寨村委、李庄村委、常湖村委、淇沟村委、郭庄村委、两口（两路口）、斑竹村委及原来的冯寨村委。二是以原来村委所在自然村的名字称之，如纪庄村委，现在村委所在地是崔庄；韩坡村委会，现在村委会在伊王庄；南刘社区，现在社区所在地是大曹庄。

自然村的名称最大特点：一是以居该村的村民主要姓氏命名。如阎庄、傅庄、王庄、陈庄、杨庄、马庄、田范庄、赵刘庄、霍纪庄、伊王庄等，皆是如此；二是大小、前后、东西南北对称称之。如以大小称之的有：大吴庄、小吴庄，大傅庄、小傅庄，大赵庄、小赵庄，大曹庄、小曹庄，大王庄、小王庄等。以前后称之的有：前辛店、后辛店，前杨庄、后杨庄，前马庄、后马庄，前张庄、后张庄，前韩坡、后韩坡等。以东西称之的有：东阎庄、西阎庄，东郭庄、西郭庄等，以南北称之的有：南傅庄、北傅庄，南李庄、北李庄。另有以历史功能特点名之，如辛店、黄寨、韩寨等，有以地貌特征名之，若韩坡、常湖、淇沟等。

（二）村委概况

1. 辛店村委

因其村委会设在后辛店，以此名之。该村委管理有新庄、大傅庄、阎庄、赵刘庄、田范庄、后辛店、前辛店、小霍庄、小傅庄、前杨庄、后杨庄、前马庄、后马庄、冯庄铺、前冯庄、后冯庄 16 个自然村，目前是辛店乡最大的一个村委。

新庄，因 20 世纪八十年代有辛店村新迁居此地几户人家，在此开辟新庄，故名新庄，地址在现在的南环路北 500 米处，与南环路南的大傅庄隔路南北相望，原来的村民都以迁回原居住地，已仅留下名称。大傅庄和阎庄，紧贴南环路南边，两庄西东相挨，仅一小沟相距，村民以傅姓、阎姓为多，南与辛店集距 1000 余米。赵刘庄在辛店集西 1000 米路北，南距辛店去往王岗的油路约 1000 米，是新设的村庄，由前些年后辛店搬迁到此的赵姓、刘姓几户居民组成，故名。田范庄位于辛店集西头路北，现已与辛店连成一体，皆为田姓范姓居民。前辛店、后辛店以小河间南北，居民以傅姓为主，后辛店是辛店乡所在地，属该乡行政中心。小霍庄、小傅庄在辛店南，小霍庄距辛店集约 1500 米，在新阳高速公路的北面，小傅庄距辛店集 2000 米左右，在新阳高速公路南面，小霍庄以傅姓或霍姓、范姓居民为多，小傅庄多傅姓居民。前杨庄、后杨庄和前马庄、后马庄 4 个庄子实际上已成一个整体，相互均是以土沟相隔，距离辛店集 2000 米多点，紧挨着新阳高速公路南边，大部分村民杨姓傅姓。冯庄铺在辛店东 2000 米处，南靠冯寨大港，冯姓、傅姓为多。前后冯庄在辛店偏东南 3000 米处，以新阳高速公路为隔，路南为前冯庄，路北为后冯庄，以冯姓为多。

2. 斑竹村委（现与纪庄村委合并）

斑竹村委位于辛店乡北偏西，北与郭楼接壤，东南与辛店村相挨，西与纪庄相连，管理有小斑竹、大斑竹、大吴庄、霍纪庄、叶庄 5 个自然村，原村委会在大斑竹，故名。

大斑竹、小斑竹一东一西，以宋姓村民居多，何谓其名不得而知，此地以前可能盛栽竹子，有诗云“斑竹一枝千滴泪，红霞万朵百重衣”，此处是否与娥皇女英有关，不可考，但称“斑竹”者，必有历史过往的伤心事，有时也写成班竹，此为误写。斑竹在平舆至王岗的油路北约 1000 米，西边紧贴郭楼至西洋店境的油路，距离辛店约 2200 米。大吴庄在大斑竹东约 1000 米，东与大傅庄相距约 1200 米，以吴姓张姓为多。霍纪庄在斑竹南，一路相隔，以霍姓、纪姓为主。叶庄在斑竹西南，东边紧贴郭楼至西洋店境的油路，南面紧邻新阳高速公路，贾姓为主，无一叶姓，何为名之，不详其因。

3. 纪庄村委

纪庄村委位于辛店乡西北部，北与郭楼接壤，东邻斑竹村，西接韩坡村，南挨黄寨村，管理有辛王庄、范柳庄、纪庄、崔庄、北小黄庄5个自然村，村委会在崔庄，距离辛店约5300米上。

辛王庄是辛店乡境内最西北边远的村庄，以王姓为多，未见辛姓。范柳庄在辛王庄南纪庄北，以范姓为多。崔庄是村委会所在地，以崔姓为主。纪庄在崔庄南，多纪姓、宋姓。小黄庄在纪庄南，在平舆至王岗的油路北边，以黄姓最多。

4. 韩坡村委

韩坡村委是辛店乡最西边的村，北与郭楼相挨，西与李屯接壤，西南与老王岗相邻，其新中国成立前及新中国成立初期，因地势低洼，全是一片坡地，坡的原意为倾斜的地形，又有坡陀一说，即地不平的样子，总之是地面高低不平，易积水，每到夏季，成了泽国水乡，以种植茅草为多。管理有李庄、张庄、亚桥、房庄、岳庄、伊王庄、后韩坡、前韩坡、后韩楼、前韩楼、宋坡11个自然村，距离辛店7000米上下。

李庄、张庄北南相邻，以路相隔，东边紧邻朱港，南离伊王庄及平舆至王岗的油路约1500米，以李姓、张姓居多。亚桥、房庄、岳庄3庄紧贴，几乎是一体的，相互间无明显距离，3庄西边均紧靠朱港小河，南距平舆至王岗的油路500～1500米，以岳姓、房姓、宋姓为多。伊王庄是韩坡村委会所在地，西离朱港小河500米，北靠平舆至王岗的油路，因伊姓、王姓名之，另有赵姓为多。后韩坡前、后韩楼，在伊王庄南1500米左右，3庄相邻，以路或沟互隔，东边距离朱港小河500～800米，居民为韩姓居多，又因相互位置，故名。前韩坡北离后韩坡约1500米，东距朱港小河500米，以韩姓为多。宋坡距离伊王庄西南2000米左右，是辛店乡最西边的庄子，西南与老王岗接壤，以宋姓、张姓为最。

5. 黄寨村委

黄寨村委位于辛店乡西南，距离辛店约6000米，管理有王庄、后张庄、前张庄、黄寨、范庄、陈庄6个自然村，原村委会在陈庄，现已迁至平舆至王岗的油路北的原来黄寨林场旧址，原老黄窑路北。

黄寨村民国前据说叫黄家庄，民国初因军阀混战，土匪横行，侵村扰民，尤其附近有数股凶残的匪徒，常到村里抢劫，村民齐心协力，经数年辛苦，深挖沟高筑墙以修寨防匪，由此改为黄寨。黄寨东 1500 米余，从南到北，依次为陈庄、范庄、王庄，3 庄均南北相隔千余米，以陈姓、范姓、王姓为多。前张、后张又在黄寨东约 2300 米处，两庄以油路相隔，东为后张，西为前张。

6. 常湖村委（现与淇沟村委合并）

常湖位于辛店西南，西南与老王岗接壤，南临汝河，因地势低洼，旧时，每遇下雨积水如湖，故曰常湖，可见民不堪其忧之凄凉、无奈之状，此地有民谚说：盖起房筑不起基，要盖房必垫起数米高的地基，否则盖好房就有被水淹没的危险。常湖村是辛店乡较小的村，管理有常湖、温庄、魏庄 3 个自然村，以李姓、温姓、朱姓为多。

7. 淇沟村委

淇沟村委的淇，原指淇水，在今天的河南北部，源于淇山，古为黄河支流。《诗经 · 邶风 · 泉水》:“毖彼泉水，亦流与淇。”很显然此非指河流，实际上“淇”后泛指积水和积雪，此应指积水，所谓的淇沟与常湖相同，因淇沟村南紧贴靠汝河，旧时汝河常泛滥溢流，此地被冲刷得沟壑密织，每逢雨水，到处沟壑积满深水，其状可恐可怖，故名之。后因兴集贸，有店铺许多，故又叫淇沟店，居民姓氏较杂，有訾姓。管理有淇沟店、小黄庄、大郝庄、小郝庄、柳庄、后马庄、前马庄 7 个自然村。

淇沟村位于辛店西南，距辛店约 6000 米。小黄庄、大郝庄、小郝庄在淇沟东北约 1500 米处，小黄庄在朱港北，大郝庄、小郝庄以东西次之，在朱港南，以郝姓、黄姓为多。柳庄在淇沟直南 2000 米处，西南靠汝河，柳闸即在其庄西，多柳姓。后马庄、前马庄在淇沟偏东南约 2500 米处，南与西洋店接壤，西南与汝南县隔河相望，多马姓、方姓。

8. 李庄村委

李庄村委在辛店南 4200 米，北连辛店村，西与淇沟村相接，东邻郭庄村，南与西洋店接壤。村委会在小李庄，由小陈庄、小李庄、薄庄、黑李庄、前隗庄、岳庄、袁庄、侯庄 8 个自然村组成。小陈庄在小李庄西 1000 米，陈姓为多。薄庄在小李庄东 1700 米，村民多姓薄。侯庄在小李庄东偏南，距 2300 米左右，多侯姓。小李庄直正南 1500 米，自北而南，依次是黑李庄、前隗庄、岳庄，均以居住村民的姓氏命名。袁庄在小李庄东南 2500 米，多袁姓。

9. 郭庄村委

郭庄村委因村委会在郭庄得名，郭庄因郭姓得名，在辛店南偏东，北接辛店村，西挨李庄村，东邻两路口村，南与西洋店接壤，管理有大赵庄、郭庄、小赵庄、韩庄、梁庄 5 个自然村。大赵庄在郭庄北 1500 米，多赵姓、杨姓。小赵庄在郭庄南 1500 米，南面即与西洋店接壤，村民主要为赵姓。韩庄在郭庄西南，距离 2300 米，多韩姓，南与西洋店接壤。梁庄在郭庄东南 2100 米左右，南与西洋店接壤，多梁姓。

10. 两路口村委

两路口村委在辛店东南，距离辛店 7000 米左右，因村委会在两路口集而得名，西南和郭庄连接，北接冯寨，东与万金店接壤，管理有赵湾、蔡庄、两路口、唐店、大郭庄 5 个自然村，有平舆至正阳的公路自北而南过境，路西赵湾、蔡庄，距离路约 2200 米，均因村民姓氏得名。两路口居路两侧，姓氏较多，有曾姓。路东自北而南是唐店、大郭庄，唐店多朱姓、徐姓，大郭庄多郭姓、马姓、梁姓。

11. 冯寨村委（现为清河街道冯寨社区）

冯寨社区在西冯寨（也叫后寨），在辛店东约 5800 米，新阳高速公路去平舆县城下路口东，平舆至正阳公路西，西北接南刘村，南邻两路口村，东与万金店接壤，管理有胡堂、后魏庄、前魏庄、小冯庄、后冯寨、前冯寨、东冯寨、东阎庄 8 个自然村。胡堂在清河大道南端路西新阳高速公路去平舆县城下路口西，植物园北，胡姓多。后魏庄、前魏庄，以冯寨大港（现为鸿陂新渠）为隔，河北为后魏，河南为前魏，均在植物园西，以魏姓为多。小冯庄又称河北冯庄，以与小河以南的辛店村的前冯庄、后冯庄相别，在魏庄西，冯姓多。东冯寨、西冯寨以平舆至正阳公路为界，路东为东冯寨，路西为西冯寨，西冯寨又以南北分为前冯寨、后冯寨，以冯姓为多。东阎庄在冯寨东南 2000 米处，平舆至正阳公路东，以与西边辛店村的阎庄相别，故称东阎庄，以阎姓、刘姓为多。

12. 南刘村委（现为清河街道南刘社区）

南刘社区在辛店东，西南与辛店村连接，东南与冯寨村相连，北与原来的东皇庙（现已是清河街道）接壤，村委会在大曹庄，距辛店 2300 米左右，管理有小吴庄、小曹庄、大曹庄、刘庄、高庄、宋庄、任庄、大王庄、小王庄 9 个自然村。小吴庄、小曹庄、大曹庄自西而东相连，均以小土沟互隔，都北靠南环路，小吴庄以与斑竹村的大吴庄区别，故称之，以吴姓占多，有曹姓，小曹庄、大曹庄以曹姓为多。刘庄在大曹庄南，距300米处，以刘姓为多。高庄在大曹庄南偏东，在平舆至老王岗的公路南200米处，以高姓为多。宋庄在高庄南500米处，以宋姓为主，有胡、杨、薄、冯诸姓。任庄，在大曹庄东1200米处，现天水湖湿地公园南侧，有李姓、许姓，但无任姓，如以姓氏为庄名的传统习惯来说，该村早前应该有任姓，或许是任姓迁移和改作他姓，现已无可知，据现有的些许历史记载及民间相关传说，此地据说应该是太任的故乡，史载太任生地挚城西南12里，然任庄恰在平舆县城（古挚地）西南12里处，如此为何谓任庄就说得通了，此说也绝非偶然，必有历史地理上的因缘，有时亦写成仁庄，此是误写。大王庄在大曹庄东北1500米处，现已全部拆迁变成人工的天水湖湿地公园，王姓为多。小王庄在天水湖湿地公园东侧，王姓为多。

七、辛店英烈与乡贤

（一）英烈

1. 无名烈士墓

辛店乡后辛店庄东，现在辛店乡养老院南边80米处，有一小园，四周是沟，中间围着一座高大的土坟，坟周松柏苍翠，这就是辛店乡无名烈士墓。我1974年在辛店上初中时，每年的清明节，学校都要组织全校师生到这里给烈士扫墓，并举行新团员入团宣誓活动。后毕业回母校当老师，每年的清明节同样带领学生，开展扫墓活动，一直沿袭到现在。

据辛店村民说，徐州会战期间，有一位解放军的侦察兵，奉命沿驻新公路，由西向东，骑马一路观察敌情，在行进到后辛店东、冯庄铺西，小河北岸时，受到一股匪徒的伏击，这位侦查英雄，英勇反击，持续战斗达两小时，在先头部队赶到前，终因寡不敌众，壮烈牺牲，后续部队赶到后，全歼顽匪，为急速行军参加会战，战友把他就地葬在此处，当地群众不知烈士名姓，故称为无名烈士墓。

2. 李郁英

李郁英（1908—1928年），字成化，生于辛店乡韩坡村李庄的一个农民家庭，父亲李培芝，平生光明磊落，疾恶扬善，友睦亲里，备受赞誉。李郁英自幼在乡里读私塾，秀外慧中，过目成诵，深得先生和父母的喜爱，为让其长大有所作为，父亲把他送到汝南子宜小学读书。

1924年，他以优异的成绩考入省立汝南六中，开始阅读《向导》《新青年》《共产党宣言》等进步书刊，思想觉悟大为提高，十分向往革命，认为这个时代军阀混战，豺狼当道，匪祸到处，民不聊生，应该消除。

1927年12月，李郁英到同学巫越家做客，与巫越的姐姐一见钟情，结为伉俪。后经贾子郁介绍，李郁英、巫越同时加入中国共产党，后李郁英、巫越、宋先耀3人成立李屯党支部，李郁英任支部书记。1928年4月5日，中共汝南县委在十八里庙附近的大唐庄召开会议，决定开展汝东武装暴动，打通汝新路线，建立工农武装，谋划攻打高平寺，开展武装夺枪斗争。次日，李郁英按县委决定，回到辛店通知地下党员傅仅学一同参加暴动。当晚夜里，二人到高平寺西南角苇塘里会合，出其不意，突然发动袭击，刀劈寨工队队长王中和，缴获短枪2支、长枪7支。

同年5月的一天夜晚，李郁英与周邦彩、贾子郁、巫越10余人，夜袭白塔寺店公所，将正、副店长唐有林、王东法处决，缴获长枪2支、银圆数十块，全胜而归。

1928年6月，按照中共河南省委书记易云“将汝南边区的武装力量调往信阳四望山建立军事根据地”的指示，中共汝南县委派李郁英率9名党员携带枪支，经确山前往四望山。当行至确山南土洼车站附近，与一辆国军运兵车意外相遇，在掩护战友撤退时，李郁英壮烈牺牲，年仅20岁。

3. 冯鸿云

冯鸿云（1903—1927年），字鹏飞，出生于原辛店冯寨村（现为清河街道冯寨社区），家中兄妹四人，其为长，二弟冯昌云，三弟冯现云，小妹冯珍。

冯鸿云青年时代到汝南读书，阅读《新生》《中国青年》《共产主义ABC》等进步书刊，接受进步思想，向往革命。1928年，经同学张国和介绍，与三弟冯现云、同乡亲戚张金西，同时参加共产党。

1927年春天，张金西到武汉参加叶挺独立团，后受党派遣到西安高桂滋军部给高桂滋当警卫员。1927年8月，高桂滋率师部东进，途经汝南，张金西邀约冯鸿云、冯现云兄弟到安徽阜阳报考颍州军官学校（该校为中共党组织所掌握），后顺利考入该校，不久他们在参加颍州暴动中，冯鸿云壮烈牺牲。

4. 曹子灵

曹子灵（1904—1959年），幼名志聪、紫林，字子灵，生于辛店乡大曹庄

（现为清河街道南刘社区），8 岁在本村上私塾，17 岁考上汝南第一高等学校，1926 年考入上海后援建国军军官学校，1927 年参加汝南县自治区训练班，接触进步青年傅纯恒、刘忠等人，1928 年 2 月，经张金西介绍加入中国共产党。

1933 ~ 1937 年，曹子灵任国民党西洋店办事处民团委员、西洋店新乡乡长。1937 年 10 月，中共汝南县委通过工作，为其争取到西洋店联保主任职务，其乘机宣讲抗日，为新四军输送大批进步青年。1938 年 10 月，曹子灵调任王岗区分队长，1939 年春任李屯区联保主任。

1940 年 2 月，中共临泉地下党介绍曹子灵、马达等 4 人，由沿途党组织掩护，南行到达新四军李先念部工作。1944 年秋，新四军五师一部组成豫南游击团，曹子灵随军任统战科长，挺进河南。1945 年 7 月，曹子灵随军在汝河两岸活动。1946 年春，曹子灵任湖北随县财粮科长。1947 年 10 月，曹子灵任平舆区长。1947 年 11 月，曹子灵调往安徽工作，1948 ~ 1955 年，其先后在太和县任区长，在蚌埠任区长，曾任阜阳县粮食局局长。

1959 年 10 月，曹子灵因病去世，享年 55 岁。

5. 程道荣

程道荣（1898—1983 年），字耀德，小名万良，河南省平舆县辛店乡淇沟村程庄人。先在袁世凯“洪宪”拱卫军中当兵，结识了任应岐，后参加赵倜“老毅军”，任排长。1922 年，赵倜被冯玉祥打败，程道荣被编入西北军吉鸿昌部，任连长。回家探亲，却拉起了“大杆”，在豫东南一带发展到 1000 余人。由于官兵追剿，被迫解散，他本人又回到了西北军，渐次擢升，1931 年，他已经当上了营长。

“西安事变”后，国民党西北军有一批军官去延安考察，程道荣也去了。在延安，程道荣受到中国共产党负责统一战线工作的李克农的接见，听了毛泽东和博古的报告，还看了丁玲演的戏。次年春，程道荣入延安第二期抗日军政大学第一队学习，加入了中国共产党。抗日战争爆发后，他回到家乡，先是拉起百把人的队伍，在地方士绅的支持下，取得“豫南抗日民众救国军”的合法名义，组建了地方性的抗日武装，随之收编土匪，招收地主子弟，大力扩充部队，到 1944 年初，他已经拥有 4000 多人，被蒋介石收编为国民党“豫南挺进军”第十三纵队，程道荣任少将司令。他趁机向蒋介石要钱、要枪，还自办了 1 个兵工厂。不久，他的队伍发展到 7000 多人，辖 3 个支队，1 个特务营，成为国民党河南挺进兵团所有纵队中实力最强的一个纵队，驻防于淮河沿岸，先后与日军作战数十次，其中，正阳陡沟一战，持续6小时，生俘日军2名（义田国武郎，山口留四郎）。

日寇投降后，蒋介石要发动内战，激起了程道荣的不满。他积极与党中央联系，终于于1945年8月带领十三纵7000余人成功起义，参加了新四军。程道荣被任命为豫南人民军总指挥兼河南独立旅旅长，其弟程道德任该旅副旅长。其后，程道荣任中原军区第二纵队副司令员（王震任司令员、周志坚任政委）。

1947年，程道荣随刘邓大军十三纵队南下，在项城一带与陈毅率领的三野一、三、八纵队会合。并成立豫皖苏四分区（汝南军分区），程道荣任司令员（程道德任副司令员、黄霖任政委）。

1947年10月，程道荣受其旧友李崇武（李振云）的煽动，只身一人到南京投靠国民党中央地政部部长李敬斋（李崇武之叔）。1949年去台湾，1983年病逝于台湾。

（二）乡贤

1. 陈全国

陈全国，男，汉族，1955年11月生，河南平舆人，1973年12月参加工作，1976年2月加入中国共产党，武汉理工大学管理学院管理科学与工程专业毕业，在职研究生学历，管理学博士学位。

现任中央政治局委员，新疆维吾尔自治区党委书记，新疆生产建设兵团第一政委。曾于1981年12月至1983年10月，在河南省平舆县辛店公社工作。

2. 蔡大脚

蔡大脚（1898—1971年），女，本姓洪，名玉贞，蔡大脚是其艺名，祖籍安徽临泉县铜城乡苇寨村，20世纪40年代末在平舆县辛店乡落户。

她幼年家贫，父亲原在本地戏班里当伙夫，早年去世，全家全靠母亲做针线活糊口。蔡大脚9岁时，母亲以二斗粮将她送给本村马家做养女，取名马玉贞（在马家做养女，所以改姓“马”）。不久，养父病故，养母改嫁当地戏班艺人蔡占魁，玉贞又随养母到蔡家，改为蔡姓。到蔡家后，蔡玉贞开始学戏，当时，女孩子以脚小为荣，而蔡玉贞因终日忙于演戏糊口，顾不上修容缠脚，便放纵了一双天足，因此，人们便叫她“蔡大脚”，时间长了，这绰号便成了她的艺名。

蔡大脚戏路宽，能演生、旦、末、丑等角色，而她最擅长的是饰演旦角戏。几十年间，她成功地塑造了许多贤淑、善良、坚强而又命运悲惨的妇女形象，《俞宽休妻》《秦香莲》《三上轿》《三皇姑出家》《玉虎坠》等戏，则是她最为拿手，也是最能体现她演出风格的剧目。她演的这些戏使群众百听不厌。

新中国成立后，蔡玉贞定居于平舆县辛店乡曹庄大队小王庄村。1951年，蔡玉贞参加平舆县“群众剧社”。1954年，她随剧社到光山县演出，深受当地群众欢迎，迫切要求将剧社留下。为满足老区人民文化生活的需要，政府决定将“群众剧社”移交光山县，更名为“光山县豫剧团”，蔡玉贞随团成为其中的一名主要演员。1956年，上级号召挖掘传统剧目，蔡玉贞献出全部所学。1958年，蔡玉贞因病离开舞台，回平舆居住，在家科班传艺。1971年3月，患食道癌去世。

3. 黄老汉

黄老汉，系辛店乡黄寨村黄寨庄的一位有名的老中医，原名黄云汉，精通中医，医德高尚，悬壶济世，终生无意酬劳，尽求治病救人，新中国成立前后在辛店老黄寨以西，方圆几十里，其医德医术，深受民众赞誉，人皆尊之为黄老汉。

4. 冯氏、傅氏

冯氏、傅氏系辛店乡辛店村后冯庄和冯庄铺，两位享誉乡里的接生婆，新中国成立前后，辛店乡东西数十里，初生的婴儿，90%以上均是她们接生的，直到1984年，当时她们已80多岁。笔者的两个孩子就是她们接生的，凡求其接生者，不计穷富人家，仅取一手巾，作为象征性酬劳。且她们还精通小儿常病的治疗，如风气、马牙，可谓手到病除。她们一生，挽救无数妇女、儿童的生命，功德无量，令人感佩。

八、传说故事

1. 五龙口

五龙口，原在任庄东，胡堂北，七里河西，新中国成立前后，此是一前不挨庄后不着店的大坡地，常年积水过腰，当地群众传说，此有五5条龙居之，经常出来兴风作浪，常年雾气蒙蒙，阴森可怖，人不敢近此。记得我们从小到此处割草或捉鱼，只能成群结队来。现清河大道从此闯过，每天从新阳高速公路上下路的车流、物流、人流，如潮汹涌，人气滔滔，已是乾健坤厚之地，作怪之恶龙亦灭迹。

2. 娘娘坟

娘娘坟，在辛店乡崔庄北，有一高岗凸起，秀绮于四周之土，颇靓丽而郁慕明畅，显招妒于四围。相传明崇祯时期，崔庄有户农民夫妇，生有美丽的女儿，明艳异常，贤淑乡里，举动凡周村众女皆慕效之。偶相先生观之，说此儿应贵为娘娘，要伴驾新的皇上，天将改朝换代。后消息经官府传到宫中，朝廷派人将其杀害，并传出谣言，说其是假娘娘。

3. 叶大壮士

叶大壮士，相传是清代中期辛店叶庄人，此人身高丈二，顿食用斗米，力大无穷，数十斤之大油锤，抡如草芥，为人尚侠义，具梁山气，因家贫，不可饱腹，常与人佣劳，以期食，凡重活先之，得酬劳与伴同之。后雇佣其者渐少，数年弱病逝之，惜哉！

九、文献资料

（1）清嘉庆元年（1796 年）《重修汝宁府志》：李旗屯、辛店、万金店并县东。

（2）民国二十七年（1938 年）《重修汝南县志》卷十三：汝新大道出东关，经南新街，东南行十五余里至申家店，十二里经李旗屯，十五里至西辛店，十五里至两路口，十五里至万金店，入新蔡县境。

（3）民国二十七年（1938年）《重修汝南县志》：东辛店五九保至六四保。

附记：

以上是几十年仅存的乡愁记忆，随着社会形态的解构和转化，传统的乡村文明、农民文化或将不在，城镇化、农业经营主体集约化、农业产业的工业化，甚至智能化，农民和农村可能将逐步虚化至消解，农村的自然形态也将大异域于传统，旧的乡村乡愁，能留存在记忆中实属意义深远。

作者简介：刘万银，平舆县辛店人，1958 年出生，中共党员，中学高级教师，曾任辛店一中语文教师，曾任副校长等职，在县、市级以上报刊发表作品多篇。

黄寨村历史及渊源

黄永超

黄寨村位于平舆县辛店乡西部，是平舆县西南部规模最大、历史最悠久的村落之一。全村有6个村民小组，几乎全是黄姓族人，20世纪80年代以后，才有吴姓、刘姓、朱姓等其他姓氏。村里现有遗存寨河、寨墙、古井、枣树等。

小时候，我家的中堂有一副对联，“派为江夏传卅世，枝分汝南振家声”，当时虽然不明白是啥意思，但印象特别深刻。后来外出上学，接触到更多历史，才知道这是黄氏的堂号，我们村都是江夏黄氏的后人，从江夏迁移到汝南，又从汝南的黄湾迁居至此。20世纪90年代，村里组织高跷队、舞狮队时，每年春节，还组织村民代表回到黄湾祭拜祖先。最初搬迁到这里，据说是18户人家，听老人讲叫“十三家”和“老五门”，应该是一个家族里的两个分枝，“十三家”之间都是亲属，“老五门”之间也都是亲属。小时候，村里谁家有红白喜事，基本都是半个村的人前往帮忙打杂，而且相互之间也非常和睦。

刚搬过来时，整个村的规模还比较小，当时祖先们也做有规划。比如，他们掘土为河、为水塘，用挖出的土垫高村内的地势，多余的则用来打寨墙。我小时候，村里的地势也明显比寨河外的地面高出1米左右，后来家家压井取水、寨河湮平等因素，造成村内地势下降。

1975年驻马店大水被淹时，黄寨村地势高的优势就非常明显。据我爷爷讲，看到水淹过来，他赶紧爬到房顶，水淹到我们家的屋檐下，就没有再涨，他和邻居们在房顶上困了两天，直到水退了才下来。而周边好多村的房子，则几乎全部是没顶淹的，人都没有立足之地，只能抓着树枝或者随波逐流。

村中央建有祠堂，祠堂三面环水，为村里的大水塘包围。过去全村就一口井，位于村的右后方，全村人每天早上去井里取水，用来做饭、饮用。我们村的大塘，外与寨河相连，村内的雨水都是通过这里排放出去。我小时候，村里每逢大雨，村外一片泽国，村内则无任何积水。除了蓄水调洪，生活中大塘也大有用处。每年开春，村里好事者都会出头组织兑“鱼份子”，每份 0.05 元，每家根据人数交费，比如 4 口人交 0.2 元，收到的钱全部用来买鱼苗，然后投放到大塘里。进入腊月，好事者开始组织村里的几个渔户捕鱼清塘。一般从早上六七点开始，渔户穿上渔衣，驾一叶扁舟，带上渔网和鱼篓，没有舟的就在岸边撒网，没有网的拿渔篓在岸边捡鱼，或者拿钢叉或挑网在岸边巡视。每个人负责一片区域，或者几个人对某几个区域进行围猎。每到这个时候，全村人都拖家带口的出来看热闹，看谁的网撒得圆，谁的钢叉瞄得准，看谁的舟站得稳。那时候，我们小孩子也很开心，在寨河边上或者大塘边，去抓那些被呛晕的鱼、虾、蟹等。中午饭是顾不上了，差不多到下午两三点，鱼打得差不多了，好事者对捕捞的鱼进行预估，算出每个“鱼份子”对应的重量，开始按“鱼份子”的花名单分鱼。分鱼的时候，也是大小搭配、鱼种搭配，尽可能照顾大家的情绪和需求。到晚饭时分，家家户户提着分到的鱼回家，准备过年。剩余没有分完的鱼，则开始对没有兑“鱼份子”的村民出售，卖鱼的钱，又作为明年兑“鱼份子”的本钱了。

村子西头向北走约 500 米，原来有一个全村的祖坟。据本家的一个奶奶介绍，当时那个祖坟非常高大，每年清明、春节，全村的人都要去添土、扫墓，土越添越高。20 世纪 70 年代“破四旧”，祖坟及其周边的几个坟头都被推平，我小时候在附近的水渠里，还经常看到有白骨，据有人说是推祖坟的时候遗落在外的。

虽然建村时就有寨墙，由于村的规模小、寨墙低矮，当时还叫黄村，黄寨的来历则是太平天国时期了。据我爷爷讲，1864 年太平天国起义，平舆县的捻军大帅陈大喜在河南举兵响应，最开始在汝南的范寨起兵，当时老百姓都很迷信，说我们造反可以在范寨，但举大事不能在这里，应找个好听的地方才行。后来他们就选择了和“皇”同音的黄村作为他们的据点。来到黄村以后，看到周边不适合防守，就对寨墙进行加高加固，当时不像现在，石头砖头到处都是，挖土都是人挖人挑。为了加快工程进度，提高寨墙稳定性，陈大喜命令士兵去平舆街上，连夜将明代修建的永乐宫拆除，所有砖木土石，全部运到黄村用于修建寨墙和防守工事。第二天村民起床一看，发现寨墙一下增高了好几米，都很惊奇，我爷爷的爷爷，就是那一夜出生的，非常应景的取名叫黄高寨。

陈大喜本来要在我们那里“百里称王”的，后来太平天国北伐失利，捻军也被清军打败，陈大喜带领部队转战大别山。从那以后，我们的村名也被叫黄寨了。直到民国时期，豫南土匪老汤猖獗，每有预警，周边附近几个村的村民都会跑到我们村避难，当时汝南县的保安司令是我们村的，他组织村民重修寨门，还给村配备有机关枪，所以，一般的土匪也不敢来招惹。这些寨墙一直保存到20世纪60年代，当时要治淮河支流大沙河，要求把寨墙毁弃，寨墙上的土全部拉到沙河边修大堤，寨墙几乎被全部挖掉。我小时候看到的，就南寨墙还剩个墙根，因为外面是寨河，里面是大塘，进出不方便，所以得以保留，当时很多村民在那里掏地洞储存红薯，目前，这些土将寨河与大塘都湮平了。

我在小学四年级时，听当时的班主任老师讲，我们村里还有族谱，应该是抄写的有四套，每年春节都会拿出来宣讲，新中国成立后“破四旧”，这些族谱不知道是焚烧了还是被人保存起来了，再也没人见过。再后来，我也向村里老年人咨询过，他们说，当时祠堂里有很多东西，包括族谱、祖先画像、铜人，逢年过节的，黄氏族人的男性都要去祠堂去祭拜，后来也是“破四旧”以后，都不知道去哪了。

作者简介：黄永超，1978年在黄寨村出生，父亲早逝、母亲改嫁，自幼跟随爷爷奶奶生活。1996年到郑州上学并留在郑州，目前已在郑州安家。从事房地产营销工作。

西洋店篇

探秘张家店

韩文艺

现今西洋店镇小尹村乡里村，也被群众叫作“张店乡里”，历史上曾是张家店乡（联保）办公地。

民国《汝南县志》，有关散乱记载如下：“第三区张家店即张店设立联保办公处……计共十五乡”“三区张家店辖七二保至八一保”“张家店辖地 5306 亩”。“区立张家店初小校，区址张寨，民国二年成立”。由此，我们可以知道，张家店乡是民国时期汝南县第三区十五乡之一，共辖10个保，地5306亩。

在今天西洋店镇境内保存有两个“张店”，一个叫张店集，一个叫张店乡里，前者属于贾营村，后者属于小尹村，这两个村是挨着的邻居。从地名上就可以知道，小尹村的张店乡里是民国时期张家店乡的办公地，简称“乡里”。贾营村的张店集是民国时期集市交易所在地。两个“张店”功能不同，一个是张家店乡的政治中心，一个是经济中心。

小尹村的张店乡里是联保主任的住地，当时建有办公场所，是管辖治理附近保甲的政府驻地，现在保存有一口古井和一颗古枣树，这口古井是用石块砌筑的井口，至今被群众保存完好，古枣树约有 100 多年树龄，就种在古井旁边，也保存很好。

贾营村的张店集是张店乡这个地区集市贸易所在地，建在寨子里，这个寨子南北长，有 350 米，东西短，只有 100 米，呈椭圆形。张店集东临戚桥港，戚桥港经新蔡黄楼、砖店向东注入洪河。遗憾的是，笔者去访问时，张店集只剩下南北街的轮廓和一圈寨海子，已经没有什么古建筑了，唯一可见的是，在张店集南北老街遗址上存有两块类似抱鼓石一样的石头，这两块石头体量很大，形状规则，显然不是一般石头可比，不知是何物。

听村民讲，为了防止土匪抢劫，张店集从前就设在寨子里。有险情时，商家关闭寨门，土匪无可奈何，只好绕墙而走。张店集所处的这个寨建有寨墙、高高的炮楼、寨海子，抵御了一些土匪。但是，据村民说，最后张店集还是因为土匪废掉了，可能是一股比较大的土匪的光顾使得商户们损失巨大，打那以后，商户们再也不敢来这做生意了，坐商歇业搬离，行商不来问津。村民说，从前寨里还建有小学，附近百姓就在这上学，说寨墙、炮楼、学校等这些东西 20 世纪 70 年代都扒掉了，因为要盖村委会的办公房。

张店乡过去是汝南东南部的一个乡，管辖现在西洋店镇和万金店镇交界处的几个村。现在，张店乡里和张店集分别隶属小尹、贾营两个不同的村，只是两个十分普通的村庄罢了，只是这两个带着历史印记的地名还在昭示着它们往日的不同寻常，留待好古者去考究。

红色村寨傅寨村

韩文艺

西洋店镇有个傅寨村，新中国成立前曾因革命活动享誉豫南。

傅寨村是西洋店镇小尹村下面的一个自然村，这个村在新中国成立前有百十户人家。

1926年，为防土匪侵扰，汝南师范毕业的学生傅纯恒主持了傅寨村的修寨工程，那时候修的有寨墙、两道寨沟、4个寨门，历时3年方告竣工。打那以后，附近村民常来此寨“跑反”避险。修寨是村庄里的一件大事，工程浩繁，需要人力物力支援，所费颇多，这件事咱放下不表，单说一说这个红色村寨怎么个“红”法。

第一“红”，早期建有支部：土地革命战争时期（1927—1937年），大革命失败后的1929年，汝南师范学校毕业生傅纯恒被刘秉义（西洋店刘宋庄人）发展为中共党员，也是傅寨历史上第一个共产党员。此后，傅寨就有了革命的星火，傅纯恒又在本村发展党员。1929年春，建立了傅寨党支部，当时有党员5名。因为形势紧张，上级党组织提出要求，凡是与外县交界的党支部可与临县党组织联系以便接受领导，傅寨党支部在组织关系上属于中共新蔡县委管辖，傅寨党支部的建立在整个平舆乃至汝南党史上都是很早的。1933年，由于形势紧张，傅寨党支部停止了活动。

第二“红”，村里党员多。抗日战争时期（1937—1945年），1937年，傅纯恒在傅寨学校教学，他介绍同校教师韩景隆加入了中国共产党，此后他俩以教员身份为掩护在汝新边界一带发展党员。1938年秋，中共汝南县委再次成立，号召各地整顿党组织，刘秉义、傅纯恒、韩景隆、刘秉均等人在傅寨学校开会，研究重新登记老党员、吸收新党员、发展组织的问题，对每个党员严格审查，当天就恢复了10多位老党员的党籍，并重新建立了傅寨、刘宋庄党支部，傅纯恒仍任傅寨党支部书记。抗日战争期间，傅寨党支部发展壮大，有 17 名党员，成为享誉豫南的红色村寨——汝、正、新三县（汝南、新蔡、正阳县）的“小竹沟”，成为革命事业的坚强堡垒。因为党员多，群众基础广泛，在革命战争年代，李渭滨、韩景隆、刘秉义、张国和、马鸿谟、吴杰（开国少将）、侯彩苓（广东省委顾问）、张树藩（原北京海淀区委书记）、魏西（湖北省原建工厅厅长）、肖章（原河南省委组织部副部长）、胡亮（信阳地区中医院院长）、谢文耀（新华社刘邓大军前线分社社长，傅寨区委书记）等人都曾在这里秘密从事革命活动，肖章还在回忆录中提到了在傅寨干革命时的情况。1939 年秋，傅纯恒受西洋店中心区委指示，到确山竹沟新四军留守处教导队学习，学满后分配到新四军竹沟留守部队工作，在当年 11 月竹沟事件中与国民党军激战，英勇牺牲，永远沉睡在了竹沟的山岗上。1941 年，竹沟事件后，国民党发动反共高潮，傅寨党支部再次停止活动。

第三“红”，曾是县委、县民主政府驻地。解放战争时期（1946—1949 年），1948 年 2 月，中共正阳县委在寒冻遭遇国民党反动武装和土匪突然袭击，突围转移到汝河北岸，与活跃在这里的游击队会合，在汝、正、新三县交界之地成立了新的党政机构——中共汝正县委、汝正县民主政府，并在傅寨办公，坚持游击战，开展减租减息，打击恶霸地主和惯匪特务。这时期，汝正县民主政府管辖傅寨和高洋两个区，其中傅寨区的区委、区公所也是在傅寨办公。正是以傅寨为基点，汝南东南部的区、乡两级政权才得到了发展壮大。新中国成立前，共产党的武装汝正县县大队、傅寨区中队也驻扎在傅寨，1948 年 3 月傅寨成立了 50 人左右的区中队。刘邓大军第一纵队 62 团也一度活跃在这里。因为有党的组织，也有部队武装，所以傅寨和西洋店这一带积极开展了土改、减租减息和支前扩军工作。1948 年 11 月，汝正县委、傅寨区委积极组织青年奔赴淮海战场，抬担架送伤员，有力支援了淮海战役。

第四“红”，涌现八烈士。八烈士指的是傅寨区委书记谢文耀和区长高兴芳，以及傅寨村的 6 名本村烈士。这是一片鲜血染红的土地，在 1948 年的“拉锯”时期，傅寨区委书记和区长先后牺牲。1948 年 2 月，傅寨区委书记谢文耀被穷凶极恶的地主“还乡团”杀害。1948 年 3 月傅寨区区长高兴芳在带领区中队和匪徒激战时壮烈牺牲。在这片鲜红的土地上，傅寨村民为革命更是做出了很大贡献和牺牲，新中国成立前傅寨有很多人参军，不少人从事过传递消息、掩护党的干部等活动，涌现出傅维娥、傅谨德等革命干部。更值得一说的是，就是这个小村庄，新中国成立前竟然涌现了傅纯恒（1939

年牺牲于竹沟）、傅纯修（1948 年牺牲于傅寨）、傅汉收（1947 年牺牲于郭店）、傅学古（1948 牺牲，牺牲地不详）、傅伟平（1949 年牺牲于汝南）、傅伟松（1948 年牺牲于正阳县杨楼）等 6 名烈士，足以说明这个村庄有深厚“红”色底蕴，足以说明傅寨村民对革命的贡献。

2018 年笔者去傅寨调查历史资料时，85 岁的村民傅立四就告诉我说：“俺庄是共产党的老根儿，有 6 个烈士，新中国成立前张区长、高区长、李区长曾在俺家住过，赵驼子（胡亮）那时候以掌鞭的身份掩护在俺庄邻居家，那时候老三团（62 团）也住在庄里，新中国成立的时候部队在俺这唱戏招兵，去参军好几十人……”

2021 年春，因为要为西洋店红色文化传承馆收集历史资料，我与从傅寨走出的革命干部傅维娥同志（女，1934 年出生，退休前任中国华水水电开发总公司党委委员兼办公室主任，现居北京）取得电话联系，年届 90 的她深情回忆往昔，并于随后写下《我的回忆》一文作为对革命往事的纪念。关于家乡傅寨村，她在文中写道：“傅寨村是个红色革命村，新中国成立前是地下党组织所在地。我三叔傅学古是个教书先生，村民傅纯修还有我上小学时的张老师（名字记不清了）都是地下党，他们经常让我带信、传话，那时我还小又是女孩，不被人注意，便于地下工作的开展。新中国成立前夕，我三叔傅学古、村民傅纯修、张老师还有远门的两个叔叔突然不见了，不知去向，他们再也没回来，直至新中国成立后才得知他们都为新中国成立而光荣牺牲了，成了革命烈士。”

这就是傅寨村，一个红色村寨的故事，红色村寨的历史，体现的是革命精神。2021 年，全党都在开展党史学习教育，强调学史明理、学史增信、学史崇德、学史力行。牢记党带领群众在艰难险阻中争取胜利的光辉历史，继承革命前辈艰苦奋斗、不怕牺牲的革命精神，正是广大党员干部应该铭记和传承的，这也就是重温傅寨这个红色村寨历史的意义所在。

西洋店奶奶庙碑勘抄记

张留坡

记得前些年西洋店镇奶奶庙修复，曾邀我等诸友拜谒。其时与王保成兄闲聊，他说西洋店原名西尚店，20世纪60年代中期读中学时，见过路旁一方石碑上如此写着，故而记忆犹新。可惜当时不知碑文珍贵，不曾抄录，以致漫灭。我嗜好考究地方轶事，对碑文传说甚有兴趣，听后大有同感。2017年初得到时任县人大副主任商根喜转赠的《平舆县地名词条注释》一书，见上面“居民地名·西洋店·文献记载”中，第一条就是《重修奶奶庙诸神碑记》，不禁大喜过望，急忙抄录，欲赠予保成兄，以弥补胸中之憾。然细读之下，觉得不少句子标点有误，个别字亦有误，故重新断句，更错字，复抄于此，以为诸文友及后来者参考。

重修奶奶庙诸神碑记

汝东西尚店之西，旧有奶奶庙。雅景堪寻，名区可爱。有千古之圣颜，无一毫之俗态。聿溯其始，未知何人修创；直到于今，历有名人更代。闻尝游其内拜其中：乐狱浮亥水之黑，炎帝耀巳火之红。铁面阎罗含秋气，广生圣像近春风。正位天仙殿，中央菩萨宫。山门下，五圣森列门面，三教并崇。肃肃圣容端居福地，森森宝殿应号大雄。庶几土匪作乱，砖寨增培连汉，奎楼尽为颓败，凌云佛殿悉化尘埃。年深日久，雨打风摧。僧院御花，几见鹿形往来；禅房画壁，不余鸿迹徘徊。幸多善士，不乏仁人；发其慈悲，率彼乡邻。栋梁光采，砖瓦陶甄。四面诸宫，贯仍乎旧；三间中殿，焕复乎新。惟文昌之宫尚肇造舆，藏王之貌未及传真。余者金碧辉煌，冠裳鲜耀，形态非常，丰神绝妙。巍峨宫阙，与当初而相似；赫翟声灵，比真形之惟肖。因为之歌曰：庙貌与今旧复新，香烟袅袅隔凡尘。往来不断寻幽客，出入多半祈福人。花放仙桃三月会，絮飞隋柳万年春。诸公此善如芳草，常在季河古渡滨。

息邑廪膳生花甫、韩道济撰文

铁笔上蔡骆得凤、周天德、李作哲、姬家善、杜宝蔡书

大清光绪十六年重修奶奶庙诸神碑记

白狼旧事

张留坡

白狼（？—1914 年）姓白名朗，字朗斋，河南汝阳人，民间相传，其老家在汝东白庄。白狼是官府和民间人士对他的统称。

白朗起于乱世，和部下打家劫舍杀人如麻，也曾发出反袁檄文高呼变革，在 20 世纪之初的中原大地呼风唤雨。1914 年 8 月那个炎热的夏日，白狼的人头悬在省府开封的城墙上，而身体的其他部分，正在距离开封数百里外一个叫张庄西谷地的小村子的石头垛子里慢慢腐烂，这是他毙命之地。

在 1914 年之前的 3 年里，白朗人头的赏金是最高的，比孙文的赏金还高 1 万元，相当于黄兴与陈其美脑袋价钱的总和。他也是最让官方头疼的人。与孙文和他理想主义的革命党发动的那场“二次革命”相比，白朗和他真枪实弹的造反队伍才是真正的肘腋之患。他们时而攻城略地，与官兵对着干，时而啸聚山林，在荒山野岭中消失得无影无踪，不断地传出他被击毙的消息，又不断复活，带着更强大的队伍去攻击更多的城镇，从他的老家河南到湖北、安徽，再到陕西、甘肃，他的身影无处不在，甚至在遥远的奉天，都出了一个自称“小白狼”的盗匪。

白朗的声名，无论是美名还是恶名，都传遍大江南北，从 1913 年开始每天的报纸上几乎都能读到白朗起事的消息，在华北广大贫苦的乡村里，白朗开仓放粮、劫富济贫的传奇被编排成戏曲、说书广为流传；而在北京的小胡同里，在上海的里弄里，被孩子的哭闹弄得厌烦不已的家长，只要喊一声：“白狼来了！”就足以让一切清静安宁。

这样一个背负着传奇和诅咒的人物，他的真面目究竟是什么样的？

据说，其实他只是汝东白庄的一名小地主，家有土地 100 多亩，还有一个姐姐，白朗读过一年多的私塾，人很胆大。白朗被当地大户殴打陷害，关进大牢，又在牢里被狱卒勒索刁难，官府没收了他家 100 亩田，在地主、污吏和贪官的三重压迫下，白朗“起了反抗之心”。这说法，是经典的梁山好汉故事，对 20 世纪 50 年代的社会调查者来说，这更让白朗具备了“革命抗争精神”。

其实，刚开始，白朗只是汝阳众多土匪中的一个小角色，到 1912 年，他的手下也只有 30 余人。而后来成为他手下心腹的朱勤明，此时不过是永城县（今永城市）的一个小商贩。

将白朗从困窘中解脱出来，也将朱勤明逼上梁山的原因可能是同一个：1913 年的“二次革命”。裁军运动中被迫放下枪杆子的士兵，以及“二次革命”的失败制造出的大批散兵游勇，极大扩充了白朗部的兵源。

1914 年 1 月，白朗连下商城、六安，一路招兵买马，人数达到 8000 之众，“癣疥之疾竟成心腹之患”。在白朗四处张贴的布告中，充满了建立完美文明政府的号召。从 1913 年 3 月开始，白朗就自称为“中华民国扶汉讨袁司令大都督”。在 1914 年 4 月张贴在西安附近的布告中，他回顾中国“于异族专制几三百年，水深火热，控告无所”，后来的革命虽然使“君权推倒，民权伸张，神明华胄，自是可以自由于法律范围，而不为专制淫威所荼毒”，但却被“袁贼世凯”的“帝制自为”的狼子野心所断送。他号召“热心爱国”人士奋起反抗——这是一纸革命檄文。

白朗的革命志士神话自然是杜撰，但革命党一直以来希望拉拢白朗却确有其事，在黄兴致白朗的信中，黄奉承白朗“足下之丰功伟绩可以不朽于后世”，黄兴邀请白朗趁袁世凯大军南下之际，乘虚占领鄂、豫两省，挽回大局。白朗在中原纵横捭阖，来去如风的流窜战略，怎么看都和历史上那著名的大流寇李自成相似，只是白朗终归没当成闯王。

1914 年 4 月，白朗在他的革命党军师沈参谋的建议下开始了西北远征，这一计划遭到了大部分人的反对，他们在背地里骂：“让咱们东跑西跑，都是那个长球毛的（沈参谋）出的孬点子！”

这确实是个“孬点子”，如果白朗的队伍一直在河南、安徽一带屯踞发展，那么以他的实力，很有可能会成为一方割据势力，这里有他所熟悉的环境和社会关系网络，但一旦离开河南，白朗的队伍就成了孤军奋战，尽管一路上吸收了不少的流民和灾民，但这些人却远没有他的河南弟兄可靠。

5 月 23 日的甘肃洮河一战，成了白朗命运的转折点，正是在这场战斗中，白朗被“回族的女人用木杆打落牙齿一个”。这场战斗也让白朗第一次见识了回族抵抗者的顽强，力战不支的回民将男女老幼千余人关进清真寺里，纵火自焚而死。白朗军伤亡上千人，还留下了残忍虐杀的恶名。之后白朗军每到一处，当地居民皆闻风而逃，“匪不得食，杀马匹充饥”。

白朗开始了第二次逃亡，带着他的残兵游勇返回河南，此时袁世凯已然平定了革命党的余烬，开始专心对付白朗。一路上，白朗遭到官军步步追击，部下四散奔逃。7 月 23 日，白朗在河南虎狼爬岭的三山寨被官军包围，身边只剩百余人，白朗遣走了不是他同乡的人，其中包括年初投向他的朱勤明，只留下数名亲信进行最后的抵抗。

白朗最后的结局不那么具有革命悲剧史诗的气质，也许是在 8 月 3 日或 8 月 4 日的某一天夜里，他被一支巡逻队击伤，不久便咽了气。他的护军将尸体用洋红的毯子裹起来，埋进张庄西谷地的小村子的石头垛子里。在此之前，朱勤明已被官军抓获，而那名革命党军师沈参谋则在退败途中不知所踪，一些人相信他已经逃回南方。一段传奇就这样结束了。

白朗的头颅悬挂在河南开封的城门上，俯视着下面来来往往的人群——他的真面目永远定格在这个时刻，但奇怪的是，这名 20 世纪初中国最著名的匪首，却没有任何一张照片留存下来，后人只能以只言片语来描绘符合他们期望的形象。

不过，对那些相信个人之力足以改变整个国家的人来说，白朗还有另外一个真面目：他是不死的白狼，而他的对手袁世凯则是一只老鳖。1914 年 8 月城头上挂的并不是白朗的人头，真正的白朗已经变成一只大白狼，“向天上飞去，眨眼工夫就钻到云彩里了。”

特色小吃：高台馓子

韩文艺

高台是平舆县西洋店镇的一个村庄。它紧靠汝河，汝河自北而来在村西拐一大弯径直向西流去。历史上称高台店，它是一个因河而兴的古镇，在过去航运十分发达，历史上曾辗转隶属于汝阳、正阳，今属平舆县。高台村地理位置优越，历史悠久，商业繁华。

一、高台馓子的起源

历史上的高台店有南北街、东西街。地处淮河主要支流汝河岸边，是汝南城到正阳寒冻、信阳光山息县必经之路，是豫南地区一座有名的古镇。民国以前，汝河通帆船，粮食木材等各种货物经汝河航运到淮河，进而到达江苏等地。古镇上保存有祖师庙一座，有明、清、民国时期碑刻多通，存有石佛像多尊。历史上高台村曾先后有兴国寺、城隍庙、山门、土地祠等存在。这座古镇因河而兴。地处汝河边的高台店水上交通便利，周围有渡口多处，造就高台店重要地位。青年时代的明太祖朱元璋流浪汝颍期间亦曾到过高台店，幸赖高台村民热心搭救才得存命，后竟攻灭大元，取得大明天下。为纪念明太祖和高台的这段机缘，村民称村外朱元璋睡卧的那块台地叫“卧龙台”。民国期间，高台村曾是高台店乡公所驻地，在当时是个小行政中心，驻有乡公所，负责人称乡长或联保主任。附近的村民办公事、赶集、会友、交易物资都会来这。

高台馓子就是在这高台古镇上诞生并发展的特色小吃。高台出产馓子，馓子也成就了高台。炸馓子是高台村民的祖传手艺。当地人还把馓子叫作油炸香丝面。这一手艺究竟传了多少年、多少代，谁也说不清。村里一位97岁的老人说，家乡人祖祖辈辈都炸馓子。

历史上，高台渡口布帆高悬，往来船舶不绝如缕。高台古镇各行各业生意兴隆。大约是民国期间，汝河彻底停航。汝河边的古镇开始衰落。商业繁华，车马辐辏，人流众多，是南北往来要地，在新中国成立前，高台是个重要的河边古镇。南来北往的游子客商路过高台店总是要买些高台馓子，或是作为旅途中的消遣，或是归家赠送亲朋好友。此地出产的馓子色泽金黄、口感酥脆，打出的招牌就是“高台馓子”，颇受食客青睐，因此高台馓子在这里得以发展壮大，至今不衰。

二、高台馓子制作步骤

用料：面粉 500 克、鸡蛋 1 个、盐 12 克、植物油 500 克

高台馓子做法：

（1）和面。将面粉放入盆内，兑入约 250 毫升温水（天热可用凉水），鸡蛋 1 个，盐 12 克，同时放入，待盐溶化后，用手把面抄匀，再用手把面扎成柔软光滑有筋力的面团，盖上湿布饧 20 分钟。

（2）盘条。案子上抹些油，把面放在案子上，在面皮上再抹一层油，用水搓成筷子样粗细的长条，分层盘入盆内。层层都要刷油，从头到尾搓成一根。

（3）下锅。将面条的一头夹在左手的虎口处，用右手捋住面条，往左手并排伸出的 4 个指头上缠 9 ～ 10 圈，再取一双筷子，撑在缠好的面条圈套内，用双手拿住两头，往外抽至 20 厘米左右长，投入七成热的油锅中，刚一见热，立即将一头扭一个半剂，然后抽出筷子，在油锅中炸至定型，成柿黄色捞出即成。

三、高台馓子发展外销情况

现在，高台的馓子手艺人除在当地和附近几个县（区）做馓子生意外，几乎都离开了家乡，在全国各地炸馓子卖馓子。他们大多在北方各城市，因为北方城市相对干燥，易于储存馓子。村里人说，从东北三省到新疆都有他们的足迹。

现在高台村集体成立了馓子加工厂，专门生产馓子，更卫生、更美观、更有保障，还请设计公司设计了外包装专用盒，努力将高台馓子发展外销，走进商超，成为顾客青睐、馈赠亲友的不二之选。

高台馓子正在飞速发展，这道名吃必将很好地传承下去。

红色郭寨

梁宏宇

西洋店镇毛陈村的郭寨，是平舆县革命先烈、女侠郭了凡的家乡。

郭寨位于平舆县西洋店镇的东南角，是平舆、正阳、新蔡三县交界处，它的南边一点就是新蔡县的郭店，郭店是个集，因为离其他乡镇集市较远而显得热闹繁华，引得郭寨人盖房子建门面做生意，都向郭店靠近，时间长了，新郭寨俨然也成了一个小集。

沿着一条南北水泥路向北走，就看见一大片较高的地块。脚下新修的水泥路就是西寨墙地址，寨墙西侧是外海子，外海子早已被填平成为庄稼地，寨墙东侧是里海子，这就是郭寨特有的里外两道海子一道寨墙，南北远眺，海子和寨墙的雏形依然清晰可见。

寨墙早已被拆，村民都已经搬到寨外居住，老郭寨已经成为一个空壳。前几年政府施行土地增减挂钩政策，寨里的土地被拖拉机、挖掘机、铲车平整，就顺理成章地变成了庄稼地。中间一大片地势很高，走进一看，遍地都是瓦砾碎片。这就是郭了凡的大院，这是最后一排房子的位置，西头 3 间是客厅，东头 3 间是郭了凡的住室，东侧是东厢房，是厨房和储藏室。

走到东寨墙西边，踩着垫脚的砖石翻过里海子，走上东寨墙原址，上面栽满了树，看到外海子水面较浅、比里海子稍宽。朝南朝北审视一下，发现东寨墙原址和里外海子保存得十分完好，地基方位仍是原样，只不过没有寨墙和深水罢了。这真是郭寨不幸中的万幸，保不准这里的寨墙和双海子，真能成为中原地区新中国成立前农村防御土匪兵痞的堡垒——寨子的活化石呢！

郭寨是个四四方方的寨子，而且是个双海子一道墙的寨子，4 个角有 4 个炮楼，4 面寨墙的中间都建有一个炮楼，称为腰炮楼，总计 8 个炮楼。寨墙底宽 3 米，顶宽 5 尺，墙高丈余，十分坚固，易守难攻。特别是里外海子，深3米，宽6米，海子的两岸十分陡峭，没树没根，人掉进去，很难爬上岸，而且四周海子是连通的。寨子虽大，只有一个寨门，那就是南寨门。南寨门宽不过4米，两侧的海子更深更宽，现在看来好似宽阔的河流，两道海子护卫，东西水面拥抱，显得寨门前的道路十分狭窄，当土匪来攻时，易于封锁，给土匪以强大的杀伤力。

如果仅限于自身防御，倒显示不了它的特别之处。正是有了郭了凡的存在，有了汝南、正阳、新蔡三县地下党联络站的存在，郭寨才有了它闪耀的光辉。

郭了凡，名超尘，字了凡，1890年出生在一个富裕地主家庭，家有土地1800亩，房屋20多间。父母生养她和弟弟二人，但由于本族恶霸想贪占她家田产，投毒害死了她弟弟，她父亲被活活气死。为了继承家业，郭了凡直到31岁才奉命与表兄结婚，常年居住在娘家，掌管这偌大的家业。在看清了社会的黑暗后，郭了凡毅然在1931年（41岁）加入了共产党。党组织根据她地主的特殊身份和国民党政界打交道的便利，安排她与党的负责人单线联系。从此她家成为汝、正、新三县地下党组织的联络点。郭了凡家有三层院，前院客室是和国民党各级政府官员会晤的场所，中院是共产党秘密活动的地方。当时，区委书记刘忠（以行医为名）、新蔡县委书记张昕（在郭了凡家当家庭教师）、地下党员任振华、陈良希（分别担任郭家的管家和长工），在郭了凡家进行地下活动。郭了凡家成了中共新蔡县委机关，在这里她保护隐蔽了皖北特委组织部长李轩、汝南地委书记王景瑞、地委委员兼汝南县委书记肖章、新蔡县委副书记吴有德、区委负责人张国和、李华轩等人。郭了凡散尽家财，一部分用于接济穷亲近邻，大部分用作地下党活动经费，她曾变卖土地，为1938～1939年中共汝南县委组织部部长马鸿谟在此办报和培训干部提供经费，还在1947年为新蔡县委组织部部长胡亮成立的游击队提供经费和枪支弹药，保证了地下工作和革命斗争的顺利开展。为了革命事业，郭了凡曾于1933年、1943年两次坐牢，受尽敌人的严刑拷打和精神折磨，但她始终没有暴露自己的真实身份，更没有出卖党的机密。郭了凡为了民族的解放和新中国的诞生，做出了她非凡而巨大的贡献。正因如此，党和人民没有忘记她，她被作为革命烈士安葬在平舆县烈士陵园，受到人民群众的怀念和祭奠。1999年，郭了凡故里被列为平舆县重点文物保护单位。

正是有了郭了凡，郭寨才变成红色的郭寨。有了红色革命故事和丰富的红色文化底蕴，郭了凡的红色革命基因就会代代相传。

万金店篇

1938年的中共万金店区委

张留坡

据老革命家徐达山回忆，1938 年抗日战争期间，他在中共万金店区委工作过 3 个月，其具体情况如下。

徐达山原名徐肇东，参加革命后，改名徐达山。他于 1938 年夏天，从延安分配到武汉八路军办事处（党内叫长江局），不久就被分配到河南确山的竹沟。当时，与徐达山一起去竹沟的有十几人，由武汉八路军办事处行政科长齐光带队。

到竹沟几天后，被分配到汝南县，这时已是八月间（记得是中秋节前到汝南，在汝南过的中秋节）。在汝南城内负责接待徐达山的是一个胖胖的男同志，戴近视眼镜，据说是武汉大学的毕业生，他把徐达山安置在一家旅馆里。接着，当时的县委书记张鹤亭、组织部部长王铎都接见了徐达山，与徐达山谈过话，就把徐达山分配到万金店联保处工作。当时张金西是万金店的联保主任，徐达山的公开身份是联保处文书。

在党内，万金店是个区委，徐达山任区委书记，区委委员有张金西、曹子灵、冯子平。徐达山负责的这个区委，直接归县委书记张鹤亭、组织部部长王铎领导，徐达山汇报工作进城去过两三次，都是住在马行之（马鸿谟）家，马行之也是县委委员，他爹是东门里有名的马财主。

当时，徐达山还到老冯寨活动过，都是在冯胜之、冯腾初（在阜阳颍州暴动牺牲的中共党员冯鸿云的二弟冯昌云、三弟冯现云）家吃饭，他两个为胞兄弟，也都是党员。另外，还有一个姓李的，教小学，也是区委委员，他叫李宜斋。此外，李华轩、胡亮（也叫赵驼子）也经常到那里活动。李华轩的职业是教书，赵驼子是做小生意的，他俩的活动经费有时也靠张金西拿。

那时为党的事业发展，徐达山负重致远，带领万金店区委，做了这样三件事：

一是对贫雇农进行宣传，为党的发展打下基础。同时掌握地方武装，当时各联保都有联队，一般都有十几个人、枪，都是固定的，一直不换人，其中也有一些兵痞无赖。张金西负责的这个联保，也是这种情况。徐达山就建议张金西，采取轮流换人的办法，有计划地逐步把枪支掌握在贫雇农手里，把一些地痞无赖换掉，使联队逐渐变成人民的抗日武装。

二是利用徐达山的公开身份，经常到群众中去宣传抗日救国的道理和反抗阶级剥削、推翻阶级压迫的道理。因为徐达山是南方人，那时群众都喊徐达山蛮子，都喜欢听徐达山讲这些道理。

三是秘密动员青年农民，参加八路军、新四军。那时徐达山经常给群众讲抗日救国的道理，讲国民党拉壮丁骨肉分离、天各一方的痛苦，动员他们到西山（竹沟）去当兵，参加抗日队伍。经过动员，群众的抗日热情很高，三三两两悄悄地去参加八路军，有的凑不起路费，就带点馍或是红薯往竹沟去。

徐达山在万金店前后只有 3 个月左右的时间，就这样搞了两批联队轮换，陆续动员走了四五十人，去竹沟参加新四军，弥补了新四军抗日兵源的不足。

到这年冬天，大概是武汉失守以后，万金店有个恶霸地主老奸巨猾，为了争夺张金西的联保主任，上县里去告张金西在万金店“勾结八路”，有共党嫌疑。徐达山得知了这一情况后，马上赶到县里，向中共汝南县委负责人反映了这一情况。经过县委研究，就把徐达山调回竹沟去了。与徐达山一起回竹沟的还有另外一位省委派到汝南的干部宁飞。

以上内容是依据徐达山同志晚年回忆而作，直接反映了当年在平舆工作的中国共产党员们为抗战胜利所做的大量工作。在举国学党史，庆祝建党一百周年之际，笔者不忍藏珠于匣，特选录出来，与广大读者分享。

油坊李庄的记忆

李雪太

1286 年（元至元二十三年）10 月，黄河在原阳、阳武、中牟、延津、开封一直到扶沟等 15 处决口。从扶沟决堤的黄河水，折而南流，经通许、太康等地一路肆虐，所到之处，村灭人亡，惨不忍睹。

但总有抗争强者从死神的魔掌中逃脱，扶沟的一对夫妇，丈夫姓李，叫继庆，他挑着箩筐，一只筐里是两个儿子，另一只筐里是他们不可再陋的行李，妻子背着他们最小的儿子。经九死一生，他们终于在汝南东小清河南岸（现在的平舆县万金店镇）的一个地方住了下来。眼前是一条被当地人称为小羊河的小河，他们借着河岸，挖了锅灶，端取小羊河清澈的河水，煮了一些野菜。刚一揭锅，一股香气扑鼻而来，尝一尝，香中透醇。夫妻二人对此感到既神奇又不解：这么好的生存环境，为什么人烟寥寥、土地荒芜呢？后经向路人打听，才明其因。

原来，成吉思汗时，有一个叫旭日干的匈奴将领曾征战于此，他发现这里男人体魄健壮，又勤劳能干；女人个个苗条爽利，容貌顺鼻子顺眼，特别是脸蛋水灵灵的秀美，心里就产生了邪恶的想法——要把这一带人作为驱口。所谓驱口，就是将这些人口强迁北方，要求男口对匈奴俯首听命，女口则被匈奴人享乐。成吉思汗占取中原后，因西夏战事胶着，没时间顾及旭日干提出的驱口谏言。忽必烈继位后，日暮残年的旭日干再次向忽必烈上谏，被忽必烈采纳，决定从浙江杭州及淮河（汝南属淮河区域）一带实施驱口政策。为逃避驱口，这里的人们便携家拉口、背井离乡，逃得无影无踪。李继庆夫妇考虑再三,一直奔波总不是个办法，寻个立足之地很不易，寻找一个像此地的地方更是难上加难。于是，他们决定留住此地。

李继庆早年曾读过几年私塾，又很有心计。他曾在黄河故乡的油坊里当过几年油匠，对油坊打油所有的工序及环节技巧掌握娴熟，而且在操作中，与芝麻产生了不可分割的感情。这次逃黄水，其他的东西大可不带，却把家中仅存的几斤芝麻带了出来。因为他知道，以后会有意想不到的苦日子等着这个家。带上这点儿芝麻，一是为孩子改善一下生活，二是一旦有机会了，还可用这点儿芝麻撑起这个家。现在，他发现这个地方种芝麻条件得天独厚，说不定能产出天下难寻的优质芝麻。于是，他们夫妻二人便置买劳动工具，开垦荒地，准备种春芝麻。次年八月中秋未到，几亩芝麻就像一地竹鞭，蒴果挤挤拥拥，有的裂开了嘴儿，芝麻粒儿炸蹦在地上，不仅结实饱满、皮薄，还清一色的白，落在地上，犹如素玉。李继庆激动地对兴奋不已的妻子说：这可是芝麻中的极品啊！我们的日子也一定会像这芝麻开花一样节节高！

他们靠种芝麻改变了贫困的生活，还带动周边一些人种芝麻，可是，在这区域狭小又信息闭塞的空间里，几年过后，产品出现过剩，偶尔来一两个收芝麻做香油加工的客户，因为都是人工手拐磨，购货量微乎其微，而且价格低得让人蹙眉。怎样才能把大量的芝麻变成香油升值，怎样让这么好的油长腿走向更远的地方成了李继庆心中一剂苦药。10年过后，李继庆已年近半百，看见3个儿子发育得个个像铁塔一般，埋在他心底里的夙愿终于膨胀起来。他到附近村子里买了4棵大柞树，爷儿几个经过几个月的锯、砍、刨、凿，终于做成了油槽；又卖掉一头犍牛，买回了碾子、炒锅、大缸、捻绳等。就这样，父子4人赤膊上阵了。第一槽油没出缸，便香飘四面八方。这在当地是第一个规模性油作坊，它不仅比人工手拐磨生产量大百倍以上，可以使当地大量的白芝麻直接转化为商品，而且，麻糁通过蒸馏香味更醇厚、更悠长。周边的人无不奔走相告、竞相采购。当地许多人拿李继庆生产的油当作馈赠礼品，这样，一传十、十传百，李继庆的香油名声大震，百里内外，无人不晓。很快，客商纷至沓来，而且都是外地慕名而来的大商户。生意火了，人手又显得不够，同时，为了便于接待客户等相关事宜，李继庆又觅了人手，有当油匠的，有卖油的，也有负责接待客户的。几年之后，李继庆一家所居住之地成了村庄，因李继庆姓李，又因为有如此闻名的油坊，大家都称之为油坊李庄。为了不断扩大生产、确保原料供应、并且把好原料质量关，李继庆要邻村王寨的一个朋友王世坤为他负责提供原料。王世坤教周围十里八乡的群众进行芝麻田间全过程管理，不仅如此，自己还在平舆北8里处建一个芝麻收购点，有力地保障了李继庆油坊原料的优质且足量供应。

李继庆生意的兴隆带来了家庭兴旺。他的称呼由原来被人称为“逃黄水的姓李的”，变为现在被人尊称为“油爷老李”。李家原来像一棵孤树，现在在乡亲们眼里是一片生机盎然的森林。鸟总是往旺林子里飞。许多人托人把自己的女儿嫁给油爷老李的儿子，不仅如此，不少外来者投奔油坊李庄，说自己的祖先也是扶沟的，并且姓李，与李继庆家有牵牵挂挂的族亲关系，李继庆憨憨地笑着点头，从不刨根问底，便把他们安置下来。随着人口的陡增，油坊也越开越多，李继庆又不好让投靠进来的人出去，就给3个儿子分了家，长子留居油坊李庄，次子、三子移居出去。次子家几十口人住在现平舆县万金店西北3里处，为建起一个新家园，他们老老少少齐动手，建起了房屋之后，为安全起见，又采挖了茨木栽植在房屋四周，几年过后，茨木成林，人们就把他们的居住地称为茨园。三子家几十口人住在现平舆县万金店镇张坡村，随着三子家人口急剧增长，后来，他们又在当地分开居住，形成了3个李庄。当时，在儿子即将各立门户时，李继庆为儿子们每人抄写一份自立家谱：德厚方荣行昌远，路明启祥光仁贺。玉秀贤鸿亚本贺，春华景清秉成克。

按辈分，我是“秉”字辈的，从始迁祖上算起，我是第二十六代传人。

当年，李继庆在几个儿子接过家谱之后，还给了他们一个生意经，这经共有8个字，就是“油爷老李”自己制定的：“货真价实，童叟无欺。”并要求儿子手捧家谱，跪地发誓：“我及环后人，代代相传，谁若违逆，断子绝孙。”之后，各居其所的弟兄3人，都严守家训，老实做人，诚实经营，生意一直红红火火。林子大了，鸟也就不止一种了。据《万金地方乡志·德列》记载，清光绪年间，“春”辈上一个叫李春亮的人，15岁完婚，18岁时已生有3个儿子。他常夸的一句海口是：到我百年之后，谁也没有儿孙在我坟前哭爹叫爷的多。那时候，油坊李庄家家户户自己打油卖油，都是用当地纯白芝麻加工，而且只卖头糟油，从不破糟，糟再施进地里，来年芝麻才会更好。而李春亮却把糟连破两次，并把二、三糟油品当头糟油卖。尽管如此，他还嫌赚钱少，他利用外边的朋友低价买一些树籽儿、瘪菜籽儿掺进芝麻里加工。一个老鼠坏一锅汤。几年下来，油坊李庄的油无人问津了。正在人们对他怨恨不得的时候，他的3个儿子也因病先后夭亡。李春亮悲伤之余，疯了，到处乱跑，最终，在家人没能看住的时候，他疯死在一条泥沟里。人们都说，这是“油爷”的上天之灵请阎王爷办了他的阴差，也是给众人敲响了警钟。从此，谁也不敢再有动假的心思了，还是严格依照祖上的规矩去做，很快，市场又回来了，油坊李庄的油又一次刷亮了品牌。

话分两头。当年的王世坤为配合“油爷”打制出高品位香油，在平舆北8里处建一白芝麻收购点，随着生意的兴隆，到19世纪中叶，此收购点扩容并取名为“万金栈”，树大招风，汝东的土匪常来骚扰抢劫。1860—1862年（清咸丰十年至十二年），王世坤的子孙们在这里建起了寨子——改名为万金寨。据民国二十七年（1938年）《重修汝南县志》记载，“大王寨，砖圈，又名万金寨。”为什么又叫大王寨？据说，当时万金寨人比原籍万金店王寨的人数多，占地面积更大，故称大王寨。

油坊李庄的油坊到20世纪80年代还在起着滋润人们生活不可或缺的作用。随着改革开放和工业化进程的加速，油坊已经作古，但平舆县白芝麻产业却在与时俱进，而且已在全国独领风骚。如大王寨的白芝麻收购栈早已无影无踪，但大王寨却把白芝麻产业做到了举世瞩目。平舆县返乡创业代表冯志合先生，站在农业发展的高度，以平舆县得天独厚的白芝麻生产优势在大王寨建起了“平舆县蓝天芝麻小镇。”该小镇是以国家原产地白芝麻为物产特色，集一、二、三产业相融合的发展示范园，其优质香油品类齐全，高档产品远销海内外，不断拉长的产业链条，使扶贫、旅游、科研融于一体。其特色小镇，目前已获首批国家农村产业融合发展示范园，河南省首批新农村建设引导点，河南省第二批乡村旅游扶贫重点示范项目。目前，蓝天芝麻小镇拥有世界上首个白芝麻文化博物馆。如果您亲临其境，您会感受到平舆县人对白芝麻的特殊感情，您将会对白芝麻的前世今生及白芝麻与新时代农业创新，有一个更全面更深刻的认识与理解。

作者简介：李雪太，男，中共党员，退休教师，家住平舆县万金店镇王寨村油坊李庄。

乡村的路

李雪太

我家住在中原地区的一个小乡村。

我初学走路时，第一跤就是摔倒在我家门前的土路上。因为刚刚雨过天晴，猫头鞋上还沾了些泥巴。听娘说，我抱着猫头鞋哭成了泪人儿。

那时候，乡下都是清一色的土路，无论是哪条路，都是任性地拧着弯儿，七环八绕，让人感觉走路如同转迷宫；走在田间的羊肠小道，两人相遇之时，必得侧身迎让，不然，谁也别想过去；路面坎坷得像当时人们的日子，每一个投足，务必小心翼翼。因此，在路上，你很难见到扬眉吐气的人。

好像那时候的冬天雨雪特别多。能够买得起胶鞋穿的人，在一个村子里屈指可数，绝大部分人出行时，只得穿着笨拙的油鞋。这种鞋不仅厚重，而且被桐油漆过几遍，梆硬梆硬的。一拖上泥雪，走路的样子就像戴上了脚镣，一不小心，就会摔个嘴啃泥。即便是你摔不倒，一段路走下来，双脚准会磨出几个血泡。夏天的雨季，人们终于可以甩去油鞋，一个个光着脚板蹚水踏泥，可脚总是改变不了倒霉的命运，不是被烂泥中的玻璃碴、瓦片什么的扎伤割破，就是在污水中沤出“痒疙瘩”。惹上“痒疙瘩”，两脚痛中带痒，痒中有痛，让人抓挠不得、寝食难安。若是遇上连续几个晴天，路上又会尘土飞扬。我们这些“小不点儿”个个都是“灰娃娃”，要是闹腾出一身汗，马上又变成了“泥孩子”。连那些好看的新媳妇、娇羞的村姑也没有了往日的俏模样，显得灰头土脸，缺姿少色。

除了农忙季节路上会有几辆老气横秋的太平车，平常，路上极少能见到车辆。半年、几个月的时间路过一两个推独轮车卖土盆瓦罐的人，推车人唉声叹气，独轮车吱吱呀呀，留下一路哀怨。路上的喜庆是十年九不遇地过一辆汽车，男女老少奔走相告，谁都不放过亲眼看一次汽车的机会。狗，愣了半晌，突然，朝着这庞然大物吠着、追着，追得很远很远，回头时，两眼迷茫，一脸的想不明白。

20世纪80年代，村里老支书说：“要想富、先修路，咱不能再这样下去了！”村民们兴奋不已，没钱修水泥路，他们就把自家房前屋后角角落落的碎砖烂瓦一筐筐、一箩箩地收整好，肩挑手抬，修成了全村第一条砖渣路。然而，随着交通运输业和农业机械的快速发展，砖渣路的使用效能很快又捉襟见肘，不到两年，砖渣浮起，满路乱滚，尤其是大吨位车辆一过，整个路面呈现出七沟八梁到处坡的状态。目睹此景，人们无可奈何。老支书叹口气：这路——，还得继续革命！

近几年来，乡村振兴提高到国家战略层面上来，我的故乡和全国的农村一样绿起来了、亮起来了、美起来了。要说最让人惬意的还是乡村的路。

现在，乡村的路已形成网格化，村村通，乡乡连，东西南北，路路畅达，就连家家户户门前都有宽阔平坦的水泥路。坐上自驾车，便可随心所欲地驰向祖国的任何一个大城市。不过，乡亲们一般是不会舍近求远的。因为，他们最知道这些路的变化历程，更有情有独钟的理由。

双庙篇

武工队战斗在双庙

张留坡

题记：刘冠三是一位南下干部，1947年9月至1950年8月，作为平舆双庙乡武装工作队（简称武工队）队员的他，经历过长达4年出生入死的战斗，为平舆人民的解放事业贡献了自己的青春热血。1950年9月至1953年2月，他任平舆县八区区长、县委党校主任、县团委书记。后调任水电建设总局政治部副主任、水利水电规划设计总院党组纪检组组长，直到1990年9月离休。2005年，他荣获国家颁发的抗日战争胜利60周年纪念章，2009年3月逝世。本文根据刘冠三《我的一生》中在平舆双庙一带参加“拉锯”战斗的部分片段整理而成。

“三冠白马”绰号响　“拉锯”斗争留传奇

刘冠三是山东省汶上县人，生于1928年10月，自幼聪明好学，在村里读过几年私塾。1945年3月，刚满17岁的他，为了躲避日本鬼子围村抓劳工，只身逃出家乡，参加了汶上县武工队，成了一名抗日战士。入伍不久，他参加了拔据点、抓汉奸的战斗，由于机智勇敢而受到表扬。

在解放战争时期，他所在的武工队与国民党地方武装及治安团、还乡团等反动势力进行了殊死的战斗，因设计巧捉敌人哨兵，被军分区通令嘉奖。他在战火中不断进步，由战士、班长，一直升到副队长，并于1946年光荣地加入了中国共产党。

他作战勇敢，枪法出众，有时着一身白衣，因而获得了“三冠白马”的绰号。

1947年9月，他报名参加了南下干部集训队，12月随刘邓大军渡过黄河，千里挺进大别山，在汝东平舆一带开辟新区。他先后任土改工作队员、乡长、区长、人民法庭审判长、区委书记、县委党校主任、县团委书记等职，在复杂的斗争中不断成长，这时他只不过 20 岁出头。

由于当时平舆一带反动势力还很猖獗，刘冠三在土改、剿匪和反霸斗争中经历了生死考验。他有着带人平定民兵叛乱和带领区大队打垮暴动的土匪武装的传奇经历，也遇到过因腿伤不能行走而被还乡团堵在农户院内又侥幸逃脱的险情。

不过也正是因为这些传奇经历，他在工作中收获了自己的爱情，和革命战友傅维娥（平舆县傅寨村人，1934 年出生，新中国成立前夕参加革命工作，退休前曾任中国华水水电开发总公司党委委员兼办公室主任，现居北京）结为夫妻并从此相爱一生。

参加南下干部团　方知铁轨是何物

1947 年 9 月初，已担任汶上县公安局武工队副队长的刘冠三，奉命再次渡过黄河北上，赴冀鲁豫第七军分区南下干部集训队，参加“三查三整”，学习党的方针和政策。“三查”即查阶段、查立场、查观点；“三整”即整思想、整作风、整阶级观点。学习长达 3 个月，然后编入第二批南下干部团。

南下干部团，下设大队、中队、班等编制。刘冠三所在的中队，中队长王光中，副中队长张学清。下设 12 个班，每班 12 人。由七分区配备一匹骡子或马，一名炊事员，为全班服务。每人一条米袋、一个钱袋，棉衣是发布和棉花，由南下干部自己动手缝制的，样式各异五花八门。每人还发了牙刷、牙膏、毛巾、肥皂等生活用品，还有万丹茹副专员亲自发给的 1 块银圆，作为途中零花钱。刘冠三用 1 块银圆，在张秋镇供销社买了一支上海制造的新民自来水笔（这在当时是稀有的物品），用它记录南下大别山的艰难行程。

第二批南下的干部是 1947 年 12 月从黄河北岸张秋渡口过黄河的。由华野十纵队护送，经山东梁山、郓城、巨野、金乡、成武、曾县，在河南与山东交界处一带过春节，休整一天后，在河南商丘柳河镇至谢集之间过陇海铁路。

铁路沿线重镇的柳河和谢集有国民党重兵把守，为了不让敌人发现，南下干部团趁着节日深夜、敌人防备松懈之机，按照不准说话、不准吸烟、不准掉队等严格纪律，以跑步速度越过陇海铁路。

虽然是临战状态，严格的纪律，又是跑步之势，但就在这样紧急的情况下，仍然有很多人用手偷偷摸一下铁轨是什么样的，一时成为行军途中的话题。跑步瞬间弯腰一摸，摸着木头的人说铁路是木头；摸着石头的人说铁路不是铁的是石头；摸着铁轨的人说不是木头不是石头就是铁的。这些在山沟里在农村长大的人，从未见过火车和铁路，各说不一，争论不休，谁也说服不了谁。

这时打过鬼子、扒过铁路、当过民兵队长的刘占明说：你们别争了，大家说的都对，铁路是由铁轨、枕木、石子路基、道钉组成的，两条铁轨用枕木连接，道钉将铁轨和枕木固定，石头子是铺路基的，几者结合才成为一个完整的铁路。你们好似盲人摸大象，只知其一不知其二。他的话引起大家一阵笑声。

黄泛区里生感慨　大树林中听报告

过了陇海铁路，就进入国民党长期控制的敌占区。为保护南下干部的安全，护送南下干部的华野十纵队在两侧，南下干部行走在中间。“逢山开路，遇水造桥，筹措食粮，日夜兼程”。大家顺利地进入遭受水、旱、黄、汤四大灾害的河南黄泛区。这里的土地是盐碱地，一望无际，寸草不生。地上的盐碱白花花得耀眼，似雪非雪，似霜非霜，令人触目惊心。那里的老百姓家徒四壁，自身难保，哪有能力再为大家筹措粮食。吃完自带的粮米，又忍饿一天，才穿过这个饱经苦难的地区。一路所见，激起了大家强烈的阶级情感，自觉责任重大，只想尽快打倒蒋介石，拯救在水深火热中受苦受难的阶级兄弟。

干部团经宁陵、柘城、鹿邑进入安徽亳州境内，在这里得到一部分给养补充体能：吃了一顿盐水煮黑豆，是在十纵队一部正在攻打亳州的激烈枪声中，大家等待前进时在一条掩体深沟里吃的，感觉格外香甜可口。

亳州城攻克后，在俘虏的人群中，刘冠三见到一些肥头大耳、身穿长衫、与众不同的人物，他们是被解放军抓获的国民党百名伪县长。被南下干部认出来的，还有来自山东定陶、郓城、东平等几个县罪恶多端的国民党县太爷。他们为了逃避解放区人民的惩罚，跑到了亳州避难，准备东山再起。这些官僚地主阶级，虽在此避难，却大肆挥霍他们搜刮来的民脂民膏，带着大小老婆吃喝玩乐，与黄泛区奄奄一息的人民相比，真是“朱门酒肉臭，路有冻死骨”的真实写照。

在炮声连天的夜间，南下干部团通过了亳州县城，途经淝河集到达沈丘城。这时已是3月，天气乍暖还寒。在城南关外，大家吃了一次用木炭火盆烧的白面馒头。这馒头黄黄的颜色，一块银圆买20个，号称常年不腐，又香又甜，十分好吃。刘冠三好像过年一样高兴不已。这种久储不腐的馒头和做成玩具“小狗、小鸡”的馒头在方圆几百里都有声誉。

3月中旬的一个上午，在项城东3华里处的一片茂密的树林里，第二批南下干部进行了第一次集会，大家天未明赶到时，已坐满了听报告的人群。开始听说来做报告的是邓小平，后来又说邓小平很忙，派来了中原局书记刘子久（中共七届候补中央委员），向南下干部做形势报告，树林外布满了高射机枪和炮火，以防敌机空袭。

这一天晴空万里，风和日丽，是几个月来最好的一天。形势报告会从太阳升起开始，讲到日偏南时结束，大约两个多小时。刘冠三听清楚并记下来两个问题：一是中野解放军南下大别山作战，我军由内线作战转向外线突击，由防御转向进攻战略，全国形势空前大好，原来预计5年打倒蒋介石，毛主席说，不用5年了，3年就可以消灭国民党800万军队，建设新中国。二是大别山斗争形势仍然严峻，有30多万国民党王牌军围堵大家，大家与他们兜圈子，在运动中消灭敌人。要打一次大的战役（指淮海战役），将国民党60万军队消灭在这里。你们的任务是尽快到工作地区，进行土改，发动群众，筹措粮草支援战争，支援解放军渡长江，解放全中国。

刘子久还说：大别山是新区，斗争环境艰苦复杂，要有坚定的革命意志和一不怕苦二不怕死的斗争精神。在斗争策略上要灵活，你们是干部不是战士，是国家的财富，不能与敌人硬拼，要保存自己消灭敌人。新区情况复杂，万一遇上敌人躲避不开时，要坚决斗争，要懂得狭路相逢勇者胜，不能胆小，更不能求牛保护（他讲了一个荒唐的求牛保护的故事），对牛弹琴牛是听不懂的，求牛保护是无济于事的。引得人们大笑不止。

项城是大别山北部的地区，在这里大家接受了地区党组织的工作分配，大队以王光中为首，5个班以项城为中心开展工作，副队长张学清带领一部分人员继续南下，到汝南县平舆一带开展工作开辟新区。

杨埠镇领导接见　中药店求医治病

3月下旬，雨过天晴，阳光照在绿油油的麦苗上，黄黄的油菜花格外鲜艳。三五成群去上学的男女中学生穿着一色校服，引起了大家的注意。这时从队伍前面传来口令:“前边是杨埠镇，整好衣着，注意军纪。”

杨埠镇位于河南省汝南县（现在平舆县）东部洪河岸上，水陆交通便利，人口上万，是周围几十里农家土特产品的集散地，有商铺上百家，还有一所杨埠中学，比北方的有些县城还红火，令刘冠三十分好奇。

杨埠镇为什么这样红火？因为当时的杨埠镇，不但是中共汝南县委县政府所在地，还是冀鲁豫第四军分区的临时驻地。在这里，南下干部受到冀鲁豫第四军分区张国华书记、匡斌司令员的热情接待。他们还到驻地看望大家。

张国华书记一看见大家，就亲切地说：你们一路辛苦，来到这里就是好样的。邓小平同志说过走到大别山的同志，都是英雄好汉。我代表军分区欢迎你们，欢迎你们不怕苦难，千里而来，到我们大别山区工作。同时以每人1斤猪肉、1斤白面作为奖励，改善生活。一个班12个人，剁馅的剁馅，和面的和面，大家一起动手包水饺，3个多月来第一次吃上水饺，格外香甜好吃，久久难忘。班里有一个姓骆的同志，一路上照料骡子，为大家驮食物。他个高一米八多，比大家大几岁，大家称他骆师傅，他饭量大，将大家剩下的水饺全吃完，又吃了3个河南油炸糕，他才拍着肚子说：3个月来吃了第一次饱饭。他说的是实话，一路筹粮艰难，又定量分配，只在大家吃完后有剩的他才能多吃一点，可以说一路上是半饥半饱走过来的。

一路上能在青天白日自由自在地逛集镇，也是第一次。人们闲逛，刘冠三趁机跑了几家药铺找医生求治腿疮。因为刘冠三左腿膝盖下长有一个小疮，途中过河蹚水雨淋，得不到医治，已感染并溃烂成一片。在一家中药店里，一位热情的大夫看了刘冠三的腿后，未加分说，在溃烂处用粗大的银针横扎竖扎好几下，顺着腿流出了不少的脓和血水，经过消毒、清洗后贴上膏药，此后没有几天就痊愈了。这也是刘冠三南下路上痛苦而又难忘的一件事。

刘邓首长渡河处　兵家必争平舆地

在杨埠镇休整几天后，刘冠三被分配到汝南县双庙区土改工作队工作，当时的区委书记兼土改工作队长是张学清，他是南下干部队的老领导，因而工作起来还很顺手。后来这个区划归平舆县。

双庙区位于古镇平舆县城东南，洪河西岸，汝河北岸，是刘邓大军六纵前卫旅长肖永银指挥的18旅，与国民党85师师长吴绍周指挥设防在汝河上的一个整编师展开争渡汝河激战的地方。英勇善战的18旅，为强渡汝河，硬是从敌人强大兵力部署的河段杀出一条5华里的血路，刘邓二首长于1947年8月23日率先在搭起来的摇摇晃晃的浮桥上走过汝河，到达南岸。

这个地方位于中原，在历史上是兵家必争之地，秦国灭楚，就是从平舆沿洪、汝河进军攻破楚国的。这次中国共产党消灭蒋家王朝进军大别山，也是从杨埠镇过洪河，在平舆地区的柳营渡过汝河，从此这个地区成了敌军和我军你来我往如同“拉锯”，反复争夺的中心地带。

1948年上半年，区土改工作队基本上以集体活动为主，“打一枪换一个地方”，没有固定地点。到淮海战役开始，形势好转，于11月进驻汝南县城工作。

大别山绵延于鄂、豫、皖边境，呈西北东南走向，淮河支流切割山地，形成许多峡谷。淮河与长江之间为大别山地和淮南丘陵，大别山区是长江、淮河流域的分水岭，是华北平原的南界，是共产党早期建立过的几大根据地之一。

大家进行土改工作的地方，地处淮河北岸，洪、汝河交汇入淮处，是从中原进入大别山的必经之路，所以成为我军与敌军的必争之地，形成你来我往的拉锯形势，敌军压境时，武工队随我军撤出，几乎天天处于战争的状态。虽然这批南下干部到达大别山时，已是刘邓大军“跑马中原饮马长江”，坚持大别山战斗长达8个月之久，但形势依然十分严峻。当时国民党军设在徐州的总副司令杜聿明指挥邱清泉、黄维等4个兵团50多万军队，对刘邓指挥的7个纵队10万人进行围剿。我军采用机动灵活、以少胜多，“敌进我退，敌退我进”的战斗策略，打退了敌人的围剿。这种战势相持到1948年辽沈战役胜利、淮海战役开始，才有了一些好转。

敌进我退搞游击　最怕生病或受伤

初春3月，寒意尚存，在双庙区委所在地后双庙村，武工队进驻3天后召开了一次群众大会，区委书记张学清做形势报告。他先讲了目前形势的大好，最后说：大家在此坚持斗争，再不走了。谁知会还没结束，就接到转移的通知。大家迅速以急行军速度向项城、安徽界首方向转移，避免被国民党大军包围。像这样的情况发生了很多次，有时一跑就是半个多月，甚至更长时间，大家跑得心烦意乱，对这种敌人一来就跑的做法十分反感，但上级领导总是说，干部是党的宝贵财富，为保存实力，不能与敌人硬拼，等等。

后来对敌人的活动规律有了认识，改变了过去“全跑”的做法，组织年富力强、有武装斗争经验的同志组成前防武工队，坚持区不离区与敌人展开斗争；年老体弱的人和妇女干部撤退到后方，以免遭敌人围攻。

当然刘冠三是前防武工队的首选人员之一，可以说每次都有刘冠三，刘冠三成了名副其实的战斗员，这是最艰苦的一项工作。在国民党大军压境的情况下，常常是国民党地方保安队、还乡团进驻村庄。敌人势力大，为保存实力，大家采取“只能躲避不准进攻”的方针躲在田野里，或在青纱帐内与敌人周旋，吃不上饭是常事。夜宿高粱地里的秫秸秆上，一夜被露水侵袭，腿疼痛难忍，常常被人拉着方能站起来。刘冠三的关节炎腿，就是那时落下的。

后寨生疮筋骨瘤　农家遭遇还乡团

参加前防武工队，最怕的是生病或受伤。因生病或受伤跟不上队伍行动而掉队或寄养在农户家，这些同志，大部分被还乡团、保安队杀害。因为这些还乡团、保安队员都是土生土长的人，是当地的地痞流氓，他们熟悉当地的自然地理和情况，所以很少有同志能侥幸躲得过去，但刘冠三却是极其幸运的一个。

那是1948年7月20日，国民党军队向这个地区扑来，后边跟着保安队、还乡团。他们占领当地乡镇和村庄，向人民群众反攻倒算。正在后寨（也称后双庙）与敌人作生死斗争的关键时刻，刘冠三左腿膝关节内侧的韧带上，一夜间生出一个红肿的大疮，名曰筋骨瘤，疼痛难忍。开始他被人搀扶着还能走，后来就寸步难行了。为了不拖累队伍行动，在刘冠三的请求下，领导同意留他在曾经工作过的后寨休养。后寨与前寨（前双庙）只隔一箭之地，是个姊妹寨。前寨是个集镇，有几百户人家，是敌人每次进犯必住之地；后寨村中人少，大多数是前寨地主的佃户，穷苦人居多。

刘冠三来这里后，结识了两个农民朋友张帽头（大名张红夫）、张才，他们也是村里的民兵。这一天，张才把刘冠三安排在保长家的一间牛棚里。这位保长姓陈，外号道明。老婆前一个月因暴病死在堂屋里，他心有余悸，遂搬出堂屋住在东厢房，将北屋改为牛屋，一间喂牛，一间储草。刘冠三住在草棚这一间，窗户正对着院里的大门，大院内发生什么事情都一目了然。一支中正式步枪架设在窗户上，进大门的敌人都在他的射击范围之内。那时的刘冠三早已下定决心：“打死一个够本，打死两个赚一个，所有子弹打光，留下一粒子弹自己用，绝不求陈保长保护……”决心一下，他就什么也不怕了。

就在刘冠三进住保长家的一个下午，驻扎在前双庙的国民党汝南县保安队和还乡团300多人，将后双庙的4个寨门封锁，在各家各户搜查共产党工作队。陈保长的儿子陈老虎事前告诉刘冠三说：“不要外出，在屋里别动，他们不会来我家搜查的。”刘冠三当时半信半疑，忍痛支撑着全身，两手握紧步枪瞄准院门，注意着一切可疑动静，进入临战姿态。

还乡团砸门进入农户家搜查，大喊大叫搞得鸡飞狗跳，声音从西向东传来，不一会儿就来到了陈保长家的大门口，被保长的儿子陈老虎拦住。就在枪已上膛、手握扳机的刘冠三已做好准备与敌人要进行一场血战的危急时刻，陈保长从东屋走了出来，问道：“谁呀，这么兴师动众的？”还乡团里一个地主的儿子认识陈保长，点头说：“打扰了，这是陈保长家，免查。”并向同伙说，快走。一场灾难暂时躲过。

敌人又杀回马枪　兄弟再结生死交

敌人走后不久，天渐渐黑下来，刘冠三的两位好友张帽头、张才翻墙进来，让刘冠三转移。比刘冠三还高大的张帽头背着他，张才持枪在前悄悄探路，顺利地把刘冠三转移到村寨外的一片树林里。树林紧靠农田是一大片高粱地。这是一处能进能退的安全地带。

情况的确不出两个朋友的预料，刘冠三转移后不久，敌人又杀了个“回马枪”，进行第二次搜查。

这时陈保长大声喝令儿子陈老虎：“不要拦，让他们搜，省得他们疑神疑鬼的。”

当敌人搜查半天扑了空要溜走时，陈保长就没前次客气了。他站在大门口用他驱蚊子的扇子拦住那几个还乡团员的去路。那几张原本很凶的脸马上变得嬉皮笑脸，点头哈腰一个劲儿地赔不是，说：“对不起，不该再来……”

领头的一位转过身来向那个检举者——外号叫公猪朱二狗的狠狠踢了一脚，说：“听你的坏话，伤了我们与陈先生的和气。”

没等这些家伙说完话，陈保长就大声发出喝令：“滚、滚、滚，以后不准再来。”

这些还乡团的人狼狈地走了，从此再没来打扰。

刘冠三在这个“保护伞”和两个农民朋友帮助下，出现了生命的转机。白天刘冠三就藏在保长家里，因为这个保长是个开明人士。生活上由以卖油条做小生意为生的张红夫负责，晚上由张才搀扶着偷偷出来到树林里，躲避敌人搜查。

一周后敌人撤退，刘冠三方能走出来请医生治疗脓肿腿。经过医治能拄棍行走时，副区长王国柱来看望刘冠三，见一位姑娘为他端水，就说：“你命大、幸运，危难时还有姑娘陪伴。”刘冠三向他解释说，这是保长的女儿，月底就要出嫁了。王国柱一听，马上向刘冠三检讨并表示歉意，临走还给刘冠三留下一支手枪，好让他自卫。

病情稍一好转，身体虚弱的刘冠三，就一拐一瘸地被张红夫拉着出现在前双庙的集市上。狼狈不堪的刘冠三马上引起了人们注意。一只乌鸦也在树上“啊——啊——”地撅着尾巴朝他大叫，似乎也在嘲笑他。一时怒火无处发泄的刘冠三，拔出腰中的手枪，朝乌鸦射去，随着枪声乌鸦落地，引来一群人围观。他们私下议论说：不能小看这个瘸腿子，他还真有两下子。

张红夫在一个卖猪肉架子跟前停下脚步，卖肉的是他的哥们。他亲手割下一条二指宽有肥有瘦的猪肉条，在秤上一称正好半斤，然后用麻绳拴好，转身到了卖熟肉的大锅前。翻滚的煮肉锅内冒出阵阵香味，他向正在切肉出售的一位中年妇女说：“王嫂，我将肉放在锅里啦！”老板娘说“中。”

放好肉后，张红夫一面扶住刘冠三,一面吆喝着卖油条。一篮子油条卖完，他扶刘冠三返回汤锅取出煮熟的猪肉，顾不得拿回住地，就让刘冠三原地一食而光。

刘冠三的这个穷朋友张红夫，从小就失去父母，年已 28 岁仍是一条光棍汉，还抚养着一个半身不遂的老叔，虽然土改分到了 4 亩地两间房，可还是“家徒四壁，两条光棍”，连个炒菜的锅也没有，他想以此来为刘冠三补养身体。

在张红夫的精心护理下，刘冠三很快恢复了体力，两人从此成了生死之交。

值得一提的是，刘冠三和张红夫在后来的一次战斗中，活捉了上次举报刘冠三的还乡团成员朱二狗，这事后面再详说。

民兵队长叛变了　南下干部遭杀害

1948年7月下旬的一天，张红夫不上集卖油条做生意了，从一大早就跟着刘冠三，和刘冠三形影不离，引起刘冠三的注意。他将所有民兵白天交回统一管理的枪支数了数，发现缺少了一支，找回后他将所有枪栓卸掉，分别捆起来。刘冠三问：你们的民兵队长想干什么？他闭口不答，什么也不说。每天必来刘冠三住处的民兵王铁志、张才也不见了踪影，刘冠三更加警惕起来，进一步追问，张红夫扯谎说：你的身体不好，我想送你到洪河东亲戚家休养几天，那里安全。“这里没什么不安全的。”刘冠三说。继续追问，他仍然支支吾吾不说实情。刘冠三转过身来写他的工作日记，不理他。这样一来，张红夫又不安了，不得不说出实情。“冠三老弟，你不要生气，前后寨的民兵都叛变了，今晚敌人就到这里，咱们危在旦夕了。”如此紧急的情况，刘冠三事前竟然一点不知，他猛地站起来抓着张红夫的手问：“这是怎么回事？快说，快说！”

原来，前寨的民兵队长刘建功叛变了，昨天晚上偷偷地开了一个民兵会，他们喝鸡血酒，宣誓投靠国民党，扬言谁敢给共产党通信，就杀他全家……

“后寨民兵参加没有？”刘冠三问。

“我没有参加，因为和你走得近，他们未通知我。今早张才来告知我，他要带着他父亲出远门一段时间。他拉着我到无人的地方才说出了民兵叛变的情况，并让我保密，不要说是他说的，还让我将你带到安全的洪河东躲避。为了不出卖哥们，又保障你的安全，我未把实情告诉你，对不起。”张红夫向刘冠三边解释边检讨自己。

这时的刘冠三已经认识到情况紧急，七八个民兵叛变，幸好还有张红夫一个知己。刘冠三紧紧握着张红夫的手说：“好兄弟，我听你的，咱们一起走。”

这时大约是下午2点的样子，农民都在家里吃中午饭，村上人很少。大家离开后寨村的东门，在一处秘密的地方将枪支隐藏起来，到了只有5户人家的洪河东岸的一个小村。张红夫找到他认为可靠的表弟，将刘冠三写给刘占明、侯廷武等5人的情报交给他，让他速去传递，并再三叮嘱一定送到。

这次接到信的同志都幸免遇难，只有商存善副区长、白穷孝等3人，刘冠三因为不知道他们的地址而未能发出通知，他们被叛变的民兵出卖，遭到敌人的残酷杀害，尸首分离抛弃在臻头河水里。

这是双庙区南下干部牺牲最大的一次。聚集在洪河东新蔡县境的50多名双庙区武工队员，因牺牲了3名主要领导干部，都心情沉重。张学清书记动员大家鼓起士气，打回河西去，为商区长报仇。

智探军情夜渡河　巧擒凶手勇杀敌

休整两天后，将工作人员中的老、弱、妇女，包括快要生孩子的李玉梅（张学清书记的爱人，隐藏在农民家，后来生了个女孩，起名叫小红）都留在洪河东岸比较安全的地带，其余精干人员编成5个班，于8月的一个夜晚乘船渡过洪河，到达杨埠以南邢营探听敌情，想趁黎明前找到杀害商区长的凶手报仇。

正在此时，沿洪河西岸东营、南营一带河堤出现了火光和马叫声，伴随着零星枪声。以此大家判断敌人已经占领洪河西岸，切断了大家的回路。着急的张学清书记问刘冠三和刘占明两位班长怎么办，根据以往的经验，刘冠三毫不犹豫地回答说："向北杨埠、向南双庙派人侦察，寻找突破口，在未被敌人发现前，千万不能动，要隐蔽起来，准备战斗。"

此建议经领导同意后，执行南路侦察的任务落在刘冠三肩上。随刘冠三侦察的有张红夫等8人。双庙离大家隐蔽的地方有3华里之遥，张红夫是唯一的本地人，由他领路。因路熟虽黎明前天还很黑，但大家很快就进入静悄悄的后双庙村西门，正好靠寨门北角居住的王老二茂生家大门敞开着，堂屋灯光一闪一明的。王老二蹲在大门口垂头丧气，他一见张红夫和刘冠三就高兴地站起来，靠近张红夫耳语几句，随后张红夫就布置两个人放哨，其余人持枪占领王家大院。

灯光明亮的北屋内，此时有一位不速之客，他就是还乡团小队长朱二狗。这家伙色胆包天，他将一小队人放在南门休息，独自一人跑到西门王家，企图强奸王家漂亮的18岁二妹子。正在他要兽性大发时，大家把他活捉了，缴获手枪1支，手榴弹1枚。真是冤家路窄，这个策反民兵叛乱、杀害革命干部，双手沾满人民鲜血的刽子手，受到了应有的惩罚。大家为民除了害，为商区长报了仇。

摸清敌人的情况后，武工队组织突击队向敌人展开了猛烈攻击，打得伪县保安队措手不及，狼狈撤退，武工队乘机从杨埠安全转移。

1948年的双庙区中队

（根据杜梦兰回忆录整理）

张留坡

1948年2月，杜梦兰调任中共汝南县武装工作队（简称武工队）双庙区邢营点的负责人。

这之前，1947年5月的一天，杜梦兰接上级命令南下，放假3天后集中于临城，被编入二野十团二营六连一排当排长，进行训练两个月，带50个人，由于训练成绩突出，两次受到团首长表扬。南下渡过黄河，全排无一人一枪丢失，无丢失一颗子弹，无人开小差，过河后在全团大会上，再次受到团首长的表扬。

杜梦兰是一个工作能力很强的人，他很善于做群众的思想政治工作，在担任双庙区邢营点负责人的短短半年多时间里，他就和3个战友一起做好了以下工作。

一是由于宣传发动工作做得较好，原区中队干部中有2/3的战士都是邢营村的人。双庙区委组织部部长李玉梅（区委书记张学清的爱人）已怀孕，遇上当时拉锯形势，敌人扫荡频繁，敌特活动猖獗，险象环生，但李玉梅行动不便，杜梦兰急中生智，就把她隐藏在农民积极分子邢光春姐姐家中，使她安全度过产期。

二是参加革命工作的人多。后任区长、区委书记皆有，八分区专署将此村命名为模范村，八九月敌人来到该村，连本村地主都不敢向敌人说实话暴露武工队的行踪，连敌特都说共产党思想工作做得好。

三是行动果断。国民党11师由东向西去，区里来人送信让向右村转移，由于弄不清信上写的地点，杜梦兰马上带人赶到区委所在地，群众说区委人员向西北方向走了。杜梦兰就带着武工队向西北转移。在天亮时行至大柳，转移成功，安全返回。区委书记张学清就没有他这么好运，带的人遇到敌人，损失惨重，马匹、行李丢失不少。

1948 年 7 月，国民党收编的土匪武装刘田清大队突袭双庙区，有些地方干部叛变投敌，区长李清朗夫妇，武装部长乃良等皆被敌人杀害，还有一些区干部被杀，由于区大不便打仗转移，便化大为小。县委让杜梦兰任小区区长，有一天双庙开会，刚要进村，就看到村口有三三两两的人，嘀咕什么，情况不明。原来两个区中队队长叛变投敌。虽然新组建的区中队完好无缺，但正规部队五团调走，敌人十分猖狂，形势空前严峻，杜梦兰给武工队员讲大形势，鼓舞大家的斗志。这时，村长邢举三跑进来报告说，敌人埋伏在村外芝麻地内。多亏了这个报告来得及时，杜梦兰带区中队立即转移。虽然区中队前脚走，敌人后脚便紧跟进了村，但我区未受损失。

分家团团长余海明年纪大，瞌睡少，他说：杜梦兰，你睡到里边，我睡在外边，有我在就有你在。区中队白天在吴庄活动，晚上转移到胡庄，半夜转移到营后村（也叫后马营）睡觉。夜三四点听到枪声派一个班去双庙侦察，抓回一个秃顶的敌兵，据他交代：刘田清大队突然包围东边十几个村庄。杜梦兰听到这个情况，立即让区委书记带人向北方的杨埠撤退，自己留在后边。到了营北一片坟地旁，杜梦兰命令区中队队员们先声夺人，向敌人所在的方向打一阵子枪，敌人不知我军虚实，听见枪声，慌忙向南逃走了，区委机关则安全转移。

1948 年元旦，区中队住在梁桥。敌人突然包围梁桥寨，四周响起密集的枪声。情况突变，由于区中队临战经验不多，大家十分惊慌，杜梦兰镇定自若地说，敌强我弱，为了保存自己，我们只有坚守寨墙门，坚持到底就能胜利。战斗打响后，凭深沟坚守寨墙、寨门，使敌人无法接近寨门（守门一个班的兵力），战斗中，区中队还击毙敌人两名，敌人见无法攻破，只好无可奈何落荒而走。

1948 年 7 ~ 8 月，敌我斗争形势严峻，双庙区区委书记张学清同志带人回后方（新蔡、临泉、阜阳），杜梦兰带领 10 名区中队队员，坚守区委岗位两个月，后形势好转，区委书记张学清调到县委任宣传部部长，因杜梦兰对敌斗争坚决，工作出类拔萃，被提拔为双庙区区长（1948 年 9 月至 1949 年 1 月），副区长为王国柱、周海清。

杜梦兰，1927 年 8 月出生在河北省赞皇县许亭村，自幼读书。1939 年

10 月参加革命工作，1945 年加入中国共产党。新中国成立前后，在平舆工作 17 年，历任河南省平舆县县委副书记、副县长，后调任周口地区检察院检察长、周口地区交通局局长、周口地区中级法院院长、地委委员、商丘地区煤炭化工局局长、商丘地区煤炭勘探指挥部副指挥长等。1992 年 6 月离休，享受地厅级待遇。

张湾小史

申和平

张湾村位于双庙东南3公里，洪河口处。该村1938年属河南省汝南县第二区马家营乡，1945年属万金店乡，1949年属第一区南营乡，1950年划归第二区，1957年属平舆县梁桥乡，1962年属万金店公社，1977年属双庙公社，1984年以来属平舆县双庙乡谢庄村。

相传明代初年，有张姓兄弟二人从山西洪洞迁来，见此地为两河交汇处，土地肥沃，风景秀丽，于是在白土港两岸安居。港南岸一户，繁衍为湖周庄，后因人口不繁，并入从庄，为今天从庄张姓的由来。港北岸定居者名张云龙，生二子：文林、贵林，其后代分别演化为今天的前后张湾。

今天的张湾共分七门，后张湾的二门发展成二三百口人的张湾西队，以张狗军一枝最大，约百十口人；前张湾原有八门，现余五门，演变成六七十户的张湾东队。

张湾的张姓，以“孝明行立世，志传启家耀”区分辈分，其上已漫不可考。目前辈分最高者为张明久。而张志安（张松）、张志修兄弟为长门，但其后代不再以“传、启”字取名。

前张湾的五门人家，分枝各有大小，亲疏有别。张明久，有一子三孙；张顺，有二子，麦场、留中；张行根、张行广兄弟；张立端、张立志、张东志兄弟；张世功、张赖元；张世勋等。

该村东北1公里许有清咸丰间协镇督府南宫宝（俗称南大人）故里及其坟茔。东稍偏南的洪河东岸约4公里处的葛陵，为春秋至汉代鲖阳旧址，汉时为葛侯食邑。1995年，河南省文物研究所曾于此处发掘战国楚国王侯墓而远近闻名。至今葛陵附近居民手中仍有许多春秋战国青铜器残片和大量先秦钱币。

张湾村清末曾有位乡宦名张明伦，其孙张立宪毕业于黄埔军官学校，新中国成立后曾被关押多年，现已病故。又有张善初，为旧汝南参议员，曾与当时的河南省主席张轸关系密切。目前，该村亦有兰州大学原党委书记安金福，驻马店市人大常委会原副主任张杰，退休干部张行远等地方名人。

新岗寺的传说

张贤锋

平舆双庙乡谢庄村有个新岗寺村，为啥叫这个村名呢，很好解释：这里原来有个新岗寺，村子跟着也叫新岗寺。

可这个寺为啥又没有了呢？这里有故事。

传说很久以前，这一带都是荒野树林子，方圆好几里没有住家户，只有一个寺院。寺里也曾香火旺盛过，大小有好几十个和尚。后来老主持死了，和尚们争主持，谁也不服谁，于是拉帮分派闹别扭，寺里正事儿没人管，油瓶倒了也没人扶。来烧香的人越来越少，慢慢就各奔东西散伙儿了，只剩下一个老和尚和一个小和尚。

老和尚喜欢下棋，吃罢饭就跑到几里外的村子里去和人家下棋，一下一天。老和尚一走，寺里剩下一个小和尚，没一点意思。

有一天，老和尚刚走，寺里来了个又白又胖的小男孩儿，带个红兜肚儿，走路一蹦一跳的。小和尚愁着没人跟他玩呢，这回可好了，有伴儿了。他问白胖小子哪来的，白胖小子说是岗上哩。小和尚就跟白胖小子玩上了，满寺院藏老摸，到处跑啊，玩得开心极了。

天快黑了，白胖小子说："您师父该回来了，俺走哩！"

小和尚送到门口，说："明个儿还来呀！"

"中"一眨眼，白胖小子没影儿了。

打这儿以后，白胖小子天天到寺院来玩，只要老和尚前脚一走，白胖小子后脚就到了。

有一天，老和尚叫小和尚背经书，小和尚背不下来。问他这些天都干啥了，为啥还不会背？

小和尚只好说实话，师傅您走后，见天有个白胖小子来找我玩儿，就忘了背书。

老和尚不信，寺院在这岗子背后，前不挨村，后不邻店，哪来的白胖小子？老和尚仔细追问，这胖小子长得啥样？小和尚弄不清老和尚问这干啥，就照实说了。

老和尚一听，心里暗暗高兴。他当小和尚时，听他师父说过，这寺院旁边的岗子里来了个人参精，像小孩子一样，会跑会说话，是从西南山上逃下来的，喜欢新岗这一带树高林密，没有人采，就不走了。可他从来都没有见过一次。这会好了，人参精出现了。小和尚说的小男孩儿肯定就是那千年的人参精。要是能把这人参精逮住，吃了准能成仙成佛，长生不老。

想到这里，老和尚不露声色地对小和尚说："那好吧，有人和你玩，也省得你寂寞害怕。明天我有事儿出去，你看好门儿就行了！"

第二天一大早，老和尚就走了。老和尚真走了吗？没有！他躲在离寺院不远的地方，想偷偷看看那人参精到底长啥样儿，有啥法子能抓住它。

哪知道那人参精也真够精的，老和尚不走，人参精不来。老和尚一连几天没去下棋，人参精一连几天也没进寺门。老和尚一瞧真不中了，就又想了个点儿。夜里，他趴到小和尚耳朵上，悄声交代了几句，第二天一早儿，当真又出去下棋了。

这老和尚前脚走，小男孩儿后脚又来了，和小和尚整整玩了一天。小和尚弄不清老和尚葫芦里装的啥药，只好按照老和尚的吩咐，在天黑白胖小子临走时，趁他不注意，在他的小兜肚后头，偷偷别上一支绣花针。针鼻儿上带了一根老长老长的红丝线。白胖小子没注意，就着了老和尚的道儿了。

第二天天刚明，老和尚就起来了。他一个人扛着禅杖，把寺门一锁，上岗子去了。他到处找，一直找到岗子深处的老林里，才发现了那根红线，在红线附近，当真找到一棵可大可大的人参。老和尚高兴极了，赶紧回到寺里，把那人参洗得干干净净，往大锅里一搁，添上水，用锅盖盖好，这才把小和尚叫过来，吓唬他说："这锅里煮的是药，可不能乱动，要小火烧，慢慢熬，我不回来不能掀锅，一掀锅盖，眼都瞎。"说罢，又去找人下棋了。

老和尚走了，小和尚当真按老和尚说的小火慢烧，一直不敢往锅里看一眼。直到半后晌，小和尚的大师兄来了，这才出事了。

小和尚的大师兄有事打这儿路过，一路上跑得又渴又饿，就想到寺里找点东西吃。早在几里地以外，他就闻着香味儿了，不知道寺里做的啥好饭。一见师弟正在烧火，就伸手过去掀锅盖。

小和尚赶紧拦住，说师父说了，可不敢动，一掀锅盖都瞎眼。

还是他的大师兄见识广，胆儿大，他说：“净瞎说。掀个锅盖能瞎眼。我不怕，我就掀开个缝儿瞧瞧！”

掀开锅盖一瞧，锅里煮了个大白萝卜，已经煮得稀烂了。大师兄伸手抠了一块，一面吹一面往嘴里搁，“嗯，好吃，香，这萝卜咋恁好吃、恁香呢？”

这小和尚肚里也早就饿得咕咕叫了，一瞧大师兄，眼睛没事儿，再听大师兄说好吃，吃的还怪香哩，他也忍不住了，也抠下一块吃了。嗯，是好吃，香，没吃过这么好吃的萝卜。这一吃不要紧，俩人就把不着嘴了，你抠一块我抠一块，恁大个的人参，一会儿就被俩人抠吃光了。

就在这个时候，外头有脚步声儿来了，肯定是老和尚回来了。他俩赶快把嘴巴一抹，把锅盖盖好了。

老和尚回来，掀开锅盖，往锅里一瞧，只有一锅汤，可急了，把眼瞪得给铜铃似的：“你们两个小子，谁把这锅里的人参吃了？”

“人参？啥是人参哪？”还是大师兄有胆识，随口应变说，“您说不叫掀锅盖，俺俩谁也没敢乱动，一准是烂到锅里了！”

老和尚一看他俩不承认，更气了，端起锅就朝他俩泼去。谁知道这一泼不要紧，这人参汤一落地，就“噗”一声化作一片彩云，将整个寺院和这俩小和尚都罩住了，然后慢慢一起升天了。老和尚一看，更急更气了，一口气没上来，死了。

从此，这高岗子没有了，新岗寺院也没有了，只剩下这个村名，和这个不老的故事。

李闯的故事

张贤锋

李闯，生于1878年（清光绪四年），死于1956年，祖居平舆县双庙乡张坡村小李庄。

李闯自幼家贫，随父在村北二里南营一个财主家租地40亩，仅能维持生计。父母死后，娶妻张氏，生了3个儿子，已先后病故。至今还有二儿媳、三儿媳、孙儿孙媳重孙48口人。

由于李闯能吃能喝，膀大腰圆，气力过人，乡人给他起了个绰号“水牛精”。

青年时期的李闯，别人下地搂麦子，耙子最多是48根齿，而他却特制一个百根齿的耙子，并且比人家还快还麻利。

民国十八年（1929年）七月，他伙同本村80余人，赶40辆太平车星夜往鲁山、宝丰送军粮，返回时，途经鲁山县赵家湾村，借宿住下，喂牲口做饭。因村人为避免讨扰，不愿借桶打水，李闯闻知气怒，行至村西头场里，用两个胳膊挟了两个石磙，横放井口，刁难村人。村人得知李闯力大无穷，前来表示歉意，急忙提供方便。

民国三十一年（1942年）九月，食盐价格昂贵，1斗高粱只能换上1斤盐。他和4个人去推盐，回来每人推有四五百斤，李闯推有七八百斤，行至临泉西铜城8里处，发现前有盐卡，带枪税丁3人就在前面。为躲税丁，他两手托起盐车，搬进高粱地里。税丁问被卡人，一块来的几人？被卡人说4人。税丁就问，那一个人哪里去了？被卡人不敢作声。税丁巡视老远，不见人影车印，觉得奇怪，便对着高粱地吆喝起来，要是不出来，就开枪打了！李闯无奈，只好从地里走出来。税丁上前问他，为何不见盐车，李闯便把自己的做法告诉了税丁。税丁不相信他能把盐车搬到地里，就对李闯说：“你若能再搬回路上，一分税钱也不要，放你们过去。”于是，李闯真的又毫不费力地把盐车搬回路上，税丁们惊得发呆，只好放他们走了。

民国三十三年（1944年）十月，李闯赶杨埠集，在李家粮行卖了4布袋绿豆，付款后李闯看行里留的佣钱过多，便说自己的车子丢了，向粮行掌柜要车子，行头找遍粮行，不见车子。李闯让赔，行头不应，正在争执，有知底细的人劝行头说，他是个穷人，别收他的佣钱就是了，那不是李闯吗！他是两肩扛两布袋，两胳膊挟两布袋来的。行头一听，大惊失色，躬手退了佣钱。

民国三十一年（1942年）十月，李闯的姥姥家因与近族闹宅基地纠纷，拼打不过，便叫外甥李闯前来相助。李闯闻知，赤手赶到姥姥家朱氏桥，将到村头，随手拔起一棵两把粗的柳树，大声呼叫道："不怕死的来吧！"吓得对方不敢上前。后来经村人和解，免除了双方的争端。